国家卫生健康委员会"十四五"规划教材

全国高等中医药教育教材

供中医骨伤科学等专业用

中医正骨学

第2版

骨中
傷醫

主　编　柏立群　罗毅文

副主编　黄　勇　姚啸生　齐万里　董　博

编　委　（按姓氏笔画排序）

王　轩（山西中医药大学）　　　宋颖军（江西中医药大学）

王勤俭（河南中医药大学）　　　张　霆（上海中医药大学）

牛素生（福建中医药大学）　　　罗毅文（广州中医药大学）

尹　恒（南京中医药大学）　　　周正新（安徽中医药大学）

刘金豹（山东中医药大学）　　　柏立群（北京中医药大学）

齐万里（长春中医药大学）　　　姚啸生（辽宁中医药大学）

李　浩（湖北中医药大学）　　　黄　勇（成都中医药大学）

吴志方（广州中医药大学）　　　董　博（陕西中医药大学）

何帮剑（浙江中医药大学）　　　温鑫柱（北京中医药大学）

宋寒冰（黑龙江中医药大学）

秘　书　（兼）温鑫柱　吴志方

人民卫生出版社
·北京·

图书在版编目（CIP）数据

中医正骨学 / 柏立群，罗毅文主编 . —2 版 . —北京：人民卫生出版社，2021.8

ISBN 978-7-117-31530-2

Ⅰ.①中… Ⅱ.①柏…②罗… Ⅲ.①正骨疗法 —高等学校 — 教材 Ⅳ.①R274.2

中国版本图书馆 CIP 数据核字（2021）第 153221 号

人卫智网	www.ipmph.com	医学教育、学术、考试、健康，购书智慧智能综合服务平台
人卫官网	www.pmph.com	人卫官方资讯发布平台

中医正骨学
Zhongyi Zhengguxue
第 2 版

主　　编：柏立群　罗毅文
出版发行：人民卫生出版社（中继线 010-59780011）
地　　址：北京市朝阳区潘家园南里 19 号
邮　　编：100021
E - mail：pmph @ pmph.com
购书热线：010-59787592　010-59787584　010-65264830
印　　刷：三河市延风印装有限公司
经　　销：新华书店
开　　本：850×1168　1/16　　印张：18
字　　数：472 千字
版　　次：2012 年 6 月第 1 版　　2021 年 8 月第 2 版
印　　次：2021 年 8 月第 1 次印刷
标准书号：ISBN 978-7-117-31530-2
定　　价：68.00 元

数字增值服务编委会

主　编　柏立群　罗毅文

副主编　黄　勇　姚啸生　齐万里　董　博

编　委　（按姓氏笔画排序）

王　轩（山西中医药大学）　　　宋颖军（江西中医药大学）

王勤俭（河南中医药大学）　　　张　霆（上海中医药大学）

牛素生（福建中医药大学）　　　罗毅文（广州中医药大学）

尹　恒（南京中医药大学）　　　周正新（安徽中医药大学）

刘金豹（山东中医药大学）　　　柏立群（北京中医药大学）

齐万里（长春中医药大学）　　　姚啸生（辽宁中医药大学）

李　浩（湖北中医药大学）　　　黄　勇（成都中医药大学）

吴志方（广州中医药大学）　　　董　博（陕西中医药大学）

何帮剑（浙江中医药大学）　　　温鑫柱（北京中医药大学）

宋寒冰（黑龙江中医药大学）

秘　书　（兼）温鑫柱　吴志方

3

◇◇◇ 修 订 说 明 ◇◇◇

为了更好地贯彻落实《中医药发展战略规划纲要(2016—2030年)》《中共中央国务院关于促进中医药传承创新发展的意见》《教育部 国家卫生健康委 国家中医药管理局关于深化医教协同进一步推动中医药教育改革与高质量发展的实施意见》《关于加快中医药特色发展的若干政策措施》和新时代全国高等学校本科教育工作会议精神,做好第四轮全国高等中医药教育教材建设工作,人民卫生出版社在教育部、国家卫生健康委员会、国家中医药管理局的领导下,在上一轮教材建设的基础上,组织和规划了全国高等中医药教育本科国家卫生健康委员会"十四五"规划教材的编写和修订工作。

为做好新一轮教材的出版工作,人民卫生出版社在教育部高等学校中医学类专业教学指导委员会、中药学类专业教学指导委员会和第三届全国高等中医药教育教材建设指导委员会的大力支持下,先后成立了第四届全国高等中医药教育教材建设指导委员会和相应的教材评审委员会,以指导和组织教材的遴选、评审和修订工作,确保教材编写质量。

根据"十四五"期间高等中医药教育教学改革和高等中医药人才培养目标,在上述工作的基础上,人民卫生出版社规划、确定了第一批中医学、针灸推拿学、中医骨伤科学、中药学、护理学5个专业100种国家卫生健康委员会"十四五"规划教材。教材主编、副主编和编委的遴选按照公开、公平、公正的原则进行。在全国50余所高等院校2 400余位专家和学者申报的基础上,2 000余位申报者经教材建设指导委员会、教材评审委员会审定批准,聘任为主编、副主编、编委。

本套教材的主要特色如下:

1. **立德树人,思政教育** 坚持以文化人,以文载道,以德育人,以德为先。将立德树人深化到各学科、各领域,加强学生理想信念教育,厚植爱国主义情怀,把社会主义核心价值观融入教育教学全过程。根据不同专业人才培养特点和专业能力素质要求,科学合理地设计思政教育内容。教材中有机融入中医药文化元素和思想政治教育元素,形成专业课教学与思政理论教育、课程思政与专业思政紧密结合的教材建设格局。

2. **准确定位,联系实际** 教材的深度和广度符合各专业教学大纲的要求和特定学制、特定对象、特定层次的培养目标,紧扣教学活动和知识结构。以解决目前各院校教材使用中的突出问题为出发点和落脚点,对人才培养体系、课程体系、教材体系进行充分调研和论证,使之更加符合教改实际、适应中医药人才培养要求和社会需求。

3. **夯实基础,整体优化** 以科学严谨的治学态度,对教材体系进行科学设计、整体优化,体现中医药基本理论、基本知识、基本思维、基本技能;教材编写综合考虑学科的分化、交叉,既充分体现不同学科自身特点,又注意各学科之间有机衔接;确保理论体系完善,知识点结合完备,内容精练、完整,概念准确,切合教学实际。

4. **注重衔接,合理区分** 严格界定本科教材与职业教育教材、研究生教材、毕业后教育教材的知识范畴,认真总结、详细讨论现阶段中医药本科各课程的知识和理论框架,使其在教材中得以凸显,既要相互联系,又要在编写思路、框架设计、内容取舍等方面有一定的区分度。

5. 体现传承,突出特色　本套教材是培养复合型、创新型中医药人才的重要工具,是中医药文明传承的重要载体。传统的中医药文化是国家软实力的重要体现。因此,教材必须遵循中医药传承发展规律,既要反映原汁原味的中医药知识,培养学生的中医思维,又要使学生中西医学融会贯通,既要传承经典,又要创新发挥,体现新版教材"传承精华、守正创新"的特点。

6. 与时俱进,纸数融合　本套教材新增中医抗疫知识,培养学生的探索精神、创新精神,强化中医药防疫人才培养。同时,教材编写充分体现与时代融合、与现代科技融合、与现代医学融合的特色和理念,将移动互联、网络增值、慕课、翻转课堂等新的教学理念和教学技术、学习方式融入教材建设之中。书中设有随文二维码,通过扫码,学生可对教材的数字增值服务内容进行自主学习。

7. 创新形式,提高效用　教材在形式上仍将传承上版模块化编写的设计思路,图文并茂、版式精美;内容方面注重提高效用,同时应用问题导入、案例教学、探究教学等教材编写理念,以提高学生的学习兴趣和学习效果。

8. 突出实用,注重技能　增设技能教材、实验实训内容及相关栏目,适当增加实践教学学时数,增强学生综合运用所学知识的能力和动手能力,体现医学生早临床、多临床、反复临床的特点,使学生好学、临床好用、教师好教。

9. 立足精品,树立标准　始终坚持具有中国特色的教材建设机制和模式,编委会精心编写,出版社精心审校,全程全员坚持质量控制体系,把打造精品教材作为崇高的历史使命,严把各个环节质量关,力保教材的精品属性,使精品和金课互相促进,通过教材建设推动和深化高等中医药教育教学改革,力争打造国内外高等中医药教育标准化教材。

10. 三点兼顾,有机结合　以基本知识点作为主体内容,适度增加新进展、新技术、新方法,并与相关部门制订的职业技能鉴定规范和国家执业医师(药师)资格考试有效衔接,使知识点、创新点、执业点三点结合;紧密联系临床和科研实际情况,避免理论与实践脱节、教学与临床脱节。

本轮教材的修订编写,教育部、国家卫生健康委员会、国家中医药管理局有关领导和教育部高等学校中医学类专业教学指导委员会、中药学类专业教学指导委员会等相关专家给予了大力支持和指导,得到了全国各医药卫生院校和部分医院、科研机构领导、专家和教师的积极支持和参与,在此,对有关单位和个人表示衷心的感谢!希望各院校在教学使用中,以及在探索课程体系、课程标准和教材建设与改革的进程中,及时提出宝贵意见或建议,以便不断修订和完善,为下一轮教材的修订工作奠定坚实的基础。

人民卫生出版社

2021 年 3 月

◇◇◇ 前　言 ◇◇◇

为了适应新形势下全国高等中医药院校教育教学改革和发展的需要，培养传承中医药文明、创新中医药事业的复合型人才，按照中医骨伤科学专业的培养目标，在人民卫生出版社的组织规划下，我们确立本课程的教学内容并编写了本教材。

中医正骨学是中医骨伤科学的重要组成部分，中医正骨学课程是中医骨伤科学专业的核心必修课程。

本教材共六章。绪论部分简要介绍了中医正骨学的发展简史，第一章骨折概论介绍了骨折的病因病机、分类、诊断、并发症和治疗等内容，第二章至第四章分述了上肢、下肢、躯干等部位常见骨折的病因病机、临床表现与诊断、辨证论治、预防与调护，第五章脱位概论介绍了脱位的病因病机、分类、诊断、并发症和治疗等内容，第六章叙述了常见脱位的病因病机、临床表现与诊断、辨证论治、预防与调护。本教材在吸收既往《中医正骨学》教材经验的基础上，与时俱进，更新知识，丰富内涵。以拓展思维、创新实践为重点，既注重保持中医正骨特色，优化体例及内容，增加新的研究成果，又突出教学重点，展示多元化教学方式。本教材新增PPT课件、视频、微课、动画等融媒体数字化资源，丰富了教学内容和方法，增强了教材的实用性、可读性和趣味性，有利于培养学生自主学习、分析问题、解决问题的能力。期望采用本教材进行教学能够使学生尽快全面系统掌握中医正骨学的基本知识、基本理论和基本操作技能，为今后从事中医骨伤科临床工作奠定坚实基础。

本教材供全国高等学校中医骨伤科学等专业学生使用，还可供从事中医骨伤科的临床医师、教学与科研人员阅读参考。本教材绪论由柏立群、温鑫柱执笔，第一章由罗毅文、刘金豹、尹恒、吴志方执笔，第二章由齐万里、王轩、李浩、何帮剑执笔，第三章由黄勇、王勤俭、宋寒冰执笔，第四章由董博、牛素生执笔，第五章由周正新执笔，第六章由姚啸生、张霆、宋颖军执笔，骨伤科常用方剂汇编由柏立群、温鑫柱整理。

本教材在编写过程中得到了全国各高等中医药院校的大力支持，在此表示衷心感谢！由于时间紧迫，编者水平有限，教材中难免有不足或疏漏之处，诚望各院校的师生和广大读者多提宝贵意见，以便今后进一步修订提高。

编者
2021 年 3 月

◇◇◇ 目　　录 ◇◇◇

绪 论

　　中医正骨学是中医骨伤科学的重要组成部分,是研究防治人体运动系统疾病中骨折与关节脱位的一门科学。2006年5月20日,中医正骨疗法经国务院批准列入第一批国家级非物质文化遗产名录。

　　对于中医正骨学的学习与掌握,了解其历史的沿革十分关键。中医正骨学历史悠久,它是在我国劳动人民长期与创伤疾病的斗争中创造发展起来的,并逐渐形成具有中国医学特色理论体系和治疗方法的一门学科。

　　早在公元前16世纪,殷商时期的甲骨文中就有关于骨折的描述。《周礼·天官》中就记载了"折疡"(骨折),并已出现治疗创伤疾患的"疡医"。

　　春秋战国时期,中医学经典著作《黄帝内经》详细地记载了人体解剖、生理、病理、诊断及治疗等基本理论,其中阐发的肾主骨、肝主筋、脾主肌肉,以及气伤痛、形伤肿等学说和论述,奠定了中医正骨学的理论基础。

　　汉代,中医外科鼻祖华佗已使用麻沸散进行全身麻醉,还创造了"五禽戏",指出了练功活动在治疗疾病中的重要作用。

　　晋代,葛洪所著《肘后备急方》首先记载了使用竹片夹板固定治疗骨折,指出固定后伤肢"勿令转动",以避免发生骨折再移位,同时强调夹缚的松紧要适宜。书中还记载了颞下颌关节脱位口内整复方法:"令人两手牵其颐已,暂推之,急出大指,或咋伤也"。这是世界上最早记载的整复颞下颌关节脱位的方法,并一直沿用至今。

　　隋代,巢元方所著《诸病源候论》记载了循环障碍、神经麻痹、运动障碍的症状,指出开放性损伤必须在伤后立即缝合,骨折断端亦可用丝线缝合固定,这是中医用内固定方法治疗骨折的最早记载。公元739年,陈藏器在《本草拾遗·赤铜屑》中写道:"赤铜屑主折伤,能焊人骨,及六畜有损者,细研酒服,直入骨损处,六畜死后,取骨视之,尤有铜屑,可验。"此后,铜类药物在接骨药处方中被广泛应用,成为接骨方剂中必不可少的药物。这比英国人贝尔彻发现"用食物使动物骨体变红"(1738年)要早1 000年。

　　唐代,蔺道人所著《仙授理伤续断秘方》是我国现存最早的一部具有很高科学价值的骨伤科专著,其中系统地总结了骨关节损伤的诊治经验,包括对骨折的手法复位、夹板固定、练功活动和内外用药的治疗。介绍了椅背复位法整复肩关节脱位,手牵足蹬法整复髋关节后脱位,而这些方法在当今亦被广泛应用。这标志着中医正骨治疗技术体系基本形成。

　　宋代,张杲所著《医说》中记载了施行死骨切除术,发现切除了大块死骨的胫骨还能再生骨骼。700年后,英国的麦克尤恩(Macewen 1878年)才报告了死骨切除术后再生骨及植骨术的尝试。

　　元代,危亦林所著《世医得效方》首次应用悬吊复位法治疗脊柱骨折。他在《世医得效方·正骨兼金镞科》中写道:"凡锉脊骨不可用手整顿,须用软绳从脚吊起,坠下身直,其骨便自归窠……然后用大桑皮一片,放在背皮上,杉树皮两三片,安在桑皮上,用软物缠夹定,莫令屈,用药治之。"这比戴维斯(Davis 1927年)报告的采用悬吊复位治疗腰椎骨折法至少要早580余年。该书还详细地记载了肩关节、肘关节、髋关节、膝关节及踝关节脱位的复位方法。元末明初,在华的阿拉伯医生广泛地汲取了中医治疗骨折的经验,用中文为主编著成《回回药方》,比较具体地描述了骨折的愈合过程:"凡人骨有损折,小儿童子的可望再生,盖因初生的力还在其身。若既壮年老的人,虽然镶接了,必无再生之力。却生一等物,如脆骨在其周围显出来。将骨折处把定,如焊药一般。"这是中医治疗骨折史上较早的同外国医药经验的交流,丰富和发展了中医治疗骨折的理论。

明代,朱橚等编著的《普济方》在《折伤门》中记载了人体15个部位的骨折和关节脱位,介绍了用悬吊带快速牵引复位治疗颈椎骨折脱位。200多年后,英国的格利森(Glisson 1677年)才报告了类似的治疗技术。该书还详细地描写了伸直型桡骨远端骨折,应用揣搦法复位和超腕关节夹板固定。400年后,科利斯(Colles)才报告了同样的损伤。

清代,吴谦等编著的《医宗金鉴·正骨心法要旨》系统地总结了清代以前的正骨经验,对人体各部位的骨度、损伤的内外治法记录周详,既有理论,亦重实践,图文并茂。该书记载了全身各部位骨折脱位达30多种,刊印了正骨图谱和器具图谱,强调在手法复位前要"知其体相,识其部位,一旦临证,机触于外,巧生于内",归纳了"摸、接、端、提、按、摩、推、拿"正骨八法,指出整复时手法要轻、巧、稳、准,达到"法之所施,使病人不知所苦"。在固定方面,强调"制器以正之,用辅手法之所不逮,以冀分者复合,欹者复正,高者就其平,陷者升其位",并创造和改革了多种固定器具。例如对脊柱中段损伤采用通木固定,下腰椎损伤采用腰柱固定,四肢长骨干骨折采用竹帘、杉篱固定等。

19世纪初,中医治疗骨折的丰富经验被广泛推广,一些中医正骨著作流传至国外。1807年,日本人二宫献彦可将学习中医正骨的经验编成《中国接骨图说》,描述了当时中医整复骨折的手法和用旋转复位法治疗颈椎、腰椎损伤的技术,绘图51幅。

中华人民共和国成立后,党和政府高度重视中医发展,制订了一系列政策,全国各地一些著名中医骨伤科医家的经验得到了总结和继承,中医正骨学得到了全面发展。全国先后有十多所中医院校创立了骨伤科系,开设了中医骨伤科学专业或专业方向,编写全国统一的包括《中医正骨学》在内的中医骨伤科学专业系列教材。北京、天津、上海、洛阳等城市先后建立了骨伤科研究所,在提高临床疗效、加强科学研究和人才培养方面发挥了重要作用。

70多年来,我国骨伤科学工作者应用现代科学技术整理发掘中医正骨学遗产,从基础理论研究到临床技术的改进,均取得了大量可喜的成果。

在骨折愈合机制研究方面,以中医活血化瘀、肾主骨理论为指导,运用组织学、病理学、生物化学、生物力学、基因组学等现代先进技术手段,在组织学水平、细胞学水平、分子生物学水平及基因水平进行了广泛探讨,印证了中药能有效促进骨折愈合、夹板固定符合生物学固定原理。

在骨折治疗方面,20世纪60年代初,以尚天裕为主要代表的我国老一辈中医、中西医结合骨伤科专家系统地提出了"动静结合,筋骨并重,内外兼治,医患合作"的骨折治疗原则,使多数新鲜骨折可以应用不加重局部损伤的手法复位,使用不超过关节的夹板外固定配合患者的主动练功锻炼,取得了骨折愈合快、关节功能恢复好、患者痛苦少和并发症少等良好效果。随着临床治疗技术的不断改进和经验的积累,骨折的整复方法和固定器械有了前所未有的改进,设计出了与人体各部位解剖特点相适应的不同形式的系列夹板。作为夹板固定的补充与发展,以骨折复位固定器为代表的闭合穿针外固定疗法也于20世纪70年代开始形成并日臻完善,对髋、膝、踝、肘、腕关节内骨折的治疗收到良好效果。在垫枕练功治疗胸腰椎压缩性骨折的基础上,又有一批新型的脊柱骨折整复固定疗法问世,在治疗不同节段脊柱骨折及不同类型的脊髓损伤方面有了较大发展。对陈旧性骨折畸形愈合、迟缓愈合和不愈合的治疗,及对感染性、开放性骨折的治疗都取得了较大进展。中医正骨方法日益得到推广应用,并且不断取得创造性进展,受到国际医学界的重视和承认,对世界医学科学作出了一定贡献。

在新的社会背景下,各地著名中医骨伤专家的正骨经验普遍得到了整理和继承,其深厚的家学渊源代代相传,形成了较为完整的学术传承体系,各流派在强调整体辨证、筋骨并重、内外兼顾的基础上,又有自己独特的整复方法和练功方法,形成了百花齐放、百家争鸣的局面。各流派的不断壮大和推广为中医正骨学的传承发展和创新起到了重要作用。

中医正骨注重人的整体因素,注重肢体功能活动对功能恢复的积极作用,注重应用手法复位和有利于发挥肢体内在动力、保证功能活动的以夹板为主的外固定方法。这些既是中华民族文化的重要组成部分,也是人类的共同财富。不但需要继承,更要发扬光大。但是中医治疗骨关节损伤还存着不少困难和问题。例如,某些关节内骨折还难以达到解剖复位要求,某些部位的骨折用夹板固定还不可靠,骨折迟缓愈合和不愈合在临床上还有一定的发生率,股骨颈骨折并发股骨头坏死率还比较高,骨质疏松性骨折防治效果还不是很理想,等等。这些都需要骨伤科工作者努力创新正骨技术,不断加以解决。

回顾世界医学的发展历史,我们可以看到,中医和西医治疗骨关节损伤各有所长,两者都是在不同历史文化环境中长期形成的医学科学,各自具有独特的理论体系和治疗方法,也都同样面临着当今社会的种种挑战。诸如现代化工农业生产和交通事故造成的复杂损伤,地震等自然灾害造成的大量损伤,激烈竞争的体育比赛造成的运动损伤,社会老龄化带来的老年人骨质疏松性骨折等损伤,等等,都需要中医和西医共同努力研究解决。

总之,我们应该以历史唯物主义的观点来发掘继承前人的理论知识和实践经验,系统掌握中医正骨学的基本知识、基础理论、基本操作技能,结合现代科学技术和方法,继承与发展中医正骨学,发扬光大中医骨伤科学,使之为人类的健康事业作出更大的贡献。

● (柏立群　温鑫柱)

第一章

骨 折 概 论

📝 **学习目标**

　　通过对骨折发生总的病因病机以及骨折的诊断、治疗原则和方法等基本理论、基本技能的学习和训练,为本教材后续骨折各论的学习打下坚实基础。

　　由于外力的作用,骨的完整性或连续性遭到破坏,称为骨折。对于骨折的概念,我国古代医家很早就有所认识,甲骨文已有"疾骨""疾胫""疾肘"等病名;《周礼·天官》记载了"折疡";《灵枢·邪气脏腑病形》记载了"折脊";长沙马王堆汉墓出土的医籍也有"折骨"的记载。骨折这一病名出自唐代王焘《外台秘要》。

第一节　骨折的病因病机

一、骨折的病因

(一)外因

　　造成骨折的外因系损伤外力,一般可分为直接暴力、间接暴力、肌肉牵拉力和累积性力四种。不同性质的外力所致骨折的临床特点各异。

　　1. 直接暴力　骨折发生在外来暴力直接作用的部位,如打伤、压伤、枪伤、炸伤及撞击伤等。这类骨折多为横断骨折或粉碎性骨折,骨折处的软组织损伤较严重。若发生在前臂或小腿,两骨骨折部位多在同一平面;如为开放性骨折,则因打击物由外向内穿破皮肤,故感染率较高。

　　2. 间接暴力　骨折发生在远离于外来暴力直接作用的部位。间接暴力包括传达暴力、扭转暴力、杠杆作用力等,多在骨质薄弱处造成斜形骨折或螺旋形骨折,骨折处的软组织损伤较轻。若骨折发生在前臂或小腿,则两骨骨折的部位多不在同一平面。如为开放性骨折,则多因骨折断端由内向外穿破皮肤,故感染率较低。

　　3. 肌肉牵拉力　由于肌肉急骤地收缩和牵拉,可拉断或撕脱肌肉附着处的骨骼而发生骨折。如跌倒时股四头肌剧烈收缩可导致髌骨骨折,前臂屈肌群剧烈收缩可导致肱骨内上髁骨折。这类骨折的部位多为松质骨,血运较丰富,骨折愈合较快。

　　4. 累积性力　骨骼长期反复受到震动或形变,外力的积累,可造成慢性损伤的疲劳骨折。多发生于长途跋涉后或行军途中,以第2、3跖骨及腓骨干下1/3疲劳骨折为多见。这类骨折多无明显移位,但愈合较缓慢。

笔记栏

ER 1-1

青枝骨折损伤机制及影像学表现

(二)内因

骨折的发生,主要由外力因素所导致,也与年龄、健康状况、解剖部位和结构,以及骨骼是否原有病变等内在因素的关系十分密切。

1. 年龄、健康状况　年轻力壮,气血旺盛,筋骨强健,身体灵活,能耐受较大的外力,除较大的暴力外,一般不易发生骨折。年老体弱,气血亏虚,肝肾不足,骨质松脆,筋骨痿弱无力,若遭受轻微外力,则可引起骨折。

2. 骨的解剖部位和结构状况　幼儿骨膜较厚、骨胶原含量较多,易发生青枝骨折;18岁以下的青少年,骨骺未闭合易发生骨骺分离;老年人骨质疏松、骨的脆性增大,易发生骨折。骨折还易发生在解剖结构薄弱部位,如肱骨下端扁而宽,前面有冠状窝、后面有鹰嘴窝,中间仅一层较薄的骨片,故这一部位易发生骨折。在骨质的疏松部位和致密部位交接处(如肱骨外科颈、桡骨远端等)及脊柱的活动段与静止段交接处(如脊柱胸腰段等)也容易发生骨折。

3. 骨骼病变　如先天性脆骨病、营养不良、佝偻病、甲状腺功能亢进症、骨感染和骨肿瘤等,骨骼本身已有病变或骨质已遭破坏,若遭受轻微的外力,就能导致骨折。这种骨折需要进一步明确骨骼原有疾病的诊断,治疗上可按疾病的性质选择不同的方法,或找出原因后采用相应的措施。

二、骨折的移位

骨折移位的程度和方向,一方面与暴力的大小、方向、作用点及搬运情况等外在因素有关,另一方面还与肢体远侧端的重量、肌肉附着点及其收缩牵拉力等内在因素有关。骨折移位方式有下列五种,临床上常同时存在(图1-1)。

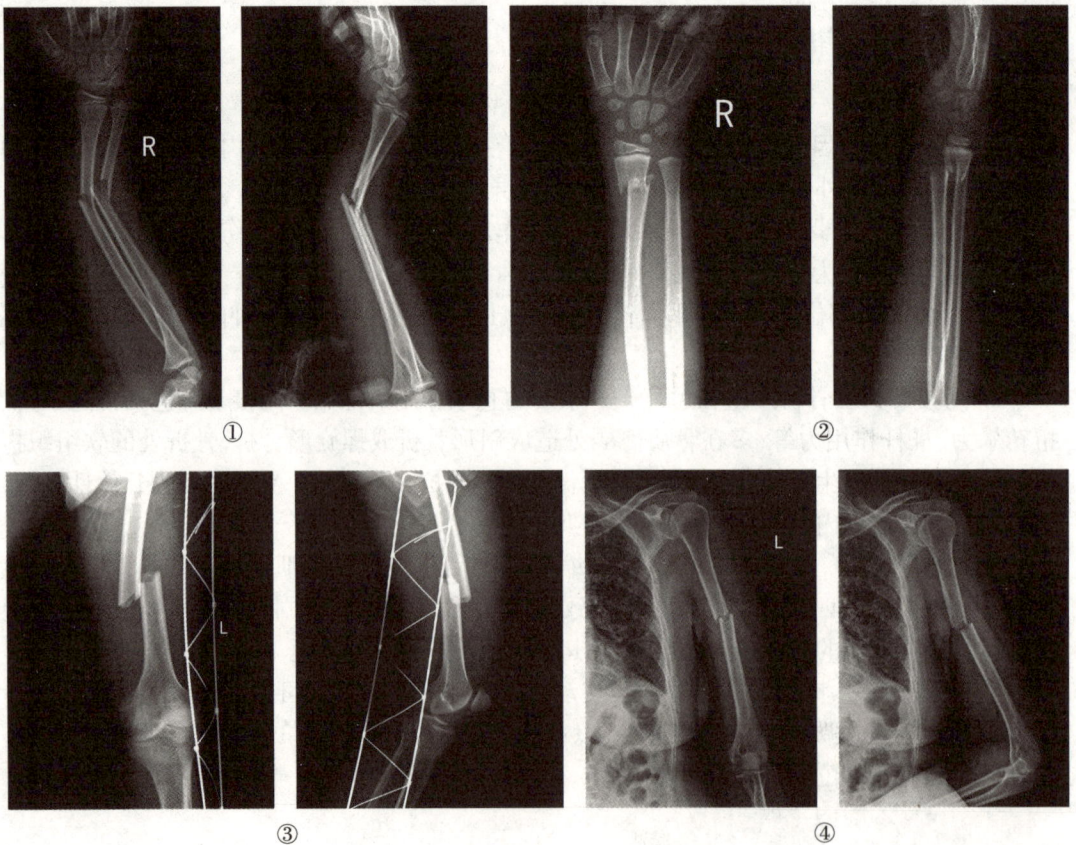

①　②

③　④

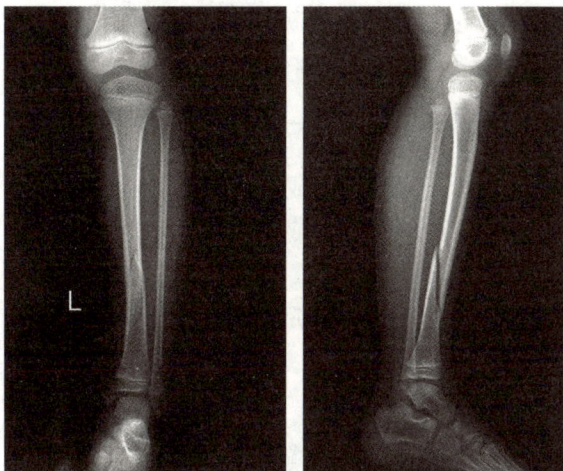

⑤

图 1-1　骨折的移位
①成角移位；②侧方移位；③缩短移位；④分离移位；⑤旋转移位

1. 成角移位　两骨折段的轴线交叉成角，以角顶的方向称为向前、向后、向外或向内成角。
2. 侧方移位　两骨折端相对移向侧方，四肢按骨折远端的移位方向称为向前、向后、向内或向外侧方移位。脊柱则以上位椎体移位的方向来分。
3. 缩短移位　骨折端互相重叠或嵌插，骨的长度因而缩短。
4. 分离移位　两骨折端互相分离，骨的长度增加。
5. 旋转移位　骨折段围绕骨的纵轴而旋转。

第二节　骨折的分类

对骨折进行分类，是决定治疗方法和掌握其发展变化规律的重要环节。骨折的分类方法很多，同一病例，根据骨折前后的变化和骨折局部的病变，可有不同的分类方法。这里介绍几种常见的分类方法。

一、根据骨折处是否与外界相通分类

1. 闭合性骨折　即骨折处皮肤或黏膜未破裂，骨折断端与外界不相通者。
2. 开放性骨折　即骨折处皮肤或黏膜破裂，骨折端通过破裂处与外界相通者。

某些闭合性骨折的断端已经穿破肌肉和深筋膜，对皮肤造成直接压迫而引起坏死和剥离，称为潜在性开放性骨折。

有些开放性骨折易被误诊为闭合性骨折，如耻骨骨折合并尿道损伤、骶尾骨骨折合并直肠损伤等。

二、根据骨折的损伤程度分类

1. 单纯性骨折　即无并发重要血管、神经、肌腱或脏器损伤者。
2. 复杂性骨折　即并发重要血管、神经、肌腱或脏器损伤者。
3. 不完全骨折　即骨小梁的连续性仅有部分中断，此类骨折多无移位。

PPT 课件

4. **完全骨折** 骨小梁的连续性完全中断,管状骨骨折后形成远近两个或两个以上的骨折段,此类骨折多发生移位。

三、根据骨折线的形状分类

1. **横断骨折** 骨折线与骨干纵轴垂直或接近垂直。

2. **斜形骨折** 骨折线与骨干纵轴相交成锐角。

3. **螺旋形骨折** 骨折线呈螺旋形。

4. **粉碎性骨折** 骨碎裂成三块以上,称为粉碎性骨折。骨折线呈 Y 形或 T 形时,又称 Y 形或 T 形骨折。

5. **嵌插骨折** 发生在干骺端松质骨和密质骨交界处,密质骨嵌插在松质骨内,可发生在股骨颈和肱骨外科颈等处。

6. **压缩骨折** 松质骨因压缩而变形,如椎体骨折和跟骨骨折。

7. **裂缝骨折** 骨折间隙呈裂纹或线状,常见于颅骨、肩胛骨等处。

8. **青枝骨折** 多发生于儿童,仅有部分骨质和骨膜被拉长、皱褶或破裂,骨折处有成角、弯曲畸形,与青嫩的树枝被折后的情形相似。

9. **骨骺分离** 发生在骨骺板部位,骨骺与骨干分离,骨骺的断面可带有数量不等的骨组织,故骨骺分离亦属骨折的一种,见于儿童和青少年(图 1-2)。

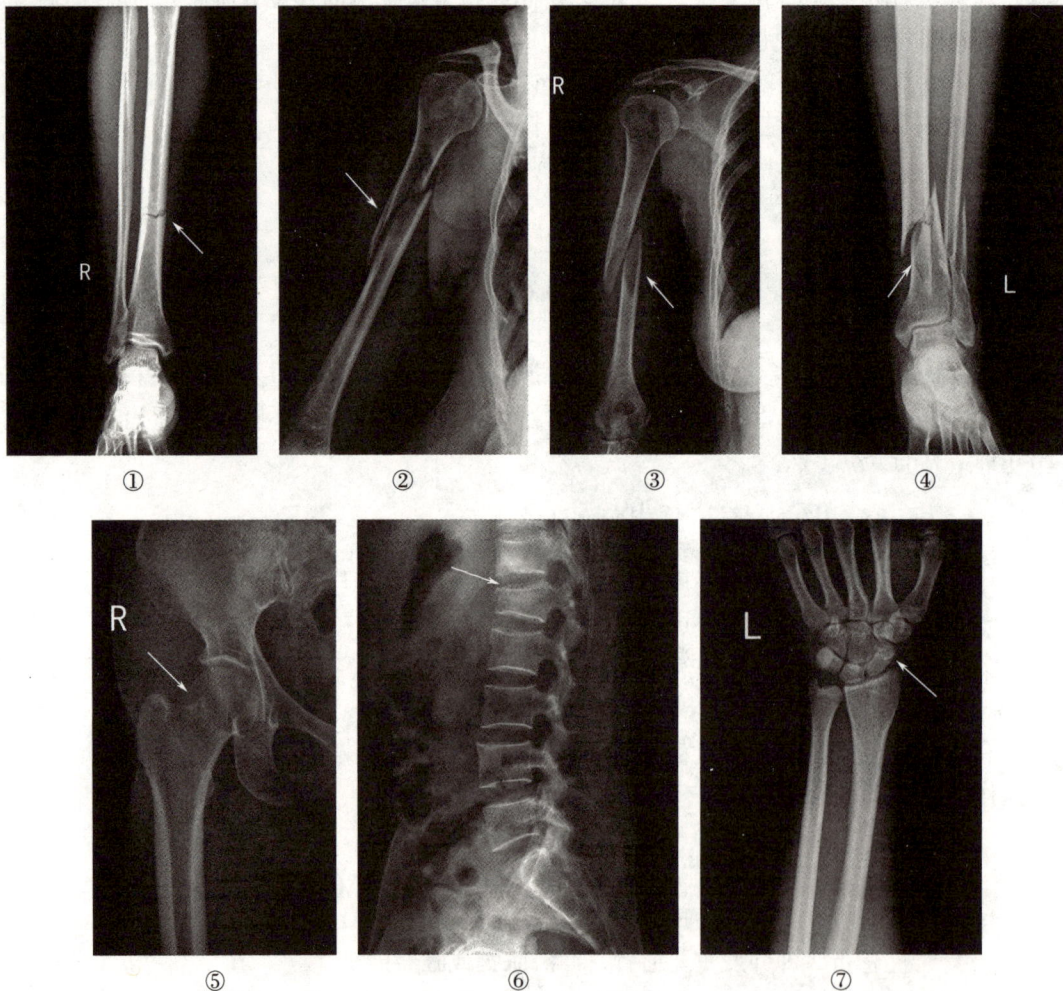

① ② ③ ④

⑤ ⑥ ⑦

8

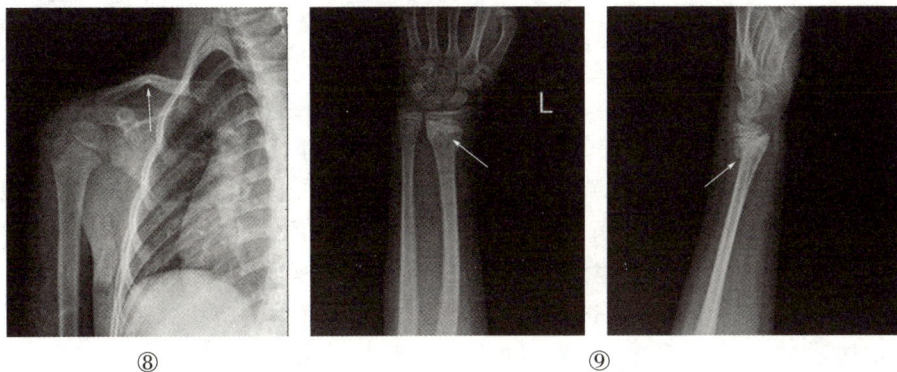

⑧   ⑨

图1-2 骨折的种类
①横断骨折；②斜形骨折；③螺旋形骨折；④粉碎性骨折；⑤嵌插骨折；
⑥压缩骨折；⑦裂缝骨折；⑧青枝骨折；⑨骨骺分离

四、根据骨折的稳定程度分类

1. 稳定骨折　即复位经适当外固定后不易发生再移位者,如裂缝骨折、青枝骨折、嵌插骨折等。此类骨折的特点是治疗容易,预后好。

2. 不稳定骨折　复位后易于发生再移位,如斜形骨折、螺旋形骨折、粉碎性骨折。此类骨折复位固定都比较困难,预后一般比稳定骨折差。

五、根据骨折后的时间分类

1. 新鲜骨折　伤后2~3周以内就诊者。新鲜骨折骨折端的血肿尚未完全吸收,尚未形成纤维骨痂包裹者。

2. 陈旧骨折　伤后2~3周以后就诊者。陈旧骨折的骨折断端间已有纤维组织或骨痂包裹者。

六、根据受伤前骨质是否正常分类

1. 外伤性骨折　骨折前,骨质结构正常,纯属外力作用而发生骨折者。

2. 病理性骨折　骨质原已有病变(如骨质疏松症、骨结核、骨肿瘤等),经轻微外力而发生骨折者。

第三节　骨折的诊断

骨折的诊断是通过对患者受伤史、全身情况、局部情况的全面了解和针对性的影像学检查等,将临床收集的资料进行分析、归纳、推理和判断,从而得出骨折与否、骨折部位和类型、移位情况、有无并发症等正确诊断结果的过程。

在骨折的诊断过程中,要防止只看到浅表损伤,未注意深部损伤;只看到一处损伤,而忽略多处复杂损伤;只注意骨折局部,不顾患者全身伤情;只顾检查,不顾患者痛苦、增加损伤等情况。通过仔细询问受伤经过,详细进行体格检查,认真分析症状、体征和影像学表现,从而及时作出准确、全面的诊断,以防漏诊、误诊。

01章03节PPT

PPT课件

一、病史

询问病史对指导检查、及时诊断有重要意义。在询问时需注意以下问题。

1. **暴力的大小、方向和作用部位** 以判断可能受伤的部位、程度以及是否合并损伤。

2. **受伤的时间** 尤应注意休克的时间，做到及时抢救，并可用于估计预后。对开放伤口暴露的时间必须问清，以决定是否缝合伤口或者扩创的范围。从受伤时间以及肢体肿胀的程度可以估计出血量。断肢的时间长短对能否再植成活有极重要的影响。

3. **伤后的全身情况** 有无昏迷、呕吐、呼吸困难或腹痛等。应注意判断有无合并颅脑或胸腹部损伤。

4. **伤后肢体的功能情况** 对不能活动或感觉障碍的肢体，应了解现场急救情况、转送方式和伤情变化，对截瘫患者尤应注意。

5. **伤后处理情况** 如所上止血带种类及时间，肢体是否恰当制动，曾否注射止痛剂、破伤风抗毒素，以及创口的包扎情况。

6. **既往重要疾患情况** 如心脏病、高血压、癫痫、结核、糖尿病、出血性疾患、肿瘤等疾病。

7. 对陈旧性损伤，还应询问既往治疗方法、肢体固定情况、练功活动情况、是否有感染以及患者存在的困难和要求。

二、临床表现

(一) 全身情况

一般单纯性骨折，全身症状不明显或不严重。只是由于局部有瘀血停聚，积而化热，常有轻度发热，体温一般在 38.5℃ 以下，5~7 天后逐渐降至正常，无恶寒或寒战，或兼有口干、心烦、尿赤便燥、失眠多梦、脉浮数或弦紧、舌质红、苔黄厚腻等症。

严重的创伤和骨折可发生休克。多见于股骨干、脊柱、骨盆等处骨折及大关节脱位。创伤所引起的休克，多因失血过多、剧烈疼痛、精神遭受严重刺激和重要器官如心、肺、肝、脑的功能障碍所致。

(二) 局部情况

1. **一般症状**

(1)疼痛和压痛：骨折后，由于骨断筋伤，脉络受损，气血凝滞，阻塞经络，不通则痛，故骨折部位常出现不同程度的疼痛、直接压痛和间接压痛。间接压痛对骨折诊断有重要意义，如肢体纵轴叩击痛、胸廓挤压痛、骨盆挤压痛等。不完全骨折和嵌插骨折，仅有局限性压痛而无骨折特有体征。

(2)肿胀和瘀斑：骨折后，局部经络损伤，血管破裂出血，营血离经，阻塞络道，瘀滞于肌肤腠理而出现肿胀。若骨折处出血较多，伤血离经，通过撕裂的肌膜及深筋膜，溢于皮下，即成瘀斑，严重肿胀时还可出现水疱、血疱。

(3)活动功能障碍：骨折后，由于肢体失去杠杆和支柱作用，以及剧烈疼痛、筋肉痉挛、组织破坏等原因造成肢体出现活动功能障碍。一般来说，不完全骨折、嵌插骨折的功能障碍程度较轻，完全骨折、有移位骨折的功能障碍程度较重。

2. **骨折的特征**

(1)畸形：骨折后，由于暴力作用、肌肉收缩牵拉、肢体重量、搬运不当等，可使骨折端发生不同程度和不同方向的移位，出现肢体外形改变而产生畸形。如短缩、成角、侧方移位、旋转、隆起、凹陷等畸形。某些骨折有特定的畸形，如桡骨远端伸直型骨折出现"餐叉样"畸形、"枪刺状"畸形。

（2）骨擦音：骨折断端互相触碰或摩擦所发出的粗糙声音。一般完全骨折在局部检查时，用手触摸骨折处可感觉到。

（3）异常活动（假关节活动）：骨干部无嵌入的完全骨折，可出现好像关节一样屈伸旋转的不正常活动，被称为假关节活动。这是一种骨的连续性丧失后所呈现的异常活动。

畸形、骨擦音和异常活动是骨折的特征，这三种特征只要其中一种出现，在排除关节脱位、肌腱损伤或其他病变引起的肢体畸形时，即可初步诊断为骨折。但在检查时不应主动寻找骨擦音或异常活动，以免增加患者痛苦、加重局部损伤或导致严重的并发症。骨折端移位明显而无骨擦音，则骨折断端间或有软组织嵌入。

三、临床检查

（一）望诊

望患者的面部表情、姿势、步态可判断病情的轻重缓急和大体受伤部位。如果表情痛苦、出冷汗、面色苍白、四肢发冷、呼吸短促、口唇青紫，应考虑休克的可能。

望受伤局部有无畸形、肿胀、瘀斑情况对骨折的诊断有重要意义。

（二）触诊

医者用两手对损伤部位进行触摸，仔细辨认温度、弹性、连续性、压痛、骨折移位和异常活动等，由表及里，由浅及深，以便确定损伤的部位和程度。这种诊断方法在缺少 X 线设备的地方更为重要。

（三）测量

确定测量肢体的骨突出标记点，以卷尺对照测量患肢与健肢的长度、周径、力线和关节活动度，在骨折诊断和治疗过程中有重要意义。

（四）血管神经检查

在受伤部位临床检查时，要特别注意伤肢远端浅表动脉及患肢浅、深部感觉和运动等神经功能的检查，注意有无并发血管和神经损伤。如肱骨干骨折并发桡神经损伤、股骨下 1/3 骨折并发腘动脉损伤等。

四、影像学检查

（一）X 线检查

X 线检查是骨折诊断的重要手段之一。它不仅能对骨折存在与否加以确认，而且还能显示骨折类型、移位方向、骨折端形状等情况。在 X 线检查时应注意以下几方面。

1. 尽可能摄 X 线片检查。X 线透视检查比较方便、及时，但它不如 X 线片显示得清楚，也无法会诊与保存资料。特别是一些微小骨折，必须借助 X 线片来分析判断。

2. X 线摄片检查一般应摄正、侧两个方位。对特殊部位的骨折，应摄特殊角度的 X 线片。如腕舟骨骨折应加摄斜位片、枢椎齿状突骨折要摄开口片等。

3. 摄四肢骨干 X 线片，应至少包括远、近一个关节。前臂及小腿骨折，有时两条骨的骨折线不在同一平面，最好拍骨的全长，以免漏诊。

4. X 线检查必须与临床检查相结合，以便准确诊断。有些骨折，如腕舟骨骨折、股骨颈无移位骨折等，有时 X 线摄片可能显示不出骨折线，应 2 周后再行 X 线摄片检查，由于断端骨质吸收，便可见到明显的裂纹。

5. 儿童骨骺损伤，有时不易确定有无骨折及移位，需摄健侧肢体相应部位的 X 线片，以便对照判断。

6. 在手法整复时,有时需要采用 X 线透视以检查骨折复位情况,但必须严格实行防护措施,防止引起放射性损伤。现代 X 线影像增强器的使用,减少了放射性损伤的发生,但亦应尽量避免在透视下进行整复。

(二) CT 检查

CT 检查图像的特点是轴层断面扫描和可进行三维重建,它没有影像重叠,组织间解剖关系清楚。有些 X 线片不容易显示的部位,采用 CT 检查能够获得较好的显示,如寰椎、骶髂关节等。对脊柱骨折进行 CT 检查除能观察骨折情况外,还能够观察骨折块对椎管的影响和脊髓的损害。

(三) MRI 检查

MRI 检查图像的特点是高对比度,能够较好地反映解剖结构和组织特点,可显示任意方位断层。有些隐匿性骨折、骨骺损伤和骨折合并韧带损伤等,采用 MRI 检查能够获得明确诊断。MRI 检查应用于脊柱骨折合并脊髓神经损伤的意义较大,能够比较清楚地反映骨折块对脊髓的损害情况,如脊髓水肿和出血情况等。MRI 检查无辐射损伤,但身体有金属内置者应谨慎使用。

第四节　骨折的并发症

机体遭受暴力,除发生骨折外,还可能合并各种全身或局部的并发症。有些严重的并发症可于短时间内危及生命,必须紧急处理;有些并发症需要与骨折一并治疗;有的则需待骨折愈合后再处理。因此,必须做周密的全身检查,确定有无并发症,然后决定处理方法。正确、妥善地处理并发症在骨折的治疗中是十分重要的。

一、早期并发症

(一) 全身并发症

1. 休克　严重的创伤和骨折可发生休克。多因失血过多、剧烈疼痛、精神遭受严重刺激和重要器官如心、肺、肝、脑的功能障碍所致。对于休克患者,应及时进行止痛、止血、输氧、输血、输液等抗休克治疗及对症处理。

2. 脂肪栓塞　是少见而严重的骨折并发症,近年来随着复杂损伤增多而发病率有所增加。脂肪栓塞一般不易作出早期诊断,一旦发现便难以救治。成人骨干骨折,髓腔内血肿张力过大,骨髓腔内的脂肪滴通过破裂静脉进入血流,形成脂肪栓子堵塞重要脏器的血管。栓塞的发生时间通常在伤后数小时到数天,部位多发生在肺和脑,临床表现主要为昏迷、休克,甚至突发死亡,症状轻微者常被忽略。肺栓塞的症状类似急性肺水肿。脑栓塞可引起严重的脑症状,体格检查时发现胸壁和结膜下有出血点。为预防发生脂肪栓塞,对于骨折患者,应及时、妥善进行固定,迅速转送,争取早期治疗。

3. 挤压综合征　是指在四肢或躯干肌肉丰富的部位,遭受重物长时间挤压,在解除压迫后,出现以肢体肿胀、肌红蛋白尿、高血钾为特点的急性肾衰竭的综合征。躯干或肢体严重受压,筋膜间隔区内压力不断上升,导致肌肉组织的缺血性坏死,解除压迫后,坏死的肌肉组织释放出肌红蛋白、钾离子、酸性代谢产物等大量进入血流,造成肾脏损害,导致肾功能障碍。挤压综合征是创伤骨折的一种严重并发症,死亡率较高,可达 50% 以上;近年来采用人工透析方法治疗,死亡率明显下降。本病多发生于房屋倒塌、工程塌方、交通事故等意外伤害中,在战争、强烈地震等严重灾害时可成批出现。对肢体长时间受重物挤压者,应作到早期诊断,及时救治。

(二) 局部并发症

1. 感染　多见于开放性骨折,特别是由外向内损伤的开放性骨折,伤口污染严重,常有异物存留,若不及时彻底清创,很容易发生感染,导致骨髓炎、败血症等。若发生厌氧性感染,如破伤风、气性坏疽等,后果更加严重。

2. 重要血管损伤　暴力的挤压、撕裂、骨折端的刺戳都可引起重要血管损伤。多见于严重的开放性骨折和移位较大的闭合性骨折。如伸直型肱骨髁上骨折引起的肱动脉损伤(图 1-3),股骨髁上骨折引起的腘动脉、腘静脉损伤,胫骨上段骨折引起胫前或胫后动、静脉损伤。重要血管损伤可有下列几种情况。

(1) 开放性骨折合并动脉破裂则鲜血从伤口喷射流出。

(2) 由于骨折压迫或刺伤可发生血管痉挛,使血流不畅或完全不通,导致血栓形成。

(3) 动脉被骨折端刺破,形成局部血肿,后期可形成假性动脉瘤,若动、静脉同时被刺破,可形成动、静脉瘘。

重要动脉损伤后,肢体远侧疼痛麻木、冰冷、苍白或发绀、脉搏消失或减弱。重要血管损伤不仅导致肢体坏死,而且易造成失血性休克甚至死亡。因此,一定要及时采取正确的处理措施。

3. 缺血性肌挛缩　上肢多见于肱骨髁上骨折或前臂双骨折,下肢多见于股骨髁上或胫骨上端骨折。上、下肢的重要动脉损伤后,血液供应不足或因包扎过紧超过一定时限,前臂或小腿的肌群因缺血而坏死,该区域的神经也因供血不足发生变性,神经麻痹。肌肉坏死,经过机化形成瘢痕组织,逐渐挛缩成特有的畸形(图 1-4),可造成严重的残疾。如《诸病源候论·金疮病诸候》说:"此由伤绝经筋,荣卫不得循行也,其疮虽愈,筋急不得屈伸也。"

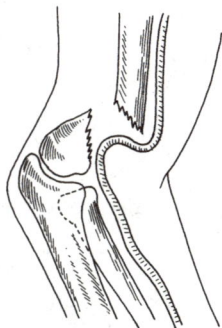

图 1-3　伸直型肱骨髁上
骨折损伤肱动脉

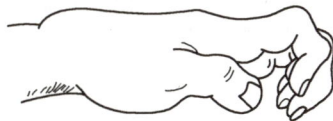

图 1-4　缺血性肌挛缩导致的手部畸形

4. 神经干损伤　骨折时神经受牵拉、压迫、挫伤或刺激及外固定压迫,会造成附近的神经损伤。如肱骨干中下 1/3 骨折合并桡神经损伤、腓骨小头骨折合并腓总神经损伤等,引起其所支配的部分运动和感觉障碍(图 1-5)。对上述闭合性骨折移位合并神经损伤者,应及时将骨折复位,以解除压迫和牵拉,神经可逐渐恢复。若不见恢复,可择期进行神经探查、松解、移位或行神经移植术。

5. 筋膜间隔区综合征　骨折及创伤可使肢体的筋膜间隔区内压力升高,导致血管受压,血液循环障碍,肌肉、神经组织严重供血不足,甚则发生缺血坏死,引起严重的后遗症。多见于前臂和小腿,前臂好发于掌侧及背侧筋膜间隔,小腿好发于胫后浅、深间隔及胫前间隔。筋膜间隔区综合征的早期诊断和及时治疗至关重要。肢体进行性疼痛是最早期的症状,肢体严重肿胀和受累间隔肌肉被动牵拉痛是最重要的体征。最有效的治疗方法是手术切开筋膜彻底减压。

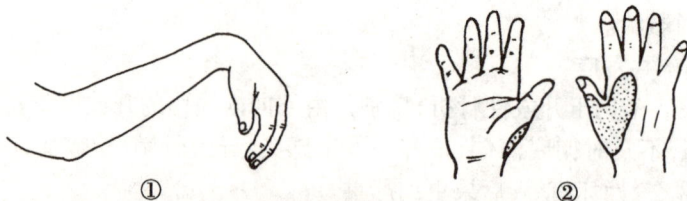

①腕下垂，拇指不能外展和背伸；②感觉障碍区

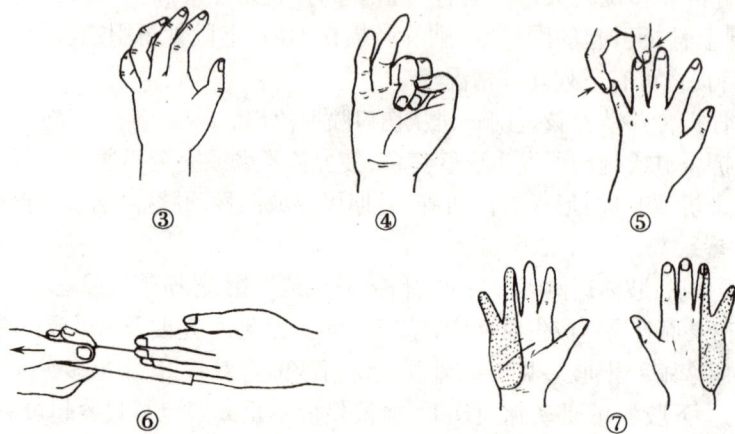

桡神经损伤

③爪形手；④第四、五指屈曲不全；⑤第四、五指不能外展内收；
⑥第四、五指不能夹紧纸片；⑦感觉障碍区

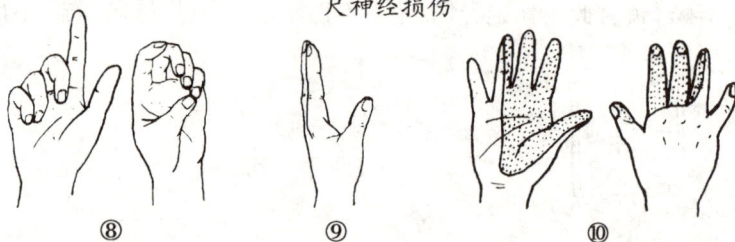

尺神经损伤

⑧第一、二指不能屈曲，第三指屈曲不全；⑨拇指不能对掌，不能向掌侧运动；
⑩感觉障碍区

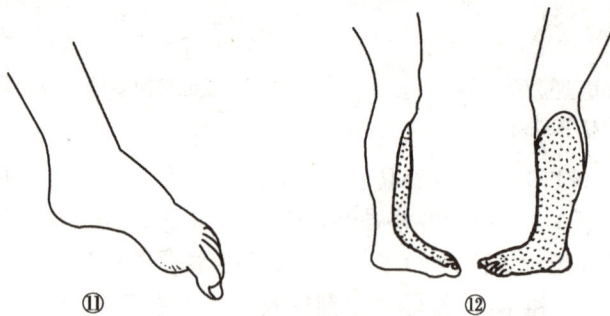

正中神经损伤

⑪足下垂；⑫感觉障碍区

腓总神经损伤

图 1-5　神经干损伤

6. 脏器损伤　由于暴力所致或骨折端刺戳，可并发脏器损伤。

（1）肺损伤：肋骨骨折可合并胸膜、肺实质损伤或肋间血管破裂，可引起血胸或闭合性气胸、开放性气胸、张力性气胸或血气胸。

（2）肝、脾破裂：暴力打击胸壁下部时，除可造成肋骨骨折外，还可发生肝或脾破裂，特别在有脾大时更易发生脾破裂，形成严重内出血和休克。

（3）膀胱、尿道、直肠损伤：耻骨和坐骨支同时断裂时，容易导致后尿道损伤，若此时膀胱处于充盈状态，则可被移位的骨折端刺破，这种膀胱损伤多为腹膜外损伤。骶尾骨骨折还可并发直肠损伤。

（4）脑、脊髓损伤：颅骨骨折和脊柱骨折时，常常合并脑和脊髓损伤，造成脑挫裂伤或颅内血肿和脊髓受压或断裂，从而危及生命或遗留截瘫。

二、后期并发症

（一）全身并发症

1. 坠积性肺炎　由于下肢和脊柱骨折，须长期卧床，致肺功能减弱，痰涎积聚，咳出困难，引起呼吸系统感染。以老年患者多见，常因此而危及生命。故患者在卧床期间应多做深呼吸，或主动按胸咳嗽帮助排痰；注意练功活动，在不影响骨折治疗的前提下，应多起坐或做床上运动。

2. 压疮　脊柱骨折合并截瘫者或其他骨折需要长期卧床时，可在骨骼突出部（如股骨大转子、骶骨、跟骨、踝部等处）发生压疮。这是由于局部长期受压，血液供给障碍，以致组织坏死，溃疡形成，经久不愈，有时还可能发生感染。对此应加强护理，早作预防。对压疮好发部位要保持清洁、干燥，给予定时翻身、按摩，或在局部加棉垫、毡垫或空气垫圈等以减少压迫。对已发生的压疮，除了按时换药、清除脓液和坏死组织外，还应给予全身抗生素治疗及支持疗法或投以清热解毒、托疮生肌的中药。

3. 泌尿系感染和结石　脊柱骨折合并截瘫者，长期留置导尿管，若处理不当，可引起逆行性泌尿系感染，发生膀胱炎、肾盂肾炎等。故要在无菌条件下，定期更换导尿管和冲洗膀胱。骨折长期卧床患者，骨骼脱钙，大量钙盐从肾脏排出，若患者活动少、饮水少，则排尿不畅，容易形成泌尿系结石。应鼓励患者多饮水，保持小便通畅。

（二）局部并发症

1. 外伤性骨化（骨化性肌炎）　关节内或关节附近骨折脱位后，由于损伤严重、急救固定不良、反复施行粗暴的整复手法和被动活动，致使深部肌肉内的血肿和被撕裂剥离的骨膜下血肿彼此沟通，渗入肌纤维之间。血肿机化后，通过骨膜化骨的诱导，逐渐变为软骨，游离的钙质进入机化后的肌肉中沉积，再钙化、骨化。一般在早期的 X 线片，只显示出云雾状边界不清的骨化阴影，经过数月，阴影逐渐清晰、缩小，边缘分明。临床上以肘关节损伤容易并发，常可严重影响关节活动功能。

2. 创伤性关节炎　关节内骨折整复不良或骨干骨折成角畸形愈合，以致关节面不平整或关节面压力状况改变，可引起关节软骨面损伤，形成创伤性关节炎。

3. 关节僵硬　严重的关节内骨折积血吸收不良，形成结缔组织粘连，或长期外固定引起关节周围软组织粘连和肌腱挛缩，可引起关节僵硬，导致关节活动障碍。因此，对关节内骨折并有积血者，应尽量抽净。固定的范围和时间要恰到好处，并早期进行关节的练功活动。

4. 缺血性骨坏死　骨折段的血液供应因骨折而被切断，或因血管的栓塞或血栓形成而失养，从而造成缺血性骨坏死。如股骨颈骨折并发股骨头坏死、腕舟骨腰部骨折并发近侧段坏死等。

5. 骨生长畸形　少年儿童骨骺损伤，可影响该骨关节的生长发育，日后逐渐（常需若干年）出现肢体畸形。如肱骨髁上骨折可并发肘内翻畸形。

第五节 骨折的愈合过程

骨折愈合是创伤愈合的一种特殊类型，是一个极其复杂且高度有序的生物学修复过程。中医将骨折的愈合过程概括为"瘀去、新生、骨合"。从组织学研究，现代医学则将该过程大致分为三期，即血肿机化期、原始骨痂期与骨痂改造期，整个过程是持续的和渐进的。

一、血肿机化期

骨折后，由于骨折本身、骨髓、骨膜及周围软组织中的血管断裂出血，在骨折部形成血肿，血肿于伤后 6~8 小时即开始凝结。骨折断端及邻近组织细胞因血液循环中断发生坏死，在骨折区很快引起急性炎症反应，血管扩张充血，血浆渗出，导致局部急性水肿。血肿与局部坏死组织可趋化许多细胞聚集，急性炎症细胞、多形核白细胞和巨噬细胞向骨折处迁移，骨折断端开始有数毫米长的吸收。急性炎症反应时间大约在 1 周。继之，血肿逐渐机化，肉芽组织逐渐演变成纤维结缔组织，使骨折断端初步连接形成纤维性骨痂，组织学上把这一过程称为血肿机化期，约在骨折后 2~3 周内完成。在这一时期内若发现骨折对线对位不良，尚可再次手法整复、调整外固定或牵引方向加以矫正。此期应内服活血化瘀药物，以加强骨折断端局部血液循环，并清除血凝块以及代谢中的分解产物。

二、原始骨痂期

骨外膜和骨内膜在骨折的愈合过程中起重要作用，其通过成骨细胞形成骨样组织逐渐钙化，膜内化骨形成外骨痂和内骨痂。骨折后 24 小时内，骨折断端处的外骨膜内层成骨细胞开始增生、肥厚，产生骨化组织，形成新骨，称骨膜内骨化。新骨不断增多，紧贴在骨皮质的表面，填充在骨折断端之间，呈斜坡样，称外骨痂。在外骨痂形成的同时，骨折断端髓腔内的骨内膜也以同样的方式产生新骨，充填在骨折断端的髓腔内，称内骨痂。充塞在骨折断端之间由血肿机化而形成的纤维结缔组织，大部分转变为软骨，软骨细胞经过增生、变性钙化而骨化，称软骨内骨化。这种位于骨折断端间的骨痂，称桥梁骨痂。内、外骨痂与桥梁骨痂的形成速度并不一致，往往在骨折处呈一个梯度的变化，即在骨折中心含有血肿，血肿周围是松软的纤维软骨，软骨岛周围是塑形较好的软骨，在软骨外层是新生骨。这样，力学性能最差的位于中心，力学性能最好、塑形能力最强的位于外周。由此可见，外骨痂生长最快，作用也最大；桥梁骨痂生长缓慢，作用也较弱，所以在骨折治疗中要注意保护内外骨膜和防止较大的血肿。当内外骨痂和桥梁骨痂完全融合，其强度足以抵抗肌肉收缩和重力时，骨折已达到临床愈合。组织学上把这一过程称为原始骨痂期，一般约需 4~8 周。如 X 线片显示骨折线模糊，周围有连续性骨痂，则可解除外固定，加强患肢的活动锻炼。但若此时发现骨折对位对线不良，则手法整复已相当困难，调整外固定亦难以改善。此期应以内服接骨续筋药物为主，佐以活血化瘀药物。

三、骨痂改造期

骨折部的原始骨痂在肢体应力的作用下不断改造，成骨细胞增加，新生骨小梁也逐渐增加，且逐渐排列规则和致密，而骨折端无菌坏死部分经过血管和成骨细胞、破骨细胞的侵入，进行坏死骨的清除和形成新骨的爬行替代过程，骨折部位形成了骨性连接。组织学上把这一过程称为骨痂改造期，一般需要 8~12 周。此期应以内服补肝肾、养气血、壮筋骨药物为主。

骨折愈合骨性连接后，随着肢体的活动和负重，在应力轴线上的骨痂，不断地得到加强和改造，而在应力轴线以外的骨痂，逐渐被清除吸收，最后形成适应生理需要的永久性骨痂，骨髓腔再通，恢复骨的原来形状，完成骨的塑形，成人一般需时 2~4 年，儿童一般 2 年以内。

📖 **知识链接**

骨折一期愈合和二期愈合

骨折一期愈合，又称为骨折直接愈合，是一种特殊的骨折愈合方式，是骨折端通过直接成骨和骨单位重建而达到骨性连接，即通过新生哈弗斯系统由骨折端直接进入另一骨折端而连接。骨折一期愈合要求骨折端解剖复位、坚强固定和有良好的血液供应三个条件，一般只有在切开复位并采用加压内固定的情况下才会发生。骨折断端很少有骨痂，骨折愈合时间相对要长。因为牢固的内固定使骨折端应承受的局部应力消失，使骨折受到过度的应力性保护，可使皮质骨强度变弱，固定去除后甚至去除前就有发生再骨折的可能。

骨折二期愈合，又称为骨折间接愈合，是一种自然的骨折愈合方式，是骨折端接触得不够紧密且又存在一定程度的活动，骨折端在应力刺激下，通过炎症反应、骨痂形成和改建而获得连接，也就是本节介绍的骨折愈合方式。采用手法整复、夹板固定，结合练功治疗，骨折就发生二期愈合。骨折端有大量骨痂，骨折愈合牢固，骨折愈合时间相对要短。

四、骨折的临床愈合标准和骨性愈合标准

掌握骨折临床愈合和骨性愈合的标准，有利于确定外固定的时间，更好地指导患者练功锻炼。

(一) 骨折的临床愈合标准

1. 局部无压痛，无纵向叩击痛。

2. 局部无异常活动。

3. X 线片显示骨折线模糊，有连续性骨痂通过骨折线。

4. 功能测定，在解除外固定情况下，上肢能平举 1kg 重物达 1 分钟，下肢能连续徒手步行 3 分钟，并不少于 30 步。

5. 连续观察 2 周骨折处不变形，则观察的第一天即为临床愈合日期。2、4 两项的测定必须慎重，以不发生变形或再骨折为原则。

成人常见骨折临床愈合时间见表 1-1。

表 1-1　成人常见骨折临床愈合时间参考表

骨折名称	时间 / 周
锁骨骨折	4~6
肱骨外科颈骨折	4~6
肱骨干骨折	4~8
肱骨髁上骨折	3~6
桡尺骨干骨折	6~8

续表

骨折名称	时间/周
桡骨远端骨折	3~6
掌、指骨骨折	3~4
股骨颈骨折	12~24
股骨转子间骨折	7~10
股骨干骨折	8~12
髌骨骨折	4~6
胫腓骨干骨折	7~10
踝部骨折	4~6
跖部骨折	4~6

（二）骨折的骨性愈合标准

1. 具备临床愈合标准的条件。
2. X 线片显示骨小梁通过骨折线。

第六节　影响骨折愈合的因素

PPT 课件

影响骨折愈合的因素是多方面的，也是十分复杂的，有局部因素，也有全身因素。因此要综合利用各种有利因素促进骨折愈合，避免一切不利因素。

一、局部因素

（一）损伤程度

有大块骨缺损的骨折、严重的粉碎性骨折、多段骨折或软组织损伤严重、断端形成巨大血肿者，骨折的愈合速度缓慢。骨内、外骨膜在骨折的愈合过程中起着重要作用，骨膜损伤严重者，会影响骨折的愈合。如骨折为高压电或枪弹等特殊暴力所致时，由于骨折端被强电流或高温所伤，软组织坏死严重，修复能力较低，易造成骨折不愈合或迟缓愈合。

（二）断面的接触

断面接触大则愈合较易，断面接触小则愈合较难，故整复后对位良好者愈合快，对位不良者愈合慢，螺旋形、斜形骨折往往也较横断骨折愈合快。若有肌肉、肌腱、筋膜等软组织嵌入骨折断端之间，或因过度牵引、内固定不恰当，导致断端分离，妨碍骨折断面的接触，造成愈合困难。如：胫腓骨中下 1/3 骨折的过度牵引，或骨干骨折时，由于内固定（如髓内针或钢板）是在骨折端分离情况下完成的，骨折端内的骨痂不能有效连接，难以形成完整骨痂。

（三）断端的血供

骨折后血供良好的松质骨部的骨折愈合较快，而血供不良部位的骨折则愈合缓慢，甚至发生迟缓愈合、不愈合或缺血性骨坏死。例如，股骨头的血供主要来自关节囊和圆韧带的血管，故头下部骨折后，血供较差，股骨头缺血性坏死的发生率较高。胫骨干的下 1/3 血供主要依靠由上 1/3 进入髓腔的滋养动脉，故下 1/3 部骨折后，远端血供差，愈合时间长。腕舟骨的营养血管由掌侧结节处和背侧中央部进入，腕舟骨腰部骨折后，因近段的血供较差，愈合往往较慢，甚至不愈合（图 1-6）。

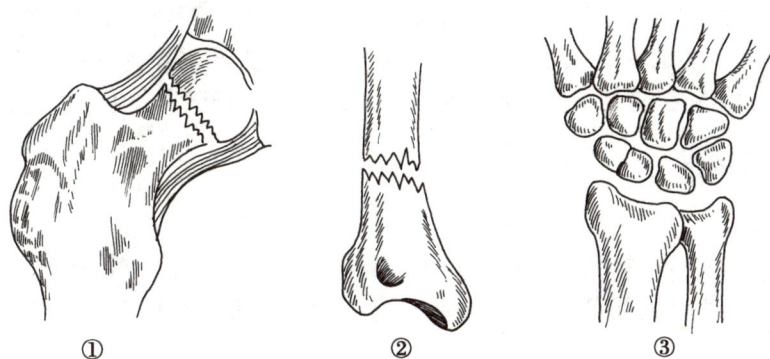

图 1-6　因血液供应差而影响骨折愈合的常见部位
①股骨颈囊内骨折；②胫骨下 1/3 骨折；③舟状骨骨折

(四) 固定情况

固定在骨折愈合过程中所起的重要作用不容忽视，恰当的固定可以保证骨折愈合过程顺利进行。若固定范围过小、固定强度过弱、固定时间过短、固定材料不合理等，导致骨折固定不稳，不能有效消除骨折断端的剪力或旋转力，干扰骨痂生长，或破坏愈合中的骨痂，使骨折迟缓愈合或不愈合。反之，固定太过，使局部血运缓慢、骨代谢减退、骨质疏松、肌肉萎缩，对骨折愈合也不利。另外，反复手法整复，加重骨折断端周围软组织损伤，使骨折断端变钝，容易发生移位；或骨折端整复后仍成角，或接触面积不够，亦是固定不良的因素。

(五) 运动

在有效固定保证骨折不再发生移位的条件下，进行肢体恰当练功活动，能促进骨折愈合；而不恰当的运动，如超过固定强度的活动，与创伤机制一致的活动，以及某些骨折应禁止的活动等，都对骨折愈合不利，甚至发生迟缓愈合或不愈合。如前臂双骨折的旋转前臂、肱骨干骨折时的前臂左右摇摆、肱骨外科颈骨折外展型的外展肩关节和内收型的内收肩关节活动等，这些都不利于骨折愈合。

(六) 感染

感染引起局部长期充血、组织破坏、脓液和代谢产物的堆积，使骨折的修复过程难以进行，感染未有效控制，骨折难以愈合。感染控制后，骨折是可以愈合的。

(七) 骨疾病

骨病和肿瘤造成的病理骨折在处理好局部病灶的前提下是可以愈合的。但恶性肿瘤患者的预后往往不良。

(八) 关节内骨折

关节内骨折存在的问题很多，关节滑液中含有纤维蛋白溶酶，它可使骨折早期的血凝块溶解，延迟骨折的第一期修复过程，与缺血性坏死的骨折一样，骨折虽能够愈合，但比关节外骨折所遇到的困难要大得多。

(九) 药物

骨折三期辨证，早期活血化瘀，消肿止痛；中期接骨续筋，和营生新；后期补肝肾，养气血，壮筋骨。通过正确的内外用药，增加骨折局部的血液循环，促进血肿的吸收和机化，加速骨折愈合过程。误治则影响骨折的愈合。

中医学认为气滞血瘀是骨折的病理核心，活血化瘀药如红花、丹参等均有利于骨折愈合。随着中医药现代化的深入研究，越来越多的学者应用现代分子方法对中医药促进骨折愈合的病理生理变化、生物化学反应、分期愈合机制、药理药效影响等进行了深入研究，为促进骨折愈合疗效机制研究提供了更为科学的理论依据,并取得了比较可靠的成果。现代中药药理研究发现中药具有调控骨生长因子,改善血液循环,促进骨折部位骨基质钙盐沉积及胶原的合成,提高成骨细胞活性、骨痂质量和微量元素的含量,促进生长激素分泌等方面的作用。

二、全身因素

(一)年龄

骨折愈合速度与年龄关系密切。儿童的组织再生和塑形能力强,骨折愈合速度较快。老年人骨质疏松,代谢水平低,骨折愈合速度缓慢,且容易发生再骨折。

(二)健康状况

骨折后,机体总是动员一切力量来促进骨折愈合。身体强壮,气血旺盛,对骨折愈合有利;反之,慢性消耗性疾病患者气血虚弱,如糖尿病、重度营养不良、钙代谢障碍、骨软化症、恶性肿瘤或骨折后有严重并发症者,则骨折愈合迟缓。

(三)激素的影响

临床和实验研究均证实,可的松可以影响骨折愈合的速度,影响多能间质细胞向成骨细胞的分化,抑制骨基质的连接。某些实验证明,生长激素可以促使骨折愈合,但在临床上还没有关于生长激素明显促进骨折愈合的报道。甲状腺素、降钙素、胰岛素、维生素A、维生素D、同化激素在实验条件下都有促进骨折愈合的作用,但在临床条件中,还没有大量的病例报告证实它的可行性。

(四)生长因子的作用

骨折愈合是一个十分复杂的过程,近年来研究认为有多种生长因子参与骨折愈合的调控。如骨形态发生蛋白质(BMP)、血小板衍生生长因子(PDGF)、转化生长因子(TGF)、成纤维细胞生长因子(FGF)、胰岛素样生长因子(IGF)等,但对于许多生长因子之间相互作用的研究仍是空白的,有待进一步加强。

知识拓展

成纤维细胞生长因子在骨折愈合过程中的作用

成纤维细胞生长因子(fibroblast growth factor,FGF)是从牛脑垂体提取的一种多肽,分子量13~18kD,有几种异构体,在人体骨基质中广泛存在,人的碱性FGF(bFGF)是酸性FGF(aFGF)的10倍。FGF是一种潜在的有丝分裂原,离体实验证明其能促进成软骨细胞的增殖、分化、成熟;活体研究表明其能促进软骨修复。

骨折早期,bFGF从坏死细胞释出,能促进成骨细胞增殖及胶原形成,在肉芽组织及骨外膜生发层细胞中也有bFGF mRNA表达。bFGF能刺激骨膜源性细胞增殖,对尚未分化的间充质细胞有促分裂作用。骨折后各阶段,包括骨缺损区新形成的类骨质中,成骨细胞也有bFGF mRNA强表达,但当骨痂变为板层骨后即消失,提示bFGF主要在骨生长早期合成,随分化成熟即逐渐降低。

bFGF还是一种毛细血管增殖刺激剂,促进毛细血管向骨折端和移植物中生长,软骨岛数量增多,骨痂血管重建提前,对于需要血供的软骨内骨化来说,可加快骨痂的成熟和骨化,局部或全身应用bFGF可促进软骨和骨的生成。aFGF在骨愈合的不同阶段基因表达水平不同,最高表达在软骨生成阶段,在骨折愈合各阶段呈恒定的基因表达水平。在骨折局部注射FGF后,软骨生长增加,但Ⅱ型胶原mRNA的表达却减少。

(五) 生物力学因素

沃尔夫(Wolff)定律已证明骨的力学环境是骨塑形的重要因素之一,应用弹性材料进行固定符合生物力学原则,允许骨端存在一定量的应力刺激,有利于骨痂形成,促进愈合而不损伤血管。有神经损伤的肢体骨折愈合慢,这可能与骨折端的应力刺激减少有关。练功活动可以加快骨折愈合的速度,近年发展起来的早期功能负重方法已经证实了这一观点,这可能是垂直于骨折间的应力刺激了成骨过程,也可能是早期的压电效应加快了成骨过程。

(六) 电流作用

电刺激促进骨愈合的详细作用机制还不完全清楚,但目前的研究结果充分显示了其明确的生物学效果。近年来,对骨折局部使用直流电刺激或电磁场刺激治疗骨不连已有较多报道,其作用机制及临床疗效有待进一步探讨。

PPT 课件

第七节 骨折的治疗原则

治疗骨折,应在继承中医丰富的传统理论和经验的基础上,结合现代自然科学(如生物力学和放射学等)的成就,贯彻固定与活动统一(动静结合)、骨与软组织并重(筋骨并重)、局部与整体兼顾(内外兼治)、医疗措施与患者的主观能动性密切配合(医患合作)四个基本治疗观点,辩证地处理好复位、固定、练功活动、内外用药四大骨折治疗原则之间的关系,尽可能做到骨折复位不增加局部组织损伤,固定骨折而不妨碍肢体活动,进而促进全身气血循环,增强新陈代谢,使骨折愈合与功能恢复齐头并进,达到患者痛苦轻、骨折愈合快、功能恢复好、不留后遗症的治疗目的。

一、早期的正确复位

在治疗骨折时,首先要进行复位,把移位的骨折端重新对位以恢复骨骼的支架作用。骨折对位越好,支架越稳固,肢体功能恢复就越好。

绝大多数四肢闭合性骨折,正确运用手法整复,是可以达到解剖或功能对位的。这样不仅减轻了患者的痛苦,也保证了骨折的迅速愈合和肢体功能的顺利恢复。但是,在手法整复时,切忌使用暴力,以免骨膜继续撕裂,局部血运受到破坏,给骨折愈合过程带来不利影响。骨折后多次反复的手法复位易致骨折端骨锋受挫变钝,加重周围软组织损伤,骨折在固定中容易再移位,骨折愈合时间延长。所以,应该争取在伤后 1~4 小时内,局部软组织肿胀还不严重,组织弹性尚接近正常的情况下,尽可能一次把骨折成功复位。

对于少数骨折闭合复位困难或难以达到解剖或功能对位的,可手术切开复位内固定治疗,但要防止片面追求解剖学的对位而过多地采用手术切开复位。切开复位把闭合性骨折变成了开放性骨折,剥离了骨膜,破坏了骨折部血运,损害了骨折断端间的自身修复能力,其结果就是患者痛苦大、骨折愈合时间长。因此,治疗骨折时应尽可能采用闭合手法复位。

二、局部适合的外固定

固定是骨折治疗的一种重要手段,在骨折复位后,固定起主导和决定性作用。

中医从整体功能出发,在骨折整复固定后,强调练功活动,临床常用夹板固定骨折。所用的夹板质轻且具有一定弹性、韧性、可塑性等特点,以及布带约束力的作用,可使外固定和骨折部的肢体紧密地贴合在一起。肢体活动时,外固定亦随着肢体一起活动。活动时,骨折远段肢体重力对骨折部所产生的剪力,大部分被骨折部的上下关节所吸收。同时,布带捆扎

笔记栏

时的压力、骨折部所放置的压垫所产生的效应力和肌肉收缩活动所产生的内在动力共同作用于骨折断端,维持骨折在整复后的位置不变。对一些原来复位差、遗留有轻度成角和侧方移位的骨折,还可以逐渐纠正。因此,从肢体功能出发,只固定骨折局部的夹板外固定是一个比较理想的方法,只要适应证恰当,外固定材料应用合理,骨折端在固定过程中较少发生再移位。

对于少数骨折夹板固定有困难的,可采用石膏固定。石膏固定必须固定骨折断端的上下关节。从表面上看,固定稳定可靠,实际上却难以达到预期的固定效果,石膏固然可以塑形,但当石膏硬化后,就形成一个坚硬的外壳,它和肢体之间会有一定空隙。当肢体肿胀消退或后期肌肉萎缩以后,两者之间的空隙就更明显,如不及时更换石膏,骨折断端就容易发生移位。肢体是具有活力的机体,无论采用哪种外固定方式,均不能实现肢体的绝对制动。石膏固定后,当肌肉收缩活动时,外固定不能随着肢体一起收缩活动,骨折部的上下关节也被固定,更增加了骨折部的剪力,骨折往往容易在石膏固定内移位。这样,不但会造成骨折畸形愈合,还能引起一系列的并发症。因而固定骨折应尽可能采用夹板固定。

三、及时恰当的练功活动

整复和固定为骨折愈合创造了有利条件,在骨折治疗的不同阶段,及时恰当的练功活动有利于促进骨折的迅速愈合和关节功能的快速恢复。

骨折整复固定后,及时地进行肢体的练功活动,可以发挥肌肉对血液循环的"水泵"样作用(肌肉泵)。肌肉收缩时,组织间压力增高,推动静脉回流;舒张时压力降低,更多的血液从动脉通过毛细血管床流向静脉,促进了肢体软组织和骨内的血液循环,血液量显著增加。肌肉活动时所产生的代谢产物如乳酸等,能使局部血管扩张,肌肉内备用血管开放,保证更多的血流通过,有利于肢体肿胀的消退,有利于促进骨组织的生成,提高骨痂的质量,加速骨折愈合。及时地进行恰当的练功活动,还有利于骨折断端的稳定,可防止肌肉萎缩、关节囊挛缩和骨骼脱钙等,预防骨质疏松和关节僵硬等并发症的发生,促进肢体关节功能的较快恢复。

四、合理的内外用药

中医学治疗骨折不但注重局部,同时也注重整体辨证,合理内外用药,临床应根据病情有针对性地选用。

(一)内服药

以四诊八纲为依据,一般分早、中、晚三期用药。早期以活血化瘀、消肿止痛为主,中期以接骨续筋、和营止痛为主,后期以益气血、补肝肾、强壮筋骨为主。

(二)外用药

外用药有消肿止痛、接骨续筋、舒筋活络等作用。早期可敷消肿药膏。后期骨折已临床愈合,为防止关节活动受限、肌肉僵硬、肌腱粘连,可外用熏洗药改善关节功能。

第八节 骨折的复位

PPT 课件

复位是将移位的骨折端恢复正常或接近于正常的解剖位置,为重建骨骼的支架作用创造条件。在全身情况许可下,复位越早越好。复位的方法有闭合复位和切开复位。闭合复位又可分为手法复位、针拨复位和持续牵引复位。持续牵引既有复位作用,又有固定作用。

对于不适合用闭合方法整复的骨折,可在无菌技术操作下切开复位,切开骨折部的软组织,暴露骨折端,在直视下将骨折复位,然后选用适宜的内固定。

应用手法使移位的骨折端恢复到原来的正常位置,称为手法复位。手法复位的适应证很广,绝大多数骨折,包括关节内骨折、近关节骨折以及部分畸形愈合的陈旧性骨折等,都可采用手法复位,并取得满意的效果。

一、复位标准

复位是治疗骨折的首要步骤。骨折端对位越好,固定也越稳当,患者才能及早地进行练功活动,早日获得骨折愈合。因此,对每一个骨折,都应争取整复到解剖学或接近解剖学位置的对位。

1. 解剖复位 骨折的畸形和移位完全纠正,恢复了骨的正常解剖关系,对位(指两骨折端的接触面)和对线(指两骨折段在纵轴上的关系)完全良好时,称为解剖复位。解剖复位是最理想的复位,它可使骨折端稳定,便于早期练功,骨折愈合快,功能恢复好。对所有的骨折都应争取达到解剖复位。

2. 功能复位 骨折复位虽尽了最大努力,某种移位仍未完全纠正,但骨折在此位置愈合,对肢体功能无明显妨碍者,称为功能复位。对不能达到解剖复位者,应力争达到功能复位。但滥用粗暴方法反复多次手法复位,或轻率采用切开复位,却又会增加软组织损伤,影响骨折愈合,且可引起并发症。功能复位的要求按患者的年龄、职业和骨折部位的不同而有所区别。例如,治疗老年人骨折,首要任务是保证其生命安全,对骨折复位要求较低。而对于年轻的舞蹈演员、体育运动员,骨折的功能复位则要求很高,骨折复位不良则影响其功能。关节内骨折,对位要求也较高。功能复位标准如下。

(1)对线:骨折部位的旋转移位必须完全矫正。成角移位若与关节活动方向一致,日后可在骨痂改造塑形有一定的矫正和适应,但成人不宜超过10°,儿童不宜超过15°。成角若与关节活动方向垂直,日后不能矫正和适应,则必须完全复位。膝关节的关节面应与地面平行,否则关节内、外两侧在负重时所受压力不均,日后可以继发损伤性关节炎,引起疼痛及关节畸形。上肢骨折在不同部位,要求亦不同,肱骨干骨折一定程度成角对功能影响不大;前臂双骨折若有成角畸形将影响前臂旋转功能。

(2)对位:长骨干骨折对位至少应达1/3以上,干骺端骨折对位至少应达3/4左右。

(3)长度:儿童处于生长发育时期,下肢骨折缩短2cm以内,若无骨骺损伤,可在生长发育过程中自行矫正,成人下肢则要求缩短移位不超过1cm,否则可引起跛行。

二、复位时间

骨折在全身情况允许的情况下,整复愈早愈好。及早整复比较容易,也可以获得正确对位。伤后1~4小时,局部瘀肿较轻,肌肉未发生明显痉挛,复位操作容易,最适宜复位。伤后4~6小时,瘀血未凝固变硬,复位效果亦佳。当患者有休克、昏迷、内脏及中枢神经系统损伤时,须等待全身情况稳定后才能整复骨折。如肢体明显肿胀,或已出现水疱,应将水疱在无菌技术下刺破,排空疱液,无菌敷料外敷,临时用长夹板或石膏托固定,抬高患肢,密切观察末梢血液循环,待肿胀消退后再考虑复位。

三、麻醉的选择

骨折复位一般采用麻醉止痛,同时使肌肉松弛。应根据复位所需要的时间,选用适当麻醉方式。一般上肢骨折最好采用臂丛麻醉,下肢骨折采用蛛网膜下腔阻滞麻醉(腰麻),对儿童必要时选用氯胺酮麻醉或全身麻醉。有些部位的骨折,如桡骨远端骨折,也可用适量的1%利多卡因行局部浸润麻醉。但要注意尽可能不采用全身麻醉,因为当全身麻醉患者苏醒时,常出现不自主的患肢活动,可导致骨折再移位发生。

四、复位的原则

整复骨折必须遵循"子求母",即以骨折远端对近端的复位原则,整复时移动远折端(子骨)去对合近折端(母骨)为顺,反之为逆,逆者难以达到复位的目的。

五、整复手法

《医宗金鉴·正骨心法要旨》说:"夫手法者,谓以两手安置所伤之筋骨,使仍复于旧也。但伤有重轻,而手法各有所宜。其痊可之迟速,及遗留残疾与否,皆关乎手法之所施得宜,或失其宜,或未尽其法也。盖一身之骨体,既非一致,而十二经筋之罗列序属,又各不同。故必素知其体相,识其部位,一旦临证,机触于外,巧生于内,手随心转,法从手出。或拽之离而复合,或推之就而复位,或正其斜,或完其阙,则骨之截断、碎断、斜断,筋之弛、纵、卷、挛、翻、转、离、合,虽在肉里,以手扪之,自悉其情。法之所施,使患者不知其苦,方称为手法也。况所伤之处,多有关于性命者,如七窍上通脑髓,膈近心君,四末受伤,痛苦入心者,即或其人元气素壮,败血易于流散,可以克期而愈,手法亦不可乱施。若元气素弱,一旦被伤,势已难支,设手法再误,则万难挽回矣,此所以尤当审慎者也。盖正骨者,须心明手巧,既知其病情,复善用夫手法,然后治自多效。诚以手本血肉之体,其宛转运用之妙,可以一己之卷舒,高下疾徐,轻重开合,能达病者之血气凝滞、皮肉肿痛、筋骨挛折与情志之苦欲也。较之以器具从事于拘制者,相去甚远矣。是则手法者,诚正骨之首务哉。"绝大多数骨折都可用手法复位,手法复位的要求是及时、稳妥、准确、轻巧而不加重损伤。骨折整复手法众多,其基本复位手法如下。

1. 手摸心会　为施用手法前的必要步骤,以便把X线片上显示的骨折断端移位方向和患者肢体实际情况结合起来,在术者头脑中构成一个骨折移位的立体图像。在整复前,必须用手先触摸骨折部。触摸时先轻后重,由浅及深,从远到近,两头相对,确实了解骨折端在体内的方位,达到"知其体相,识其部位,一旦临证,机触于外,巧生于内,手随心转,法从手出"的目的。

2. 拔伸牵引　该法是正骨手法中的重要步骤,也是整复骨折的基本方法。主要作用是矫正骨折的重叠移位及成角移位,以配合其他手法的施行。根据"欲合先离,离而复合"的原则,由远、近骨折两端,做对抗持续牵引。牵引开始时,应沿骨折原始畸形的方向进行拔伸,即顺畸形位牵引,然后,依据骨折远段对准近段(子求母)的原则,将骨折远段置于与骨折近段纵轴一致的方向进行牵引。在施行牵引手法时,须注意下列事项。

(1)牵引的方法及力度必须根据损伤部位的不同及患者年龄、体质的差异而有所区别。整复上肢骨折时,由两名施术者分别把持骨折的近段和远段,向相反方向拔伸牵引(图1-7)。而整复下肢骨折时,常需用肘窝钩托患肢腘窝或采用骑跨式拔伸牵引,以适应下肢肌肉丰厚的特点。当所需牵引力较大或牵引时间较长时,可利用固定在墙钩上的宽布带套于躯干或患肢近端做对抗牵引来解决(图1-8)。所施牵引力的大小应视患者的肌肉丰厚程度来决定。

(2)牵引是手法复位的基础,应贯彻在复位的始终,多需维持至骨折妥善固定。

(3)在矫正骨折的背向移位、旋转移位以及施行分骨手法时,牵引的目的不是矫正重叠移位,而是把持骨折两侧断端或调整力线。

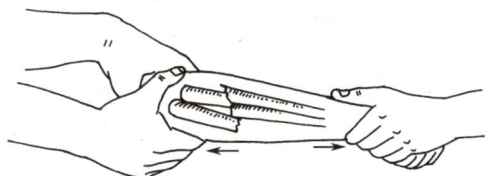

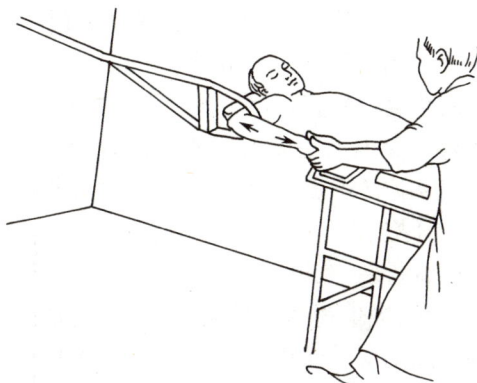

图 1-7　拔伸牵引法　　　　　　　图 1-8　布带固定牵引

3. 旋转　旋转手法的作用是整复骨折的旋转移位,使螺旋形骨折断面扣紧。操作时,在适度牵引的前提下,助手固定骨折近段不动,术者或助手把持骨折远段,依据骨折远段旋转移位的方向,逆向旋转骨折远段,以矫正骨折的旋转移位或使骨折断面扣紧(图 1-9)。

骨折的旋转移位多由于旋转肌肉牵拉或远段肢体体位因素所引起,骨折近段与躯干相连,其旋转角度难以改变,而骨折远段的旋转则可以控制。因此,旋转手法均为将骨折远段旋转至与骨折近段相同的轴位来达到矫正旋转的目的。必须指出,矫正旋转移位虽在牵引手法的基础上施行,但并不意味着应先矫正重叠移位,再矫正旋转移位;恰恰相反,在大多数情况下,旋转移位往往需要首先矫正,否则其他形式的移位不易矫正。

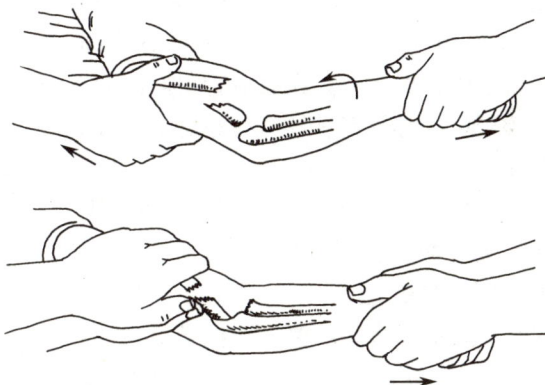

图 1-9　旋转法

4. 回旋　回旋手法的作用是矫正螺旋形骨折、斜形骨折的背向移位,或解脱两骨折断端间嵌夹的软组织。操作时,术者一手固定骨折近段,另一手持骨折远段,根据“逆损伤机制施行手法”的原理,按原来骨折移位方向逆向回转(图 1-10)。回旋时,两骨折段应紧密相贴,以免缠绕软组织,遇有阻力,说明系回旋方向判断不准,应及时改变方向,切不可施用暴力强行复位,否则将造成骨膜广泛撕脱和血管神经损伤。施行回旋手法时,应减少或基本不用牵引力,此时牵引仅起维持两骨折段对线的作用,如牵引力过大,会影响回旋手法的施行。

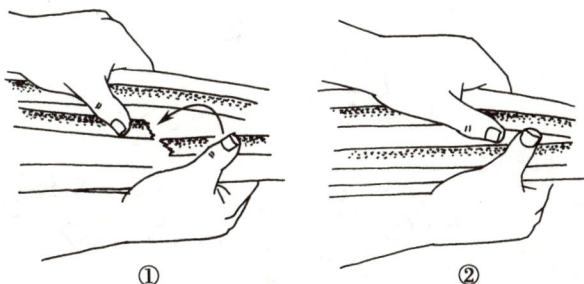

①　　　　　　　　　②

图 1-10　回旋法

25

5. 折顶　折顶手法又称成角折顶。主要用于矫正重叠移位明显的横形或锯齿形骨折，单靠手力牵引难以纠正者。折顶手法尚可简化复位步骤。用于肱骨干横断骨折，还可避免因大力牵引造成骨折后期出现分离移位的不良后果。操作时，术者双手四指环抱下陷的骨折段，两拇指抵压于突出的骨折端，在持续牵引的基础上加大原有成角，凭借拇指的感觉，当骨折远近两端的凹侧皮质已相互触顶时，拇指按住成角处不动，将四指环抱的远骨折段反折伸直（矫正成角），使两骨折端对正（图1-11）。施行折顶手法时，要向骨折原成角方向即凸侧加大成角，因为凸侧骨膜多已断裂，成角容易，不可向凹侧（骨膜软组织合页侧）成角，否则不仅不能加大成角，还有损伤软组织合页之弊。在有血管、神经的部位，要避免骨折端尖锐的骨锋刺伤重要的血管、神经。

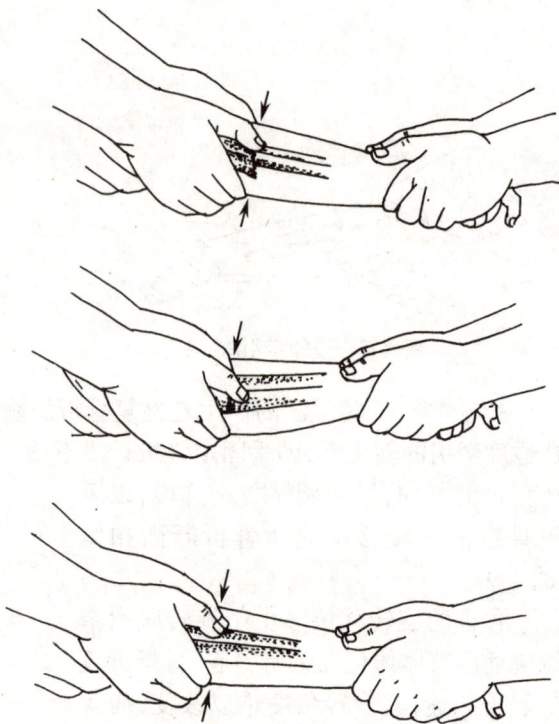

图1-11　折顶法

6. 分骨　用于整复两骨或两骨以上并列部位的骨折，如尺桡骨骨折、掌骨骨折及跖骨骨折，由于暴力作用、肌肉或骨间膜牵拉造成骨折端侧方或成角移位而相互靠拢者。分骨手法可使骨间膜紧张，骨间隙扩大，上、下骨折断端的距离相等且较稳定，使骨折整复较容易。整复前臂骨折时，术者双手拇指和示、中、环三指形成钳形，分别置于骨折部的掌、背侧相互靠拢的两骨之间的间隙，并用力夹挤，使两骨相互分开（图1-12）。

7. 提按、端挤　用于矫正骨折的前后（掌、背）或内外（左、右）侧方移位。施行提按手法时，术者两手拇指按于突起的骨折端，余指合抱（托提）下陷的骨折端，相对用力，以矫正骨折的掌背侧移位（图1-13）。施行端挤手法时，术者用两手掌或两拇指分别置于骨折侧方移位的两侧局部，相对挤压以矫正骨折的侧方移位（图1-14）。

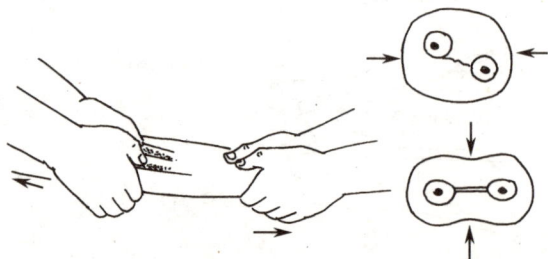

图1-12　分骨法

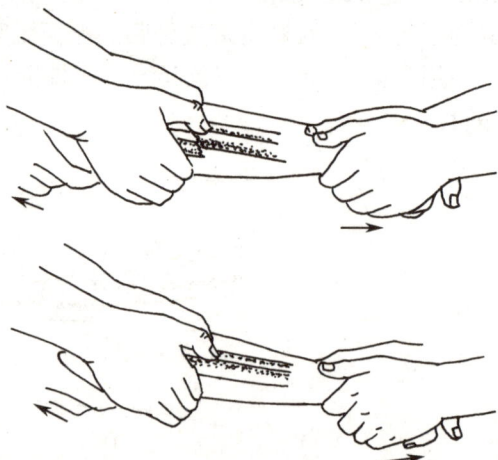

图1-13　提按法

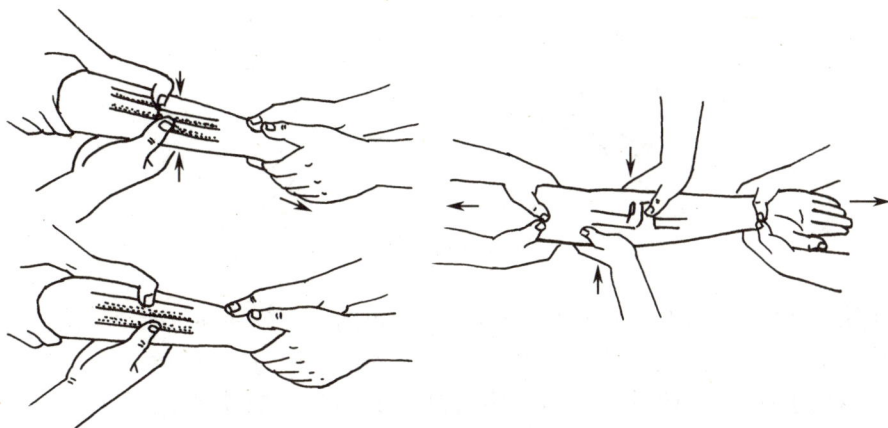

图 1-14 端挤法

8. 屈伸、收展　用于配合提按或端挤手法矫正骨折的成角移位或侧方移位。操作时，在牵引的基础上，远端助手将关节屈曲（或伸直），内收（或外展），以配合术者的手法，协助矫正骨折的成角或侧方移位。施行屈伸或收展手法时，术者与助手之间要密切配合协调。如矫正伸直型肱骨髁上骨折前后移位时，术者提按骨折远近端的同时，由助手慢慢屈曲肘关节，并超过 90°（图 1-15）；反之，屈曲型骨折，常须将肘关节伸直。整复肱骨外科颈外展型骨折向内成角移位，常须内收患肢（图 1-16）。

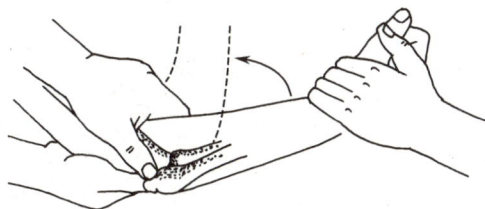

图 1-15 屈伸法

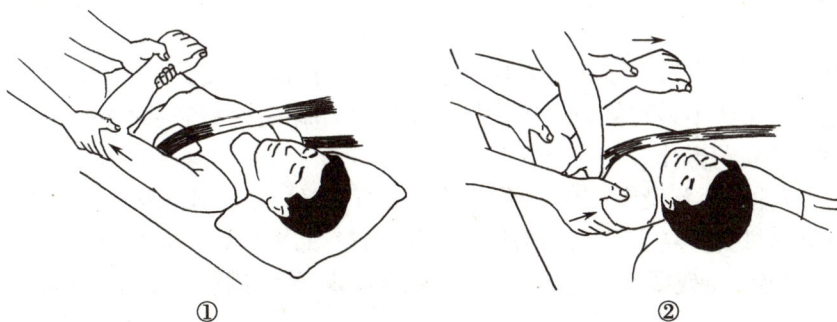

① ②

图 1-16 收展法

9. 摇摆　用于横形、短斜形和锯齿形骨折经手法整复后，对位对线虽可，但因骨折面交错不平而未完全吻合、仍存在间隙者。操作时，术者两手环抱骨折部固定断端，令助手在维持牵引下将骨折远段轻轻做内外或前后方向摇摆（图 1-17）。施行摇摆手法时，要妥善固定好骨折部，摇摆骨折远段时幅度一定要小，且必须在一定力量的牵引下施行方可成功。不稳定骨折忌用此手法。

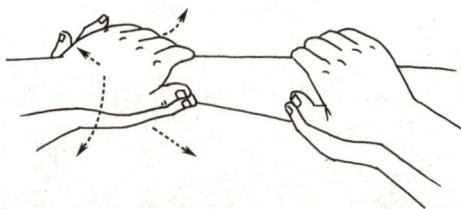

图 1-17　摇摆法

10. 叩挤（合拢）　纵向叩挤法用于矫正横形骨折的纵向分离移位或使干骺骨折端紧密嵌合。横向叩挤法用于矫正骨端 T、Y 形骨折或粉碎性骨折的横向分离移位。施行纵向叩挤法时，术者两手环抱骨折部肢体或外固定夹板，由助手用掌根或拳叩挤肢体末端或屈曲关节后，叩挤关节部位（图 1-18），使两骨折端分离消失，嵌合紧密。施行横向叩挤法时，术者双手交叉，手掌或拇指分别置于骨折部的两侧，向中心相对叩挤，使之贴合，如肱骨髁间骨折的抱髁手法（图 1-19）。

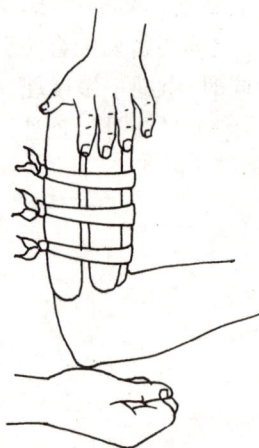

图 1-18　纵向叩挤法

图 1-19　横向叩挤法

中医正骨整
复手法演示

六、针拨复位

针拨复位是采用钢针直接穿过皮肤到达移位的骨折部，利用针尖顶拨使骨折复位的一种方法。适用于手法不易整复的块状关节内骨折、关节附近骨折和某些撕脱性骨折等。一般在 X 线透视下进行操作。

针拨时，应注意无菌操作，避免损伤重要的血管、神经，皮肤针孔尽可能远离骨折间隙，以免增加感染的机会。复位后拔出钢针，针孔用消毒纱布覆盖。若需配合内固定者，固定妥后宜截除多余钢针，将残端埋入皮下。复位或钢针固定后，宜用夹板或石膏托做外固定。

PPT 课件

第九节　骨折的固定

固定是治疗骨折的一种重要手段，固定的目的在于维持骨折整复后位置，防止骨折再移位，减轻疼痛，有利于骨折愈合。已复位的骨折必须持续地固定在良好位置，直至骨折愈合为止。

骨折的固定种类有内固定和外固定两种。

一、外固定

外固定是指施加于身体外部的一种固定方法。外固定有多种类型,目前常用的外固定有夹板固定、石膏固定、牵引固定及骨外固定器等,各有其优缺点和不同的适用范围。

(一)夹板固定

选用合适的材料(如柳木、杉树皮、竹片等),根据肢体形态加工制成适用于各部位的夹板,并用布带扎缚,以固定垫配合保持骨折复位后的位置,这种固定方法称为夹板固定。夹板外固定的优点是取材方便,简便易行,一般不需固定上、下关节,便于早期练功活动,是治疗骨折的良好固定方法之一。

1. 夹板固定作用机制 夹板局部外固定是从肢体的生理功能出发,通过扎带对夹板的约束力、固定垫对骨折断端防止或矫正成角畸形和侧方移位的效应力,充分利用肢体肌肉收缩活动时所产生的内在动力,使肢体内部动力因骨折所致的不平衡重新恢复到平衡。

夹板固定后,必须将肢体置于骨折稳定的位置(与移位倾向相反的位置),或逆损伤机制方向的位置,防止骨折再移位。如肱骨髁上伸直型骨折应将肘关节固定于屈曲位。

2. 夹板固定适应证和禁忌证

(1)适应证:①四肢闭合性骨折(包括关节内及近关节骨折经手法整复成功者),股骨干骨折因肌肉发达收缩力大,须配合持续骨牵引;②四肢开放性骨折,创面小或经处理闭合伤口者;③陈旧性四肢骨折运用手法整复成功者。

(2)禁忌证:①较严重的开放性骨折;②难以整复的关节内骨折;③难以固定的骨折,如股骨颈骨折、骨盆骨折等;④肿胀严重伴有水疱者;⑤伤肢远端脉搏微弱,末梢血液循环较差,或伴有动脉、静脉损伤者。

3. 夹板固定形式 目前常用的局部外固定形式有以下三种。

(1)夹板局部外固定:适用于一般骨干骨折,如肱骨干骨折,桡、尺骨干骨折,桡骨远端骨折,胫、腓骨干骨折等。

(2)超关节夹板固定:适用于关节面完整的关节内骨折或靠近关节的干骺端骨折,如肱骨外科颈骨折、肱骨髁上骨折、股骨髁上骨折、胫骨上端骨折、踝部骨折等。

(3)夹板局部外固定或超关节夹板固定结合骨牵引:夹板局部外固定结合骨牵引,适用于骨折部位软组织多、肌肉拉力强的股骨干骨折,不稳定(斜形、螺旋、粉碎)的胫腓骨干骨折。超关节夹板固定结合骨牵引,适用于关节面已遭受破坏的关节内骨折,如肱骨髁间骨折、踝部粉碎性骨折。

4. 夹板材料与制作要求

(1)夹板材料应具备的性能

1)可塑性:可弯曲成各种形状,以适应肢体各部位的外形及生理弧度。

2)韧性:具备足够的支持力,固定过程中不致弯曲劈裂或折断。

3)弹性:能适应肌肉收缩时所产生的肢体内部压力变化,发挥持续均衡加压的作用。

4)易透性:能被 X 线穿透,便于复查。

5)吸附性及通透性:便于体表汗液散发及皮肤散热,不致发生皮炎和毛囊炎。

(2)夹板规格及制作要求

1)规格:夹板的大小、厚薄要适宜。夹板固定一般用 4 块或 5 块,总宽度为所固定肢体周径的 4/5~5/6,各夹板间应留 1~1.5cm 间隙。夹板的厚度以具备足够的支持力为原则,一般为 1.5~4mm,当长度增加时,厚度亦应相应增加。夹板的长度应根据患肢的长度、骨折的部位决定,固定方法分为不超关节与超关节两种。不超关节固定适用于骨干部骨折,夹板长度等于或接近骨折段肢体的长度,以不妨碍上下关节活动为度。超关节固定适用于关节内及近关节骨折,其夹板通常超出关节 2~3cm,以能绑缚扎带为度。

2)制作要求:夹板的形状要根据骨折的部位和类型,制作成适宜的尺寸和形状。夹板的四角要圆滑,以免夹坏皮肤。需要塑形者,用热水浸泡后再用火烘烤,弯成各种需要的形状。内层附毡垫,外套纱织套。

5. 固定垫与扎带 固定垫选用质地柔韧的毛头纸折叠而成。固定垫能维持一定形状,又有一定的支持力,能吸水,可散热,对皮肤又无刺激作用,有时也可以用棉垫或纱布垫代替,常用者有以下九种类型(图 1-20)。

(1)平垫:适用于肢体平坦处,如四肢骨干部。

(2)塔形垫:适用于关节凹陷处,如肘关节、踝关节部。

(3)梯形垫:适用于肢体斜坡处,如肘后部、踝部。

(4)高低垫:适用于锁骨或复位后固定不稳的桡、尺骨骨折等。

(5)抱骨垫:适用于髌骨骨折等。

(6)葫芦垫:适用于桡骨头脱位等。

(7)横垫:适用于桡骨远端骨折等。

(8)合骨垫:适用于下桡尺关节分离。

(9)分骨垫:适用于前臂桡尺骨骨折,掌、跖骨骨折等。一般在分骨垫中心穿一根铅丝,以便在 X 线透视或照片时识别固定垫位置是否正确。

扎带一般宽 1.5~2cm,用双层白布或 4~6 层绷带缝成。大腿用宽厚扎带,上肢用窄薄扎带。

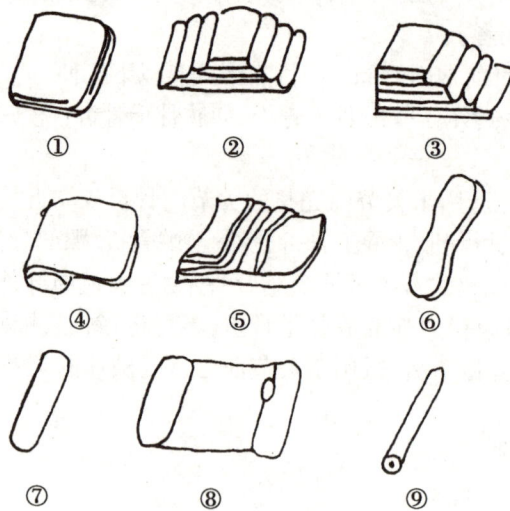

图 1-20 固定垫种类
①平垫;②塔形垫;③梯形垫;④高低垫;⑤抱骨垫;
⑥葫芦垫;⑦横垫;⑧合骨垫;⑨分骨垫

使用固定垫时,应根据骨折的类型、移位情况来选用适当的固定垫。常用的固定垫放置法有两种。一种是二垫固定法:将两垫分别置于两骨端原有移位的一侧,以骨折线为界,不能超过骨折线。适用于有侧方移位倾向或残余侧方移位的骨折。另一种是三垫固定法:一垫置于骨折成角移位的角尖处,另两垫置于尽量靠近骨干两端的对侧,三垫形成加压杠杆力。适用于有成角移位倾向或残余成角移位的骨折(图 1-21)。压垫的作用仅限于防止骨折再发生侧方移位或成角移位,及矫正残余侧方或成角移位。临床不可依赖压垫进行复位。

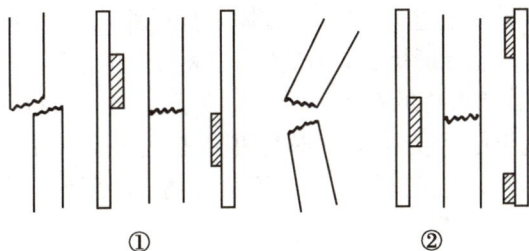

图1-21 固定垫放置法
①二垫固定法；②三垫固定法

6. 夹板固定步骤 根据骨折部位、类型,按照患者肢体的长短、粗细,选用适合的夹板及固定垫。夹板一定要大小适度,形状合宜。如遇特殊情况,备制的夹板、纸垫不合适时,可临时改制,不要勉强凑合。骨折复位后,在骨折部先敷好消肿药或用消肿药浸出液湿透纱块。敷药的范围要大一些,尤其是在关节附近的骨折,一般要包括关节远端部分肢体在内。外敷药要摊平,不要薄厚不均。如皮肤有擦伤,或已形成水疱,应在消毒后排空水疱,涂地榆膏。然后将选好的固定垫准确地放在肢体的适当部位,用胶布2条固定在绷带外面。再按照各部骨折的具体要求,依次安放选好的夹板。最后用四条扎带捆绑夹板,先捆中间两道,近侧端一道留在最后,然后再调整中间两道捆绑扎带。捆绑时,两手先将扎带双折对齐,平均用力缠绑2周,在肢体外侧面的夹板上打外科双结。切忌一手用力从一头紧抽。最后检查扎带的松紧度,以扎带能不费力地在夹板上面上下移动1cm为宜,经临床测定约为7.84N。经X线检查,认为复位满意,固定物位置适宜后,应将夹板外固定的注意事项向患者及家属交代清楚。夹板固定的时间应根据骨折临床愈合的具体情况而定,达到临床愈合标准,就可拆除夹板固定。

7. 夹板固定后护理

(1)抬高患肢以利消肿:抬高的原则是患部高于心脏水平,其远侧高于患部。

(2)密切观察伤肢血运:固定后1~4天尤应密切观察。主要观察患肢末端脉搏、颜色、温度、肿胀程度、感觉、手指或足趾活动等。如发现有缺血的早期表现,应立即拆开外固定,并采取相应措施处理。

(3)防止骨突皮肤受压:骨突处皮肤因皮下组织少、无肌肉,受压后易产生血运受阻,甚至发生压迫性溃疡。如固定后,骨突部位疼痛,应及时拆开夹板检查。

(4)及时调整夹板松紧度:骨折经整复夹板固定后1~2天内,患肢肿胀加剧,应及时放松扎带。反之数天后当肿胀消退时,夹板松动,应及时扎紧。夹板固定后的7~10天内,应每天检查1~2次。

(5)定期进行X线检查:骨折固定后,2周内因骨折尚无纤维连接,故应勤做X线检查(每周2次),如发现骨折移位应及时整复。

(6)及时指导患者练功:应将上述注意事项向患者及家属交代清楚,并将练功的目的、意义向患者说明,教会并督促其执行正确的练功方法。练功必须以主动练习为主,循序渐进。

(二) 石膏固定

利用熟石膏遇水可重新结晶而硬化的特性将其做成石膏绷带包绕在肢体上起固定作用,这种固定方法称为石膏固定。临床分为石膏托、石膏板和管型石膏。

石膏固定是通过固定骨折部的上下关节,向整个肢体表面均匀加压,把肢体固定在一定位置,控制肌肉的收缩活动,以达到对骨折端进行固定的目的。其优点是能够根据肢体的形状而塑形,干后十分坚固,固定作用确定可靠,便于搬动和护理,不需经常更换。其缺点是:固定干燥成形后,如接触水分可软化变形而失去固定作用;固定后无弹性,难以适应肢体在创伤后的进行性肿胀,容易发生过紧现象,而肢体一旦消肿,又易发生过松现象,且其固定范围较大,固定期内无法进行功能锻炼,易遗留关节僵硬等后遗症。

1. 用法　将石膏卷或折叠好的石膏条轻轻平放于 30~40℃ 的温水桶内,根据操作速度,每次放入 1~2 个,待气泡出尽后取出,以手握其两端,挤去多余水分,即可使用。

为了保护骨突出部的皮肤和其他软组织不被压伤,在坚硬的石膏壳里面须放置衬垫。常用的衬垫有毡子、棉花、绵纸等。

2. 石膏固定注意事项

(1)骨突出部位和关节附近需使用衬垫保护,禁用环形绷带包扎及贴环形胶布,以免肢体血运受阻,发生血液循环障碍。

(2)肢体或关节必须固定在功能位或所需要的特殊位置。

(3)石膏固定过程中,助手扶持肢体时要尽量用手掌,忌用手指,否则会形成压迹凹陷。

(4)包扎石膏绷带不宜过紧,也不要过松,过紧可造成压迫性皮肤溃疡及缺血性肌挛缩、神经麻痹或肢体坏死,过松则起不到应有的固定作用。

(5)四肢石膏固定应将指、趾远端露出,以便观察患者血运和感觉、运动等情况。

(6)石膏固定完毕后,应采用彩色铅笔在石膏管型上注明石膏固定日期和拆除石膏日期,以及其他注意事项。有伤口的应将伤口位置标明,或将开窗位置画好,同时可将骨折部位画在管型石膏上。

3. 石膏固定后护理

(1)石膏固定完成后,要维持其体位直至完全干固,为加速干固,可用电吹风烘干。

(2)抬高患肢,以利消肿。肢体肿胀消退后,如石膏固定过松,应及时更换。

(3)注意患肢血运,经常观察指、趾皮肤的颜色和温度,并与健侧比较。如发现指、趾发绀、苍白、温度降低,则应将石膏立即剪开进行处理。

(4)注意局部压迫症状,即局部持续性疼痛,如时间过久则可引起皮肤坏死和溃疡。发现后应及时开窗减压或更换石膏。

(5)指导患者及时进行未固定关节的功能锻炼,及石膏内肌肉收缩活动,并定期进行 X 线检查。

4. 石膏固定类型　常用石膏固定的类型有如下几种(图 1-22)。

(1)前臂石膏托:固定范围从前臂上 1/3 至掌横纹,手指需要固定的须将石膏托向远端延长。固定位置是将石膏托放在掌侧。前臂旋前或呈中立位,腕关节 30° 背伸位,拇指对掌位,掌指关节功能位。操作时先测量由前臂上 1/3 到掌横纹的长度,然后做成 8~10 层的石膏片,上面敷以棉花,再用绷带固定。

(2)全臂石膏托:固定范围从腋下至掌横纹。位置在肘关节屈曲 90°,腕背伸 30°,前臂中立或旋后位。石膏托可放在伸侧或屈侧。

(3)短腿石膏托:固定范围从小腿上 1/3 至超过足尖 1~2cm,一般放在小腿的后方。踝关节 90°,足中立位,趾伸直位。按长度制成厚约 10~12 层的石膏片。

(4)长腿石膏托:固定范围从大腿上 1/3 到超过足尖 1~2cm,一般均放在下肢的后方。托的厚度约为 14~16 层的石膏片。

(5)管型石膏:是在石膏托的基础上,用石膏绷带缠绕固定,使前后石膏托成为一个整体,固定更加牢靠。常用的有前臂管型石膏、全臂管型石膏、短腿管型石膏及长腿管型石膏。固定范围及肢体位置与石膏托相同,但注意下肢管型石膏固定时,足背部不应超出跖趾关节,膝关节应在约 15° 微屈位。以上石膏固定的类型,临床常用于四肢骨折、创伤以及手术后的外固定。

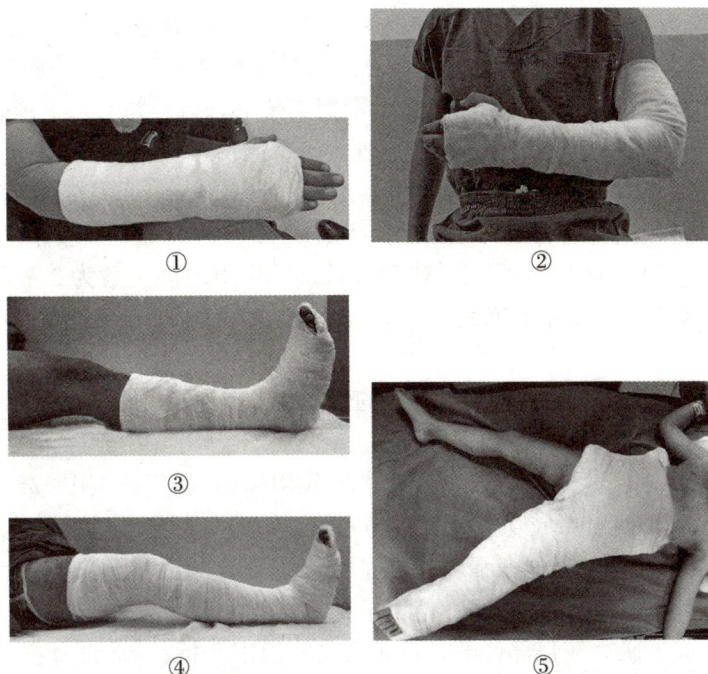

图 1-22 常见石膏固定类型
①前臂石膏；②全臂石膏；③短腿石膏；④长腿石膏；⑤髋人字石膏

(6)躯干石膏：是用石膏条和石膏绷带缠绕固定躯干的方法。常用的有头颈胸石膏与石膏围领，石膏背心，石膏腰围，肩、髋"人"字石膏以及石膏床等。由于医用高分子材料的发展，目前该类石膏的临床运用逐渐减少。

(三) 牵引

牵引是通过牵引装置，利用悬垂重量为牵引力，身体重量为反牵引力，以克服肌肉的收缩力，整复骨折、脱位，预防和矫正软组织挛缩，以及某些疾病术前组织松解或术后制动的一种治疗方法。牵引疗法有皮肤牵引、骨牵引及布托牵引等。临床应根据患者的年龄、体质、骨折部位和类型、肌肉发达的程度和软组织的损伤情况等，分别予以选用。牵引重量以短缩移位的程度和患者体重而定，应随时调整。

1. 皮肤牵引 利用粘贴于肢体皮肤的粘胶条(或乳胶海绵条)使牵引力直接作用于皮肤，间接牵拉肌肉和骨骼，从而达到患肢复位、固定与休息的目的。皮肤牵引对患肢基本无损伤，患者痛苦少，且无穿针感染的危险。但皮肤本身所能承受的力量有限，加之皮肤牵引对患肢皮肤条件要求较高，因此其适用范围较局限。

(1)适应证：骨折需要采用持续牵引治疗，但又不需要强力牵引或不适于骨牵引的病例，如老年人粗隆间骨折、小儿股骨干骨折。多用于下肢脱位整复后的固定，如髋关节脱位。

(2)禁忌证：皮肤有损伤或炎症者；肢体有血液循环障碍者，如静脉曲张、慢性溃疡、血管硬化及栓塞等；骨折严重错位(特别是肌肉丰厚的患者)需要强力牵引方能矫正畸形者。

(3)胶布皮牵引操作方法：清洁伤肢皮肤，剃去汗毛，并涂上苯甲酸酊，以保护皮肤与增加胶布的黏着力(因苯甲酸酊可妨碍皮肤汗腺和皮脂腺管分泌而发生皮炎，故亦有不主张应用的观点)。裁制牵引胶布使其宽度为伤肢最细部位周径的 1/2，长度为骨折线以下肢体长度与扩张板长度的两倍之和。胶布的两端分成 3 等份，撕开 10~30cm，将适当尺寸的木制扩张板贴于胶布中央，然后在与木板中央孔相对处将胶布剪一小孔，并在孔内穿入一根牵引绳，于板的内侧面打结，防止牵引绳滑脱。粘贴时应在助手的协助下，先于骨突部放置纱布衬垫保护,然后将胶布平整粘贴于肢体的两侧。胶布的上端应超过骨折线 2~3cm,并使扩张板与肢体末端保持 5~10cm 的距离,同时注意两端长度相称一致。再用绷带缠绕包扎,将胶布平整地固定于肢体上。最后将患肢放置于牵引支架上,通过滑轮,系上牵引重量即可进行牵引。牵引重量一般不超过 5kg。牵引方向视骨折不同情况确定。

(4)注意事项:牵引重量一般不超过 5kg,过重易导致胶布(或海绵条)滑脱或引起皮肤水疱。胶布皮牵引者,须注意有无皮炎发生,特别是小儿皮肤稚嫩,对胶布反应较大,更应重视,如有不良反应,应立即停止牵引,并作对症处理。牵引时间一般为 2~3 周,如时间过长,可因患肢皮肤上皮脱落而影响胶布的黏附力,如需继续牵引者,应及时更换胶布或改用海绵条牵引带牵引。

2. 骨牵引 骨牵引系通过穿入骨骼内的骨圆针或牵引钳,使牵引力直接作用于骨骼,从而起到复位、固定与休息作用的牵引方法。

(1)特点:骨牵引可以承受较大的牵引重量,作用确切,适用范围广;牵引期间方便检查患肢;配合夹板固定,便于患肢功能锻炼,以防止关节僵直、肌肉萎缩等骨折并发症的发生。但骨牵引针经皮穿入骨内,如消毒不严或护理不当,可引起针孔处感染;穿针操作不当,有损伤关节、神经、血管或劈裂骨质的危险;应用于儿童可能损伤骨骺。

(2)适应证:成人肌力较强部位的骨折尤其是不稳定骨折;开放性骨折;骨盆骨折、髋臼骨折及髋关节中心脱位;学龄儿童股骨干不稳定骨折;颈椎骨折脱位;某些手术前准备,如陈旧性股骨颈骨折行人工股骨头置换术前,关节挛缩畸形患者术前等。

(3)禁忌证:穿针处有炎症或开放性创伤污染严重者;牵引局部骨骼有病变或严重骨质疏松者。

(4)骨牵引部位:最常用的为尺骨鹰嘴、股骨髁上、胫骨结节、跟骨结节以及颅骨骨牵引(图 1-23)。

(5)穿针部位:多在肢体骨骼的一端骨质坚强部位进针施行牵引,穿针部位应防止针进入关节腔,注意切勿损伤血管神经,对于小儿勿损伤骨骺。①颅骨骨牵引:两乳突处(或两外耳孔)连线与人体正中线相交点为中点,中点向两侧各旁开 3~5cm 处为进针点。②尺骨鹰嘴骨牵引:是由内向外进针,防止进针时损伤尺神经。在鹰嘴尖端向远侧 1.5 横指,与距尺骨嵴 1cm 画线交点处。③股骨髁上骨牵引:是由内向外进针,防止进针时损伤股动脉。在髌骨上缘 2cm 处或内收肌结节上 2 横指处。④胫骨结节骨牵引:是由外向内进针,防止进针时损伤腓总神经。在胫骨结节向后 1 横指处。⑤跟骨骨牵引:是由内向外穿针,防止进

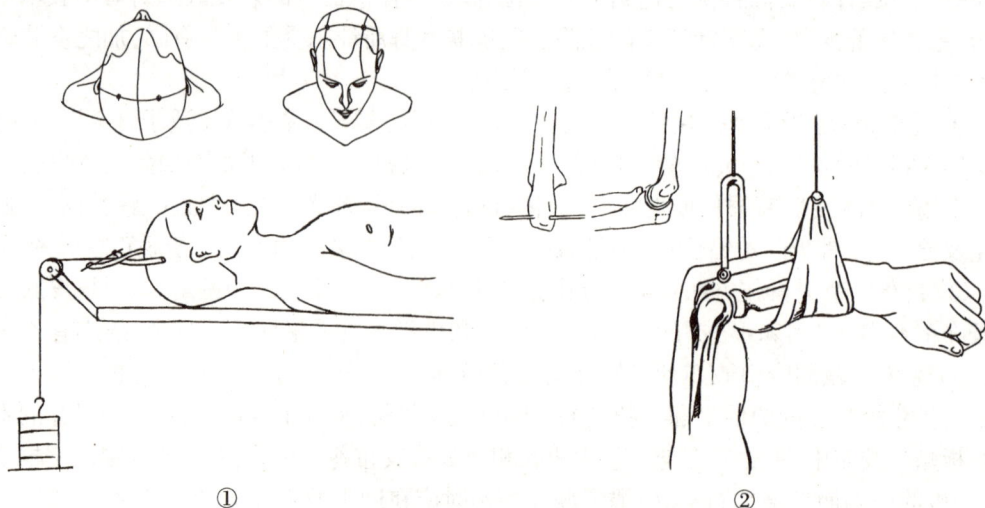

①   ②

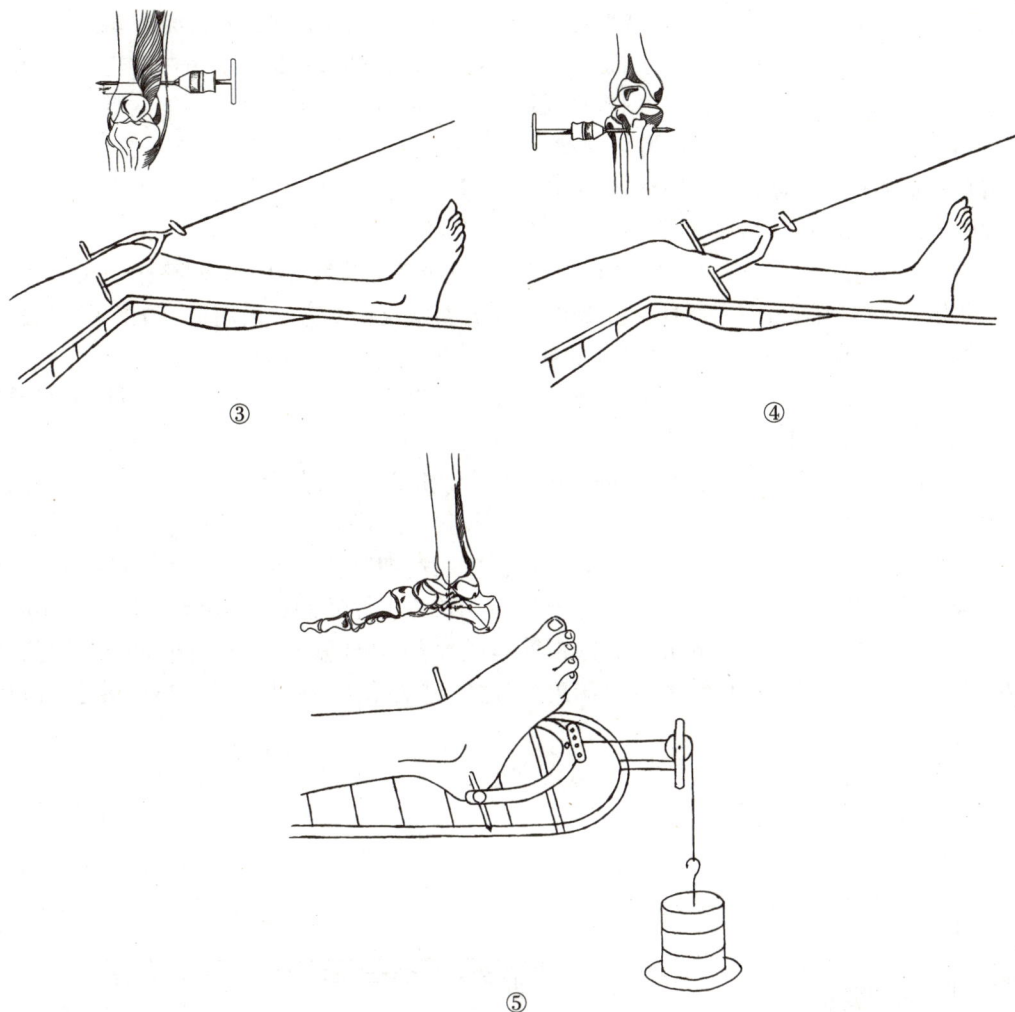

图 1-23　常见骨牵引部位
①颅骨骨牵引；②尺骨鹰嘴骨牵引；③股骨髁上骨牵引；④胫骨结节骨牵引；⑤跟骨结节骨牵引

针时损伤胫后动脉，内踝尖与足跟后下缘连线的中点为穿针部位；或内踝顶点下 3cm 处，再向后画 3cm 长的垂直线的顶点处即是穿针处。

（6）骨牵引操作方法

1）四肢骨牵引操作方法：常规备皮，剃去毛发，用 0.5% 碘伏消毒皮肤，铺消毒巾，在已确定好的进针点皮肤注射 1% 利多卡因浸润麻醉，且深达骨膜。完成后，用手向上拉紧皮肤，以刀尖或牵引针穿破皮肤，将装在手摇钻（或电钻）上的牵引针穿入至骨膜，此时术者瞄准牵引针的方向，牵引针与骨干长轴垂直，与关节面平行，或按要求与关节面成一定角度穿针，徐徐旋转手钻摇把，使针逐渐穿过骨皮质，当达对侧骨皮质时将皮肤向上拉紧，再次注射局部麻醉药于出针点皮肤，且深达骨膜，继续向外穿针，以手指压于皮肤而使之穿破皮肤，然后用纱布保护两侧钢针处伤口，用胶布固定。最后用牵引弓固定钢针两端，旋转牵引弓两侧的螺丝使钢针拉紧，再用带橡皮塞的小瓶插于两针端，以防刺伤肢体及割破衣被。置患肢于牵引架上，按骨折的类型及体重，放置适当的牵引重量。

2）颅骨牵引操作方法：患者仰卧，头下置一适当高度的枕头。助手固定患者头部；剃光头发，清洁皮肤，用甲紫标记钻孔位置，在预定两钻孔处施行 1% 利多卡因局部浸润麻醉，且

FR-1-7

股骨髁上骨牵引操作演示

深达骨膜。麻醉完毕后,用尖刀在两标记点处各切开一长约 1cm 的小口,深达骨膜;用带安全隔板(或限位器)的钻头在颅骨表面以向内倾 45° 角的方向,钻穿颅骨外板(成人为 4mm,儿童为 3mm)。注意防止穿过颅骨内板伤及脑组织。然后张开颅骨牵引器的两脚,将钉齿插入骨孔内,拧紧牵引器螺旋,使钉齿与颅骨外板卡紧;缝合伤口,并用酒精纱块覆盖之。系上牵引绳并通过床头挂钩牵引架的滑轮,抬高床头进行牵引;复位重量:第 1、2 颈椎为 4kg,以后每下一椎体增加 1kg;维持重量 3~4kg,时间 2~3 周。

(7)注意事项:①注意检查牵引弓的螺丝钮是否拧紧,以免滑脱;②调整床位高低,注意牵引的力线,调整好牵引方向和角度;③根据骨折类型及整复方法采用适宜的牵引方法,把患肢放在合适的体位;④密切观察患者全身情况,加强护理,防止压疮发生。

3. 布托牵引 系利用厚布或皮革按局部体形制成相应的布托,托住患部再用牵引绳连接布托和重量通过滑轮进行牵引的方法。常用的有以下几种。

(1)枕颌布托牵引:适用于无脊髓损伤的颈椎骨折脱位;颈椎间盘突出症。布托远侧的长带托住下颌,短带托住枕部,两带之间以横带固定,起防止滑脱的作用(图 1-24)。

(2)骨盆悬吊牵引:适用于骨盆骨折有分离移位者,如耻骨联合分离、骨盆环断裂分离移位、骶髂关节分离等。牵引用的骨盆悬吊布兜可用长方形厚布制成,其两端各包缝一相应大小的三角形铁环(由直径为 6mm 左右的钢筋弯成)。牵引时患者仰卧,用布兜托住骨盆,用两根牵引绳系住两侧三角形铁环的上端角,然后通过滑轮进行牵引(图 1-25)。牵引时间为 6~10 周。

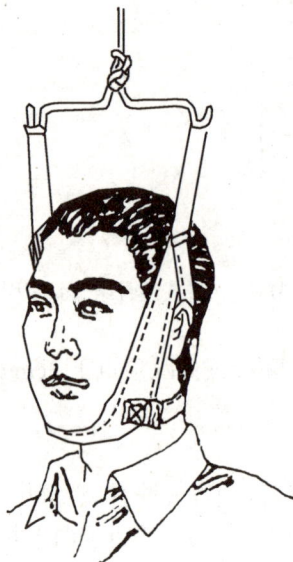

图 1-24 枕颌布托牵引

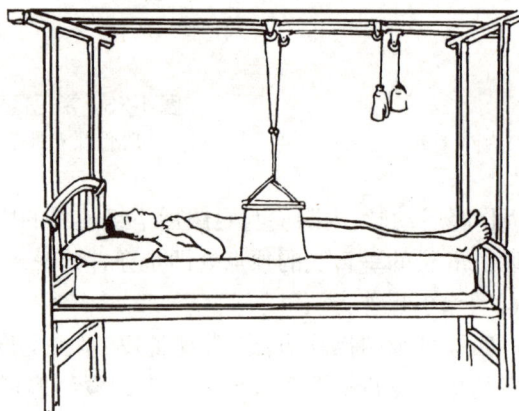

图 1-25 骨盆悬吊牵引

(四)骨外固定器

骨外固定器是一种微侵袭性的治疗工具,能为复杂的创伤性骨折提供一种快速有效的治疗。应用骨圆针或螺纹针经皮穿入或穿过骨折远近两端骨干,外用一定类型的外固定器连接钢针两端,从而使骨折复位并固定的方法,称为外固定器疗法(图 1-26)。

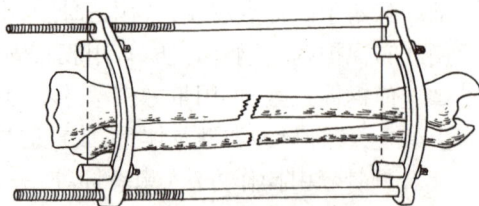

图 1-26 骨外固定器复位固定治疗骨折

1. 类型 骨外固定器的种类众多,根据其几何构型可大致分为以下几种类型。

(1)单边架:在骨折的一侧上下端各穿一组钢针,穿过两层骨皮质,但不穿越对侧的软组织。

(2)双边架:钢针穿过对侧软组织,肢体两侧外露钢针,通过连接杆加以固定。

(3)三角形架:将穿针设在两个或多个平面上,以增加其稳定性。

(4)半圆形架:外固定器呈半圆形,安装在肢体一侧,既能固定又起复位作用。

(5)环形架:外固定器呈环形,把肢体完全环绕。

(6)梯形架:外固定器呈梯形,用于骨盆骨折。

(7)平衡固定牵引架:由一枚斯氏针穿过股骨髁上,在大腿根部套一固定圈,内外侧连接伸缩杆,治疗股骨干骨折。

图 1-8

不同类型的外固定支架

2. 适应证

(1)肢体严重的开放性骨折伴广泛的软组织损伤,需行血管、神经、皮肤修复者;或需维持肢体的长度,控制骨感染的二期植骨者,如小腿开放性骨折等。

(2)各种不稳定性新鲜骨折,如股骨骨折、胫骨骨折、髌骨骨折、肱骨骨折、尺桡骨骨折等。

(3)软组织损伤、肿胀严重的骨折。

(4)多发性骨折以及骨折后需要多次搬动的患者。

(5)长管骨骨折畸形愈合、延迟愈合或不愈合,手术后亦可使用外固定器。

(6)关节融合术、畸形矫正术均可用外固定器加压固定。

(7)下肢短缩需要延长者。

3. 操作基本要求

(1)严格执行无菌技术,手术应在手术室内进行。

(2)熟悉穿针及邻近部位的解剖结构,避免损伤重要的血管和神经。

(3)穿针前要手法纠正骨折的旋转及成角移位,并标定进针点及角度。

(4)钢针的入出口处皮肤及软组织要切开 0.5~1cm 以消除其张力,避免钢针压迫皮肤及软组织。

(5)穿针部位原则上应避开骨折血肿区及远离创面。

(6)固定钢针应贯穿骨干横断面的中线。否则,钢针偏离轴心将造成骨折断面应力分布不均匀和固定不稳。此外,大多数固定器要求钢针与骨干垂直,与关节面平行。

(7)穿入固定针时,宜用手摇钻慢慢钻入,不宜用锤击或高速动力钻,以免损伤骨及软组织。

(8)针孔处应予酒精纱条保护,防止感染。

4. 外固定器治疗骨折的优点

(1)操作简单方便。

(2)手术创伤小。

(3)可以及时调整。

(4)便于观察处理伤口、更换敷料等。

(5)利于早期功能锻炼,减少关节僵硬、肌肉萎缩和骨质疏松等并发症。

(6)将牵引、复位、加压、矫正骨折移位等融为一体,具有一定弹性和硬度,可达到生物力学固定。

(7)易于拆除,无须再次手术取出内固定物。

5. 注意事项 外固定器固定术后,需抬高患肢,以利肿胀消退,并注意观察患肢远端血运、感觉及活动;定期检查固定针有无松动,固定器有无变位,固定螺母是否松动;定期更换针孔处酒精纱条,保持针孔处皮肤清洁干燥,必要时可应用抗生素;固定过程中,须多次调节固定器者,如肢体延长、关节融合加压固定等,须注意保持钢针与皮肤界面处于无张力状态,否则应予切开松解,以免皮肤受压坏死;及时进行患肢的功能锻炼。关节活动时幅度宜大,但动作宜缓慢,快速屈伸关节易拉伤肌肉;X线检查显示骨折愈合时,应及时拆除外固定器。

二、内固定

内固定是在骨折复位后,用金属内固定物维持骨折复位的方法。临床有两种置入方法:一种是切开复位后置入内固定物,另一种是在 X 线透视下,手法复位或针拨复位后,闭合将内固定物置入体内。临床大多数骨折经复位和外固定技术都能得到治愈,但是有些复杂骨折采用非手术疗法效果不佳,仍需要行切开复位内固定。内固定是治疗骨折的重要方法之一,临床上应严格掌握其适应证。

(一) 适应证

1. 手法复位外固定或牵引未能达到骨折功能复位标准,影响肢体功能者。

2. 移位的关节内骨折(含骨骺损伤)或骨折合并脱位,手法难以达到满意复位。

3. 手法复位外固定不能维持复位后的位置而可能影响骨折愈合者。

4. 合并血管、神经损伤或肌腱、韧带完全断裂的复杂骨折,在探查或修复血管、神经、肌腱及韧带时同期施行内固定。

5. 骨折断端间嵌夹软组织,手法复位失败者。

6. 开放性骨折,在 6~8 小时之内就诊清创,如伤口污染较轻且清创彻底者,可同时行内固定。

7. 多发骨折和多段骨折,对多发骨折的重要部位进行内固定,可达到便于患者早期活动和预防严重并发症的目的;移位明显的多段骨折,难以闭合复位外固定,宜采用内固定。

8. 陈旧性骨折畸形愈合造成功能障碍者。

9. 骨折不愈合,骨缺损在行植骨术的同时进行内固定。

(二) 内固定缺点

1. 切开复位内固定,必然切断部分血管及软组织,剥离骨膜,影响骨折部的血液供应,导致骨折迟缓愈合或不愈合。

2. 手术中可能损伤肌腱、神经、血管,术后又能引起上述组织粘连。

3. 术后感染发生。骨折处周围软组织因暴力作用已有严重的损伤,手术增加创伤和出血,致使局部抵抗力下降。如无菌技术不严格,易发生感染,影响骨折愈合。

4. 内固定器材质量不高,可因生锈和电解作用,发生无菌性炎症。也可产生内固定物松动、断裂,骨折端固定不牢或失效,造成骨折迟缓愈合和不愈合。

5. 技术条件要求较高,内固定材料和手术器械要求较严,如选择不当,可在手术过程中产生困难,或影响固定效果。

6. 手术创伤和出血,甚至发生意外。

7. 骨折愈合后,有些内固定物还须手术取出,造成二次创伤和痛苦。

因此在临床上应严格掌握内固定的适应证,切忌滥用。

(三) 禁忌证

1. 全身情况不能耐受麻醉和手术创伤者,如伴有严重心、脑血管疾病、严重糖尿病、血友病等。

2. 患肢骨严重骨质疏松,内固定物植入不能确定有效者。

3. 全身或患肢局部有活动性感染。

4. 患肢皮肤或软组织大块缺损未获修复者。

(四)内固定器材与应用

内固定应用于临床已有 100 多年的历史,随着科学技术的发展,材料学和生产工艺的不断完善,内固定材料的性能和质量也不断提高。临床常用的有螺丝钉、接骨板、髓内针、不锈钢丝、骨圆针、空心钉,以及脊柱前后路内固定器材等。临床可根据骨折类型、手术部位和手术方式的不同选择应用。

第十节　骨折的练功活动

练功活动古称导引,是通过肢体运动来防治某些损伤性疾病,以促进肢体功能加速恢复的一种方法。

早在东汉时期,华佗就根据"流水不腐,户枢不蠹"的道理,总结前人的经验而创立了五禽戏。张介宾在《类经》注解中说:"导引,谓摇筋骨,动肢节,以行气血也","病在肢节,故用此法"。张隐庵的注解认为:"气血之不能疏通者,宜按跷导引。"后世医家又在临床实践中不断积累经验,逐步将导引发展成为一种独特的练功活动疗法。

临床证明,伤肢关节与全身锻炼对治疗创伤有推动气血流通和加速祛瘀生新过程的作用,可改善血液循环与淋巴循环,促进肢体血肿、水肿的吸收消散,加速骨折愈合,使关节筋络得到濡养,防止肌肉萎缩、关节僵硬、骨质疏松,有利于功能恢复。所以,练功活动已被列为骨关节损伤的基本治疗方法之一。

一、练功活动的分类

练功活动有徒手锻炼和器械锻炼两种形式。

(一)徒手锻炼

进行伤肢自主活动,使功能尽快恢复,防止关节僵硬,肌肉萎缩。如前臂双骨折早期握拳、小云手,中期大云手,后期反转手。下肢损伤,练习踝关节背伸、跖屈,股四头肌舒缩活动,膝关节屈伸等动作。

进行全身锻炼,可使气血运行,整体脏腑功能尽快恢复。根据练功的体位,还可分为卧位与立位。损伤初期患者不能站立时,多采用卧位练习;损伤后期多采用立位练功。根据练功的动作可分为气功呼吸(吐纳)及肢体运动。内伤练功以气功呼吸为主,运动肢体为辅;外伤练功则以运动肢体为主,以气功呼吸为辅。

(二)器械锻炼

采用器械进行锻炼,主要是加强伤肢的力量,辅助伤肢关节运动功能恢复,一般常用蹬车,手拉滑车,握搓核桃、健身球等。如肩关节的练功活动可手拉滑车,指间关节锻炼可搓转核桃或健身球。

二、练功活动的作用

(一)活血化瘀、消肿定痛

损伤后瘀血凝滞,络道阻塞不通而致疼痛肿胀。局部与全身锻炼能起到推动气血流通,增加血液循环的作用,达到活血化瘀、消肿定痛的目的。

（二）濡养筋络、滑利关节

损伤后局部气血不足，筋失所养，酸痛麻木。练功活动后血行通畅，舒筋活络，筋络得到濡养，关节滑利，屈伸自如。

（三）促进骨折愈合

练功活动既能活血化瘀，又能生新，改善气血循行，有利于接骨续损。在夹板固定下的练功活动，不仅能保持良好的骨折对位，而且还能使骨折的残余移位逐渐得到矫正，使骨折愈合与功能恢复并进。

（四）防止肌肉萎缩

骨折脱位而致的肢体失用，必然导致某种程度的肌肉萎缩，积极进行练功活动可以减轻或防止肌肉萎缩。

（五）避免关节粘连和骨质疏松

患肢长期固定和缺乏活动锻炼是造成关节粘连和骨质疏松的主要原因，练功活动可使气血宣畅，关节滑利，筋骨健壮，避免关节粘连和骨质疏松。

（六）扶正祛邪，促进功能恢复

损伤可致全身气血虚损，脏腑不和，并能由此而致风、寒、湿等外邪侵袭，练功能调节机体功能，促使气血充盈、肝血肾精旺盛、筋骨强健，加速机体功能的恢复。

三、练功活动的术式及步骤

（一）自主活动

自主活动时，患者要用力，保持肌肉紧张，利用肌肉的收缩作用，使骨折断端稳定，以健肢带动患肢，帮助患肢恢复，动作要协调、对称、平衡、多方向、循序渐进、逐步加大活动范围。自主活动的练功形式和活动量的大小，按骨折愈合进程可分为四个阶段。

1. 第一阶段（外伤性炎症恢复期） 骨折后1~2周。其特点是局部疼痛，肢体肿胀明显，骨折端未稳定，并发的软组织损伤需要修复。练功的主要目的是促使肿胀消退，防止肌肉萎缩，预防关节粘连。练功的主要形式是肌肉收缩锻炼，具体方式依上、下肢而不同。上肢的握拳、吊臂、提肩等，使整个上肢肌肉用力，而后放松。在接近关节的干骺端骨折，可做一定范围的关节伸屈活动。下肢的踝关节背伸、股四头肌收缩锻炼等，使整个下肢肌肉用力，而后放松。除足、踝部骨折患肢可以抬起外，经过整复的胫腓骨干骨折及股骨干骨折，只能在枕头及支架上做肌肉收缩锻炼。

2. 第二阶段（骨痂形成期） 骨折后3~4周。其特点是局部疼痛消失，肿胀消退，一般性的软组织损伤已修复，骨折断端亦初步稳定，内外骨痂已开始形成。除继续更有力地行肌肉收缩锻炼外，只要患者肌肉有力，骨折部无疼痛，上肢骨折患者能握紧拳头，可做一些自主性的关节伸屈活动，先由单一关节开始，而后到几个关节协同锻炼。下肢骨折患者在踝关节背伸，患肢抬高、足不发颤的情况下，可先做单一关节的伸屈活动，而后再慢慢到几个关节的协同锻炼。没有做牵引的患者，在夹板固定下开始离床扶拐练习步行，牵引患者可以通过全身的自主活动带动患肢的关节活动。

3. 第三阶段（骨痂成熟期） 骨折后5~6周。其特点为局部软组织已恢复正常，肌肉坚强有力，骨折部已有足够骨痂，骨折断端已相当稳定，在夹板保护下不致变位，部分上、下肢骨折已接近临床愈合。除不利于骨折愈合的某一方向的关节活动仍须限制外，其他方向的关节活动，在患者力所能及的范围内，无论是活动次数及范围都可加大。合并做牵引的患者，解除牵引后扶拐逐渐负重，直到临床愈合、解除外固定为止。

4. 第四阶段（临床愈合期） 骨折后7~10周。骨折已达临床愈合标准，骨折局部无压痛,无纵向叩击痛,无异常活动,X线显示骨折线模糊,有连续性骨痂通过骨折线,外固定已可解除。除在固定期间,所控制的某一方向关节活动(不利于骨折愈合的活动)有待继续锻炼恢复外,关节的其他功能已基本恢复,可以鼓励患者做一些力所能及的轻微工作。在工作中,各关节往往不自觉地得到全面锻炼。但下肢骨折患者在上下坡、上下楼梯、外出时,最好扶拐或仍用夹板予以保护,直到骨折坚固愈合为止。

(二) 被动运动

被动运动是在一肢多发骨折或关节内骨折,患者肌肉无力,尚不能自主活动时,在医护人员的帮助下所进行的一种辅助性活动。从某种意义上讲,被动活动属于理伤按摩手法。依其作用的不同,可分为两种。

1. 按摩　主要适用于骨折部和骨折部远端有肿胀的肢体。其作用是消除肿胀,活血化瘀,促进循环,解除粘连。操作时,手法要轻柔,以不增加患者痛苦,不使骨折移位,不加重局部的损伤为原则。

2. 舒筋　主要帮助患者活动关节,常在按摩后进行舒筋活动。其作用是防止和改善关节囊挛缩和肌腱粘连。操作时,动作要缓慢柔和,活动范围由小逐渐加大,以不增加患者痛苦、不加重局部损伤、不影响骨折愈合为原则。

四、练功注意事项

1. 练功活动需以恢复肢体的固有生理功能为宗旨　上肢的各项活动要以增加手的握力和前臂旋转功能、肘部屈伸功能为宗旨。下肢以增强其负重步行能力为宗旨。

2. 练功活动要循序渐进　随着骨折部稳定程度的增长,活动范围应由小渐大,次数由少到多。但不能让患者感到疲劳,不能在骨折部发生疼痛。

3. 正确指导患者练功锻炼　练功是在不影响骨折部固定的条件下,为了骨折的迅速愈合而进行的。因此,根据每个骨折的具体情况,有利于骨折愈合的活动,应鼓励患者坚持锻炼;不利于骨折愈合的活动,则应严加禁止。如外展型肱骨外科颈骨折的肩外展活动、内收型骨折的肩内收活动、肱骨干骨折的前臂左右摇摆活动、肱骨髁上伸直型骨折的伸肘活动、前臂骨折的旋转活动、桡骨远端伸直型骨折的腕背伸桡偏活动、股骨转子间及股骨干上 1/3 骨折的髋内收活动、股骨髁上屈曲型骨折的屈膝活动、胫腓骨干骨折的小腿内外旋转活动、胫骨下端骨折和踝部骨折的跖屈活动等,在练功活动中都应加以禁止。

4. 医患合作,发挥患者主观能动性　在治疗期间,医护人员要把整复结果、固定要求、练功作用、估计愈合日期、预期治疗效果等向患者讲清楚。患者要保持乐观主义精神,发挥主观能动作用,与疾病作斗争,坚持练功活动,争取达到最满意的效果。

ER-1-10

骨折功能
锻炼的原则

PPT 课件

第十一节　骨折的辨证用药

一、辨证用药原则

中医学治疗疾病的理论核心是辨证施治。正如《素问·至真要大论》所云:"谨守病机,各司其属。有者求之,无者求之,盛者责之,虚者责之,必先五胜,疏其血气,令其调达,而致和平。"精辟地阐明了药物治疗的宗旨。因此,骨折辨证用药要遵循以下原则。

(一) 辨证施治原则

辨证治疗骨折要有整体观念,正确处理外伤与内损、局部与整体之间的关系,通过四诊全面搜集临床证候,运用八纲辨证、气血辨证和脏腑辨证等方法,辨病与辨证相结合,获取正确的病证诊断,依据"寒者热之,热者寒之,微者逆之,甚者从之,坚者削之,客者除之,劳者温之,结者散之,留者攻之,燥者濡之,急者缓之,散者收之,损者温之,逸者行之,惊者平之,上之下之,摩之浴之,薄之劫之,开之发之,适事为故"等治疗原则,据证立法,依法处方用药。

(二) 分期辨治原则

分期辨治是以骨折发展演变过程中不同阶段气血虚实的病理变化为基础进行辨证施治。骨折的部位虽有不同,但各部位骨折的初期、中期和后期病机是一致的,均应按骨折三期证治规律进行治疗。

(三) 内外治结合原则

内服和外用药物都是治疗骨折的重要方法。内治可调整因损伤而引起的脏腑、经络、气血功能紊乱,促进骨折愈合。外治直接作用于患处,有活血化瘀、接骨续筋、疏经通络等多种治疗作用。因此,治疗骨折既要重视内治,也不要忽视外治。

二、辨证用药方法

《普济方·折伤门》中指出:"凡从高处坠下,伤损肿痛,轻者在外,涂敷可已;重者在内,当导瘀血,养肌肉。宜察浅深以治之。"骨折治疗方法可分为内治法、外治法两类。内服药有汤剂、散剂、丸剂、片剂、膏剂、丹剂、药酒等。外用药有药膏、膏药、散药、搽擦药、熏洗药、热熨药等。临床上应针对病情选择使用。

(一) 内治法

内治法是通过内服药物以达到全身性治疗的方法,故亦可称为药物内治法。在诊治过程中,应从整体观出发,对气血筋骨、脏腑经络等之间的生理病理关系加以分析,才能把握伤病的本质,实施正确的治疗。骨折三期辨治:骨折早期宜攻,中期宜和,后期宜补。这种攻、和、补的分期治疗,不能机械地使用,而要根据患者的具体情况,采用先攻后补或攻补兼施。总之,在治疗骨折的整个过程中,必须掌握治伤与扶正的辩证关系。

1. 初期治法 初期是指骨折伤后1~2周,患肢局部肿胀疼痛明显,骨折端容易发生再移位,筋骨脉络可反复损伤,气血受损,血离经脉,瘀积不散,气滞血瘀,经络受阻。《辨证录·接骨门》指出:"内治之法,必须以活血去瘀为先,血不活则瘀不能去,瘀不去则骨不能接也。"因此,骨折早期以瘀血为主要病理表现,故当以攻利之法为主。临床上常用的方法如下。

(1)攻下逐瘀法:骨折早期,血脉受损,恶血留滞,壅于经道,瘀不去则新血不生。"留者攻之"即攻下逐瘀法,具有攻逐体内留滞之瘀血的作用,其代表方剂如大成汤、桃仁承气汤。

[主治]骨折损伤早期,瘀血内蓄,伤处肿痛较甚,或有昏睡,大便秘结,体质壮实,苔黄脉数。腰椎骨折脱位损伤后伴发腹胀便秘者常用此法,效果良好。

[用法]水煎服。药后得下即停。

[禁忌及注意]攻下逐瘀之法,常用苦寒泻下药物,药力峻猛,临床不可滥用。对年老体弱、失血过多、气血亏虚者,妇女妊娠、产后、月经期间应禁用或慎用。

(2)行气消瘀法:气为血之帅,气行则血行,气滞则血阻,气结则血瘀。"结者散之"即行气消瘀之法,具有疏通气血,消散结滞的作用。本法适用于骨折初期,气滞血瘀,局部肿痛,而无里热实证,或有某种禁忌而不能攻下者。代表方如下。

1)以祛瘀为主者,如桃红四物汤。

[主治]损伤后以血瘀为主。

[用法]水煎服。

[禁忌及注意]失血过多、体弱者慎用。

2)以行气为主者,如复元通气散。

[主治]骨折早期,肿甚气滞作痛者。

[用法]药物共研细末,每次服3~6g,温酒服下。

[禁忌及注意]气虚者慎用。

3)行气与消瘀并重者,如膈下逐瘀汤。

[主治]脊柱骨折,腹部胀满,蓄血疼痛。

[用法]水煎服。

[禁忌及注意]同攻下逐瘀法。

(3)清热凉血法:多用于开放性骨折并创伤感染,火毒内攻,热邪蕴结,壅聚成毒者。"热者寒之"即清热凉血之法,有清热解毒,凉血止血的作用。适用于骨折早期瘀热内攻,血热错经妄行,创伤感染之证。其代表方如下。

1)以清热解毒为主者,如五味消毒饮或黄连解毒汤。

[主治]开放性骨折创面感染初期。

[用治]水煎服,每日1~3剂。

[禁忌及注意]伤处无感染趋向或热毒不盛者慎用。

2)以清营凉血为主者,如清营汤。

[主治]开放性骨折合并感染,温热之邪陷入营分,症见高热烦渴,谵语发斑,舌质红绛者。

[用法]水煎服。

[禁忌及注意]热未入营者禁用,以防寒凉太过,引起血寒内凝。

3)以凉血止血为主者,如十灰散。

[主治]骨折伴多发性损伤,有咯血、吐血、衄血、尿血、便血、创面渗血而见热证者。

[用法]各药烧灰存性,研极细末保存,每服10~15g,温开水下。用鲜藕汁或鲜萝卜汁调服为佳。

[禁忌及注意]无出血者慎用。

(4)补气摄血法:血为气之母,血能载气,气能统血,气随血耗,气虚则血无所统。严重创伤骨折常失血较多。"散者收之""损者益之"即补气摄血之法,有益气统血固脱作用。其临床代表方如独参汤。临床上,骨折早期失血过多,出现休克等危重情况,应以输血补液支持为主,病情稳定后,可配合应用该法。

[主治]骨折创伤,失血较多,面色苍白,四肢发凉,心烦口渴,冷汗自出,神疲眩晕,脉细数无力或芤,为失血后气血虚衰,亡阴亡阳之危症。

[用法]水煎服。亦有制成针剂使用。

[禁忌及注意]危症急救时,必要时应结合输血、补液疗法。

2. 中期治法　中期指骨折损伤后3~4周,骨折处疼痛减轻,肿胀消退,一般软组织损伤已修复,骨折断端亦初步稳定,原始骨痂已开始逐步形成。虽仍有瘀血未尽,但不可再用攻下之法,否则易伤及正气。故中期以调和为主,再根据内伤气血、外伤筋骨的不同重点,进一步辨证施治。临床上常用方法如下。

(1)和营止痛法:和营止痛法具有调和营血,理气止痛,祛瘀生新的功用。适用于骨折早期肿痛未完全消除,瘀血未尽,气机不畅者。其代表方剂为和营止痛汤。

[主治]骨折中期瘀肿未尽者。

［用法］水煎服。

［禁忌及注意］损伤后期不宜服用。

（2）接骨续筋法：接骨续筋之法具有祛瘀生新，接骨续筋的功用。骨折经早期治疗，骨位已正，筋也理顺，瘀肿消散，当接骨续筋。其代表方剂是续骨活血汤。

［主治］骨折及软组织损伤中期。

［用法］水煎服。

［禁忌及注意］无筋骨损伤者慎用。

（3）舒筋活络法：舒筋活络法具有行气活血，舒经通络的作用，适用于骨折中期血气未畅，筋膜粘连，或兼风湿，筋络挛缩、强直，关节屈伸不利者。其代表方为舒筋活血汤。

［主治］骨折后关节活动不利或兼风湿者。

［用法］水煎服。

［禁忌及注意］骨折初期，血瘀生热及创伤感染者禁用。

3. 后期治法　后期指骨折 1 个月以后，一般已有骨痂生长，骨折断端也较稳定时。但骨折日久，气血耗损，筋骨未坚，肢体乏力，关节屈伸不利，为促进骨折部骨痂的不断生成改建，改善肢体功能，故后期治疗以补为主。同样须辨证施治，根据气血脏腑损衰的情况予以补益。临床上常用方法如下。

（1）补气养血法：补气养血具有补益气血，濡养筋骨的作用。适用于筋骨痿弱，骨折后期气血亏损者。其代表方剂如下。

1）以补气为主者，如四君子汤。

［主治］骨折后期，中气不足，脾胃虚弱者。可见肌肉消瘦，筋骨痿弱者。

［用法］水煎服。

［禁忌及注意］脾胃实热者忌用。

2）以补血为主者，如四物汤。

［主治］骨折后期血虚之证。

［用法］水煎服。

［禁忌及注意］脾胃虚寒者忌用。

3）气血双补，如八珍汤、归脾汤。

［主治］骨折后期气血俱虚者，或创面脓汁清稀，久不收敛者。

［用法］水煎服。

［禁忌及注意］气滞血瘀者禁用。

（2）健脾益胃法：脾主四肢肌肉。脾胃为后天之本，气血生化之源。健脾益胃法有促进脾胃消化功能的作用，有利于气血的生成。适用于骨折后期，脾胃虚弱以致气血亏损者。其代表方如健脾养胃汤。

［主治］骨折后期纳差，脾胃虚弱者。

［用法］水煎服。

［禁忌及注意］中焦实热，腹胀满者忌用。

（3）补益肝肾法：肝主筋，肾主骨，肝肾同源。补益肝肾法具有加强肝肾功能，壮筋强骨的功用。适用于骨折后期，筋骨虽续，肝肾已虚，肢体功能尚未恢复，或年老体弱，骨折迟缓愈合，骨质疏松者。其代表方剂如补肾壮筋汤。

［主治］骨折后期，肝肾虚损、筋骨痿弱者。

［用法］水煎服，或制成丸剂口服。

［禁忌及注意］骨折早期，或身体壮实者禁用。

(4)温经通络法：血气喜温而恶寒湿，寒湿入里则脉络涩滞而血气不畅。温经通络法具有温通经脉，祛寒胜湿的功用。适用于骨折后期，风寒湿邪乘虚而入，侵袭经络、骨节，留而成痹，天阴下雨即酸痛者。其代表方剂如麻桂温经汤。

[主治]骨折后期，寒湿客注经脉而痹痛者。

[用法]根据病情决定剂量，水煎服。

[禁忌及注意]实热证者禁用。

以上内治法，应遵循原则使用。治疗骨折在施行手法复位、固定及练功活动的同时，均可配合这些内治方法。骨折各阶段并无明显界线，各部骨折愈合时间亦不同，且有个体差异，故治疗时不可机械使用。临证变化多端，错综复杂，必须灵活变通，审慎辨证，正确施治。

内治多用汤剂。丹剂、丸剂、散剂取其轻便快捷，适用于仓促受伤者。药酒能助药力、行药势，多用于闭合性骨折或兼风寒湿邪者。常用方有夺命丹、玉真散、三黄宝蜡丸、跌打丸等。

(二) 外治法

药物的外治法，指骨折损伤后的局部用药，如敷、贴、洗、搽、撒、浸、熨等。在骨折治疗中，一向比较重视外用药的使用，《理瀹骈文》有"外治之理，即内治之理；外治之药，亦即内治之药，所异者法耳"之说，故外治时，必须加以辨证，根据骨折的不同阶段采用不同的外治之法。一般初、中期以药膏、膏药敷贴，后期以药物熏洗、热熨或涂擦。

1. 敷贴法 敷贴法是药物制剂直接敷贴于骨折损伤局部，使药力发挥作用。常用的有药膏、膏药、药散三种。

(1)药膏：又称敷药或软膏。先将药物制成细粉末贮藏。应用时加蜂蜜、饴糖、油、水、鲜草药汁、酒、醋或凡士林等，调匀如糊状，按骨折损伤的部位大小，将药膏摊于相应的油纸或纱布上，并在药膏上覆盖一张极薄的毛头纸，然后敷于伤处。药膏上用毛头纸覆盖，主要使药物不直接接触皮肤，换药时易揭取，而毛头纸很薄，药力可渗透，不影响药效发挥。加用饴糖，除其药物作用外，其硬结后对骨折有一定固定作用，多数用油类配制，不仅柔软，还有滋润作用。

换药时间可根据病情变化、肿胀消退程度、天气冷热而定，一般2~4天换药1次。少数患者外敷药膏后过敏，出现接触性皮炎、皮肤奇痒及丘疹水疱时，应及早停药，外用六一散等。

药膏按其功效可分如下六种。

1)活血化瘀、消肿止痛类：适用于骨折早期，伤处充血肿胀疼痛者。代表方剂如消瘀止痛膏、双柏油膏。

[主治]骨折伤筋早期，肿痛剧烈者。

[用法]共研细末，饴糖或凡士林调敷。

[禁忌及注意]有创口禁用，骨折后期无瘀热者不宜使用。

2)接骨续筋类：用于骨折中期，骨折复位良好，肿痛基本消退者。代表方剂如接骨续筋膏。

[主治]骨折中期，肿消痛减者。

[用法]共研细末，饴糖或蜂蜜调煮外敷。

[禁忌及注意]有创口禁用。

3)活血舒筋类：用于骨折中期，瘀肿经久不散者。代表方剂如舒筋活络膏。

[主治]骨折中期，瘀肿，关节不利者。

[用法]共研细末，开水调成糊状外敷。

[禁忌及注意]有创口禁用。

4)清热解毒类:用于骨折处感染邪毒,红肿热痛者。代表方剂如四黄膏。

[主治]骨折合并感染。

[用法]共研细末,水蜜调敷或用凡士林调制成膏外敷。

5)温经通络、祛风除湿类:用于骨折后期,伴有风寒湿邪浸注者。代表方剂如温经通络膏。

[主治]骨折后期,有局部痹痛者。

[用法]共研细末,饴糖、蜂蜜调成软膏或凡士林调煮成膏外敷。

[禁忌及注意]有红肿灼热者禁用。

6)生肌长肉类:用于骨折伴有创口,或开放性骨折中、后期,红肿已退,创口尚未愈合者。代表方剂如生肌膏。

[主治]溃疡脓性分泌物已减少,期待肉芽生长者。

[用法]研极细末,掺创面上,外再盖油膏,亦可用凡士林适量,调煮成油膏外敷,其中冰片亦可掺撒在药膏的表面上敷。

[禁忌及注意]创面不新鲜,脓性分泌物多者慎用,红肿热痛禁用。

(2)膏药:膏药古称薄贴,《肘后备急方》有关于膏药制法的记载,后世广泛用于临床各科,外伤科临床应用更为普遍。膏药是将药物碾成细末,配合香油、黄丹或蜂蜡等基质炼制而成,应用简便,药力持久,便于收藏携带,经济节约。对含有丹类药物的膏药,由于X线不能穿透,所以做X线检查时宜取下。

骨折治疗最常见的代表膏药如狗皮膏,具有消肿止痛、通经活络的作用。

[主治]骨折、伤筋的中后期。

[用法]温烊化开膏药,粘贴于患处。

[禁忌及注意]局部有创口禁用。

另有损伤风湿膏和生肌玉红膏,可分别用于骨折后期伴风湿痹痛和有创口溃疡,脓腐不脱,新肌难生者。

(3)药散:又称掺药或丹药。是将药研成细末,使用时撒于伤口或加在敷药上。如花蕊石散,用于骨折并有创伤出血,有止血收口作用;七三丹,用于创面腐肉未去,脓水未尽者,有祛腐拔毒作用;生肌八宝散,适用于新肉难长,脓水稀少的创面,有促进生肌长肉之效;丁桂散,用于风寒湿痹痛之证,有温经散寒的作用;四生散,用于骨折瘀血结聚肿痛者,有活血止痛的作用。

2. 熏洗法　早在《仙授理伤续断秘方》中就有记载,是把药物置入锅或盆中加水煮沸后,先用热气熏蒸患处,待水温略减,再用药水浸洗患处的方法。冬季可在患肢加盖棉垫,使热持久,每日2~3次,每次15~20分钟。具有舒松关节,疏导腠理,疏通气血,活血止痛的功效。适用于骨折后期关节强直拘挛、酸痛麻木,有促进功能恢复的作用。代表方剂如散瘀和伤汤、海桐皮汤、上肢损伤洗方、下肢损伤洗方等。

[主治]骨折后期,关节功能欠佳者。

[用法]煎水熏洗患肢,可一边活动关节做练功活动,一边熏洗,效果更佳。

[禁忌及注意]有创口者禁用。

3. 热熨法　热熨法是一种以物理热疗促进药物吸收的方法,具有温经祛寒,行气活血止痛的作用。用时选伤药,加热后用布包裹,热熨患处。适用于不易外洗的部位(如脊柱骨折后期)、陈伤或兼有风湿之证者。如坎离砂,是用铁砂加热后与醋水煎成的药汁搅拌装入布袋,数分钟后自然发热,以熨患处。

笔记栏

4. 搽擦法 《素问·血气形志》有："经络不通,病生于不仁,治之以按摩醪药。"醪药即用来配合按摩的药酒。搽擦药多用活血舒筋的药物配制成酊剂或油剂。一般用于骨折中、后期关节练功活动时。用时将药涂搽伤处,再加以手法,具有舒筋活络、调理气血、促进关节功能恢复的作用。

第十二节 骨折的畸形愈合、迟缓愈合和不愈合

一、骨折畸形愈合

骨折畸形愈合是指骨折断端在重叠、旋转、成角等异常对位对线状态下愈合(图 1-27),且引起肢体功能障碍者。

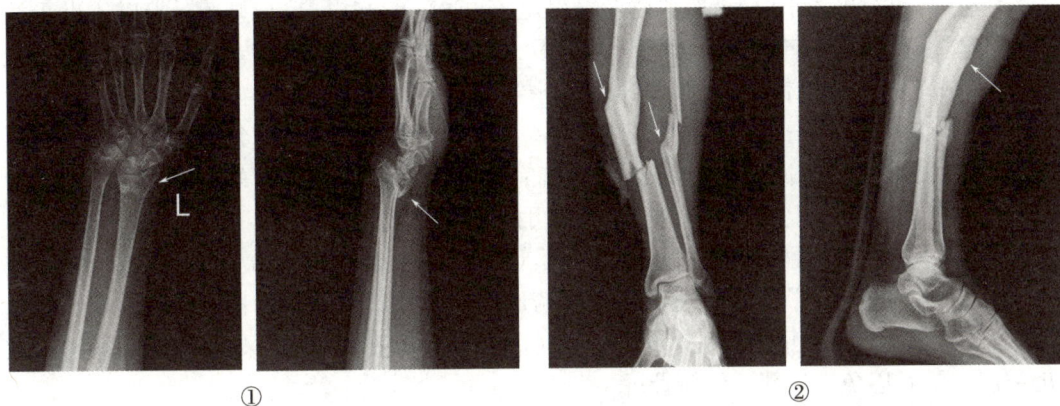

图 1-27 骨折畸形愈合
①桡骨远端骨折畸形愈合;②胫腓骨骨折畸形愈合

【病因病机】

骨折发生畸形愈合多由治疗不当所致,如骨折整复位置不良,固定不恰当,或过早去除固定,进行不适当的活动、负重等使折端重新移位等;少数可因漏诊或误诊,使骨折未得到整复和固定;偶尔有患者伤后未到医院就诊所致。

骨折畸形愈合严重者可以引起肢体的功能障碍。如骨折断端成角、旋转畸形愈合,可影响正常的平衡和步态;骨折远近段互相重叠,可导致肢体明显短缩,成人下肢短缩超过 1cm 可引起跛行;骨折端成角、旋转、缩短,致使肌肉收缩和重力的不均衡和相应的关节面负重不平衡,可引起创伤性关节炎;关节内骨折的畸形愈合,可使关节活动障碍。

【临床表现与诊断】

骨折畸形愈合临床表现有外观异常、力线异常、肢体或关节功能受限和关节疼痛等。

外观异常:局部可见肿胀畸形,如肢体成角畸形、短缩畸形和旋转畸形等。下肢严重的短缩畸形,可造成跛行。

力线异常:主要是由于骨折端的成角、旋转等畸形愈合,改变了相关肌肉的作用方向。

肢体或关节功能受限:错位突出的骨折端阻碍了邻近关节的活动,尤其是邻近关节附近骨折的畸形愈合,对肢体和关节功能多的影响更大。在上肢主要表现为运动功能受限,在下肢主要表现为行走功能受限。如肱骨髁上骨折畸形愈合影响肘关节屈曲,桡骨畸形愈合使前臂旋转功能受限,股骨干骨折成角短缩畸形愈合致行走跛行,胸腰段后凸成角畸形愈合

致腰部活动和行走困难等。

骨折畸形愈合的后期可表现为关节劳损和创伤性关节炎而致关节疼痛等。

X线片可显示骨折畸形愈合的部位、种类和畸形程度。

根据受伤病史、临床表现,特别是X线检查可作出诊断。

【辨证论治】

对畸形较轻、年龄在13岁以下的患者,除旋转及严重的成角畸形外,常能在发育过程中自行矫正,不必进行处理。如果畸形严重,如下肢短缩超过2cm,成角超过15°,旋转超过30°,影响肢体功能者,不论年龄大小,均应及早进行治疗。可根据骨折畸形轻重、部位及愈合的坚固程度,采用手法折骨、手术截骨或切开重新复位内固定加植骨术等方法治疗。

儿童因生长旺盛,伤后2~3个月往往骨痂已坚强,手法折骨相当困难,切勿勉强进行。成人患者,伤后2~3个月,骨干骨折虽已愈合,但还不坚固,可以应用手法折骨,将骨折处重新折断,把陈旧骨折变成新鲜骨折,然后按新鲜骨折治疗。

手法折骨时,患者平卧,上肢用臂丛神经阻滞麻醉,下肢用腰麻或硬膜外麻醉。助手用双手固定骨折近段,术者用双手紧抱骨折远段,在对抗牵引下慢慢旋转骨折远段,使远近骨折段之间产生一种扭转作用力,首先将骨折断端间的桥梁骨痂折断。在扭转过程中,常可听到桥梁骨痂断裂的响声或感到桥梁骨痂断裂。如此反复扭转多次,直到断端松动。然后再按照骨折原成角方向来回反折,将包围之骨痂完全折断,直至远近骨折端完全松动。若骨折愈合得比较紧固,采用上述方法不能折断时,可用一块楔形木墩,上缘用棉花包裹,作为折骨的支点,术者双手分别紧握骨折远、近段,并尽量靠近骨折端,将骨折最突出处放在木墩上,利用体力、手力逐渐将肢体向下压而使骨折畸形连接处重新折断。折骨时一般先将凸侧骨痂折断,然后再反方向折断凹侧骨痂。折骨时用力必须稳妥,并注意保护好皮肤不受损伤,切忌使用暴力,以免发生邻近处新骨折。

手法折骨后,再行整复、固定、练功活动和药物治疗。但陈旧骨折折断后,其愈合速度较新鲜骨折慢,所以固定的时间亦需适当延长。对邻近关节和小儿骨骺附近的畸形愈合,在手法折骨时,常可损伤关节周围的韧带和骨骺,宜慎重使用。

受伤时间超过3个月、骨折处已骨性愈合、不可用手法折断者,可通过手术方法,将骨性愈合的上、下骨折断端凿开。但注意不要将骨折断端凿碎,可让新生骨痂留在骨干部,使骨折断端游离,然后按新鲜骨折治疗。

【预防与调护】

只要在骨折整复后,给予有效的固定、合理的功能锻炼,并密切观察或做X线复查,发现骨折断端再移位及时给予矫正,骨折畸形愈合可以被防止发生。

二、骨折迟缓愈合

骨折迟缓愈合是指骨折经治疗后,愈合速度缓慢,已超出该类骨折正常临床愈合时间较多,骨折尚未连接者。临床常见于股骨颈骨折、胫骨干中下1/3骨折、肱骨干骨折、腕舟状骨骨折和距骨骨折等。

【病因病机】

骨折迟缓愈合多由于过度牵引、粗暴或多次手法整复、复位不良、内外固定不确实、骨折部位特殊、骨折端有组织嵌入、骨折端血供不良、功能性失用、骨质疏松、手术过度剥离损伤骨膜、周围软组织损伤严重或感染、营养不良、体质虚弱等原因所造成。

【临床表现与诊断】

骨折局部有疼痛,压痛,纵轴叩击痛,异常活动,功能障碍。

X线片显示骨折端骨痂稀少,骨折没有连接,但骨折断端无硬化现象,骨髓腔仍通。

根据临床表现和X线检查,结合治疗过程及时间可作出诊断。

【辨证论治】

骨折迟缓愈合,若经过正确的处理,其临床表现可以转变,最终仍可达到骨性愈合。因此,在治疗时宜针对病因进行治疗,消除妨碍骨折愈合的因素,为骨折愈合创造良好的条件,配合内外用药,骨折是完全可能愈合的。如过度牵引造成骨折断端分离者,宜立即减轻牵引重量,结合主动功能锻炼及纵向叩击患肢,使骨折端嵌插或紧密接触。固定不当者,如外固定器具不能有效地控制骨折断端而不利于骨折愈合的活动(扭转、成角、剪切),骨折断端间长期承受扭转及成角等剪式外力,造成一个分离面,则断端间多形成软骨及纤维组织。对于这些病例,只要骨折对位尚好,利用局部外固定控制住骨折断端间的成角及扭转活动,经过患者积极的功能锻炼,利用自身肌肉收缩活动所产生的内在动力稳定骨折,使骨折断端间产生对向挤压作用而紧密接触、持续嵌插,可使愈合缓慢的骨折最终达到骨性愈合。如腕舟状骨骨折,常存在剪式伤力,局部血液供应也较差,应做较大范围和较长时间的固定。股骨颈囊内骨折后,骨折断端往往存在剪力和旋转力,一般的外固定尚不能控制这两种外力,比较理想的治疗是应用螺纹钉内固定或闭合穿钢针内固定。骨折断端间有软组织嵌入的,应用手法解除,必要时采用手术解除。感染引起的迟缓愈合,只要保持伤口引流通畅,应用有效的抗生素和中药控制感染,骨折是可以愈合的。如果感染伤口中有死骨形成或其他异物存留,应给予清除。如骨折断端分离移位较大,骨折愈合十分困难者,可考虑植骨手术治疗。骨折迟缓愈合药物治疗时应重用接骨续筋药物,如续断、土鳖虫等,促进骨折愈合。

【预防与调护】

预防骨折迟缓愈合的方法是要了解骨折发生的机制,熟悉骨折移位的倾向,尽量避免不必要的手术干预,早期应用无创、无痛的手法整复固定。固定稳妥后鼓励患者早期进行练功活动,祛除骨折愈合的不利因素,增加促进骨折愈合的有利条件,避免迟缓愈合的发生。

三、骨折不愈合

骨折不愈合,又称骨不连,是指骨折所需愈合时间再三延长后,骨折仍没有愈合(图1-28),骨折愈合功能停止,断端仍有异常活动者。

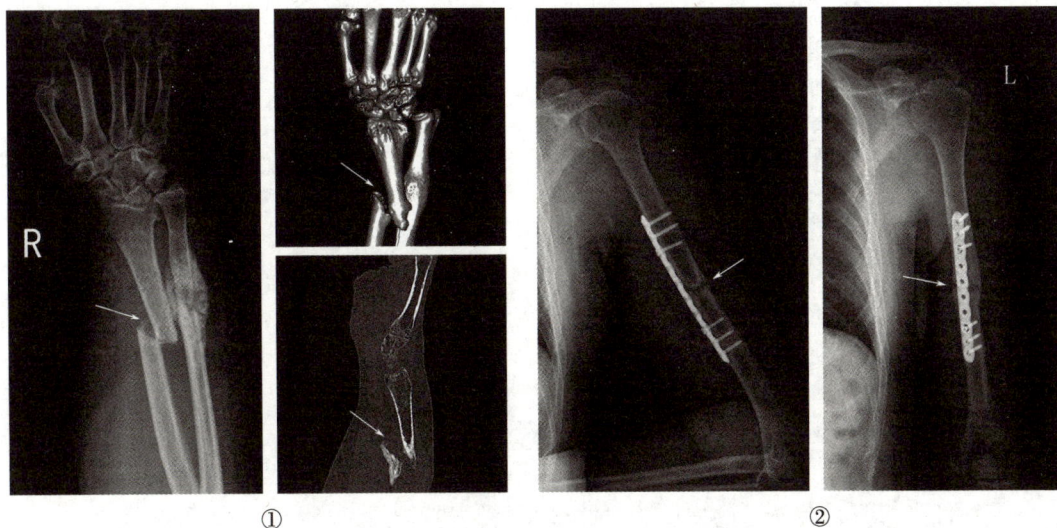

图 1-28 骨折不愈合
①桡骨骨折不愈合;②肱骨干骨折术后不愈合

【病因病机】

骨折不愈合主要由如下原因所致。

1. 骨折本身条件差,如大块骨缺损、软组织严重剥离。

2. 骨折间有不利于骨折愈合的外力干扰,如肢体重力或肌肉收缩力对骨折端造成的成角、扭转和剪切应力。

3. 感染。骨骼本身的感染和骨折端周围软组织的感染,可引起局部长期充血、组织破坏、骨质坏死、骨折局部血管栓塞、脓液和代谢产物的堆积。

4. 骨折端复位不佳,骨折断端之间有软组织嵌入,血供受阻,功能性失用。

5. 多次粗暴的手法整复,手术造成骨膜广泛剥离,接骨板与螺丝钉的反应,过度牵引,或伴有血管、神经损伤等。

6. 全身因素,如年龄偏大,营养不良,长期使用激素或抗凝、抗炎类药物等,均可影响骨折愈合。

根据 X 线及术中病理所见,长骨干骨折不愈合可分为两种类型。①肥大型:表现为骨端硬化,周围有肥大增生骨痂,但不连续,骨折端有丰富的血液供应,有较好的生物学反应。②萎缩型:表现为骨端萎缩吸收,骨质疏松,断端互相分离,无明显增生骨痂,骨折端缺乏血液供应,生物学反应少。

【临床表现与诊断】

局部疼痛多不明显,在骨折端移动或负重时,可产生疼痛,骨折断端有异常活动,由于长期肢体失用,可出现关节挛缩畸形和肌肉萎缩,下肢骨干发生骨折不愈合时,负重功能丧失,骨传导音降低。

X 线片显示骨折端互相分离,间隙较大,骨端硬化或萎缩疏松,髓腔封闭。骨折不愈合是由骨折迟缓愈合逐渐演变而来,据此结合临床表现和 X 线检查可作出诊断。

【辨证论治】

骨折不愈合表明骨折愈合功能已经停止,如不采取积极措施,骨折很难愈合,因此应及时处理、综合治疗,为骨折愈合创造良好的条件。

骨折不愈合要根据其形成的原因和类型采用不同的治疗方法。总的来说,需要对骨折端进行良好的复位,并选用合适的内或外固定材料对骨折进行稳定的固定,提供骨折端良好的血运,并根据骨折端的情况决定是否需要植骨。肥大型骨不连者,只要有稳定的固定就能获得连接,无须植骨;萎缩型骨不连者则需手术去除骨折端的硬化骨,打通髓腔并进行植骨。植骨是治疗骨不连的最常用及有效的方法。骨的来源很多,有自体骨、异体骨、人工合成骨等,其中自体骨是最好的植骨材料。

【预防与调护】

骨折不愈合治疗相当困难,患者所受痛苦更多,因此必须在骨折治疗全程注意预防骨不连发生。在骨折治疗过程中,要注意尽量采取非手术方法复位,避免骨折端形成间隙,固定要可靠,加强练功锻炼,避免感染。

第十三节　开放性骨折

开放性骨折是指骨折处的皮肤或黏膜破裂,骨折断端通过破裂处与外界相通者。开放性骨折是骨伤科的常见创伤,多见于交通事故伤和其他高能损伤。开放性骨折的最大风险是由于创口被污染,大量细菌侵入,并在局部迅速繁殖,导致骨感染,严重者可致肢体功能障碍、残疾,其至危及生命。

【分类】

(一) 根据开放性骨折形成的机制分类

根据开放性骨折形成的机制可分为以下 3 类。

1. **自内而外的开放性骨折** 多为间接暴力造成,成角或扭转暴力造成骨折成角移位,其骨折一端自内向外穿破皮肤。该类开放性骨折伤口大多较小,污染较轻,发生感染的概率小,预后较好。

2. **自外而内的开放性骨折** 暴力直接作用于局部,同时损伤软组织及骨骼。该类开放性骨折伤口多较大,污染较重,发生感染的概率大,预后相对较差。

3. **潜在开放性骨折** 是指骨折存在转化为开放性骨折的可能性。如重力碾挫,导致皮肤、软组织损伤严重,同时造成骨折,皮肤软组织逐渐坏死,发展成开放性骨折,或移位的骨折断端压迫皮肤,但尚未穿通皮肤形成开放伤口,若不能及时解除压迫,可造成局部皮肤坏死,转化为开放性骨折。

(二) 根据软组织损伤以及污染的程度分类

根据软组织损伤以及污染的程度可分为以下 3 型。

Ⅰ型:伤口不超过 1cm,伤缘清洁,骨折简单,或轻微粉碎。

Ⅱ型:伤口超过 1cm,但无广泛软组织损伤或皮肤撕脱,中度污染,骨折中度粉碎。

Ⅲ型:有广泛软组织损伤,污染严重,骨折粉碎。Ⅲ型开放性骨折又可分为 3 个亚型,即ⅢA 型,骨折处仍有充分的软组织覆盖,骨折为多段或为粉碎性;ⅢB 型,软组织广泛缺损,骨膜剥脱,骨折严重粉碎,广泛污染;ⅢC 型包括并发需要修复的动脉损伤或关节开放脱位。

【临床表现与诊断】

局部可见皮肤及软组织创面,部分患者就诊时骨折端尚暴露在外,或探查创口可直接触及骨质。观察伤口,估计损伤的深度、软组织损伤情况和污染程度。通过询问病史,了解受伤的时间及经过、暴力的性质和急救处理的情况,检查全身情况,明确是否有休克和其他危及生命的重要脏器损伤。通过检查肢体的运动、感觉,动脉搏动和末梢血液循环状况,确定是否合并神经、肌腱和血管损伤。

X 线片可明确骨折的类型和移位情况。

根据外伤史,有皮肤或黏膜破损,有骨折并与外界相通,结合 X 线检查可作出诊断。

【辨证论治】

开放性骨折Ⅰ型处理较容易,Ⅱ型、Ⅲ型处理复杂,要高度重视,仔细认真处理。

开放性骨折处理原则是及时正确处理创口,尽可能防止感染,力争将开放性骨折转化为闭合性骨折。开放性骨折的清创术包括清创、骨折复位和软组织修复以及伤口闭合。其要求比一般软组织的开放损伤更为严格,原则上,清创越早,感染机会越少,治疗效果越好。清创完成后,应常规使用抗生素预防感染,并应用破伤风抗毒素。

(一) 一般处理

尽早给予有效的抗菌药物。一般开放性骨折患者均应注射破伤风抗毒素血清,以预防破伤风的发生。切记,注射此药物前一定要做皮肤(或皮内)敏感试验。对开放性骨折的处理应在手术室行清创治疗,在适当麻醉(一般为局部麻醉)下,以消毒纱布保护好伤口,剃除伤口周围毛发。若皮肤上有油污,可先用汽油或乙醚擦去。再戴上手套,以软毛刷子蘸肥皂水刷洗伤口周围及手术部位的皮肤,并用生理盐水反复冲洗。注意刷洗时尽量不要让肥皂水流入伤口内。刷洗时间一般在 10 分钟左右。然后换一把干净的刷子同样刷洗 5 分钟,再

ER-1-13

临床常用的
开放性骨折
分类标准

冲洗干净。更换手套、刷子及肥皂水碗,第三次刷洗完毕后用3%过氧化氢溶液冲洗伤口,再用0.09%~0.11%皮肤黏膜冲洗消毒液(安尔碘)或用1:1000苯扎溴铵溶液冲洗伤口,其后以生理盐水冲洗干净。最后用无菌纱布将皮肤拭干,以碘伏、酒精常规消毒,铺手术巾,显露需清创的伤口,行清创术。

(二)伤口的处理

受伤6~8小时以内的伤口,应尽量争取彻底清创,清除污染物,切除一切无活力的组织,使污染伤口变成清洁伤口。为了更好地鉴别健康组织与坏死组织,清创时以不用止血带为宜,有急性出血者先临时止血。清创时由外而内,由浅及深,逐层将原来污染的创面、无活力的组织彻底清除干净。清除的污染组织应送检,做细菌培养和药敏试验,为敏感抗生素的选择提供依据。关闭伤口时切忌将皮肤缝合过紧,如皮肤缺损过大,伤口不能直接缝合时,应选用减张切口,移植皮瓣,或带蒂皮瓣、游离植皮等方法正确有效地缝合关闭伤口。对于受伤时间超过8小时者,应根据受伤部位、伤口情况决定是否清创缝合。如伤口污染较轻,组织损伤不重,伤部在抗菌力较强的头皮、颜面、肩、颈等部,可以考虑清创缝合。超过12小时者,除面、唇伤口外,一般不做清创缝合。超过24小时者不宜再行清创,仅用纱布包扎敞开的伤口,石膏或牵引固定伤肢,使用有效抗生素控制感染,可采取延期缝合或植皮方法消灭创面。总之,对伤口的处理应根据受伤时间、伤口大小、伤口位置、感染的有无及轻重,采取不同的处理方法。

(三)血管神经损伤的处理

当重要血管断裂时,应尽量缝合,对端吻合或自体静脉移植。被锐利器械切断的神经应对端吻合;神经受牵扯,挫裂而伤口损伤界线不清者,不应吻合,标记固定后择期行二期修复。

(四)关节韧带和关节囊处理

关节韧带和关节囊严重挫伤者,应予切除。若仅污染,则应在彻底切除污染物的情况下,尽量予以保留,其对关节的稳定和以后的功能恢复十分重要。

(五)骨折的处理

一般在伤后6~8小时以内,行彻底清创缝合后。开放性骨折可以按闭合性骨折固定的方法处理,根据骨折类型选择适当的外固定进行固定。但当开放伤口较大时,可在彻底清创时行切开复位内固定术,内固定应以方法简便和固定牢靠为原则,必要时术后可适当加用外固定。若创口污染严重,无把握做较彻底的清创,或伤口已有感染征象者,可行外固定架固定。粉碎性骨折的骨片应仔细加以处理。游离的碎骨片可以去除,但是与周围组织尚有联系的小骨片不要轻易去掉而应复位,有助于骨折的愈合。大块的骨片,即使完全游离也不能摘除,以免造成骨缺损,影响骨折愈合,甚至导致骨折不愈合。应将其浸泡在0.1%活力碘中,5分钟后用生理盐水冲洗干净,重新放回骨折处。对于受伤超过8小时者,骨折不宜做复杂内固定。

(六)开放性骨折感染的处理

开放性骨折感染时应选用敏感抗生素治疗,局部给予换药处理。对于严重的感染,应给予全身支持疗法,补充血容量,纠正水电解质紊乱。中药可按如下三期治疗。

1. 感染坏死期 此期为创面发生感染,组织坏死,形成腐肉的阶段。当创面有急性炎症,毒热炽盛时,可在周围皮肤上敷用金黄膏、创面敷生肌膏,内服清热解毒或清热凉血之剂,如黄连解毒汤、清营汤等。

2. 生肌长肉期 伤后2周左右,创面感染基本控制,出现新生的肉芽组织,坏死组织界线分明,且渐分离,此时可剪除坏死组织,外敷生肌象皮膏。

3. 收敛愈合期 创面坏死组织脱落后,在肉芽组织上撒珍珠散,外敷生肌象皮膏,以生肌收敛,促进创面愈合。

01章14节 PPT
PPT 课件

第十四节 骨骺损伤

骨骺损伤是小儿和青少年骨骼发育停止以前的一种特殊损伤。由于骨骺是人体骨骼纵向生长的部位,其生长潜力大,一旦功能受损害,将严重影响骨骼发育,导致肢体短缩或关节畸形。如果不了解骨骺损伤的特点,对这类损伤认识不够,易发生误诊、漏诊,以及对预后估计不足。各类骨骺损伤的特点不同,在治疗方法的选择及治疗标准上也存在较大差别,这使得骨骺损伤既不同于一般成人骨折,也不同于儿童四肢骨干骨折,而具有鲜明特征。

【病因病机】

(一)骨骺和骺板的解剖生理特点

人体骨骼生长有两种方式,即膜内化骨和软骨内化骨。四肢骨骼主要为软骨内化骨。儿童的长骨可分为骨骺、骺板、干骺端和骨干四个解剖区域。

1. 骨骺 根据骨骺所在部位及生理功能,可将其分为压力性骨骺和牵拉性骨骺两种。压力性骨骺位于长骨两端,承受来自关节传递的压力,起着纵向生长的功能。牵拉性骨骺位于肌肉的附着点,承担肌肉牵拉力。骨骺在出生时为完全软骨结构,多在出生后数年内相继骨化,称为二级骨化中心。各部位的骨骺二级骨化中心出现的时间不同,但又是恒定的。骨骺中骨的成分持续增加,而软骨成分逐渐减少,至青春期后,整个骨骺仅关节面保留一薄层的关节软骨,其余部分均转化为骨组织。

2. 骺板 也称生长板,是位于骨骺二级骨化中心与长骨干骺端之间的软骨结构,在生长过程中由原始球形骺板逐渐变为扁平盘状骺板。在光镜下观察骺板的纵切面,从骨骺向干骺端依次可分为4个细胞层:①静止细胞层,是圆形或椭圆形的小而密集、生长不活跃的幼稚软骨细胞。②增殖细胞层,是软骨生长活跃区,细胞大而扁平,顺长骨纵轴方向成柱状排列,基质丰富,强度较好。③肥大细胞层,是软骨成熟区,由于软骨基质相对减少,强度减低。④软骨内骨化层,是软骨细胞崩解、软骨基质骨化区,标志着软骨的消亡和骨的新生,由于基质骨化而强度较高。由于肥大细胞层软骨基质少,强度最低,故为外伤性骨骺损伤的恒定发生区域。一般来说,骨化越早的骨骺,其骺板生长潜力越大。骺板的损伤可引起生长障碍或紊乱,表现为生长迟缓、生长停止、生长不对称及过度生长。

3. 骨骺的血液供应 有两种血供方式营养骨骺。一种是血管经附着在骨骺上的软组织直接进入骨骺,而且进入的血管往往是数条,在骨骺分离时,血管不易损伤。另外一种是整个骨骺在关节内,为关节软骨所覆盖,血管通过紧贴骺板边缘的关节软骨进入骨骺,股骨头和桡骨头骨骺属于此类,一旦骨骺分离,血管常遭破坏,引起骨骺和骺板缺血(图1-29)。

4. 骺板的血液供应 有两组供血系统,一组由骨骺动脉的分支穿过骺板进入增殖细胞层,为软骨提供营养,所以骨骺的血供破

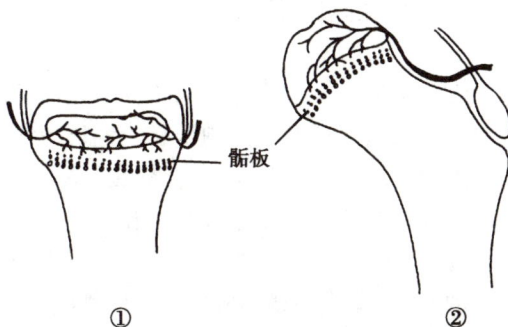

图 1-29 骨骺的血液供应
①血管从骨骺附近软组织直接进入骨骺;
②血管通过紧贴骺板边缘的关节软骨进入骨骺

坏,可直接影响骺板增殖层细胞的增殖能力。另一组血供来源于干骺动脉,其终末支进入骺板的软骨内骨化层,可促进新骨沉积,有利于软骨内成骨过程的顺利完成,此组血管损伤可致软骨基质不能钙化。

(二) 损伤机制和分型

由于儿童期关节囊和韧带的强度大于骨骺的强度,因此骨骺成为儿童较易损伤的部位。骨骺损伤多为间接暴力所致。由高处坠落时纵向外力挤压可致骺板压缩损伤。另外可因肌肉肌腱的过度牵拉,使其附着处的骺板发生撕脱性损伤。因生发细胞层被破坏,常发生骨骺早期闭合或骺板早期骨化的骨桥生成,发生于一侧的骺板早闭可致关节成角畸形;骺板中央的骨桥形成,可牵拉骨骺中央形成鱼尾状畸形;而全骨骺早闭可致肢体短缩。

根据外力作用的方式不同,损伤的类型和程度也有较大差别,通常分为 6 种类型(图 1-30)。

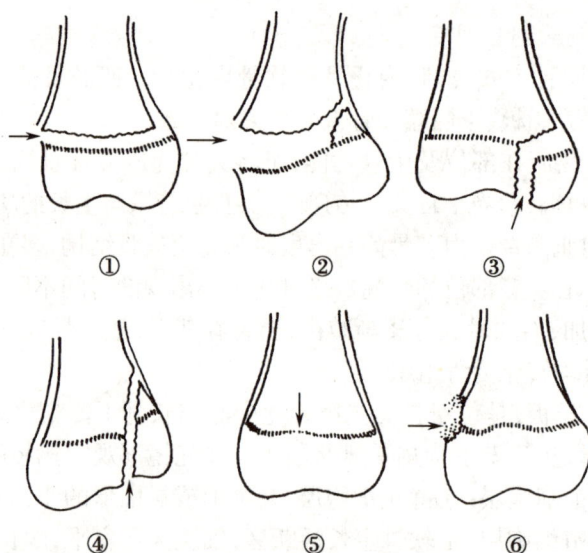

图 1-30 骨骺损伤的类型
①Ⅰ型;②Ⅱ型;③Ⅲ型;④Ⅳ型;⑤Ⅴ型;⑥Ⅵ型

Ⅰ型:骨折线通过骺板软骨成熟区的肥大细胞层,此层软骨强度最弱,新生儿肱骨两端全骺分离、感染或佝偻病继发的病理性骨骺分离多属此型损伤。

Ⅱ型:与Ⅰ型损伤近似,骨折线主要通过骺板软骨肥大细胞层,到达骺板边缘之前折向干骺端,分离的骨骺侧带有小块干骺端骨片,骨片侧为软组织铰链所在,肱骨近端骨骺分离多属于此型。

Ⅲ型:为关节内骨折,骨折线从关节面开始通过骨骺进入骺板软骨生长区与成熟区,然后 90° 转弯沿骺板肥大细胞层直达骺板边缘。此型损伤较少见,好发于胫骨两端骨骺。

Ⅳ型:亦为关节内骨折,骨折线开始于关节面,经骨骺、骺板全层和干骺端三部分,肱骨外髁骨折和内踝骨折多属此损伤。此型骨折不稳定,复位不良容易产生并发症。

Ⅴ型:乃垂直挤压暴力引起的骺板软骨压缩骨折,好发于膝部和踝部骨骺,X 线检查常无阳性发现,早期诊断困难,若与健侧对比,可能发现骺板厚度减小。由于软骨生长层细胞严重破坏和来自骨骺的营养血管广泛损伤,常导致骺板生长功能丧失,提前闭合。

Ⅵ型:此为骺板软骨膜环或 Ranvier 软骨膜沟损伤,常见于踝部被草坪除草机损伤或股骨髁部韧带撕脱骨折,X 线检查显示骺板边缘骨折或缺损,骨折常涉及邻近骨骺和干骺端,

54

造成畸形。

【临床表现与诊断】

儿童骨骺损伤较为常见,从新生婴儿至骨发育成熟前皆可出现。发生部位以桡骨远端发病率最高,其次是肱骨远端,再次是腓骨远端、胫骨远端、尺骨远端、肱骨近端。

(一)外伤史

临床常见的损伤类型主要为摔伤后的传达暴力、成角暴力和肌肉的强力收缩所致,而由高处坠落伤的纵向挤压或如车祸直接挤压挫伤则相对少见。由于小儿叙述能力的限制,在表述受伤过程及症状时往往不能提供充分的信息,因此要从患儿家长、保育员或目击者处了解更多有关受伤史、症状演变及处理方法等信息。

(二)临床表现

由于儿童骺板的强度远不及韧带和关节囊,当作用到关节部位的暴力尚不足以引起韧带及关节囊损伤时,却可能超过骺板所能耐受的程度而发生骨骺损伤。因此,对于儿童关节部位的损伤应首先考虑骨骺损伤的可能性,韧带断裂极为少见,关节脱位则更为罕见。

外伤程度重者,患儿可以表现为关节及其附近肿胀、疼痛和功能障碍,移位明显者可出现肢体畸形,甚至伴有血运障碍和神经损伤的表现。而在损伤较轻的患儿可仅仅表现为肢体不能持物或不能负重,局部肿胀和静止痛却不明显。有时骺板部位的压痛是唯一的诊断依据。由于软骨性骨骺和骺板在X线片上不显影,因此临床检查往往是诊断骨骺损伤的重要依据,凡是应用于成人的检查方法也同样适用于儿童。局限而固定的压痛、有移动性的骨块均说明有骨骺损伤。当关节成角或旋转扭力致骨骺分离、外力消失后又自动复位时,或鉴别韧带损伤断裂和骨骺损伤时,可在麻醉下小心施加应力重复损伤过程,以观察关节间隙变化或骨骺移动表现,加以确诊。

(三)X线检查

常规行正侧位X线照片,必要时加照斜位及正常肢体作为对照。由于骺软骨在X线片上不显影,其损伤移位多需通过骨化中心及干骺端等可显影部分的移位来间接印证。骨骺损伤的X线检查有以下特征:①化骨核。骨骺在X线片上可显影的部分只是其骨化了的成分,即化骨核。化骨核的位置发生了变化就意味着骨骺发生了移位。由于化骨核周围包绕的比其大几倍的骺软骨是不显影的,因此X线片上所能看到的骨块影像要比实际"骨块"小。损伤时间距化骨核出现的时间越近,这种差别就越大。②干骺端骨折块。其干骺端出现三角形或片状骨折块,提示骨骺损伤,是Ⅱ型和Ⅳ型骨骺损伤的特征,也是作出诊断的重要线索。Ⅱ型损伤骨折块与骨膜相连,故移位较小。Ⅳ型损伤骨折块较长,骨膜断裂分离明显,故与干骺端分离较大。骨折块移位越大,说明损伤的骨骺移位越大,与其对应的关节骨端的相互关系也随之发生改变。③骺板宽度改变。当一侧骺板遭到纵向挤压时,其骺板宽度可被压缩而变窄;当骺板遭到牵拉外力或在成角的张力侧时,骺板可增宽分离;当一侧被挤压而对侧呈现张力时,两种情况可同时显现。④关节骨端与邻近骨干的相互关系。Ⅰ、Ⅱ型损伤,其骨骺与干骺端分离而与相对应的关节骨端的关系正常。Ⅲ、Ⅳ型损伤,骨骺与干骺端和其相对应的关节骨端的关系均异常。Ⅴ型损伤只发生骺板厚度的改变,无其他关系异常。如果Ⅲ、Ⅳ型损伤同时合并关节脱位,则同时伴有形成关节的骨端及相邻骨干的相互关系异常。Ⅵ型损伤在骨骺部位有特殊外伤史,但早期诊断较为困难,一般在后期才出现局部骨桥或骨疣形成。⑤应注意副骨化中心的存在。正常骨化中心附近出现另外的骨化中心,是一种解剖变异。其X线特点是边缘光滑、间隙对称、密度均匀,无骨皮质断裂。应注意结合病史及体征加以鉴别。

根据受伤史、临床表现和X线检查可作出诊断。必要时进一步作CT检查可明确诊断。

【辨证论治】

骨骺损伤的后果严重程度虽然取决于损伤本身,但也不能忽视正确处理的积极作用。对于Ⅰ、Ⅱ型损伤以闭合复位夹板固定为主。儿童骨骼塑形能力强,不必强求解剖复位,随着生长发育大多数能自行矫正。Ⅲ、Ⅳ型损伤要求解剖对位,使关节面光滑平整,防止肢体发育障碍,常需手术治疗。Ⅴ型损伤早期诊断困难,对可疑病例应局部制动3~4周,患肢免负重1~2个月。

(一) 整复方法

整复骨折越早越好。复位手法须轻柔稳妥,避免加重损伤。损伤骨骺周围的软骨强度低,不能耐受挤压,粗暴的强力整复或手术中用器械撬压骺板复位等均可造成医源性骨骺损伤。因此手法复位时需要充分麻醉,使肌肉完全放松,重叠骨端得到完全牵开,使骨骺端在"不接触"的状态下得到整复。

(二) 固定方法

可采用夹板或石膏固定,固定时间不宜过长。骨骺损伤愈合较快,3~4周即可,固定时间不需过分延长,以避免关节僵硬。但Ⅳ型损伤骨折不稳定,易移位而影响愈合,故需行影像学检查证实骨折已愈合后才能去除固定。固定去除后需加强关节功能锻炼,下肢应延后负重时间。

(三) 手术治疗

对于不稳定骨折、有软组织嵌入断端或Ⅲ、Ⅳ型关节内损伤闭合复位固定失败者,则需手术治疗。手术内固定时应注意保护骨骺的血供,不做广泛骨膜和软组织剥离,也不得用钝性器械撬拨骨骺使之复位,以避免加重损伤。内固定物应选择较细的光滑克氏针,避开骺板插入或尽量垂直骺板插入,切莫横向穿过骺板(图1-31)。

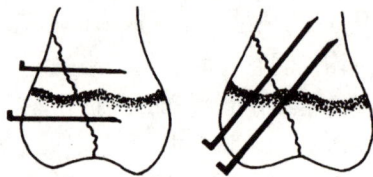

图 1-31 骨骺损伤的内固定方式

【预防与调护】

由于骨骺损伤可导致骨骼生长障碍,其发生时间早晚不一,所以骨骺损伤的患儿应定期随访,直到骨骺成熟为止,有时创伤后骺板生长不会立即完全停止,而是伤后6个月生长缓慢,然后再停止,甚至要到青春期才能表现出来生长障碍。伤后2年内密切观察,以后1~2年摄X线片1次。应告知患儿家长保存好影像学资料和长期随访的重要性。

●(罗毅文 刘金豹 尹恒 吴志方)

复习思考题

1. 不同暴力所致骨折的临床特点有何不同?

2. 为什么要对骨折进行分类?有何临床意义?请举例说明。

3. 为什么说处理骨折早期并发症比处理骨折本身更重要?

4. 中医药促进骨折愈合的研究进展情况如何?

5. 为什么治疗骨折要贯彻动静结合、筋骨并重、内外兼治、医患合作的基本治疗原则?

6. 为什么说骨骺损伤临床诊断较困难,且容易误诊或漏诊?

第二章

上 肢 骨 折

02章01节 PPT

PPT 课件

📝 **学习目标**

通过对上肢各部位常见骨折的病因病机、临床表现与诊断、辨证论治等相关理论知识的学习和技能训练，初步建立起处理上肢骨折的临床思维能力，掌握上肢骨折的主要诊治方法，为今后临床实习和工作奠定基础。

上肢是日常生活和劳动操作的主要部位。它是以上臂和前臂为杠杆，各关节为运动枢纽，通过手部操作而实现其功能的。因此，对上肢功能的要求是灵活性高于稳定性。治疗上，必须重视手部早期练功活动，固定时间一般较下肢略短。

第一节 锁骨骨折

锁骨是有两个弯曲的长骨，位置表浅，桥架于胸骨与肩峰之间，是肩胛带与躯干唯一的骨性连接支撑结构。锁骨内端与胸骨柄的锁骨切迹形成胸锁关节，锁骨外端与肩峰形成肩锁关节。锁骨呈"～"形，内侧 2/3 段前凸，有胸锁乳突肌和胸大肌附着，外侧 1/3 段后凸，有三角肌和斜方肌附着。锁骨后下方有臂丛神经和锁骨下动、静脉经过。锁骨骨折较常见，尤以幼儿最多见。锁骨两个弯曲段移行部分骨直径最小，是应力上的薄弱点，且缺少肌肉和韧带附着，因此，中 1/3 处是锁骨骨折的易发部位。

【病因病机】

锁骨骨折多为间接暴力所致，肩部外侧或手掌先着地跌倒，外力经肩锁关节传至锁骨而发生骨折，以短斜或横断骨折为多。骨折端除有重叠移位外，内侧段可因胸锁乳突肌的牵拉向后上方移位，外侧段则由于上肢的重力和胸大肌牵拉而向前下方移位（图 2-1）。在幼儿多为青枝骨折或横断骨折。由于幼儿骨质柔软，骨折后骨膜仍保持联系，在胸锁乳突肌的牵拉下，骨折端往往向上成角，状如弩弓。直接暴力打击锁骨可造成骨折，多为横断或粉碎性骨折，除非喙锁韧带断裂，骨折端多无明显移位，常发生于外 1/3，临床较少见。

若粉碎性骨折严重移位，骨折块向后下方移位时，可压迫或刺伤锁骨后下方的动、静脉或臂丛神经，甚至刺破胸膜或肺尖，造成血管、神经损伤或血胸、气胸，但极为罕见。骨折块向前上方移位时，可刺破皮肤造成开放性骨折，但极少见。

【临床表现与诊断】

伤后局部疼痛、肿胀，或有瘀斑，骨折处异常隆起。患者常有特殊姿势，患肩下垂并向前、内倾斜，用健手托住患肘部以减轻因上肢重量牵拉而引起的疼痛，头部向患侧倾斜，下颌偏向健侧，使胸锁乳突肌松弛而减少疼痛（图 2-2）。

ER-2-1

锁骨骨折损伤机制动画演示

图 2-1 锁骨骨折的典型移位

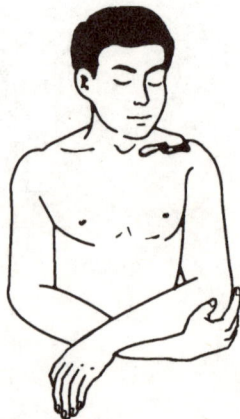

图 2-2 锁骨骨折的特殊姿势

检查骨折局部压痛明显,完全骨折可摸到骨折端,有异常活动和骨擦音。幼儿患者由于缺乏自诉能力,且锁骨部皮下脂肪丰厚,不易触摸,尤其是青枝骨折,临床表现不明显,易贻误诊断;但活动患肢,如穿衣、上提其手或从腋下托起时,患儿会因疼痛加重而啼哭,常可提示诊断。

合并锁骨下血管损伤者,患肢血液循环障碍,桡动脉搏动减弱或消失。合并臂丛神经损伤者,患肢麻木,感觉和反射均减弱。

锁骨正位 X 线片可明确骨折的部位、类型和移位方向。

根据受伤史、临床表现和 X 线检查可作出诊断。锁骨外侧 1/3 骨折时,需要判断喙锁韧带是否已损伤,因为该韧带损伤与否直接关系到治疗方法的选择和预后。不能肯定诊断时,可拍摄双侧应力 X 线片,即让患者坐位或站立位,双侧手腕各悬挂一个 2.25~6.75kg 重物(不是提在手中),放松上肢肌肉,然后拍摄双肩正位 X 线片。如患肩喙锁韧带断裂,则 X 线片显示为骨折移位加大,并且喙突与锁骨之间距离增宽。锁骨的胸骨端或肩峰端关节面的骨折,常规 X 线片有时较难确定诊断,可进一步做 CT 检查明确诊断。

诊断骨折的同时,应详细检查患侧血液循环及运动、感觉情况,以排除锁骨下神经、血管的损伤。

【辨证论治】

幼儿无移位骨折或青枝骨折,可用三角巾悬吊患侧上肢,轻度移位骨折者用“8”字绷带或双圈固定 1~3 周。有移位骨折者应整复固定治疗。有移位骨折,虽可设法使其复位,但实际上很难保持整复后的对位,最终锁骨总要残留一定的畸形,其外形虽不美观,但一般不影响肩关节的功能。婴幼儿由于骨塑形能力很强,一定的畸形在发育中可自行矫正。因此没有必要为取得解剖复位而反复整复,亦不宜随意采用手术治疗。

(一)整复方法

患者坐位,挺胸抬头,双手叉腰,术者将膝部顶住患者背部正中,双手握其两肩外侧向背部徐徐牵引,使之挺胸伸肩,此时骨折移位可改善,如仍有侧方移位,可用捺正手法矫正(图 2-3)。

锁骨后下方有臂丛神经和锁骨下动、静脉通过,对粉碎性骨折复位时不能用力按压碎骨片,以防止碎骨片造成臂

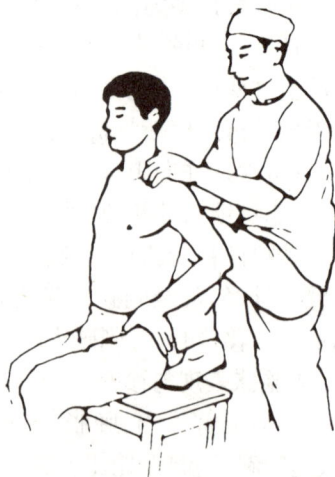

图 2-3 锁骨骨折的整复方法

从神经和锁骨下动、静脉的损伤。

(二) 固定方法

1. 横"8"字绷带固定法　固定时先在两腋下各置一块厚棉垫,用绷带从患者伤侧背部经肩上、前方绕过腋下至肩后,横过背部,经对侧肩上、前方绕过腋下,横回背部至患侧肩上、前方,如此反复包绕 8~12 层(图 2-4①)。

2. 斜"8"字绷带固定法　亦称单肩斜"8"字绷带固定法。固定时先在两腋下各置一块厚棉垫,用绷带从患者伤侧肩上经肩前方绕过腋下至肩后,回至肩上方,横过胸前,绕过对侧腋下,横过背部,绕回至患侧肩上、前方,如此反复包绕 8~12 层(图 2-4②)。

3. 双圈固定法　将事先准备好的大小合适的 2 个固定棉圈分别套在两侧肩部,从背后拉紧固定圈,用短布带将两固定圈的后下部紧紧扎住,用另一短布带松松扎住两圈后上部。再用一长布带在胸前扎住两圈前方,此布带不宜过紧,否则将造成肩部前屈,失去固定作用(图 2-4③)。

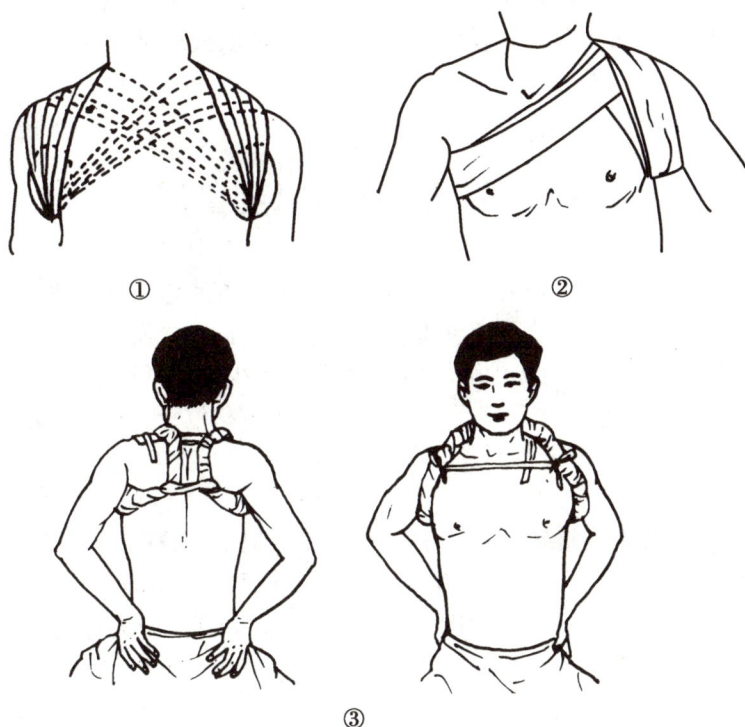

图 2-4　锁骨骨折的固定方法
①横"8"字绷带固定法(前);②斜"8"字绷带固定法;③双圈固定法

固定时,患者应保持双手叉腰、挺胸抬头的复位后的姿势,以防止复位后骨折重新移位。骨折移位明显者,复位后可根据移位情况在骨折部放置高低垫。采用"8"字绷带固定法应注意绷带绕法方向切勿相反,固定后应将前臂悬吊于胸前,并注意观察固定是否过紧,以防腋窝部神经、血管受压迫而发生损伤。

儿童骨折一般固定 2~3 周,成人固定 4 周,粉碎性骨折固定 6 周。

(三) 练功活动

初期可做腕、肘关节屈伸活动和用力握拳活动,中后期逐渐做肩部练功活动,重点是肩外展和旋转运动,防止肩关节因固定时间太长而致功能受限。对于老年患者尤应注意在中后期加强练功活动,防止并发肩关节周围炎。

锁骨骨折手法整复外固定操作演示

（四）药物治疗

初期宜活血祛瘀、消肿止痛,可内服活血止痛汤或肢伤一方加减,外敷消瘀止痛药膏。中期宜接骨续筋,可内服新伤续断汤或肢伤二方,外敷接骨续筋药膏。中年以上患者,因气血虚弱,血不荣筋,易并发肩关节周围炎,故后期宜着重养气血、补肝肾、壮筋骨,可内服六味地黄丸或肢伤三方,外贴坚骨壮筋膏。儿童患者骨折愈合迅速,如无兼症,后期不必用药。

（五）手术疗法

锁骨骨折有轻度上下移位或重叠移位,愈合后对患肢功能无明显影响,一般无须行切开复位内固定手术。如锁骨骨折严重移位,骨折断端欲刺破皮肤,或为开放性骨折,或合并臂丛神经、锁骨下动静脉损伤者,可考虑行切开复位钢板螺钉内固定,弹性髓内钉固定。锁骨外侧端骨折,可考虑切开复位锁骨钩钢板内固定。骨折不愈合者,应考虑内固定加植骨术。

【预防与调护】

复位固定后嘱患者尽量保持挺胸位,睡眠时需平卧去枕,肩胛间垫高,以保持双肩后仰,有利于维持骨折复位。固定后要注意患者有无胸闷气急、手指麻木,如有则需调整绷带松紧度。"8"字绷带固定期间如发现上肢神经或血管受压症状或绷带松动,应及时调整绷带松紧度。在骨折愈合前严禁做抬肩活动,防止骨折再移位和影响骨折愈合。

第二节　肱骨外科颈骨折

肱骨外科颈骨折是指发生在肱骨解剖颈下 2~3cm 处的骨折。肱骨外科颈位于肱骨解剖颈下 2~3cm,相当于大、小结节下缘与肱骨干的交界处,此为松质骨和密质骨交界处,是应力上的薄弱点,易发生骨折。而肱骨解剖颈很短,骨折较少见。紧靠肱骨外科颈内侧有腋神经向后进入三角肌内,臂丛神经、腋动静脉通过腋窝,严重移位骨折时可合并神经血管损伤。肱骨外科颈骨折较常见,以老年人为多,亦可发生于儿童和青壮年。

【病因病机】

肱骨外科颈骨折多因间接暴力所致,跌倒时手掌或肘部先着地,传达暴力向上传导而引起骨折,偶有因直接暴力打击肩部而发生骨折。由于所受暴力不同以及患肢在受伤时所处的位置不同,可发生不同类型的骨折(图 2-5)。若上臂在外展位则为外展型骨折,若上臂在内收位则为内收型骨折。临床上常有以下五种类型。

（一）裂缝骨折

肩部外侧遭受直接暴力打击,或跌倒时肩部着地遭到撞击,造成大结节骨裂与外科颈骨折,骨折多系骨膜下,故多无移位。

（二）嵌插骨折

受传达暴力所致。跌倒时手掌或肘部先着地,暴力较小或上臂外展内收不明显,暴力沿上肢向上传达发生骨折,断端互相嵌插。

（三）外展型骨折

受外展传达暴力所致。上臂在外展位时跌倒,手掌或肘部先着地,暴力沿上肢向肩部冲击发生骨折,断端外侧嵌插而内侧分离,多向前内侧突起成角。有时远端向内侧移位,常伴有肱骨大结节撕脱骨折。

（四）内收型骨折

受内收传达暴力所致。上臂处于内收位跌倒,手掌或肘部先着地,暴力沿上肢向肩部冲击发生骨折,断端外侧分离而内侧嵌插,向外侧突起成角。

(五) 肱骨外科颈骨折合并肩关节脱位

受外展外旋传达暴力所致。若骨折后暴力继续作用于肱骨头,可使肱骨头冲破关节囊向前下方移位,引起肩关节前下方脱位,有时肱骨头受喙突、肩盂或关节囊的阻滞而得不到复位,关节面向内下,骨折面向外上,位于远端的内侧。临床较少见,若处理不当,常容易造成患肢严重的肩关节功能障碍。

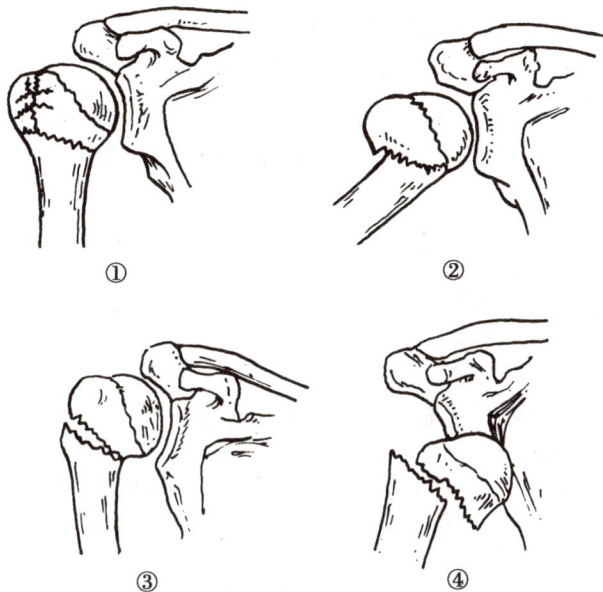

图 2-5　肱骨外科颈骨折分型部分示意图
①裂缝骨折;②外展型骨折;③内收型骨折;④肱骨外科颈骨折合并肩关节脱位

肱骨外科颈骨折是接近关节的骨折,周围肌肉比较发达,肩关节的关节囊和韧带比较松弛,骨折后容易发生软组织粘连或结节间沟不平滑,中年以上患者易并发肱二头肌长头肌腱炎、冈上肌腱炎或肩关节周围炎,影响肩关节的功能。

【临床表现与诊断】

伤后肩关节部剧烈疼痛,明显肿胀,活动功能障碍,有局部压痛和上臂纵轴叩击痛,上臂内侧可见有瘀斑。非嵌插性骨折可有畸形、骨擦音和异常活动。外展型骨折肩部下方稍呈凹陷,在腋窝能触及移位的骨折端或向内成角,有时与肩关节脱位相似,但肩部仍保持丰隆外观,与肩关节脱位的"方肩"畸形有别。内收型骨折在上臂上端外侧可触及突起的骨折远端和向外成角畸形。合并肩关节脱位时可出现"方肩"畸形,在腋下或喙突下可扪及肱骨头。

肱骨外科颈骨折远端向内侧移位,可能伤及腋动脉,患肢血液循环障碍,桡动脉搏动减弱或消失。骨折合并腋神经损伤较常见,通过检查肩部外侧皮肤感觉可判断,但无特异性,早期因疼痛无法检查三角肌收缩,感觉正常不能除外腋神经损伤。腋神经损伤,或固定一段时间后,三角肌失去张力,均可导致肩关节半脱位。应注意是否存在腋神经麻痹。严重暴力可使骨折合并肩关节脱位后肱骨头脱向胸腔,同时应注意检查是否合并血气胸。

肩关节正位、穿胸侧位(或外展侧位)X线片可确定骨折类型及移位情况。

根据受伤史、临床表现和X线检查可作出诊断。

【辨证论治】

无移位的裂缝骨折或嵌插骨折,仅用三角巾悬吊患肢1~2周即可开始活动。有移位骨

笔记栏

折可按下列方法治疗。

(一) 整复方法

患者坐位或卧位,一助手用布带绕过腋窝向上提拉,屈肘90°,前臂中立位,另一助手握其肘部,沿肱骨纵轴方向牵拉,纠正短缩移位(图2-6①),然后根据不同类型,再采用不同的复位方法。

1. 外展型骨折 术者双手握骨折部,两拇指按于骨折近端的外侧,其他各指抱骨折远端的内侧向外端提,助手同时在牵拉下内收其上臂即可复位(图2-6②)。

2. 内收型骨折 术者两拇指压住骨折部向内推,其他四指使远端外展,助手在牵引下将上臂外展即可复位。如向前成角畸形过大,还可继续将上臂上举过头顶,此时术者立于患者前外侧,用两拇指推挤远端,其他四指挤按成角突出处,如有骨擦感,断端相互抵触,则表示成角畸形矫正(图2-6③④)。

肱骨外科颈骨折手法整复动画演示

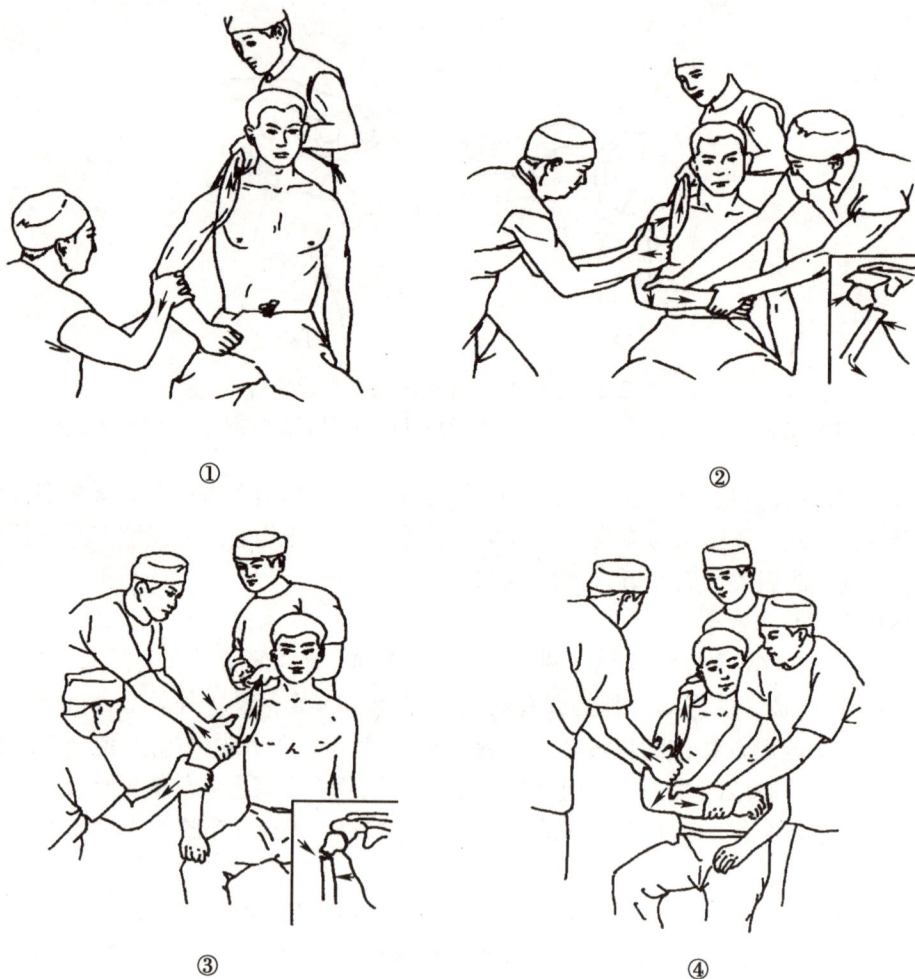

① ②

③ ④

图2-6 肱骨外科颈骨折整复方法
①纵向牵引;②外展型骨折整复方法;③④内收型骨折整复方法

对合并肩关节脱位者,有时可先整复骨折,然后用手法推送肱骨头;亦可先持续牵引,使肩盂间隙加大,纳入肱骨头,然后整复骨折。

(二) 固定方法

1. 夹板规格 长夹板三块,下达肘部,上端超过肩部,夹板上端可钻小孔系以布带结,以便作超关节固定。短夹板一块,由腋窝下达肱骨内上髁以上,夹板的一端用棉花包裹,即成蘑菇头样大头垫夹板。

2. 固定方法　在助手维持牵引下,将棉垫3~4个放于骨折部的周围,短夹板放在内侧,若为内收型骨折,大头垫应放在肱骨内上髁的上部;若为外展型骨折,大头垫应顶住腋窝部,并在成角突起处放一平垫,三块长夹板分别放在上臂前、后、外侧,用三条扎带将夹板捆紧,然后用长布带绕过对侧腋下用棉花垫好打结(图2-7)。内收型骨折应固定患肩于外展位,外展型骨折应固定患肩于内收位。固定时间4~6周。对移位明显的内收型骨折,除夹板固定外,可配合皮肤牵引3周,肩关节置于外展前屈位,其角度视移位程度而定。

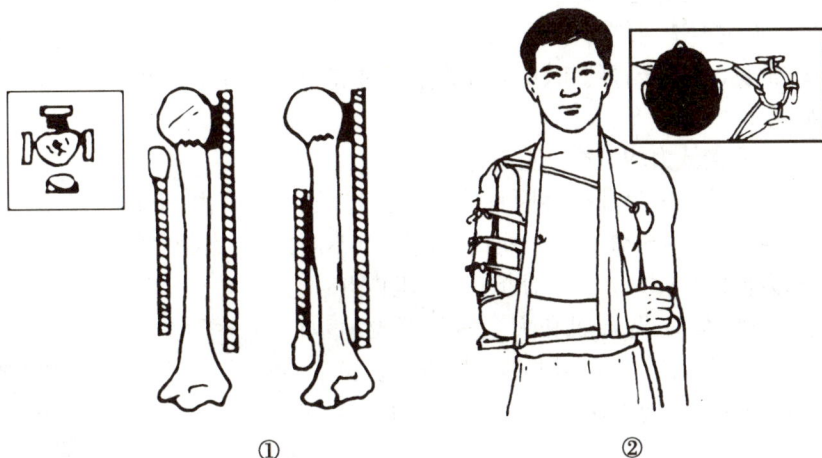

图 2-7　肱骨外科颈骨折的夹板固定
①加垫部位;②固定方法

肱骨外科颈骨折手法复位夹板外固定操作演示

(三) 练功活动

初期先让患者握拳,屈伸肘、腕关节,舒缩上肢肌肉等活动,3周后练习肩关节各方向活动,活动范围应循序渐进,每日练习十余次。一般在4周左右即可解除外固定。后期应配合中药熏洗,以促进肩关节功能恢复。练功活动对老年患者尤为重要。

(四) 药物治疗

初期宜活血祛瘀、消肿止痛,内服可选用和营止痛汤、活血止痛汤、肢伤一方加减,外敷消瘀止痛药膏、双柏散。老年患者则因其气血虚弱,血不荣筋,易致肌肉萎缩,关节不利,故在中后期宜养气血、壮筋骨、补肝肾,还应加用舒筋活络、通利关节的药物,内服可选用接骨丹、生血补髓汤或肢伤三方加减,外敷接骨续筋膏和接骨膏等。解除固定后可选用海桐皮汤、骨科外洗一方、骨科外洗二方熏洗。

(五) 手术疗法

肱骨外科颈骨折一般不需要手术治疗。如骨折严重移位手法复位失败,或治疗较晚不能手法复位,以及骨折合并血管、神经损伤者,应切开复位,可选用钢板螺钉或髓内钉等进行固定;若内固定无效,也可考虑人工肩关节置换术。

【预防与调护】

夹板固定后,应注意观察患者血运和手指活动情况,及时调整夹板的松紧度。睡眠时要仰卧,在肘后部垫一枕头,维持患肩于前屈30°位。内收型骨折及骨折脱位应维持患肩于外展位,勿使患肩做内收动作。外展型骨折应使肩关节保持在内收位,切不可做肩外展抬举动作,尤其在固定早期更应注意这一点,以免骨折再移位。

第三节　肱骨干骨折

肱骨干骨折是指肱骨外科颈以下至肱骨内外髁上 2~3cm 处的骨折。肱骨干为长管状密质骨，它上部较粗，自中 1/3 以下逐渐变细，至下 1/3 渐成扁平状，并稍向前倾。肱骨干上 1/3 有胸大肌、背阔肌、大圆肌等内收肌群附着。肱二头肌外侧头起自肱骨干。喙肱肌附着于肱骨干中 1/3。三角肌附着于前外侧三角肌粗隆。肱三头肌内侧头起自肱骨干中 1/3 内侧。肱骨干中下 1/3 交界处后外侧有一桡神经沟，有桡神经紧贴骨干通过，故中下 1/3 交界处骨折易并发神经损伤。肱骨干的滋养动脉在中 1/3 偏下内方处，从滋养孔进入骨内下行。肱骨干骨折较常见，多见于青壮年，好发于肱骨干中部和中下 1/3 交界处。

【病因病机】

直接暴力和间接暴力均可造成肱骨干骨折。

肱骨干上 1/3、中 1/3 部骨折多因直接暴力引起，如棍棒打击、重物挤压等，多为横断或粉碎性骨折。骨折后，由于骨折部位肌肉的附着点不同，因肌肉的牵拉，故在不同平面的骨折会造成不同方向的移位。上 1/3 骨折（三角肌止点以上）时，近端因胸大肌、背阔肌和大圆肌的牵拉而向前、向内移位；远端因三角肌、喙肱肌、肱二头肌和肱三头肌的牵拉而向上、向外移位（图 2-8①）。中 1/3 骨折（三角肌止点以下）时，近端因三角肌和喙肱肌牵拉而向外、向前移位；远端因肱二头肌和肱三头肌的牵拉而向上移位（图 2-8②）。

肱骨干下 1/3 骨折多由间接暴力所致，多为斜形、螺旋形骨折。如跌倒时手掌或肘部着地，暴力传达至肱骨下 1/3 而发生骨折；或猛力投掷（投手榴弹、标枪等）、掰手腕等，可引起肱骨下 1/3 螺旋形骨折。骨折的移位可因暴力方向、前臂和肘关节的位置而异，多为成角、内旋移位。因投掷所致的肱骨干骨折又称投掷骨折。

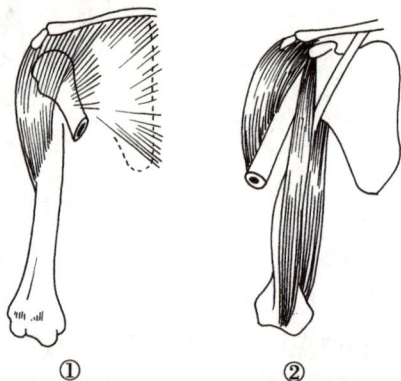

图 2-8　肱骨干骨折的移位
①三角肌止点以上骨折；②三角肌止点以下骨折

肱骨干中下 1/3 交界处骨折，因骨折移位可导致桡神经损伤，但多为挫伤。如骨折移位较大，在骨折愈合后期桡神经可被骨痂包埋发生不同程度的损伤。

肱骨干的滋养动脉在肱骨中 1/3 段偏下内方进入骨内下行，若骨折发生在其入口以下平面时，可伤及该滋养动脉，使骨折远段供血减少，影响骨折愈合。由于上肢的重力下垂，或上臂的肌肉松弛，均可造成肱骨干横断骨折的断端分离，使骨折愈合困难。因此，肱骨干骨折可发生迟缓愈合或不愈合。

【临床表现与诊断】

伤后局部有明显肿胀、疼痛、环行压痛和纵轴叩击痛，上臂活动功能障碍。绝大多数为有移位骨折，上臂有短缩或成角畸形，并有异常活动和骨擦音。检查时应注意腕和手指的功能，肱骨中下 1/3 骨折常易合并桡神经损伤。桡神经损伤后可出现腕下垂畸形，掌指关节不能伸直，拇指不能伸展，手背第 1、2 掌骨间皮肤（虎口区）感觉障碍。还应注意检查确定是否有肱动脉损伤。

上臂正侧位 X 线照片可明确骨折的部位、类型和移位情况。X 线照片应包括肱骨两端的肩肘关节。

根据受伤史、临床表现和 X 线检查可作出诊断。

【辨证论治】

无移位的肱骨干骨折仅用夹板固定 3~4 周,早期进行功能锻炼。有移位的肱骨干骨折需及时行手法整复和夹板固定。治疗肱骨干骨折时,如过度牵引、反复多次整复或体质虚、肌力弱的横断骨折和粉碎性骨折患者,再因上肢重量悬垂作用,在固定期间可逐渐发生分离移位。如处理不及时或不恰当,则可致骨折迟缓愈合甚至不愈合。因此,在治疗过程中必须防止骨折断端分离移位。闭合性骨折合并桡神经损伤者,可先将骨折用手法复位固定,密切观察 2~3 个月,大多能够恢复,骨折愈合后仍未恢复者,可考虑手术探查。

(一) 整复方法

患者坐位或平卧位。一助手用布带通过腋窝向上,另一助手握持前臂在中立位向下,沿上臂纵轴对抗牵引,一般牵引力不宜过大,否则易引起断端分离移位。待重叠移位完全矫正后,根据骨折不同部位的移位情况进行整复。

1. 上 1/3 骨折　在维持牵引下,术者两拇指抵住骨折远端外侧,其余四指环抱近端内侧,将近端托起向外,使断端微向外成角,继而拇指由外推远端向内,即可复位(图 2-9①)。

2. 中 1/3 骨折　在维持牵引下,术者以两拇指抵住骨折近端外侧挤按向内,其余四指环抱远端内侧向外端提(图 2-9②),纠正移位后,术者捏住骨折部,助手徐徐放松牵引,使断端互相接触,微微摇摆骨折远端或从前后内外以两手掌相对挤压骨折处,可感到断端摩擦音逐渐减小,直至消失,骨折处平直,表示基本复位。

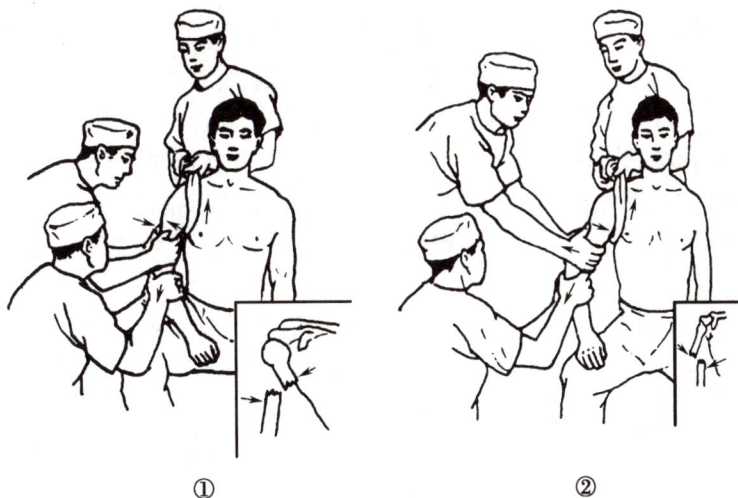

图 2-9　肱骨干骨折的整复方法
①上 1/3 骨折整复法;②中 1/3 骨折整复法

3. 下 1/3 骨折　多为螺旋形骨折或斜形骨折,仅需轻微力量牵引,矫正成角畸形,将两斜面挤紧捺正。

(二) 固定方法

固定用前、后、内、外 4 块夹板,其长度视骨折部位而定。上 1/3 骨折要超肩关节固定,下 1/3 骨折要超肘关节固定,中 1/3 骨折则不超过上、下关节固定,并应注意前夹板下端不能压迫肘窝。如果移位已完全纠正,可在骨折部的前后方各放一长方形大固定垫,将上、下骨折端紧密包围。若仍有轻度侧方移位时,利用固定垫两点加压;若仍有轻度成角,利用固定垫三点加压,使其逐渐复位。若碎骨片不能满意复位时,也可用固定垫将其逐渐压回,但应注意固定垫厚度宜适中,防止皮肤压迫性坏死。在桡神经沟部位不要放固定垫,以防桡神经受压而麻痹。固定后肘关节屈曲90°,以木托板将前臂置于中立位,患肢悬吊在胸前(图2-10)。

固定时间:成人约6~8周,儿童约3~5周。中1/3处骨折是迟缓愈合和不愈合的好发部位,固定时间应适当延长,经X线复查见有足够骨痂生长才能解除固定。应定期做X线透视或摄片,以及时发现在固定期间骨折端是否有分离移位。若发现断端分离,应加用弹性绷带上下缠绕肩、肘部,使断端受到纵向挤压而逐渐接近。

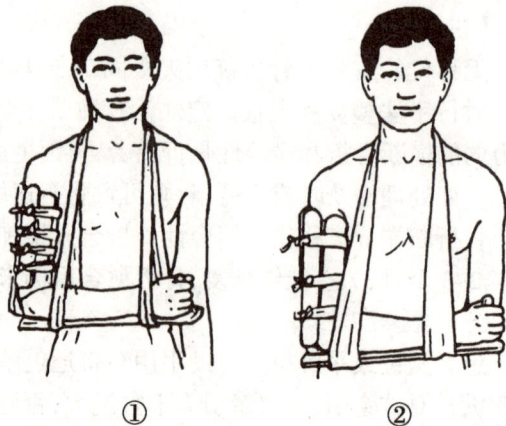

图2-10 肱骨干骨折的固定方法
①中1/3骨折固定法;②下1/3骨折固定法

ER-2-9

肱骨干骨折手法复位夹板外固定操作演示

(三)练功活动

固定后即可屈伸指、掌、腕关节和耸肩活动。肿胀消退后,做患肢上臂肌肉舒缩活动,以加强骨折端纵轴上的挤压力,保持骨折部位的接触和稳定。中期除继续初期的功能锻炼外,还应逐渐进行肩、肘关节活动。活动时不应使骨折处感到疼痛,以免发生再移位影响骨折愈合。骨折愈合后,应加强肩、肘关节活动,并配合药物熏洗,使肩、肘关节活动功能早日恢复。

(四)药物治疗

骨折初期瘀肿较甚,治宜活血祛瘀、消肿止痛,内服可选用活血止痛汤,肢伤一方加减,肿胀严重者重用三七、泽兰等,合并桡神经损伤者,加用通经活络药物,如威灵仙、地龙等;外敷双柏膏、消肿止痛膏等。中期宜和营生新、接骨续损,内服可选用新伤续断汤、肢伤二方或八厘散等,外敷接骨膏或接骨续筋药膏。后期宜养气血、补肝肾、壮筋骨,内服可选用肢伤三方、补肾壮筋汤等,骨折迟缓愈合者,应重用接骨续筋药,如土鳖虫、骨碎补、自然铜等;解除夹板固定后,外用骨科外洗一方、骨科外洗二方或海桐皮汤熏洗,以舒筋活络。

(五)手术疗法

肱骨干骨折应用闭合复位固定方法一般都能收到良好的治疗效果,骨折愈合率高。若手法复位失败,或骨折合并桡神经、肱动脉损伤,或为开放性骨折,应手术切开复位内固定。可选用钢板螺钉或髓内钉内固定,对血管神经损伤作相应的处理。

【预防与调护】

多做患肢上臂肌肉舒缩活动,加强两骨折端在纵轴上的挤压力,防止断端分离,保持骨折部位相对稳定。手、前臂肿胀时,可嘱患者每日自行轻柔按摩手和前臂。若发现骨折断端分离,术者可一手按肩,一手按肘部,沿纵轴轻轻挤压,使骨折断端接触,并适当延长木托板悬吊日期,直到分离消失,骨折愈合为止。

案例分析

案例:患者张某,女,57岁。

主诉:右上臂摔伤致肿痛,不能活动2小时。

现病史:患者2小时前骑车撞跌致右上臂肿胀,疼痛,不能活动,来院就诊。患者无昏迷史和呕吐史。

体格检查:神清,急性痛苦面容,步入病房。右上臂中部肿胀、压痛,有向前外方成角畸形和异常活动,肩肘关节活动受限。右腕下垂,拇指不能外展与背伸,"虎口区"感觉减退。其他体征正常。

X线检查:右上臂正侧位片显示肱骨干中段横形骨折,骨折断端完全移位。

分析:

1. 诊断 ①右肱骨干骨折;②桡神经损伤。

2. 诊断依据 有撞跌受伤史,有骨折一般症状,如右上臂肿胀、疼痛、不能活动以及骨折的特征畸形和异常活动,X线片显示右肱骨干中段骨折;患者伤后出现右腕下垂、拇指不能外展与背伸、"虎口区"感觉减退等桡神经损伤典型症状体征,因此作出右肱骨干骨折合并桡神经损伤诊断。

3. 病机分析 患者被撞跌倒受伤,右上臂受到地面物体直接暴力撞击发生骨折,因为是直接暴力引起,骨折为横断。因骨断筋伤,血离经脉,气血凝滞,经络受阻,故局部肿胀、疼痛,有压痛。骨断失去支撑与杠杆作用,故右肩肘关节活动受限,以及有异常活动。右肱骨干中 1/3 骨折近端因三角肌和喙肱肌牵拉而向外、向前移位,远端因肱二头肌和肱三头肌的牵拉而向上移位,故上臂中部有向前外侧成角畸形。因骨折移位牵拉或压迫从其后外侧桡神经沟经过的桡神经,故并发桡神经损伤。

4. 治疗方案 对于骨折立即整复夹板固定,密切观察桡神经损伤恢复情况。

整复夹板固定后,通过抬高患肢、密切观察末梢血液循环等护理,及时调整夹板松紧度,按期练功和辨证用药。该骨折在 8 周后达到临床愈合,桡神经损伤也逐步恢复。

02第04节 PPT

PPT 课件

第四节 肱骨髁上骨折

肱骨髁上骨折是指肱骨内外髁上方 2~3cm 处的骨折。肱骨下端较扁薄,髁上部处于松质骨与密质骨交界处,后有鹰嘴窝,前有冠状窝,两窝之间仅为一层极薄的骨片,两髁稍前屈,并与肱骨纵轴形成 30°~50° 的前倾角(图 2-11)。前臂完全旋后时,上臂与前臂纵轴呈 10°~15° 外翻的携带角,骨折移位可使携带角改变而呈肘内翻或肘外翻畸形,大于此角称肘外翻,小于此角称肘内翻。肱动脉和正中神经从肱二头肌腱膜下通过,桡神经通过肘窝前外方并分成深、浅两支进入前臂(图 2-12)。肱骨髁上骨折时,易受挤压或被刺伤而合并血管、神经损伤。肱骨髁上骨折多见于儿童。

【病因病机】

肱骨髁上骨折多因间接暴力所致,如爬高跌下、嬉戏追逐跌倒或不慎滑倒等。根据暴力形式和受伤机制的不同,可将肱骨髁上骨折分为伸直型、屈曲型和粉碎型三种,其中以伸直型最多见,占全部髁上骨折的 90% 以上。

(一)伸直型骨折

若在伸肘或微屈位跌倒,手掌先触地,暴力自地面向上经前臂传达至肱骨髁部,将肱骨髁推向后上方,由上而下的重力将肱骨干推向前方,使肱骨髁上骨质薄弱处发生骨折。骨折线由前下方斜向后上方,骨折近端向前移位而远端向后上方移位,骨折处形成向前成角畸形(图 2-13①)。骨折严重移位时,向前移位的骨折近端常穿透肱前肌,甚至损伤正中神经和肱动脉。肱动脉损伤可致筋膜间隔区综合征,若处理不当或处理不及时可致前臂屈肌群肌肉缺血坏死,纤维化后形成缺血性肌挛缩。

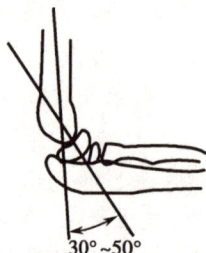

图 2-11　肱骨干与肱骨髁的前倾角

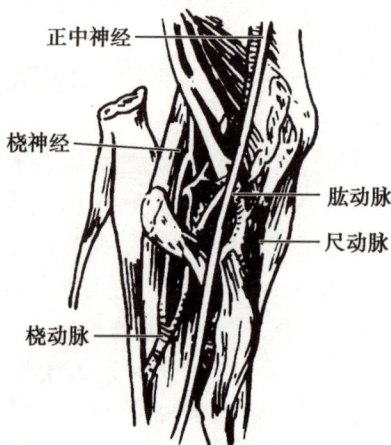

图 2-12　经过肘窝的神经和血管

　　患者跌倒时,肱骨下端除接受前后暴力外,还同时伴有来自尺侧或桡侧的侧方暴力,因此根据骨折远端侧方移位的方向,又分为尺偏型和桡偏型。尺偏型为骨折远端向尺侧移位,尺侧骨皮质受挤压而塌陷,尺侧骨膜多被剥离,桡侧骨膜多断裂,骨折整复后远端仍容易向尺侧移位或倾斜,此型肘内翻畸形发生率较高。桡偏型为骨折远端向桡侧移位,桡侧骨皮质受挤压而塌陷,桡侧骨膜多被剥离,尺侧骨膜多断裂,骨折整复后远端容易向桡侧移位或倾斜,较严重者则会遗留肘外翻畸形,但临床发生率较低。受伤时肱骨下端还可出现旋转暴力,造成骨折远端旋前或旋后移位。一般尺偏型远端多旋前移位,桡偏型多旋后移位。若骨折远端侧方或旋转移位严重时,亦可损伤桡神经和尺神经。

(二) 屈曲型骨折

　　若在屈肘位跌仆,肘后侧先触地,暴力从肘后侧经过尺骨鹰嘴把肱骨髁由后下方推向前上方,则造成肱骨髁上屈曲型骨折。骨折线由后下方斜向前上方,骨折远端向前向上移位,骨折处向后成角(图 2-13②),很少并发血管神经损伤。根据骨折远端的侧方移位,亦可分成尺偏型和桡偏型。

(三) 粉碎型骨折

　　因肱骨下端受到压缩性的暴力所致。尺骨半月切迹向肱骨下端劈裂而分为内、外髁两骨片,故又称肱骨髁间骨折(图 2-13③)。具体内容详见本章第六节。

　　若以上暴力较小,可发生青枝骨折或裂缝骨折,或呈轻度伸直型和屈曲型骨折移位。

　　有时受伤姿势虽与骨折类型有关,但并非必然的因果关系。

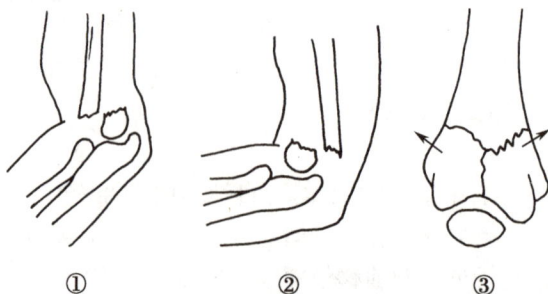

①　　　　　　②　　　　　　③

图 2-13　肱骨髁上骨折类型
①伸直型;②屈曲型;③粉碎型

【临床表现与诊断】

无移位骨折者,肘部可有肿胀、疼痛,肱骨髁上处有环形压痛,肘关节活动功能障碍。有移位骨折,肘部疼痛、肿胀较明显,甚至出现张力性水疱,肱骨髁上处有骨擦音、异常活动和畸形。伸直型肱骨髁上骨折肘部呈靴样畸形,但肘后肱骨内、外髁和尺骨鹰嘴三点关系仍保持正常,这一点可与肘关节后脱位相鉴别。

检查时应注意桡动脉的搏动,腕和手指的感觉、活动、温度、颜色,以便确定是否合并神经或血管损伤。神经损伤表现为该神经支配范围的运动和感觉障碍,以正中神经、桡神经损伤为多见。若肘部严重肿胀,桡动脉搏动消失,患肢剧痛,手部皮肤苍白、发凉、麻木,被动伸指有剧烈疼痛者为肱动脉损伤或受压,处理不当则可发展形成缺血性肌挛缩。骨折畸形愈合的后遗症以肘内翻为多见,肘外翻少见。

肘关节正侧位 X 线片可显示骨折类型和移位方向。伸直型骨折远端向后上移位,骨折线多从前下方斜向后上方。屈曲型骨折远端向前上方移位,骨折线从后下方斜向前上方。尺偏型骨折远端向尺侧移位,桡偏型骨折远端向桡侧移位。

根据受伤史、临床表现和 X 线检查可作出诊断。

【辨证论治】

无移位骨折可置患肢于屈肘 90° 位,用颈腕带悬吊 2~3 周,有移位骨折应按以下方法处理。开放性骨折应在清创后进行手法复位,再缝合伤口。软组织肿胀严重,水疱较多而不能手法整复或整复后固定不稳定者,可在屈肘 45°~90° 位置进行尺骨鹰嘴牵引或皮肤牵引,重量 1~2kg,一般在 3~7 天后再进行复位。骨折并发血液循环障碍者,必须紧急处理,首先应在麻醉下整复移位的骨折断端并行尺骨鹰嘴牵引,以解除骨折端对血管的压迫,如冰冷的手指逐渐转暖,手指可主动伸直,则可继续观察。如经上述处理无效,就必须及时探查肱动脉情况。肱骨髁上骨折所造成的神经损伤一般多为挫伤,在 3 个月左右多能自行恢复,除确诊为神经断裂者外,不必过早地进行手术探查。尺偏型骨折在治疗过程中应注意预防肘内翻畸形。

(一) 整复方法

患者仰卧,两助手分别握住其上臂和前臂,做顺势拔伸牵引,纠正重叠移位。若远段旋前(或旋后),应首先纠正旋转移位,使前臂旋后(或旋前)。然后术者两手分别握住骨折远近端,相对挤压,矫正侧方移位。纠正上述移位后,若整复伸直型骨折,则以两拇指从肘后推按远端向前,两手其余四指重叠环抱骨折近端向后提拉,并令助手在牵引下徐徐屈伸肘关节,常可感到骨折复位时的骨擦感(图 2-14);若整复屈曲型骨折时,手法与上述相反,应在牵引后将远端向背侧压下,并徐徐伸直肘关节,骨折即可复位。

尺偏型骨折容易后遗肘内翻畸形,在整复肱骨髁上骨折时,应特别注意矫正尺偏畸形,必要时可矫枉过正,以防止发生肘内翻畸形。

(二) 固定方法

伸直型骨折复位后固定肘关节于屈曲 90°~110° 位置 3 周。夹板长度应上达

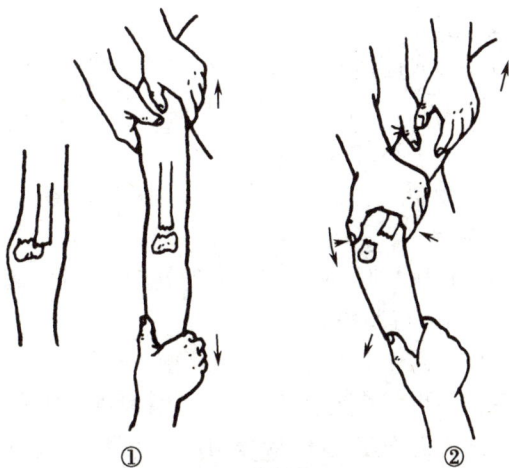

图 2-14 肱骨髁上骨折整复方法
①矫正侧方移位;②矫正前后移位

ER-2-11

肱骨髁上骨折手法整复动画演示

笔记栏

三角肌中部水平,内外侧夹板下达(或超过)肘关节,前侧板下至肘横纹,后侧板远端呈向前弧形弯曲,并嵌有铝钉,使最下一条布带斜跨肘关节缚扎而不致滑脱;采用杉树皮夹板固定时,最下一条布带不能斜跨肘关节,而在肘下仅扎内外侧夹板。为防止骨折远端后移,可在尺骨鹰嘴后方加一梯形垫;为防止内翻,可在骨折近端外侧及远端内侧分别加塔形垫。夹缚后用颈腕带悬吊(图2-15)。屈曲型骨折应固定肘关节于屈曲 40°~60° 位置 1~2 周,前后固定垫放置与伸直型骨折相反,以后逐渐屈曲至 90° 位置固定 1~2 周。如外固定后患肢出现血液循环障碍,应立即松解全部外固定,置肘关节于屈曲 45° 位置进行观察。

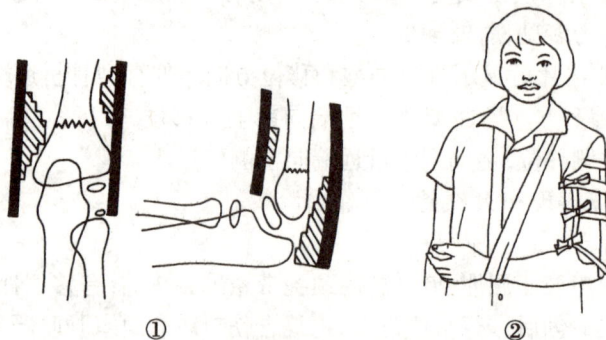

图 2-15　伸直型肱骨髁上骨折固定方法
①加垫法;②夹板固定法

(三) 练功活动

固定期间多做握拳、腕关节屈伸等活动。在解除固定后,积极主动锻炼肘关节伸屈活动,严禁暴力被动活动,以免发生损伤性骨化,影响肘关节的活动功能。

(四) 药物治疗

肱骨髁上骨折以儿童占大多数,骨折局部血液供应良好,能愈合迅速。骨折初期痛肿较甚,治宜活血祛瘀,消肿止痛,内服可选用活血止痛汤,肢伤一方加减,肿胀严重、血运障碍者,加用三七、丹参,并重用祛瘀、利水、消肿药物,如茅根之类;外敷跌打万花油或双柏膏,早期局部水疱较大者可用针头刺破,或将疱内液体抽吸,并用酒精棉球挤压干净,保持局部干燥,避免感染。中期宜和营生新、接骨续损,内服可选用肢伤二方或八厘散,合并桡神经损伤者,加用通经活络药物,如威灵仙、地龙等;外敷接骨膏或接骨续筋药膏。后期宜养气血、补肝肾、壮筋骨,内服可选用肢伤三方、补肾壮筋汤。解除夹板固定后,外用骨科外洗一方或海桐皮汤熏洗。

(五) 手术疗法

肱骨髁上骨折一般无须手术治疗。若手法复位后,外固定不能维持复位,可采用经皮穿针固定。若手法复位失败或伴有血管神经损伤,可考虑切开复位,多采用交叉克氏针内固定,并对血管神经损伤作相应的处理,可获得满意疗效。

【预防与调护】

肱骨髁上骨折多数为伸直型骨折,早期换药、调整夹板松紧度或护送患者进行 X 线检查等都不可使患肘伸直,否则易引起骨折再移位。反之,屈曲型骨折,早期不可随意做屈肘动作。骨折固定期间,应密切观察患肢血运情况。

ER-2-12
肱骨髁上骨折手法整复夹板固定操作演示

课堂讨论

患者赵某,男,6岁。

主诉:跌倒致左侧肘部肿痛畸形1小时。

现病史:患儿1小时前因玩单杠时不慎跌倒,左手撑地,当即感肘部肿痛,不能活动,由他人送医院就诊。无昏迷史和呕吐史。

体格检查:神清,急性痛苦面容,左肘上方肿胀,轻压即痛,左肘关节不能主动活动,被动活动因疼痛受限,左肘部呈"靴样"畸形,有骨擦音、异常活动。

X线检查:左肘侧位片显示肱骨髁上2cm处斜形骨折,骨折线从前下走向后上,骨折远端完全向后移位;正位片显示骨折远端轻度向内侧移位。

讨论问题:

1. 诊断(含骨折类型)及诊断依据如何? 有何鉴别诊断?

2. 分析其病因病机。

3. 可能发生哪些早期和后期并发症? 如何预防和治疗?

4. 如何治疗本患者的骨折?

第五节　肱骨外髁骨折

PPT 课件

肱骨外髁骨折,又名肱骨外髁骨骺骨折。儿童时期肱骨远端有四个骨化中心。肱骨小头骨化中心于1岁左右出现,外上髁骨化中心于11岁左右出现,往往与肱骨小头骨化中心相连。15岁以前患儿由于此处多个骨骺的存在(图2-16),影响其坚固性,肱骨外髁处于骺软骨阶段,较易发生骨折。肱骨外髁包含非关节面(包括外上髁)和关节面两部分。前臂伸肌群及部分旋后肌附着于肱骨外髁的外后侧。肱骨外髁骨折是关节内骨折,骨折块较小,不容易握捏,整复较为困难。如未得到正确复位,或固定不牢固,肱骨外髁骨折块受肌肉牵拉而发生分离移位,均可致骨不连,在生长过程中,断端移位将更为显著。又由于外侧骨骺的生长停止或生长缓慢,日后往往导致肱骨远端滑车中心形成沟形缺损,出现明显的肘外翻畸形,影响肘关节活动功能,并可出现牵拉性尺神经麻痹。肱骨外髁骨折在肘关节损伤中仅次于肱骨髁上骨折,是常见的肘关节损伤之一。多发生于5~10岁的儿童,成年人少见。

【病因病机】

肱骨外髁骨折多为间接暴力所致。跌倒时手掌先着地,若肘关节处于轻度屈曲外展位,暴力将沿前臂向上传达至桡骨头,肱骨外髁受到桡骨头的撞击而发生骨折,外髁骨折块被推向后、外上方;若受伤时肘关节处于伸直位且过度内收,则附着于肱骨外髁的前臂伸肌群强烈收缩而将肱骨外髁撕脱,骨折块向前下移位。肱骨外髁骨折后,由于受前臂伸肌群牵拉,骨折块可发生翻转移位,严

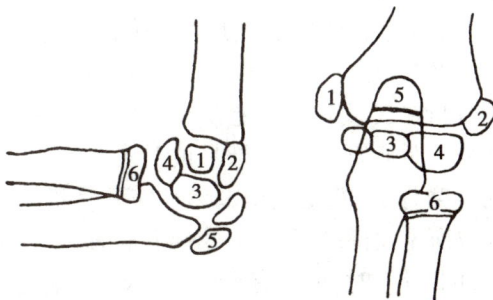

图2-16　肘关节各骨骺出现与闭合年龄

1. 肱骨内上髁 5~17岁;2. 肱骨外上髁 11~17岁;
3. 肱骨滑车 8~16岁;4. 肱骨小头 1~15岁;5. 尺骨
鹰嘴 10~14岁;6. 桡骨头 5~15岁

重者可达 180°。根据骨折的移位情况可分为三种类型(图 2-17)。

1. **无移位骨折** 为骨折块无移位的裂缝骨折,骨块上的筋膜保持完整。

2. **轻度移位骨折** 骨折块仅有轻度移位,骨折块上筋膜仅有轻度撕裂。

3. **翻转移位骨折** 又可分为前移翻转型和后移翻转型,其中以后移翻转型多见(又称伸直翻转移位型)。由于肱骨远段扁平,受暴力的冲击使肘外后部软组织被撕拉呈一空隙,无骨骼阻挡,为骨折块的翻转移位创造条件。若旋转发生在两个轴心上,表明骨折块上的筋膜完全被撕裂,由于受到前臂伸肌的牵拉,使骨折面指向外侧,而关节面则指向内侧。骨折块不但在横轴上旋转,同时还在纵轴上旋转,以致骨折块的内侧部分转向外侧,而外侧部分转向内侧。

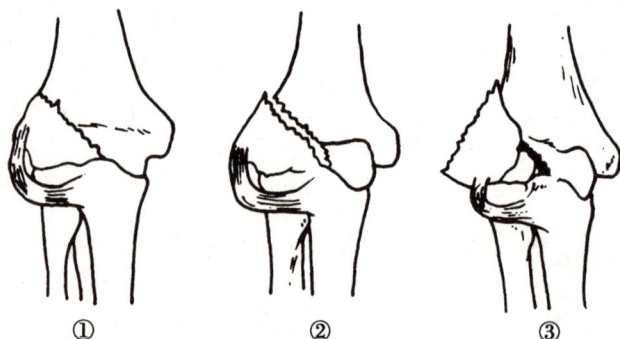

图 2-17 肱骨外髁骨折
①无移位骨折;②轻度移位骨折;③翻转移位骨折

少数为直接暴力所致,多为成年人。跌倒时患肢呈肘关节屈曲、肩关节内收位,肘部后外侧着地,暴力由后外方向前内方撞击肱骨外髁而发生骨折,骨折块向前移位,亦可因前臂伸肌群的牵拉而发生翻转移位,形成前移翻转型。

【临床表现与诊断】

伤后肘外侧明显疼痛、肿胀,肘关节呈半屈曲位,肘关节活动功能障碍,肱骨外髁部有明显压痛。移位骨折可有轻度肘外翻,在肘外侧可摸到活动的骨折块,可闻及骨擦音,局部肿胀较轻时可以摸清骨折块的骨折面及外上髁端和滑车端。因骨折移位,肘后三点关系发生改变。掌指活动困难,做肘关节伸屈或异常外展活动时疼痛加剧。早期肿胀明显时可掩盖骨折局部征兆,导致漏诊、误诊的发生。后期可出现骨折不愈合、进行性肘外翻畸形和牵拉性尺神经麻痹。

肘关节正侧位 X 线片可明确骨折类型和移位方向。

幼儿患者,大部分骨折块为骨骺软骨,由于骨骺软骨在 X 线下不显影,因此幼儿肱骨外髁骨折在 X 线片上可能仅显示肱骨小头骨化中心和部分干骺端的骨质,以致易被误认为只是一块小骨片的轻微骨折,甚至完全漏诊。实际骨折块要比 X 线检查所见大得多,几乎为肱骨下端的一半。故处理肱骨外髁骨折时,应当有充分的估计,不能完全以 X 线显示的骨折块形态来衡量骨折的严重程度(图 2-18)。在正常肘部正侧位 X 线片上,桡骨纵轴线必将通过肱骨小头骨化中心,骨折块有移位时,骨化中心偏离此线。无移位骨折,在 X 线片上肱骨外髁干骺端仅

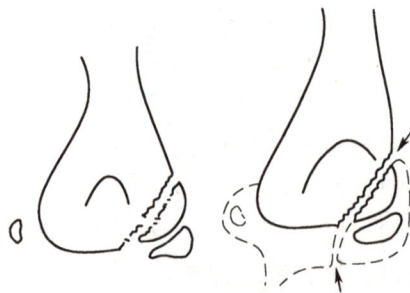

图 2-18 肱骨外髁骨折后,实际骨折块大于 X 线片所示

有一骨折线显示。轻度移位骨折,X 线片上肱骨小头骨化中心及干骺端骨折块外移,偏离桡骨纵轴线。翻转移位骨折,在正位 X 线片上,肱骨小头骨骺正常形态似三角形,有纵轴旋转移位的骨折块,该骨骺变为圆形;在侧位 X 线片上,骨骺正常形态似圆形,翻转移位后,骨折块变为三角形;骨折翻转移位后,除肱骨小头骨化中心偏离桡骨纵轴线外,还可见干骺端骨折块位于骨化中心外侧或下面。

根据受伤史、临床表现和 X 线检查可作出诊断。个别病例 X 线片显示有困难者,可加摄对侧肘部相同位置 X 线片进行对照比较。必要时进一步作 CT 检查明确诊断。

【辨证论治】

肱骨外髁骨折为关节内骨折,复位要求较高。无明显移位的骨折,仅用上肢直角夹板固定,屈肘 90°,前臂悬吊于胸前,固定 2~3 周后去除夹板固定,进行功能锻炼。骨折有移位时,要达到解剖复位并给予妥善固定、恰当地进行练功活动。骨折整复时间宜早,争取在软组织肿胀之前,适当麻醉后予以手法复位。一般在 1 周内进行复位成功率较高,2 周内仍可试行手法复位,但 2 周后复位成功率很低。

(一) 整复方法

1. 轻度移位骨折复位法(单纯向外移位) 患者坐位或仰卧位,助手握持患侧上臂下段,术者一手握其前臂下段,将患肘屈曲、前臂旋后,另一手拇指按在骨折块上,其余四指托住患肘内侧。两手向相反方向用力,使患肘内翻,加大关节腔外侧间隙,同时握肘部之手的拇指将骨折块向内推挤,使其进入关节腔而复位。术者再用一手按住骨折块做临时固定,另一手将患肘做轻微的屈伸动作数次,矫正残余移位,直到骨折块稳定且无骨擦音为止。

2. 翻转移位骨折复位法 患者坐位或仰卧位,术者先用拇指或大鱼际轻柔地按压肘外侧肿胀处,驱散瘀血,摸清骨折块的方位和旋转程度,并辨别出骨折远端的关节面和骨折线,前者光滑,后者粗糙。手法须轻柔、均匀用力,切忌搓捻皮肤。若属前移翻转型,先将骨折块向后推按,使之变为后移翻转型,然后用以下方法整复(以左肱骨外髁垂直翻转型骨折为例)。

一法:一助手握持患肢上臂,另一助手握持患肢腕部,将肘关节置于屈曲 45°、前臂旋后位。术者立于患侧,右手置于患肘外侧,左手托住患肘内侧向外扳,加大肘内翻,同时握持腕部助手使腕关节尽量背伸以松弛前臂伸肌群。术者以右手示指或中指扣住骨折块的滑车端,拇指扣住肱骨外上髁端,将骨折块稍平行向后方推移,再将滑车端推向后内下方,把肱骨外上髁端推向外上方,以矫正旋转移位。然后术者用右手拇指将骨折块向内挤压,左手握持患侧手腕,将肘关节屈伸、内收外展活动数次,以矫正残余移位。若复位确已成功,则可扪及肱骨外髁骨嵴平整,压住骨折块进行肘关节伸屈活动良好,且无响声。

二法:助手握持患肢上臂,术者立于患者外侧,右手置于患肘外侧,左手握持患肢腕部,置肘关节于屈曲 60° 位。术者右手拇指摸清远端的骨折面后,左手将患肢前臂旋后以松弛旋后肌,并逐渐加大屈肘角度,同时右手拇指按住骨折块慢慢推向肘后尺骨鹰嘴的桡侧。当骨折块已挤到肘后,右手拇指按在近滑车部的骨折面上,由上向下方按压,矫正骨折块翻转移位,使远端骨折块由向外翻转移位变成单纯前后移位。然后,术者右手拇指向肘前方用力推挤骨折块,同时左手握住患者前臂,逐渐加大屈肘并使前臂旋前,利用前臂伸肌总腱和旋后肌的肌力将骨折块向前牵拉,使骨折块进入肘关节而回到原位。最后,将肘关节伸直并保持于旋后位,术者右手轻轻触摸骨折块,检查复位后解剖关系是否正常,如复位满意则行固定(图 2-19)。

三法(摇晃牵抖法):患者坐位或仰卧,患肢外展。术者一手拇指置于患肘外侧,按压翻转的骨折块,使其移向关节腔内;其余四指托住患肘,以起到支点合力作用,并可保护肘关节,避免在摇晃时患肘过度内、外翻。术者另一手握持患肢腕部,在屈肘位或伸肘位时做左右摇晃与牵抖动作,两手动作要协调配合。先做尺侧摇晃(即肘内翻),在摇晃时要有牵抖的

ER-2-13

肱骨外髁骨折轻度移位手法整复操作演示

笔记栏

力量。摇晃牵抖幅度应由小到大,动作须轻柔均匀,切不可粗暴过猛。在旋转摇晃过程中,使肱桡关节间隙一开一合,并利用伸肌总腱和旋后肌的拉力,达到骨折块自行复位的目的。在一次或数次的手法动作过程中,当听到有清脆响声时,即表示骨折块翻转并回复原位。检查肘关节屈伸活动时骨擦音消失,并可扪及肱骨外髁骨嵴平整,则复位确已成功。如经以上手法仍不能达到满意复位时,可加用屈肘、旋前或旋后迅速伸直的牵抖,同时内翻肘关节。前移翻转型,采用旋后伸直牵抖摇晃;后移翻转型,采用旋前伸直牵抖摇晃;当移位判断不明确时,可先试行旋前,或旋前、旋后交替牵抖摇晃(图 2-20)。

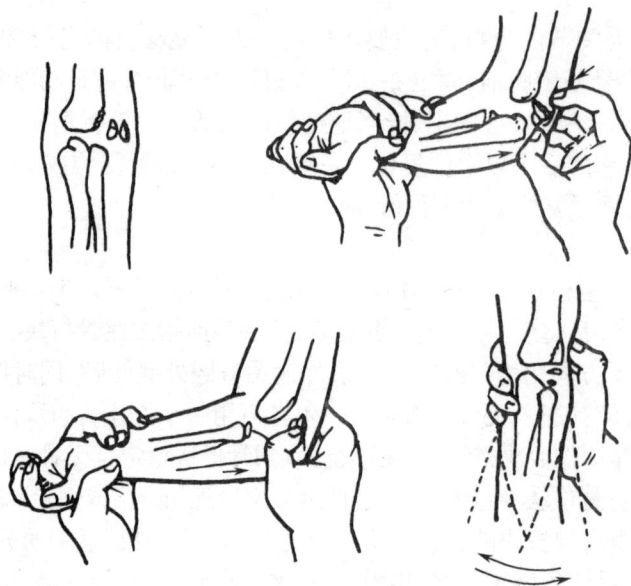

图 2-19 肱骨外髁翻转骨折整复方法

3. 针拨复位法 患肢严格消毒后,在 X 线透视下,用针尖较圆钝的钢针经皮肤插入,顶住翻转的骨折块上缘使其翻回(图 2-21),变为单纯向外侧移位,再配合手法将骨折块向内推挤复位。

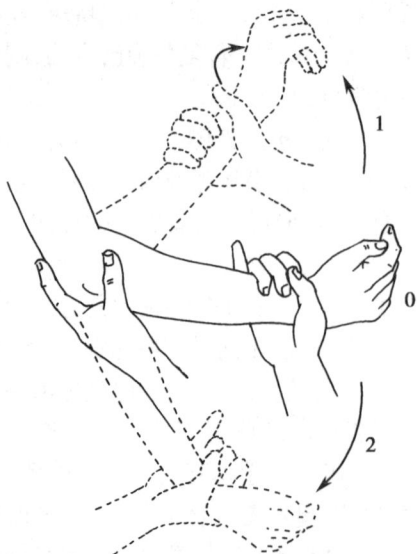

图 2-20 肱骨外髁骨折摇晃牵抖整复方法

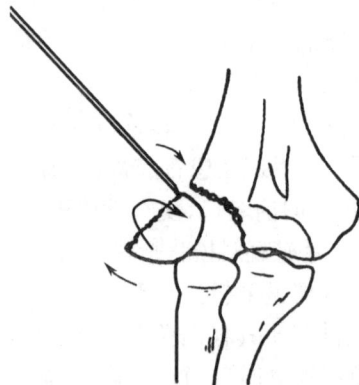

图 2-21 针拨复位法

（二）固定方法

有移位骨折闭合整复后,肘关节伸直,前臂旋后位,在肱骨外髁处放一固定垫(固定垫软硬、厚度要适宜,如一旦引起皮肤压迫坏死,复查骨折对位又不满意时,就失去了切开复位的条件),肘关节尺侧上、下各放一固定垫,四块夹板从上臂中上段到前臂中下段,四条布带缚扎,肘关节伸直而稍外翻位固定 2 周,以后改为屈肘 90° 固定 1~2 周。亦可将后侧夹板(相当于固定肘关节部分)塑形成屈曲 30°~60°,其余三块夹板长度改为上达三角肌中部水平,内、外侧夹板下超肘关节,前侧夹板下达肘横纹,固定垫的位置同上,将肘关节固定于屈曲30°~60° 位 3 周,骨折临床愈合后解除固定。

（三）练功活动

有移位骨折在复位 1 周内,仅做手指轻微活动,不宜做强力前臂旋转、握拳、腕关节屈伸活动,以免使前臂伸肌群或旋后肌紧张,牵拉骨折块而发生再移位。1 周后,逐渐加大指、掌、腕关节的活动范围。解除夹板固定之后,即开始进行肘关节屈伸,前臂旋转和腕、手的功能活动,并配合中药熏洗或理疗,促进肘关节功能恢复,但禁止暴力扳动肘关节,以防止再次发生骨折。

（四）药物治疗

初期宜活血祛瘀、消肿止痛,内服活血止痛汤或肢伤一方,局部外敷跌打万花油或消肿止痛膏。中期宜接骨续损、和营生新,内服肢伤二方或生血补髓汤,外敷接骨膏或接骨续筋药膏。后期宜补肝肾、壮筋骨,内服肢伤三方或补肾壮筋汤。解除固定后,可用八仙逍遥散或上肢损伤洗方熏洗肘关节。

（五）手术疗法

肱骨外髁翻转移位骨折复位不成功及陈旧骨折,应切开复位,幼儿新鲜骨折可用粗丝线缝合固定,儿童或陈旧骨折可用两枚钢针平行或交叉固定,亦可用螺丝钉固定。后期肘外翻畸形如引起牵拉性尺神经麻痹,可施行尺神经前置术。

【预防与调护】

固定期间注意观察患肢血液循环,及时调整夹板的松紧度。若肱骨外髁处出现疼痛,应检查有无压疮,如局部皮肤出现红暗时,应放松夹板或移动其位置。要定期做 X 线复查,如发现骨折再移位应及时纠正。

02章06节PPT

PPT 课件

第六节　肱骨髁间骨折

肱骨髁间骨折是肘部比较复杂和严重的关节内骨折,又称肱骨髁上粉碎性骨折。肱骨髁部前有冠状窝,后有鹰嘴窝,下端内侧的肱骨滑车内、外两端较粗,中段较细。肱骨小头与肱骨滑车之间有一纵沟,该处为肱骨下端的薄弱环节,遭受暴力时可发生纵行劈裂。肱动脉和正中神经从肱二头肌腱膜下通过,桡神经和尺神经分别接近肱骨外髁和肱骨内髁,骨折移位时可被损伤。肱骨髁间部为松质骨,局部血运丰富,骨折容易愈合,但伤后出血肿胀较甚,软组织损伤严重,局部皮肤常易产生张力性水疱,同时骨折块粉碎,骨折线侵犯关节,治疗要求高,而且以后易出现创伤性关节炎或遗留肘关节活动功能障碍。肱骨髁间骨折临床较少见,多发生于成人。

【病因病机】

肱骨髁间骨折多由较严重的间接暴力所致,直接暴力作用较少见。根据受伤机制和骨折端移位方向的不同,可分为伸直型及屈曲型两种。

（一）伸直型

跌倒时，肘关节在微屈或伸直位，手掌先着地，暴力自地面向上经前臂传达至肱骨下端，将肱骨髁推向后方，由上向下的身体重力将肱骨干推向前方，在造成肱骨髁上骨折的同时，尺骨鹰嘴半月切迹撞击肱骨下端的滑车沟，将肱骨内、外髁劈裂成两半，向两侧分离并向后移位，而骨折近端则向前移位（图2-22）。

（二）屈曲型

跌倒时，肘关节在屈曲位，肘尖先着地，或肘部遭受暴力直接打击，暴力作用于尺骨鹰嘴，鹰嘴向上、向前推顶肱骨滑车沟，在造成肱骨髁上骨折的同时，楔形如凿的尺骨半月切迹关节面从中间将两髁劈裂分开。骨折近端向后移位，劈成两块的骨折远端向前移位（图2-23）。

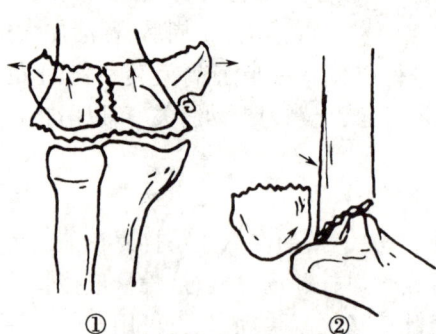

图 2-22 伸直型肱骨髁间骨折
①正位；②侧位

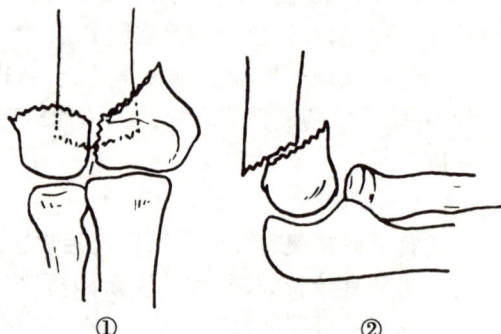

图 2-23 屈曲型肱骨髁间骨折
①正位；②侧位

骨折严重时常伴有移位、滑车关节面损伤，肱骨内外髁常分离为独立的骨块，骨折线呈T形、Y形或粉碎型，与肱骨干之间失去联系。两髁除向两侧分离外，还可旋转，向前后移位。

肱骨髁间骨折严重移位时，骨折端可损伤肱动脉及桡神经、尺神经、正中神经。

【临床表现与诊断】

伤后肘部疼痛、肿胀严重，有皮下瘀斑，肘关节呈半屈曲位、鹰嘴部后突，前臂旋前位，骨折移位时肘后三点关系发生变化，肘关节屈伸活动严重障碍。局部压痛明显，可扪及骨擦感及异常活动。合并血管、神经损伤者，有桡动脉搏动减弱、消失，腕、手部皮肤温度、颜色改变，以及感觉、运动功能丧失。

肘部正侧位X线片可明确骨折类型及移位程度，并可了解关节腔内有无小骨块嵌入。但需注意，骨折的真实情况一般比X线片表现得更加严重，三维重建CT检查可进一步判断骨折粉碎程度。

根据受伤史、临床表现和X线检查可作出诊断。

【辨证论治】

肱骨髁间骨折为关节内骨折，由于骨折块粉碎，不但整复困难，且固定不稳，严重影响关节功能的恢复。因此，肱骨髁间骨折整复时要达到或接近解剖复位，保持关节面平整光滑；固定稳妥，贯彻动静结合的原则，早期进行功能活动，使肘关节功能得到良好的恢复。

（一）整复方法

按以下四个步骤整复（图2-24）。

第一步抱髁合骨：患者平卧，患侧肩外展70°~80°，肘关节半屈位、前臂中立位。术者立于患肢前外侧，用两手掌在肘部两侧抱髁，并向中心扣挤合拢，以免在牵引时加重两髁旋转、分离（在抱髁下完成手法复位）。

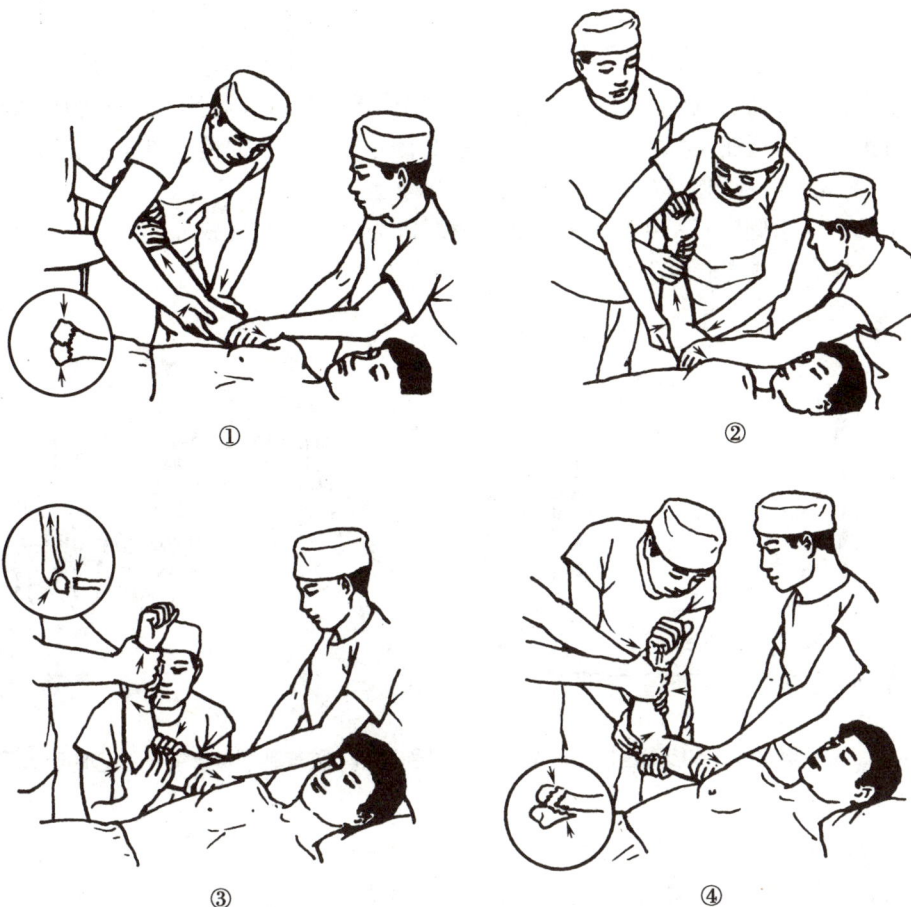

图 2-24 肱骨髁间骨折整复方法
①抱髁；②矫正侧方移位；③矫正前后移位；④向中心推挤

　　第二步拔伸牵引：一助手握住上臂，另一助手持前臂缓慢拔伸牵引，牵引时注意不要暴力猛牵，以防加重损伤，应持续稳妥地牵引 3~5 分钟，以矫正重叠移位。

　　第三步端提捺正：矫正远近端侧方移位，如为远端尺偏移位，则术者抱外髁之手掌根部缓慢向上臂移动到髁上处，此时腕部掌面移动到外髁部紧贴皮肤，代替手掌大鱼际的抱髁作用，用大鱼际将骨折近端向尺侧推按，抱内髁之手掌将内髁向桡侧推按，以矫正尺偏移位；如为桡偏移位，轻者可不作整复，较重者可将其骨折近端向桡侧推按，骨折远端向尺侧推按，但切勿矫枉过正，然后两手掌回复原来位置继续抱髁合骨，矫正两髁近端的侧方分离。继而矫正前后移位，伸直型骨折，术者两手仍为抱髁状，两手四指上移，环抱肘前，两手拇指移到尺骨鹰嘴处，推骨折远端向前，两手四指拉近端向后，两手虎口同时对向挤压两髁，此时持握并牵引前臂的助手徐徐屈肘至 90°，以矫正前后移位。屈曲型骨折则做与上述方向相反的手法复位。

　　第四步抱髁合拢：一般的骨折经上述手法即可基本复位，但两髁骨折块近端因受两侧关节囊和韧带的牵拉，各向内、外张口，使滑车关节面不平。术者一手捏住两髁，另一手自髁上捏住向两侧张开的两髁，向中心反复推挤，使关节面恢复平整。

　　骨折整复后，放妥固定垫和夹板，做超关节临时固定，行 X 线检查，如关节面平整，骨折远近端仅少许重叠者，则利用尺骨鹰嘴牵引来逐渐矫正，而单髁仍有分离者，术者用拇指推挤矫正。如两髁仍然有明显移位，须再行复位，至达到对位满意为止。

ER-2-15

肱骨髁间骨折手法整复操作演示

（二）固定方法

夹板固定法：骨折整复成功后，在维持牵引下，术者用两手捏住骨折部，用上臂超肘关节夹板固定，方法同肱骨髁上骨折。如两髁分离移位较重者，在内、外上髁部可加一空心垫。伸直型骨折肘关节屈曲位固定，三角巾悬吊胸前，固定4~6周。屈曲型骨折肘关节先伸直固定3周，再换成短夹板屈肘位继续固定2~3周（图2-25）。

夹板结合牵引固定：适用于骨折原来移位严重，或复位固定仍不稳定者，夹板固定后需配合尺骨鹰嘴牵引或皮肤牵引（图2-26）。

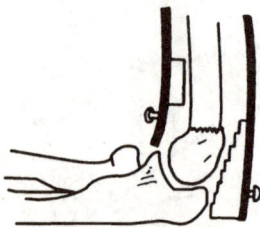

图 2-25　肱骨髁间骨折夹板固定加垫方法　　　图 2-26　肱骨髁间骨折夹板固定加尺骨鹰嘴牵引

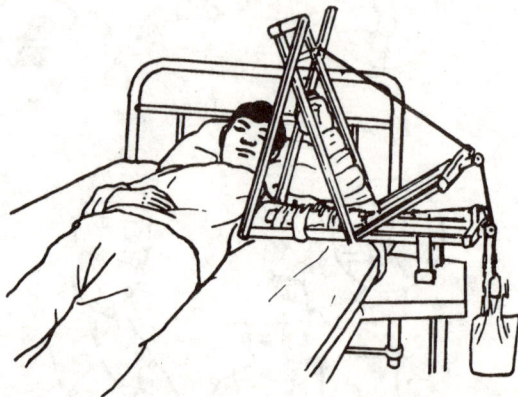

（三）练功活动

练功活动应贯穿于骨折整复固定后治疗的全过程，强调早期进行功能活动。在练功活动时，利用肌肉收缩所产生的动力、夹板及固定垫的压力及尺骨半月切迹，对破裂的滑车关节面进行模造来保持骨折对位，矫正残余移位，恢复关节面平整，防止关节粘连及韧带、肌肉的挛缩，以利于骨折愈合和关节功能恢复。骨折复位固定后，即可开始做伸屈手指、腕关节及握拳活动。3~5天后，即开始练习肘关节自动伸屈活动，一般从10°~20°起，以后逐渐加大活动范围。锻炼早期，可允许患者用另一手轻轻扶助，但切忌暴力；2~3周后，活动范围可逐渐增至至40°~50°。解除夹板固定后，除仍做主动活动外，可配合药物熏洗和轻手法按摩，忌用强力被动活动。

（四）药物治疗

初期宜活血化瘀、消肿止痛，内服和营止痛汤，外敷消肿止痛膏。中期宜和营生新、接骨续损。内服续骨活血汤，外敷接骨膏。后期宜补肝肾、壮筋骨、养气血。内服六味地黄汤，外用散瘀和伤汤熏洗患肢。

（五）手术疗法

肱骨髁间骨折手法整复失败或固定不稳定，陈旧骨折肘关节功能受限，开放性骨折或伴血管神经损伤，应切开复位内固定治疗。

【预防与调护】

密切观察患肢血运情况，一旦发现患肢有剧痛、指端发绀、麻木、桡动脉搏动消失等，须及时拆开小夹板、石膏或牵引装置，以便做进一步的检查和处理。采取骨牵引治疗的患者，应经常检查牵引力线和牵引重量是否恰当，同时牵引时间不宜太长，牵引装置通常在3~4周后拆除。小夹板固定期间要及时调整其松紧度，并注意防范肱骨内、外髁处出现皮肤压疮。

第七节 肱骨内上髁骨折

02章07节 PPT

PPT 课件

肱骨内上髁骨折,又称肱骨内上髁骨骺分离。肱骨内上髁是肱骨内髁的非关节部分,有前臂旋前圆肌、屈肌群和肘内侧副韧带附着。内上髁后方有尺神经沟,尺神经紧贴其沟内通过,骨折后可损伤尺神经。肱骨内上髁骨化中心于4~6岁出现,17~20岁闭合(也有人终生不闭合,应与肱骨内上髁骨折相鉴别),当骨化中心未与相应的肱骨髁融合之前,其间的骨骺板为对抗肌肉和韧带牵拉的薄弱点,容易发生撕脱骨折。肱骨内上髁骨折多数有严重移位,若骨折块被嵌入关节内,往往不容易释出,给骨折整复造成困难,治疗不当则会后遗关节功能障碍。肱骨内上髁骨折是常见的肘部损伤之一,好发于儿童和青少年,尤以7~17岁多见。

【病因病机】

肱骨内上髁骨折常由间接暴力所致。跌倒时手掌着地,患肢肘关节处于伸直、过度外展位,使肘部内侧受到外翻应力,同时前臂屈肌群急骤收缩,将其附着的内上髁撕脱;或投掷时动作错误,用力过猛,在出手时猛力伸肘关节,并用力向尺侧屈腕,尺侧屈腕肌等强力收缩,使内上髁被撕脱。骨折后,因前臂屈肌群、尺侧副韧带牵拉,骨折块被拉向前下方,甚至产生旋转。当内上髁骨骺未与肱骨干融合之前,在暴力作用下容易发生骨骺分离。直接暴力所致的骨折较少见,多发生于成人,骨折不局限于内上髁骨化中心的原始区域,可向内髁部位延伸。根据骨折块移位程度内上髁骨折一般分为四度(图2-27)。

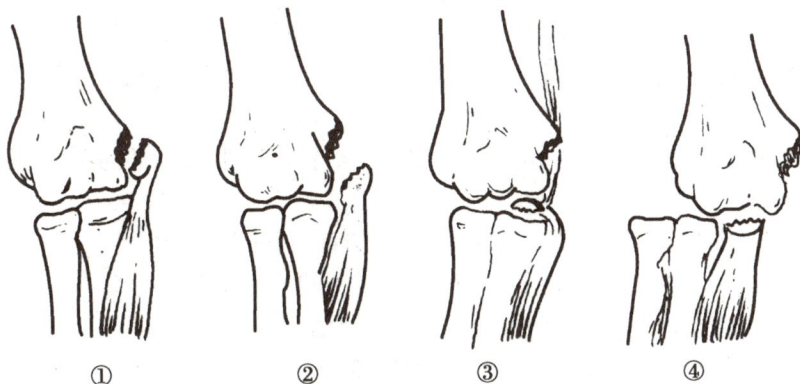

图 2-27 肱骨内上髁骨折移位程度
①Ⅰ度;②Ⅱ度;③Ⅲ度;④Ⅳ度

Ⅰ度:裂缝骨折或仅有轻度移位,因其部分骨膜尚未完全断离。

Ⅱ度:骨折块有分离和旋转移位,但骨折块仍在肘关节间隙的水平面以上。

Ⅲ度:骨折块有旋转移位,并嵌入肘关节间隙。这是因为肘关节受强大的外翻暴力,致使肘关节内侧关节囊等软组织广泛撕裂,肘关节腔内侧间隙张开,使撕脱的内上髁被带进其内,并有旋转移位,且被尺骨半月切迹关节面和肱骨滑车紧紧夹住。

Ⅳ度:骨折块有旋转移位,同时合并肘关节向桡侧脱位,骨折块的骨折面朝向肱骨滑车。临床上容易忽略此类骨折,常误认为单纯的肘关节脱位,采用一般的肘关节脱位整复方法,致使骨折块嵌入肱骨滑车和尺骨半月切迹关节面之间,转为Ⅲ度骨折。

肱骨内上髁骨折块的移位程度亦间接地表示肘内侧软组织的损伤程度。Ⅲ度骨折时局部软组织损伤较重,Ⅳ度骨折更为严重。同时,Ⅲ、Ⅳ度骨折均可使尺神经受到牵拉、挤压或挫伤,骨折后期亦可因骨痂包埋或肱骨内上髁后方的尺神经沟粗糙而损伤尺神经。

【临床表现与诊断】

伤后肘关节呈半屈曲位,肘内侧有皮下瘀斑、肿胀、疼痛,压痛明显,肘关节屈伸活动障碍,前臂、腕关节活动受限。早期肿胀尚不明显时,骨折分离移位时在肘内侧可扪及活动的骨折块和近端锐利的骨折端。Ⅲ、Ⅳ度骨折若合并有尺神经损伤,可出现前臂和手的尺侧麻木,感觉迟钝。

肘关节正侧位X线照片可明确骨折类型和移位方向。但6岁以下的儿童由于肱骨内上髁骨骺尚未出现,只要临床症状和体征符合即可诊断,不必完全依赖X线照片。青少年内上髁骨折无明显移位时,不容易与骨骺线相鉴别,必要时可做健侧对照摄片以明确诊断。肘部正位X线片显示正常肱骨下端的内外两侧形状呈不对称,内上髁向内突起较多。若肱骨下端的内外两侧呈对称性突起时,应考虑为内上髁骨折,肱骨下端阴影常可遮盖移位的内上髁骨折块。对移位于肘关节附近的内上髁骨折块,应注意鉴别骨折块是否进入肘关节内。

根据受伤史、临床表现和X线检查可作出诊断。必要时进一步做CT检查明确诊断。

【辨证论治】

Ⅰ度(无移位)骨折,用上臂内外侧夹板或上肢直角托板、石膏托等,将患肢固定于屈肘90°、屈腕、前臂旋前位,三角巾悬吊于胸前2周。有移位骨折,应尽早行手法整复,夹板固定,并进行恰当的练功活动。手法整复后应常规检查有无尺神经损伤。

(一) 整复方法

1. **Ⅱ度骨折**　患者取坐位或平卧位,患肢屈肘45°,前臂中立位,术者用拇指、示指固定骨折块,拇指自下向上推挤,使其复位。若骨折块翻转移位大于90°者,则应将患肢屈肘90°,前臂旋前,腕及掌指关节于屈曲位,术者用一手握患肢前臂,另一手置于肘部,先用拇指揉按骨折局部以消肿,然后摸清骨折块由远端向近端,由掌侧向背侧翻转过来,再往骨折近端推挤,使其复位。

2. **Ⅲ度骨折**　手法整复的关键是解脱嵌夹在关节内的骨折块,将Ⅲ度骨折转为Ⅰ度或Ⅱ度骨折。

一法:在臂丛神经麻醉下,患者平卧,肘关节伸直,两助手分别握持腕部和上臂,相对拔伸牵引。在牵引下,握腕部的助手逐渐将前臂旋后、外展,术者一手置于肘关节外侧向内推,造成患肘外翻,肘关节内侧间隙增宽。术者另一手拇指于肘关节内侧触及骨折块边缘时,令助手极度背伸患肢手指及腕关节,使前臂屈肌群紧张,将关节内的骨折块拉出关节间隙,必要时术者还可用示指和拇指抓住尺侧屈肌肌腹的近侧部向外牵拉,以辅助将骨折块拉出关节间隙。若骨折块仍有分离移位,再按Ⅱ度骨折整复。

二法(即推挤法):由一助手固定患肢上臂下段,另一助手将前臂极度旋前,术者拇指用力在滑车部由前上方向后下方推按,直至将骨折块推出。

三法(即屈肘前臂极度旋前法):术者立于患侧,一手握持患肢前臂下段,另一手托住患肢肘部,将患肢置于屈肘前臂旋前位,先轻度屈伸患肘,随即极度屈肘、前臂极度旋前,犹如前臂由背向掌、由桡向尺做半弧形运动,利用前臂极度旋前时尺骨干异常的旋转角度,使尺骨鹰嘴向尺侧倾斜,从而加大肘关节内侧间隙,同时由于鹰嘴半月切迹向尺侧的侧向移动,将骨折块直接推出关节间隙,最后再按Ⅰ度、Ⅱ度骨折处理。

3. **Ⅳ度骨折**　手法复位时,应首先整复肘关节侧方脱位,多数患者随着关节脱位的复位,骨折亦同时得到复位,少数骨折块尚未复位可再用手法整复。

一法(即内收推挤法):患者平卧,患肢外展,肘关节伸直,前臂旋后位,两助手分别握住患肢上臂和前臂,尽量内收前臂,使肘关节内侧间隙变窄,防止骨折块进入关节腔内。术者

80

一手将肱骨下端自内向外推挤,另一手将尺、桡骨上端自外向内推挤,将骨折块推挤出关节,同时整复肘关节侧方脱位,然后牵引前臂,逐渐屈曲肘关节至90°,再按Ⅰ度或Ⅱ度骨折处理。整复后,及时进行X线摄片检查,若转变成Ⅲ度骨折,则将肘关节重新造成桡侧脱位,再行手法整复。

二法(即屈肘前臂极度旋前法):同Ⅲ度骨折之法。但在整个复位过程中,患肢始终置于屈肘90°、前臂极度旋前位。

(二)固定方法

骨折整复满意后,在骨折块的前内侧放一半月形固定垫,缺口朝向后上方,用于兜住骨折块,再用上臂超肘关节夹板固定于屈肘90°,前臂中立位或旋前位2~3周。Ⅳ度骨折的固定一般不超过2周,应以治疗固定脱位为主,不能固定到骨折愈合后再活动肘关节。因内上髁骨折块较小,活动性大,若固定不当,容易移位,应加强随诊观察,及时调整夹板松紧度。

(三)练功活动

1周内只做轻微的手指屈伸活动,1周后逐渐加大手指的屈伸活动,禁止做握拳、腕屈伸及前臂旋转活动。2周后可逐渐做肘关节的屈伸活动。解除固定后,可配合中药熏洗并加强肘关节的屈伸活动。一般要3~6个月才能完全恢复功能,故练功活动不能操之过急,禁止强力被动牵拉肘关节,以免再次骨折或肌肉牵拉伤,反而妨碍肘关节功能恢复。

(四)药物治疗

初期治宜活血祛瘀、消肿止痛,内服七厘散或和营止痛汤等,合并尺神经损伤者加威灵仙、地龙等。中期治宜和营生新、接骨续筋,内服肢伤二方或壮筋养血汤等。后期治宜补气血、养肝肾、壮筋骨,内服肢伤三方等。解除固定后可用上肢损伤洗方或五加皮汤煎水熏洗患肢。

(五)手术疗法

Ⅱ度骨折手法整复不良或不易夹板固定者,可用钢针经皮撬拨复位法。Ⅲ、Ⅳ度骨折手法整复失败,可考虑切开复位内固定,并做尺神经前置术。陈旧性内上髁骨折无骨性连接者可考虑切开复位,或切除骨折块并将肌腱止点缝合于近侧骨折端处。对于年龄较小、骨骺仍未闭合的儿童肱骨内上髁骨折建议选择克氏针固定。

【预防与调护】

固定过程中须密切观察患肢血液循环,经常调整夹板松紧度。若肱骨内上髁部位有疼痛时,应拆开夹板检查是否有皮肤压疮,如内上髁部皮肤呈暗红色,应放松夹板或调整其位置。

第八节 尺骨鹰嘴骨折

尺骨上端粗大,鹰嘴呈半月状突起于尺骨近端。鹰嘴突与冠状突相连,形成一个深凹的半月形关节面,为半月切迹,与肱骨滑车相关节构成肱尺关节,是肘关节屈伸的枢纽。尺骨鹰嘴为松质骨,是肱三头肌的附着处,肱三头肌为肘关节强有力的伸肌,在其两侧尚有内侧支持带和外侧支持带。尺神经走行于肱骨内上髁后面的尺神经沟内,经肘关节后内侧,向前穿过尺侧屈腕肌两个头之间到前臂掌侧,位于该肌的浅面。尺骨鹰嘴骨化中心于8~11岁出现,至14岁骨骺线闭合。大部分尺骨鹰嘴骨折为关节内骨折,若处理不当,日后可发生创伤性关节炎,从而影响肘关节的功能活动。尺骨鹰嘴骨折是肘部常见损伤,多见于成年人和老年人,而儿童的尺骨鹰嘴短而粗,且较肱骨下端骨质为强,故较少发生骨折。

笔记栏

ER-2-18

肱骨内上髁Ⅳ度骨折手法整复操作演示

02章08节 PPT

PPT 课件

【病因病机】

直接暴力或间接暴力均可造成尺骨鹰嘴骨折,但多为间接暴力所致。

(一) 间接暴力

跌倒时,肘关节在半屈曲位,手掌撑地,由上向下的重力和由下向上传达的暴力交汇于尺骨半月切迹,同时肘关节突然屈曲,肱三头肌反射性地强烈收缩,造成尺骨鹰嘴的撕脱骨折。若运动员投掷用力过猛,肱三头肌强烈收缩,也可造成鹰嘴骨折。骨折近端受肱三头肌牵拉而向上移位,骨折线多为横形或斜形(图2-28)。骨折线若发生在鹰嘴凹平面,则造成关节内骨折。骨折线也可发生在鹰嘴凹平面以下或以上,造成关节囊外的骨折。此骨折在青少年为骨骺分离,在儿童则多为纵形裂缝骨折或青枝骨折。

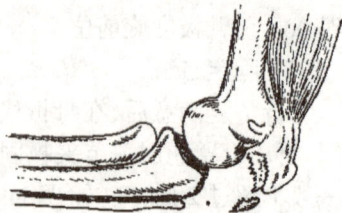

图2-28 尺骨鹰嘴骨折移位

(二) 直接暴力

跌倒时,肘关节在屈曲位,肘后部着地,使鹰嘴部受到直接撞击而发生骨折,或暴力直接作用在肘部鹰嘴,也可形成鹰嘴骨折,多系粉碎性骨折。由于鹰嘴支持带未被撕裂,直接暴力造成的鹰嘴骨折往往移位不大,但临床少见。

(三) 直接暴力和间接暴力合并损伤

由直接暴力和间接暴力合并引起者,骨折可呈不同程度的粉碎,并有较严重的骨折块移位。尺骨鹰嘴骨折线多数到达半月切迹,为关节内骨折;少数撕脱的骨折块较小,骨折线不入关节内,为关节外骨折。若肘部后面遭受严重的外力,造成尺骨鹰嘴骨折的同时,可并发肘关节前脱位,临床上较少见。

【临床表现与诊断】

伤后尺骨鹰嘴部局限性肿胀、疼痛,肘关节活动障碍。骨折分离移位时,肘部肿胀严重,鹰嘴两旁凹陷变得隆起,可扪及骨折端间隙和移位的骨折块,有时可扪及骨擦音或骨擦感,患肘不能主动伸直或抵抗重力。严重粉碎性骨折或骨折脱位,可伴有肘后部皮肤挫伤或开放性损伤,或合并尺神经的损伤。

肘关节正侧位X线片可明确骨折类型和骨折移位程度。X线侧位片较容易确定骨折情况,正位片可以帮助了解骨折脱位等合并损伤。尺骨鹰嘴骨折有时需要与肘髌骨及青少年的骨骺线未闭合者相鉴别。对骨折诊断有怀疑时,应行健侧肘部X线检查,双侧对照有助于明确诊断。

根据受伤史、临床表现和X线检查可作出诊断。

【辨证论治】

无移位骨折或老年人粉碎性骨折移位不显著时,不必手法整复,短期制动即可。有分离移位者,必须进行整复。尺骨鹰嘴骨折多数为关节内骨折,故骨折整复时要力求达到解剖复位,以使肘关节恢复正常的活动功能与伸屈力量,避免日后发生创伤性关节炎。

(一) 整复方法

对关节内积血较多、肿胀较严重、不能准确摸清骨折近端者,可在无菌条件下先抽出关节腔内的积血,然后再进行手法整复。

一法:患者取坐位或仰卧位。肘关节呈30°~45°半屈曲位,助手握持患肢前臂,术者站在患肢外侧,面向患肢远端。术者先用轻柔的手法按摩肱三头肌和上臂其他肌肉,然后用两手拇指分别按压向近侧移位的尺骨鹰嘴上端的内、外侧,由近端向远端推挤,使骨折近端向远端靠拢,两手其余四指使肘关节缓缓伸直,两手拇指再将骨折端轻轻摇晃,使两骨折端紧密嵌合。此时,术者用力紧推骨折近端,令助手做缓慢轻度的屈伸患肘数次,使半月切迹的关节面平复如旧,最后将患肢置于屈曲 0°~20° 位。

二法:患者侧卧,患肢在上,肘关节伸直,术者站在患者背后,一手握持患肢前臂,另一手拇指、示指捏住向近侧移位的骨折近端,由近侧向远侧推挤,使骨折近端向远端靠拢,然后将患肘缓慢伸屈数次,直至两骨折面紧密嵌合,粗糙的骨擦音消失为止。再将患肢置于屈曲 0°~20° 位,术者拇指、示指仍推按住已经复位的骨折近端,助手进行夹板固定。

(二)固定方法

无移位的裂缝骨折或轻度移位的粉碎性骨折,用上肢后侧超肘关节夹板固定于屈肘 20°~60° 位 3 周。有移位骨折手法整复后,在尺骨鹰嘴上端放置一块缺口朝下的半月形抱骨垫,用以顶住尺骨鹰嘴的上端,防止骨折块向上移位,并用前、后侧超肘关节夹板固定于屈肘 0°~20° 位 3 周,以后再逐渐改为固定在屈肘 90° 位 1~2 周。夹板固定时间约为 3~4 周。

(三)练功活动

无移位或轻度移位骨折,通过患者主动的练功活动,常可获得迅速和良好的肘关节功能恢复。老年人可适当缩短固定时间,并应尽早进行肘关节的屈伸功能锻炼。有移位骨折在 3 周以内做手指、腕关节的屈伸活动,禁止做肘关节屈伸活动,第 4 周以后逐步进行肘关节主动屈伸锻炼。粉碎性骨折且关节面不平者,5 天后开始做小幅度(60° 以内)的肘关节屈伸锻炼,解除夹板固定后应加大肘关节的活动幅度,使关节面模造塑形,以保持关节面的光滑,避免后遗创伤性关节炎。

(四)药物治疗

初期宜活血祛瘀、消肿止痛,内服桃红四物汤或正骨紫金丹,外敷万灵膏或定痛膏。中期宜和营生新、接骨续筋,内服壮筋养血汤或生血补髓汤,外敷接骨膏或接骨续筋药膏。后期宜补气血、养肝肾、壮筋骨,内服补肾壮筋汤或六味地黄丸。解除固定后,可用上肢损伤洗方熏洗,并结合轻柔手法按摩患肢,切忌粗暴。

(五)手术疗法

尺骨鹰嘴骨折若分离移位过大,且手法整复不成功者,可考虑切开复位,"8" 字钢丝克氏针张力带或螺钉固定,修补肱三头肌肌腱。移位明显的粉碎性骨折,且年龄较大者,若粉碎部分不超过半月切迹的 1/3,可将骨碎片清除,并行肱三头肌成形术。尺骨鹰嘴骨折合并肘关节前脱位者,可用切开复位钢板螺钉固定,依据情况,可早期进行练功活动。

【预防与调护】

肘关节在伸直位或微屈位固定期不宜过长,以免妨碍肘关节屈曲功能的恢复。固定过程中应注意捆扎带的松紧,避免出现肢体远端循环障碍。定期 X 线复查,如发现骨折有移位应及时纠正。

第九节 桡骨头骨折

桡骨头骨折,又称桡骨小头骨折、桡骨头骨骺分离。桡骨近端包括桡骨头、颈和结节。桡骨头的骨化中心出现于 5~6 岁,至 15 岁左右骨骺线闭合。桡骨头为盘状,其上面凹陷,覆于软骨与肱骨小头构成肱桡关节。横截面上桡骨头略呈椭圆形,其周缘有软骨覆盖,构成环状关节面,与尺骨的桡骨切迹对合,构成桡尺近侧关节(上尺桡关节),是前臂旋转活动的重要结构。整个桡骨头位于肘关节囊内,无任何韧带、肌腱附着。环状韧带围绕桡骨头的 4/5,附着于尺骨的桡切迹前后缘。桡神经在肘前部位于肱桡肌与肱肌之间,向下分为浅支和深支。深支由桡骨颈的外侧经旋后肌的前外侧进入,将此肌层分为两层,其深层将桡神经深支与桡骨隔开。桡骨头骨折若未能及时治疗,将造成前臂旋转功能障碍。桡骨头骨折多见于少年与儿童,青壮年亦可发生。在儿童则发生骨骺分离。

【病因病机】

桡骨头骨折多由间接暴力造成。跌倒时手掌先着地,肘关节处于伸直和前臂旋前位,暴力沿前臂桡侧向上传达,引起肘部过度外翻,使桡骨头撞击肱骨小头,产生反作用力,使桡骨头受挤压而发生骨折。

根据骨折发生的部位、程度和移位情况,可以分为六型(图2-29)。

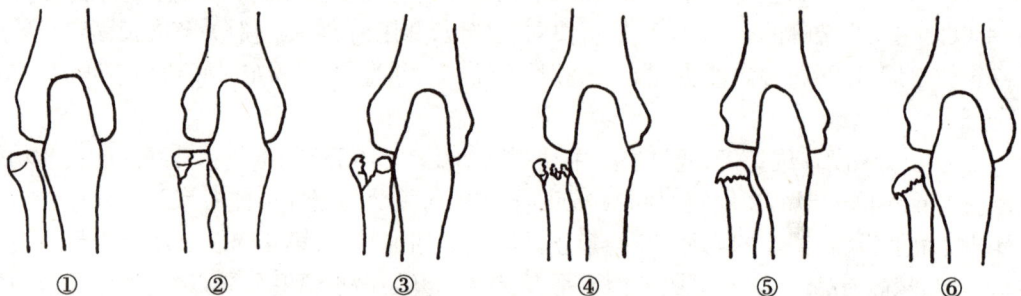

图2-29　桡骨头骨折分型
①青枝骨折;②裂缝骨折;③劈裂骨折;④粉碎性骨折;⑤嵌插骨折;⑥嵌插骨折伴移位

1. 青枝骨折　桡骨头向外侧移位,桡骨关节面与肱骨小头关节面不平行,桡骨头内侧缘对向肱骨小头关节面,骨膜没有完全破裂。

2. 裂缝骨折　桡骨头部或颈部呈裂缝状的无移位骨折。

3. 劈裂骨折　桡骨头外侧缘被劈裂,骨折块约占关节面的1/3~1/2,且常有向外或向下移位。

4. 粉碎性骨折　桡骨头呈粉碎性骨折,骨碎片有分离,或部分被压缩而使桡骨头关节面的中部塌陷缺损。

5. 嵌插骨折　在桡骨颈部产生纵向嵌插,颈部有一横行骨折线,但没有明显移位。

6. 嵌插骨折伴移位　桡骨颈骨折或桡骨小头骨骺分离,骨折近端向外移位,桡骨头关节面向外倾斜,桡骨头关节面与肱骨下端关节面由平行改为交叉,骨折近端与骨折远端外侧缘嵌插,呈"歪戴帽"式移位。

【临床表现与诊断】

无移位或轻度移位骨折,其局部症状较轻,临床上容易漏诊,需引起注意。移位骨折常引起肘部疼痛,肘外侧明显肿胀(若血肿被关节囊包裹,可无明显肿胀),桡骨头局部压痛,肘关节屈伸旋转活动受限制,尤以前臂旋后功能受限明显。合并肘内侧副韧带损伤可表现为肘内侧明显触痛、肿胀和瘀斑,伸肘位外翻应力试验阳性。

肘关节正侧位X线片可明确骨折类型和移位情况,对于无移位疑似骨折或儿童骨骺骨折可加拍CT、MRI帮助诊断。

根据受伤史、临床表现和X线检查可作出诊断。但5岁以下儿童,该骨骺尚未出现,只要临床表现符合,即可诊断,不必完全依赖X线检查。

【辨证论治】

桡骨头骨折为关节内骨折,应及时进行治疗,争取解剖复位。治疗目的是恢复肘关节的伸屈和前臂的旋转功能。对无移位或轻度移位的嵌插骨折,仅用三角巾悬吊患肢固定2~3

周。对虽有明显移位的嵌插骨折而关节面倾斜度在 30° 以下者,估计日后影响肘关节功能不大,则不必强求解剖复位。对移位较大骨折则应施行整复。

(一) 整复方法

整复前先用手指在桡骨头外侧进行触摸,准确地摸出移位的桡骨头。一助手固定患肢上臂,术者一手握持前臂,将肘关节伸直,并拔伸牵引,另一手掌置于患肢后侧,拇指按于桡骨头外侧,余指握住前臂上段内侧并向外扳,两手配合,使肘关节内翻以增宽肱桡关节的间隙。拇指将桡骨头向上、向内侧推挤,同时握持前臂之手将前臂轻轻来回旋转,使骨折远端来回转动,使骨折复位。一旦原先可触及的骨折远端已消失,肱桡关节位置触诊正常,说明复位成功。骨折复位后,术者拇指仍按住桡骨头,握持前臂之手将肘关节徐徐屈曲至 90°。桡骨头有翻转移位者复位时,肘关节置于伸直内收位,术者先用拇指尖将翻转的骨折块的上端(即桡骨头关节面的内侧缘)向尺侧顶按入肱桡关节间隙,然后再用拇指在骨折块的下端(即桡骨头关节面的外侧缘)向内上方推按,使其复位(图 2-30)。

若手法整复不成功,可使用钢针撬拨法:局部皮肤消毒,铺巾,两助手进行拔伸牵引,在 X 线透视下,术者用克氏针自桡骨头的外后方刺入,针尖顶住桡骨头,向内、上方拨正,并顶回原位。应注意避开桡神经分支,并采用无菌操作(图 2-31)。

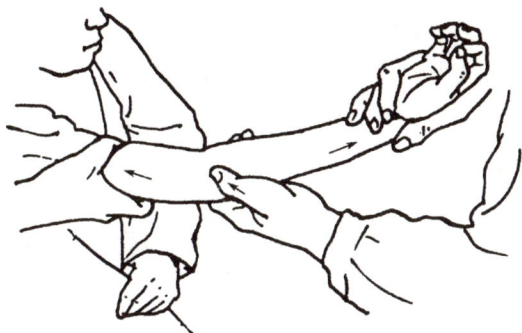

图 2-30 桡骨头骨折推挤整复   图 2-31 桡骨头骨折撬拨复位

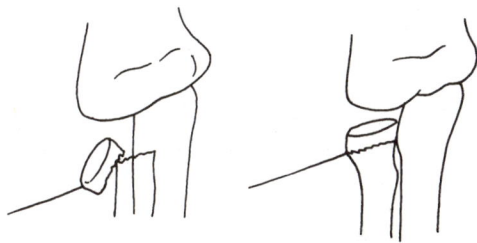

(二) 固定方法

有移位骨折复位后,在桡骨头部放置一长方形平垫,呈弧形包绕桡骨头前、外、后侧,肘关节于屈曲 90°,前臂旋转中立位,用前臂超肘关节夹板四块固定 3~4 周。

(三) 练功活动

整复固定后即可做手指、腕关节屈伸活动,并用力握拳和肩关节活动锻炼,但禁止做前臂旋转活动。2 周后逐步做肘关节的屈伸活动。解除固定后开始做前臂旋转活动锻炼。

(四) 药物治疗

早期治以活血祛瘀、消肿止痛,内服可选用活血止痛汤,肢伤一方或桃仁四物汤加减;外敷消肿止痛膏。中期治则是和营生新、接骨续筋,内服可选用肢伤二方或八厘散;外敷接骨膏或接骨续筋药膏。后期治则是养气血、补肝肾、壮筋骨,内服肢伤三方、补肾壮筋汤。儿童骨折愈合较快,在中后期主要采用骨科外洗一方或海桐皮汤熏洗,以舒筋活络。

(五) 手术疗法

若手法整复不成功,可考虑包括切开复位内固定术、桡骨头切除术或桡骨头置换术。切开复位内固定术可采用解剖接骨板、螺丝钉或克氏针固定;粉碎性骨折重建困难者,可采取人工桡骨头置换术;单纯桡骨头切除严重影响肘关节外侧稳定,导致后期肘关节不稳和创伤性关节炎,应慎用;14 岁以下的儿童不宜做桡骨头切除术。

【预防与调护】

复位固定后,要注意患肢血运情况,定期检查夹板或石膏固定情况及松紧度,术后要注意检查腕部和手指的感觉及运动情况,以了解是否有桡神经深支损伤的迹象。指导患者患肢功能锻炼,骨折稳定后尽早去除外固定,加强患肘功能活动,避免肘关节僵直。

第十节 桡尺骨干双骨折

桡尺骨干双骨折,亦称前臂双骨折。桡、尺骨构成前臂的骨性结构,尺骨上端粗而下端细,为构成肘关节的重要部分。桡骨相反,上端细而下端粗,为构成腕关节的主要组成部分。从正面看尺骨较直,桡骨有突向桡侧 9.3° 的生理弧度;从侧面看,二骨均有 6.4° 弧度突向背侧。前臂肌肉较多,有屈肌群、伸肌群、旋前肌群和旋后肌群等。前臂上 2/3 为前臂伸、屈及旋转肌的肌腹所在,至下 1/3 移行为肌腱,因而前臂上粗下细,上圆下扁。由于肌肉的牵拉,骨折后常出现重叠、成角、旋转及侧方移位,故整复较难。前臂的旋转是非常复杂的运动,一般在尺骨保持固定的状态下,桡骨头在上尺桡关节做自转运动,而桡骨远端在下尺桡关节处围绕尺骨头做公转运动。尺桡骨借骨间膜相连,近侧,尺桡骨形成上尺桡关节;远侧,形成下尺桡关节。前臂骨间膜是致密的纤维膜,几乎连接桡尺骨的全长,其松紧度是随着前臂的旋转而发生改变。前臂中立位至旋后 20° 位时,两骨干接近平行,骨干间隙最大,骨干中部距离最宽,骨间膜上下松紧一致,对桡尺骨起稳定作用;当前臂旋前或极度旋后位时,骨干间隙缩小,骨间膜上下松紧不一致,而两骨稳定性减低。骨间膜的挛缩将会导致前臂旋转功能受限,而且前臂的旋转功能对于手部灵巧功能的发挥具有重要作用。因此,在处理桡尺骨干双骨折时,为了保持前臂的旋转功能,应使骨间膜上下松紧一致,为使两骨相对稳定并预防骨间膜挛缩,应尽可能在骨折复位后将前臂固定在中立位。桡、尺骨干双骨折是常见的前臂损伤之一,多见于儿童或青壮年,多发生于前臂中 1/3 和下 1/3 部。

【病因病机】

桡、尺骨干双骨折可由直接暴力、传达暴力或扭转暴力所造成(图 2-32)。

(一)直接暴力

直接暴力打击、碰撞,机器或车轮的直接压轧,或刀砍伤直接作用于桡尺骨,可为开放性骨折,骨折多为横断或粉碎,桡尺骨骨折线多在同一平面。多伴有不同程度的软组织损伤,包括肌肉、肌腱断裂,神经血管损伤等。

(二)传达暴力

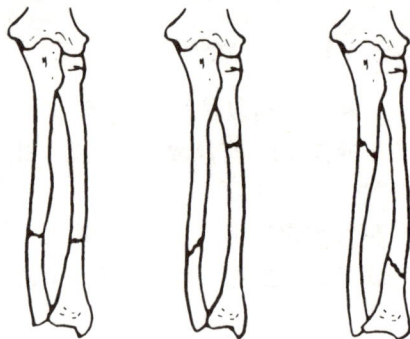

图 2-32 不同暴力造成桡尺骨干双骨折

跌倒时手掌着地,暴力由掌面沿桡骨纵轴向上传达,在桡骨中段或上段发生横断或锯齿状骨折,残余暴力通过向下斜形的骨间膜牵拉尺骨,造成尺骨斜形骨折。桡尺骨骨折线多不在同一平面,桡骨骨折线在上,尺骨骨折线在下。在儿童多发生在下 1/3 段青枝骨折,桡骨骨折线高于尺骨骨折线,骨折端多向掌侧成角,其背侧骨膜多完整。

(三)扭转暴力

扭转暴力所致者,多为前臂被旋转的机器绞伤,或跌倒时手掌着地,躯干过分朝一侧倾斜,在遭受传达暴力的同时,前臂又受到扭转暴力,使桡尺两骨螺旋形骨折,骨折线方向一

笔记栏 🗒️

致,多数是由尺侧内上斜向桡侧外下,但骨折线的平面不同,尺骨骨折线在上,桡骨骨折线在下。

完全骨折时,由于暴力的作用和前臂肌肉的牵拉,桡、尺两骨折端可发生重叠、成角、旋转和侧方移位。

【临床表现与诊断】

伤后局部疼痛、肿胀,前臂功能丧失。有移位的完全骨折,前臂可有短缩、成角或旋转畸形;儿童青枝骨折则仅有成角畸形。骨折端刺戳所致的开放性骨折,皮肤伤口一般较小,外露的骨折端有时自行回纳至伤口内。检查局部压痛明显,有纵向叩击痛,有移位的完全骨折可有骨擦音和异常活动。

前臂正侧位X线片可确定骨折类型、移位方向以及有无上、下桡尺关节脱位。前臂X线片应包括肘关节和腕关节。

根据受伤史、临床表现和X线检查可作出诊断。对儿童患者更应仔细检查前臂有无压痛、旋转活动受限和疼痛,以防漏诊。若骨折后患肢疼痛剧烈、肿胀严重,手指麻木发凉,皮肤发绀,被动活动手指疼痛加重,应考虑有无并发前臂筋膜间隔区综合征。

【辨证论治】

桡、尺骨干双骨折可发生重叠、成角、旋转及侧方移位等多种移位。若治疗不当,可发生桡、尺两骨间隙缩小较多,甚至骨交叉愈合,引起前臂旋转功能障碍,并可影响到手的功能。因此,治疗应该尽可能达到解剖复位,最大限度地恢复前臂功能。无移位骨折可仅用夹板固定。有移位的闭合性骨折,均可应用手法整复、夹板固定法治疗。伤口较小(3cm以内)的开放性骨折,若伤缘整齐、污染不重,经清创缝合后,可行手法整复、夹板固定。

(一)整复方法

整复应根据患者的受伤机制,结合X线片所显示的骨折不同类型、部位及特点,认真分析,以决定首先整复尺骨还是整复桡骨。中1/3骨折,若其中一骨干为横断或锯齿形的稳定性骨折,而另一骨干为不稳定的斜形骨折或粉碎性骨折时,应先整复稳定性骨折,以此作为支柱,然后再整复另一骨干的不稳定性骨折。若桡、尺骨干均为不稳定性骨折时,对上1/3骨折,先整复尺骨,因该段骨干较粗,整复后相对稳定,可作为支柱,然后再整复桡骨。对下1/3骨折,则先整复该段骨干较粗的桡骨,然后再整复尺骨。对中1/3骨折,应根据两骨的相对稳定性来决定整复桡、尺骨的先后顺序,若两骨干骨折的稳定性相同,则一般先整复位置较浅且易于摸认捉捏的尺骨。若有一骨干骨折背向移位,应先整复有背向侧方移位的骨折,然后再整复另一骨干骨折。

视患者具体情况给予全麻或臂丛阻滞麻醉。患者平卧,肩外展90°,肘屈曲90°,中、下1/3骨折取前臂中立位,上1/3骨折取前臂旋后位,由两助手做拔伸牵引,矫正重叠、旋转及成角畸形。临床上根据骨折不同移位情况采用以下手法整复。

1. 拔伸牵引 一助手握肘上,另一助手握手部的大、小鱼际。两助手先顺势拔伸数分钟,以矫正骨折的重叠和成角畸形。依据骨折远端对近端的原则,将前臂远端根据近端旋转方向置于一定的位置,继续进行牵引,以矫正旋转畸形。如桡、尺骨干上1/3骨折,桡骨骨折近端因受肱二头肌和旋后肌的牵拉而呈屈曲旋后位,骨折远端因旋前圆肌和旋前方肌的牵拉而呈旋前位,故前臂远端须置于旋后位进行拔伸牵引。

2. 反托折顶 虽经拔伸牵引而重叠移位未完全矫正者,宜先用折顶手法,可比较省力地整复残余重叠移位,又能顺利地矫正侧方移位。术者两手先将桡、尺二骨骨折近、远端侧方移位矫正为单纯的同一方向的掌、背侧重叠移位,然后术者两手拇指在背侧按住突出的骨折断端,两手其他四指托住向掌侧下陷的骨折另一断端,待各手指放置准确后,在较轻的牵

图2-23

桡尺骨干双骨折手法整复动画演示

引下,慢慢地向原来成角变位的方向加大成角,同时两手拇指由背侧推按突出的骨折端。残余重叠移位越多,加大的成角也应越大。待成角加大到一定程度,感到两骨折端同一侧的皮质对端相顶后,骤然向回反折。反折时,拇指继续向掌侧推按向背侧突出的骨折断端,而示指、中指、环指三指用力向背侧托顶下陷的骨折另一端。其方向可正、可斜,力量可大、可小,完全依骨折断端移位程度及方向而定。进行折顶时,应注意折角不宜过大,以免损伤神经、血管;并应注意骨折端勿刺破皮肤,以免使闭合性骨折转化为开放性骨折。

3. 捏挤分骨 桡、尺骨骨干骨折后,骨间膜松紧不均,骨折段容易互相成角向前臂轴心靠拢,影响前臂的旋转功能,故必须使其骨间隙恢复正常。捏挤分骨是整复前臂骨折的重要手法。术者两手分别置于患臂桡侧和尺侧,两手的拇指及示、中、环三指分别置于骨折部的掌、背侧,沿前臂纵轴方向捏挤骨间隙。在捏挤的同时,两手分别将桡、尺骨向桡、尺两层提拉,使向中间靠拢的桡、尺骨断端向桡、尺两侧各自分开,悬张于两骨间的骨间膜恢复其紧张度,以牵动桡、尺骨的骨间嵴,使之恢复两骨正常的相互对峙的位置,并可矫正部分残余侧方移位。

4. 回旋捺正 斜形或螺旋形骨折,若骨折端有背向侧方移位,其背向侧重叠较多时,单靠拔伸牵引无法矫正背向重叠移位,若用暴力推按复位,则容易将骨尖折断,甚至造成骨折端劈裂,而影响骨折部的稳定性。采用回旋捺正法,可较省力地进行复位。两助手略加牵引,术者一手固定骨折近端,另一手将骨折远端按压,沿造成骨折背向移位的径路,紧贴骨折近端逆向回旋,矫正背向移位,使两骨折端对合,再相对挤按捺正,使两骨折端紧密接触,即可复位。回旋时,两骨段要互相紧贴,以免损伤血管神经或加重软组织损伤。如感觉有软组织阻挡,即应改变回旋方向。

5. 扳提推按 横断或斜形骨折有侧方移位者,可采用扳提推按手法。矫正重叠或旋转移位后,助手继续维持牵引,术者在维持分骨情况下,一手捏持骨折近端,另一手捏持骨折远端。若骨折断端分别向桡、尺侧移位,须向中心推按向桡、尺侧移位的骨折断端。若骨折断端向掌、背侧移位,须将下陷的骨折断端向上扳提,同时将上凸的骨折断端向下推按。若同时有桡、尺侧及掌、背侧移位时,扳提推按要斜向用力,使之复位。

对于不稳定的桡、尺骨双骨折,应避免暴力或者反复闭合整复固定,以免加重肢体损伤,影响后期治疗。

(二) 固定方法

在助手维持牵引下,用前臂四块夹板固定。掌、背两侧夹板要比桡、尺两侧夹板宽,掌侧夹板长度由肘横纹至腕横纹,背侧夹板由尺骨鹰嘴至腕关节或掌指关节,桡侧夹板由桡骨头至桡骨茎突,尺侧夹板自肱骨内上髁下达第5掌骨基底部。尺侧夹板超过腕关节,可克服因手部重力下垂而致使尺骨骨折向桡侧成角的杠杆作用。

复位前桡、尺骨相互靠拢者,可采用分骨垫放置在两骨之间。掌、背侧骨间隙各置一个分骨垫。骨折线在同一平面时,分骨垫放置在骨折线上、下各一半处;骨折线不在同一平面上,分骨垫放置在两骨折线之间。掌侧分骨垫放在掌长肌腱与尺侧屈肌腱之间,背侧分骨垫放在尺骨背面的桡侧缘。分骨垫放妥后,用两条胶布固定。分骨垫不宜卷得太紧,以免引起皮肤受压坏死(图 2-33)。

各垫放置妥当并用胶布条固定后,依次放掌、背、桡、尺侧夹板。然后在中间先绑扎一道或两道布带,后绑扎两端的布带,绑扎的松紧要适宜。绑扎后,再用前臂带柱托板固定,肘关节屈曲 90°,三角巾悬吊胸前,前臂原则上放置中立位,上 1/3 骨折前臂可放置稍旋后位(图 2-34)。

前臂双骨折
手法整复术

88

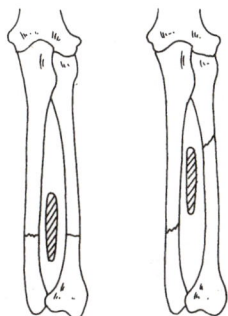

图 2-33 分骨垫的放置

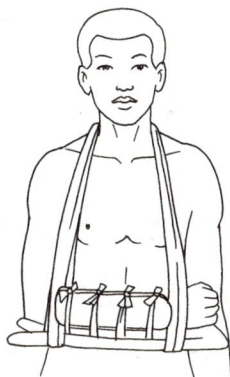

图 2-34 夹板固定后外观

桡尺骨干双骨折夹板固定法

儿童青枝骨折固定 3~4 周,成人固定 6~8 周,待骨折临床愈合后,始可拆除夹板。尺骨下 1/3 骨折,由于局部血液供应较差,若固定不良,断端间有旋转活动,则容易造成骨迟缓愈合或不愈合,故固定必须牢靠,固定时间可根据具体情况而适当延长。

骨折复位固定后,卧床时以枕垫抬高患肢,以利于肿胀的消退。应注意患肢的肿胀情况以及手的温度、颜色和感觉,并向患者和家属讲解清楚注意事项。随时注意调节布带的松紧度,以免因肿胀消退、夹板松动而引起骨折重新移位;或因肿胀严重而固定过紧,发生前臂筋膜间隔综合征等并发症。若手部肿胀严重,肤温低下,手指发绀,感觉麻木,疼痛难忍,应立即检查布带,并适当放松。若肿胀经处理仍不缓解,应立即拆除夹板,改用石膏托固定,抬高患肢,密切观察,警惕前臂筋膜间隔综合征的发生。

(三) 练功活动

骨折复位固定后,初期即鼓励患者做手指屈伸、握拳活动及上肢肌肉舒缩活动,握拳时要尽量用力,以促进气血循行,使肿胀消退。中期开始做肩、肘关节活动,如小云手等,活动范围逐渐增大,但不宜做前臂旋转活动。后期拆除夹板固定后,可做前臂旋转活动,以恢复前臂旋转功能。

(四) 药物治疗

初期瘀肿较甚,治宜活血祛瘀,消肿止痛,内服可选用活血止痛汤,肢伤一方或桃仁四物汤加减,肿胀严重者重用三七、泽兰等;外敷双柏膏、消肿止痛膏或跌打万花油。中期宜和营生新、接骨续损,内服可选用生血补髓汤、肢伤二方或八厘散等,外敷接骨膏或接骨续筋药膏。后期宜养气血、补肝肾、壮筋骨,内服肢伤三方、补肾壮筋汤。解除夹板固定后,若后期前臂旋转活动仍有阻碍者,应加强中药外用熏洗。外用骨科外洗一方、骨科外洗二方或海桐皮汤熏洗,以舒筋活络,促进关节活动功能恢复。

(五) 手术疗法

桡、尺骨双骨折应视为关节内骨折,对复位的要求应高于一般的骨干骨折。对于桡、尺骨干双骨折手法复位失败,或多段骨折、斜形骨折/螺旋形骨折、粉碎严重的骨折等不稳定骨折,或骨折合并神经、血管、肌腱损伤者,应及时采取手术治疗。视骨折具体情况采取切开或闭合复位内固定,可选用钢板或髓内钉等进行固定。对于骨骺未闭合的儿童,可采用闭合复位、弹性髓内钉固定。开放性骨折视污染情况和受伤时间,可以行一期清创内固定术,也可以先行清创外固定术,再行二期手术内固定。

【预防与调护】

在固定期间,应使前臂维持在中立位。要鼓励和正确指导患者做适当的练功活动。此外,在更换外敷伤药、调整夹板松紧度及拍片复查时,应用双手托平患肢小心搬动,切不可用一手端提患肢,同时还应避免伤肢前臂的任何旋转活动,以防骨折再移位。

第十一节　桡尺骨干单骨折

桡尺骨干单骨折多发生于青壮年,临床较少见。

【病因病机】

直接暴力和间接暴力均可造成桡骨干或尺骨干单独发生骨折。尺骨干骨折多为直接暴力打击,桡骨干骨折多为间接暴力损伤。直接暴力所致者,多为横断或粉碎性骨折,间接暴力所致者,多为短斜形或螺旋形骨折,多伴有开放性伤口。桡、尺骨干单骨折,因为有对侧骨的支持,一般无严重移位,由于骨间膜的作用,骨折断端易向对侧骨移位。但当有明显移位时,可合并上桡尺关节或下桡尺关节脱位,而出现成角、重叠畸形。骨折发生在儿童多为青枝骨折或骨膜下骨折。

成人桡骨干上 1/3 骨折,骨折线位于旋前圆肌止点之上时,由于附着于桡骨结节的肱二头肌以及附着于桡骨上 1/3 的旋后肌的牵拉,使骨折近段向后旋转移位;附着于桡骨中部及下部的旋前圆肌和旋前方肌的牵拉,使骨折远段向前旋转移位。桡骨干中 1/3 或中下 1/3 骨折,骨折线位于旋前圆肌止点以下时,因肱二头肌与旋后肌的旋后倾向,被旋前圆肌的旋前力量所抵消,骨折近段处于中立位;骨折远段因受旋前方肌的牵拉而向前旋转移位(图 2-35)。

【临床表现与诊断】

伤后局部肿胀、疼痛、压痛明显,完全骨折时,可有骨擦音,前臂旋转功能障碍,如果是不完全骨折,仍可以有旋转功能。有移位骨折可有成角、旋转畸形,若发生在较表浅骨段,可触及骨折断端。体检时必须注意检查上下尺桡关节有无压痛。由于尺骨全段软组织覆盖少,直接暴力或严重移位的骨折往往伴随有开放性伤口,间接暴力导致的斜形骨折断端戳出皮肤后可自行还纳,皮肤伤口较小,仍需谨慎对待。

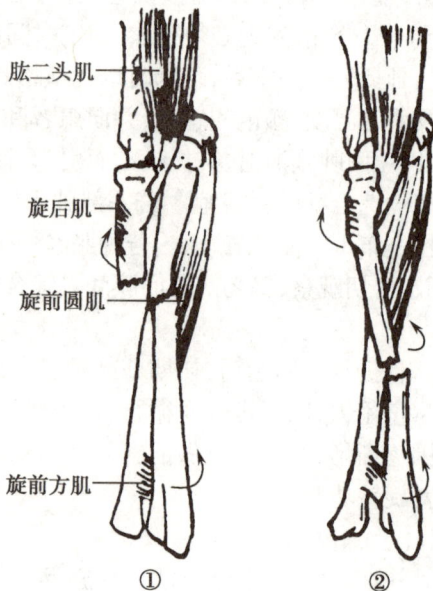

肱二头肌

旋后肌

旋前圆肌

旋前方肌

①　　　　　②

图 2-35　桡骨干不同部位骨折移位
①桡骨干上 1/3 骨折移位;②桡骨干中 1/3 骨折移位

前臂正侧位 X 线片可明确骨折类型和移位情况。X 线片必须包括肘、腕关节,注意鉴别有无合并上、下桡尺关节脱位。

根据受伤史、临床表现和 X 线检查可作出诊断。若早期的 X 线片无异常表现,但临床症状的体征明显,则应在伤后 1 周后重新摄片,此时往往骨折线因折端间骨质吸收而清楚显示出来。

【辨证论治】

无移位骨折直接用夹板固定即可,有移位骨折应整复固定治疗。若有开放性伤口,创口不大、污染不严重者,可仔细清创缝合后行闭合复位夹板或石膏外固定治疗。手法复位不成功者,可考虑切开复位内固定。

(一) 整复方法

患者平卧、肩外展、肘屈曲,两助手行拔伸牵引。骨折在中或下 1/3 部位时,前臂置中立位牵引 3~5 分钟,待断端重叠拉开后,若两骨靠拢移位,可采用分骨手法纠正,若掌背侧移位则用提按手法纠正。但在桡骨干上 1/3 骨折时,应逐渐由中立位改成旋后位牵引,桡骨干单骨折则将远段提向桡侧、背侧,术者用拇指挤按近段向尺侧、掌侧,使骨折复位。

(二) 固定方法

先放置掌、背侧分骨垫各一个,再放好其他固定垫,桡骨上 1/3 骨折须在近端的桡侧再放一个小固定垫,以防止向桡侧移位。然后放置掌、背侧夹板并用手捏住,再放桡、尺侧夹板。桡骨干下 1/3 骨折时,桡侧板下端超腕关节,将腕部固定于尺偏位,借紧张的腕桡侧副韧带限制远端尺偏移位;尺骨下 1/3 骨折则尺侧板须超腕关节,使腕部固定于桡偏位。最后再用带柱托板放置于前臂尺侧,手握托柱,以限制前臂旋转。最后用 4 条布带固定。一般屈肘 90°,前臂中立位固定,用三角巾悬挂于胸前。桡骨上 1/3 骨折,应固定前臂旋后位或中立稍旋后位。固定时间约 4~6 周。尺骨下 1/3 骨折有的愈合缓慢,可适当延长固定时间。

(三) 练功活动

初期鼓励患者做握拳锻炼,待肿胀基本消退后,开始肩、肘关节活动,如弓步云手,但禁止做前臂旋转活动。解除固定后,方可做前臂旋转活动锻炼。

(四) 药物治疗

初期宜活血祛瘀,消肿止痛,内服可选用活血止痛汤,肢伤一方,外敷双柏膏。中期宜和营生新、接骨续损,内服可选用肢伤二方或八厘散,外敷接骨膏。后期宜养气血、补肝肾、壮筋骨,内服肢伤三方。若尺骨下 1/3 骨折愈合迟缓时,要着重补肝肾、壮筋骨以促进其愈合。解除夹板固定后,外用骨科外洗一方或海桐皮汤熏洗。

(五) 手术疗法

桡尺骨单骨折手法复位失败者,特别是尺骨的旋转畸形大于 10°,或成角畸形大于 10° 时,对前臂旋转功能影响很大,应积极采用手术治疗,可选用钢板螺钉或髓内钉等进行固定。

【预防与调护】

复位固定后,卧床休息时要用垫枕抬高患肢,以利肿胀消退。要经常检查夹板固定的松紧度,定期复查 X 线片,了解骨折是否移位及其愈合情况。固定期间,要禁止患者做前臂旋转活动。

第十二节　尺骨上 1/3 骨折合并桡骨头脱位

尺骨上 1/3 骨折合并桡骨头脱位是指尺骨半月切迹以下的上 1/3 骨折,桡骨头同时自肱桡关节、桡尺近侧关节脱位,而肱尺关节没有脱位,又称为蒙泰贾骨折(Monteggia fracture),简称蒙氏骨折。这与肘关节前脱位合并尺骨鹰嘴骨折应有所区别。这种特殊类型的损伤往往容易被忽视(如对桡骨头脱位未予重视),常造成漏诊、误诊或处理不当。在治疗时未能将脱位的桡骨头整复或外固定不良等,可使部分患者变成陈旧损伤,甚至造成畸形、迟发性桡神经深支麻痹以及骨性关节炎等病变。尺骨上 1/3 骨折合并桡骨头脱位可发生于各种年龄,但多发生于儿童。

【病因病机】

直接暴力和间接暴力均能引起尺骨上 1/3 骨折合并桡骨头脱位,而以间接暴力所致者为多。根据尺骨骨折成角与桡骨小头移位方向,临床上可分为四型(图 2-36)。

(一) 伸直型骨折

此型最多见,约占 60%,多见于儿童。跌倒时,前臂旋后,手掌先撑地,肘关节处于伸直

笔记栏

位或过伸位,传达暴力由掌心通过尺、桡骨传向上前方,先造成尺骨斜形骨折,骨折断端向掌侧、桡侧成角,继而迫使桡骨头冲破或滑出环状韧带,向前外方脱出。在成人,外力直接打击尺骨 1/3 背侧,亦可造成伸直型骨折,为横断或粉碎性骨折。

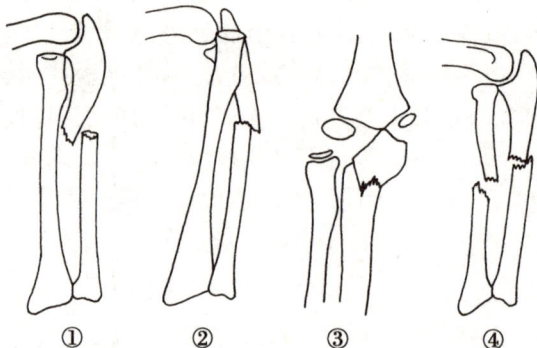

图 2-36　尺骨上 1/3 骨折合并桡骨头脱位的类型
①伸直型骨折;②屈曲型骨折;③内收型骨折;④特殊型骨折

ER-2-26
尺骨上 1/3 骨折合并桡骨头脱位损伤机制动画演示

(二)屈曲型骨折

多见于成人,约占 15%。跌倒时,前臂旋前,手掌撑地,肘关节处于屈曲位,传达暴力由掌心传向后上方,先造成尺骨横断或短斜形骨折,骨折断端向背侧、桡侧成角,继而迫使桡骨头向后外方脱出。

(三)内收型骨折

多见于幼儿,亦可见于儿童,发生率约 20%。跌倒时,手掌着地,身体向患侧倾斜,肘关节处于内收位,传达暴力由掌心传向外上方,先造成尺骨冠状突下方纵行劈裂或横断骨折,骨折断端向桡侧成角,继而迫使桡骨头向外侧脱出。

(四)特殊型骨折

多见于成人,临床上比较少见,发生率约 5%。从高处下跌或平地跌倒时,肘关节呈伸直或过伸位,手掌先着地,自掌心向上较大的传达暴力,先造成桡、尺骨干中上 1/3 双骨折,并迫使桡骨头向前方脱出。机器绞轧或重物击伤亦可造成。

桡骨头不同方向的移位,伴有环状韧带不同程度撕裂、肱桡关节囊撕裂和上桡尺关节脱位。撕裂的软组织,又可嵌入肱桡或上桡尺关节内。由于尺骨骨折端发生移位,尺骨变短使上桡尺关节错位,于是便破坏了桡、尺两骨间的相对稳定性。因此,肱桡关节便很容易滑移而发生脱位,环状韧带即会被撕裂。尺骨骨折端移位越大,脱位也就越严重。尺骨失去桡骨的支撑,则更易加大移位。骨折移位与关节脱位互为因果。尺骨上 1/3 骨折合并桡骨头脱位,由于桡神经可被夹于桡骨上段及深筋膜之间,或由于桡骨的牵拉、挤压,常可造成桡神经的损伤。

【临床表现与诊断】

伤后肘部和前臂肿胀、疼痛,肘关节和前臂旋转活动受限。移位明显者,可见前臂有尺骨部位的成角畸形。不同类型的损伤,可以在肘关节前、后方或桡侧触及突出的桡骨头,骨折和脱位处压痛明显。检查时应注意腕和手指感觉和运动功能,以便确定是否因桡骨头向外脱位而合并桡神经深支损伤。对儿童的尺骨上 1/3 骨折,必须仔细检查桡骨头是否同时脱位。

前臂正侧位 X 线片可明确骨折类型、移位情况和桡骨头的脱位方向。X 线照片必须包括肘、腕关节。正常桡骨头与肱骨小头相对,桡骨干纵轴延伸线一定通过肱骨小头的中心

(图 2-37)。如 X 线正或侧位片出现桡骨干纵轴线有向外或向上偏移,应诊断为尺骨上 1/3 骨折合并桡骨头脱位。肱骨小头骨骺一般在 1~2 岁时出现,因此对 1 岁以内的患儿,最好同时摄健侧 X 线片以便对照。另外,患者受伤后可能做过牵拉制动,可以使桡骨头脱位后还纳,故 X 线片仅见骨折而无脱位,而在固定中可以发生再脱位。所以,若此时忽略对桡骨头的复位固定,可能发生再脱位,应按照尺骨上 1/3 骨折合并桡骨头脱位处理。如 X 线片上仅有尺骨上、中段骨折而无桡骨头脱位者,应详细询问病史,认真检查桡骨头处有无压痛,桡骨小头是否稳定。对怀疑者,无论 X 线片上是否有脱位,均应该按照尺骨上 1/3 骨折合并桡骨头脱位处理。

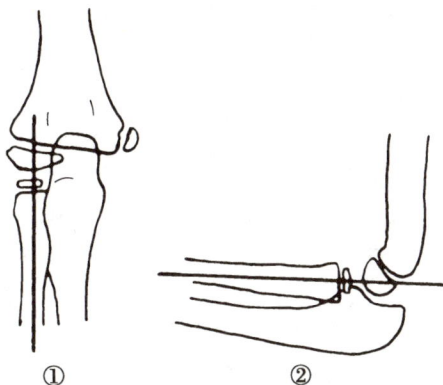

图 2-37　正常 X 线片桡骨头与肱骨小头的关系

根据受伤史、临床表现和 X 线检查可作出诊断。儿童内收型尺骨上 1/3 骨折合并桡骨头脱位,有时易被误诊为尺骨鹰嘴骨折。两者必须加以鉴别,前者在桡骨头处压痛明显,可扪及脱出的桡骨头,前臂旋转功能障碍。后者压痛仅局限于尺骨鹰嘴,桡骨头处无压痛,前臂旋转功能尚好且无疼痛,X 线片可见患侧桡骨干纵轴线通过肱骨小头的中心。

【辨证论治】

新鲜尺骨上 1/3 骨折合并桡骨头脱位大部分可采用手法复位,前臂超肘关节夹板固定。合并桡神经挫伤者,亦可采用手法复位、前臂超肘夹板固定,桡骨头脱位整复后,桡神经多在 3 个月内自行恢复。开放性骨折的骨折端未在创口内直接暴露者,可在清创缝合后采用闭合手法复位;骨折端外露者应在清创的同时在直视下将其复位,视创面状况决定是否采用内固定。

(一) 整复方法

原则上先整复桡骨头脱位,后整复尺骨骨折。桡骨头复位后,以桡骨为支撑,则尺骨骨折易于整复。但若尺骨为稳定性骨折,或尺骨为斜形或螺旋形骨折并有背向移位者,则可先整复尺骨骨折。前者用稳定的尺骨作支撑,使桡骨头易于复位;后者因背向移位的尺骨抵住桡骨,以及变位的骨间膜的牵拉,使脱位的桡骨头难于复位,故应先将尺骨骨折整复。消除阻碍后,桡骨头才容易复位。

患者平卧,肩外展 70°~90°,肘伸直,前臂中立位。一助手握持上臂下段,另一助手握持腕部,两助手行拔伸牵引,持续 3~5 分钟,矫正重叠移位。然后根据不同骨折类型按下述方法整复。

1. **伸直型骨折**　术者立于患者外侧,两拇指放在桡骨头外侧和前侧,向尺侧、背侧按捺,同时嘱牵引远段的助手将肘关节徐徐屈曲 90°,拇指可以触及桡骨头的滑动感,使桡骨头复位。复位后嘱牵引近段的助手,用拇指固定桡骨头,维持复位。然后术者两手紧捏尺骨骨折断端,助手在牵引下来回小幅度旋转前臂,并渐渐屈曲肘关节至 120°~130°,利用已复位的桡骨支撑作用使尺骨对位。若仍有向掌侧、桡侧成角移位,术者可将尺骨骨折远端向尺侧、背侧按捺、提拉,使之复位。若仍有残余侧方移位,可用摇晃手法加以矫正(图 2-38)。

2. **屈曲型骨折**　术者两拇指放在桡骨头的外侧、背侧,向内侧、掌侧按挤,同时肘关节徐徐伸直至 0° 位,使桡骨头复位,有时还可听到或感觉到桡骨头复位的滑动声,然后先向背侧加大成角,再逐渐向掌侧按挤,使尺骨复位(图 2-39)。

笔记栏

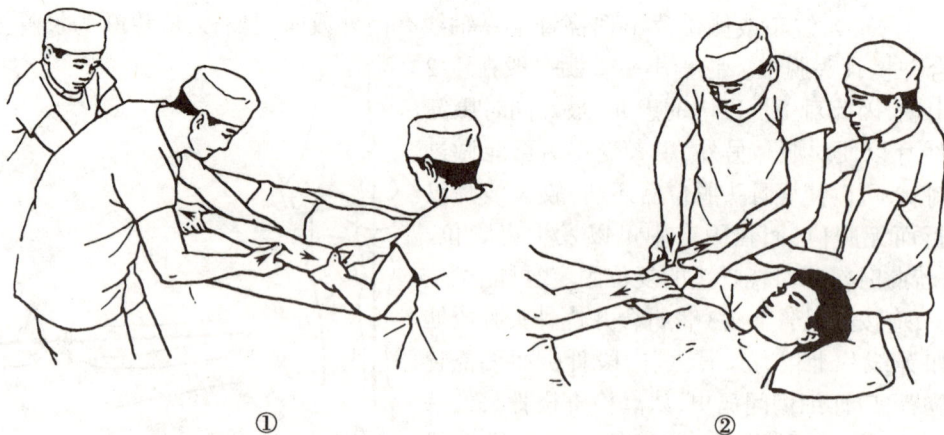

图 2-38　尺骨上 1/3 骨折（伸直型）合并桡骨头脱位的整复方法
①整复伸直型桡骨头脱位；②矫正尺骨向桡侧移位

3. 内收型骨折　在助手拔伸牵引的同时，外展患侧的肘关节，术者拇指放在桡骨头外侧，向内侧推按桡骨头，使之还纳，同时利用桡骨头推顶，纠正尺骨的桡侧成角畸形（图 2-40）。

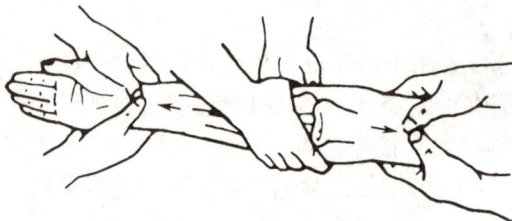

图 2-39　尺骨上 1/3 骨折（屈曲型）合并
桡骨头脱位的整复方法

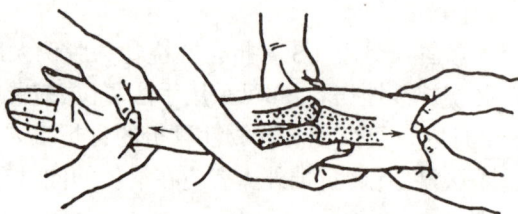

图 2-40　尺骨上 1/3 骨折（内收型）合并桡骨头
脱位的整复方法

ER-2-27
尺骨上 1/3
骨折合并桡
骨头脱位手
法整复动画
演示

4. 特殊型骨折　先按伸直型骨折复位方法整复桡骨头脱位。桡骨头脱位复位后，术者用手捏住复位的桡骨头做临时固定，然后按照桡尺骨干双骨折的复位方法进行整复。

（二）固定方法

先以尺骨骨折平面为中心，在前臂的掌侧与背侧各置一分骨垫；伸直型在骨折的掌侧，屈曲型在骨折背侧放置一平垫；伸直型在桡骨头的前外侧，屈曲型在后外侧，内收型在外侧放置葫芦垫，包绕桡骨头；在尺骨内侧的上下端分别放一平垫，用胶布固定（图 2-41）。然后在前臂掌、背侧与桡、尺侧分别放上 4 块长度适宜的夹板，先放掌背侧，再放桡尺侧，然后用四道扎带捆绑，松紧适宜。伸直型、内收型和特殊型骨折脱位应固定于屈肘功能位或过度屈曲位 4~6 周。屈曲型宜固定于伸肘位或半屈曲位 2~3 周后，改屈肘功能位固定 2~3 周。X 线片显示尺骨骨折线模糊，有连续性骨痂生长，骨折临床愈合后，才可拆除夹板固定。

（三）练功活动

复位固定后，应做指、掌关节的屈伸、握拳活动和肩关节的活动功能锻炼。肘关节不要过早活动，禁止做前臂旋转活动。3 周内伸直

图 2-41　分骨垫、葫芦
垫和平垫的放置方法

型和特殊型禁止做伸肘活动,屈曲型禁止做屈肘活动,以免因肱二头肌牵拉引起桡骨头再脱位、环状韧带再损伤,以及骨折部位向掌侧或背侧成角移位。3周后骨折初步稳定,可逐步做肘关节伸屈活动,如小云手等,但前臂应始终保持中立位,严防尺骨骨折处发生旋转活动,否则可造成骨折迟缓愈合或不愈合。前臂的旋转活动须在 X 线片显示尺骨骨折线模糊并有连续性骨痂生长时,才开始锻炼。

(四) 药物治疗

按骨折三期辨证用药,中后期加强中药熏洗。初期宜活血祛瘀,消肿止痛,内服可选用活血止痛汤、肢伤一方,外敷双柏膏。中期宜和营生新、接骨续损,内服可选用肢伤二方或八厘散,外敷接骨膏。后期宜养气血、补肝肾、壮筋骨,内服肢伤三方。若尺骨下 1/3 骨折愈合迟缓时,要着重补肝肾、壮筋骨以促进其愈合。解除夹板固定后,外用骨科外洗一方或海桐皮汤熏洗。

(五) 手术疗法

儿童的骨折脱位一般闭合复位效果较好。若成人骨折脱位手法整复失败,应早期行切开复位内固定,可以选用髓内钉或钢板固定。手术目的是纠正尺骨畸形、恢复桡骨头的正常位置,维持其稳定,恢复其功能。尺骨的对位对线和长度恢复后,桡骨头脱位多可自行复位。伴有桡神经损伤者,多由牵拉所致,桡骨头复位后多可自行恢复。对陈旧性骨折畸形愈合仍有桡骨头脱位的,成人可行桡骨头切除术。

【预防与调护】

复位固定后,应注意观察患肢血液循环情况,卧床休息时抬高患肢,以利肿胀消退,要经常检查夹板固定的松紧度,注意压垫是否移动,且应防止压疮。定期复查 X 线片,了解骨折是否移位及其愈合情况。

第十三节　桡骨下 1/3 骨折合并下桡尺关节脱位

桡骨下 1/3 骨折合并下桡尺关节脱位,又称加莱亚齐骨折(Galeazzi fracture)、盖氏骨折。下桡尺关节由桡骨尺切迹与尺骨小头构成,关节间隙为 0.5~2mm。三角纤维软骨的尖端附着在尺骨茎突,三角形的底边则附着在桡骨下端尺切迹边缘,前后与关节滑膜连贯。它横隔于桡腕关节与下桡尺关节之间而将此两个滑膜腔完全分开。下桡尺关节的稳定,主要由坚强的三角纤维软骨与较薄弱的掌、背侧下桡尺关节韧带维持。若三角纤维软骨、下桡尺关节韧带及尺侧副韧带损伤,甚至尺骨茎突骨折,则容易造成下桡尺关节脱位。桡骨下 1/3 骨折极不稳定,整复固定较难,下桡尺关节脱位容易漏诊,会造成不良后果。故对这种损伤应予足够重视。桡骨下 1/3 骨折合并下桡尺关节脱位多见于成人,儿童较少见。

【病因病机】

直接暴力和间接暴力均可造成桡骨下 1/3 骨折合并下桡尺关节脱位,以间接暴力所致者多见。直接暴力多为前臂遭受重物打击、砸压或机器绞伤,桡骨多为横断或粉碎性骨折,桡骨远端常因旋前方肌牵拉而向尺侧移位,可同时合并尺骨下 1/3 骨折。间接暴力多为向前跌倒,手掌先着地,暴力通过桡腕关节向上传达至桡骨下 1/3 处而发生骨折,多为短斜或螺旋形骨折,骨折远端向上移位并可向掌侧或背侧移位,同时三角纤维软骨、下桡尺关节韧带及尺侧副韧带损伤,或尺骨茎突骨折,造成下桡尺关节脱位。跌倒时,若前臂在旋前位,桡骨远端向背侧移位,若前臂旋后位或中立位,则桡骨远端向掌侧移位,一般向掌侧移位多见(图 2-42)。骨折发生后,桡骨骨折远端受拇长展肌、拇短伸肌的挤压向尺侧成角和向尺侧、

PPT 课件

掌侧移位,受旋前方肌的牵拉而旋前移位,受肱桡肌等牵拉向近端短缩移位。儿童桡骨下1/3骨折多为青枝骨折,可合并尺骨远端骨骺分离,而下桡尺关节脱位不明显,应当注意。脱位的方向有骨折近端向近侧移位、尺骨小头向掌侧或背侧移位和尺骨小头向外分离移位,临床上常同时存在。

按照骨折的稳定程度及移位方向,临床可分为三种类型。

1. 稳定型 桡骨下1/3横断骨折或青枝骨折、成角畸形合并下桡尺关节脱位,或尺骨远端骨骺分离,常见于儿童。

2. 不稳定型 桡骨下1/3短斜或螺旋或粉碎性骨折,骨折移位较多,下桡尺关节脱位明显。此型最常见,多见于成人。

3. 特殊型 桡、尺骨下1/3双骨折伴下桡尺关节脱位。成人脱位较严重,青少年桡、尺骨双骨折位置较低,移位不大,有时尺骨可有弯曲畸形,骨折相对稳定。

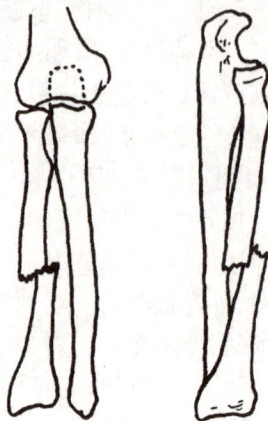

图 2-42 桡骨下 1/3 骨折合并下桡尺关节脱位

【临床表现与诊断】

伤后前臂及腕部肿胀、疼痛,桡骨下1/3部向掌侧或背侧成角,尺骨小头向尺侧、背侧突起,腕关节呈桡偏畸形。桡骨下1/3压痛及纵轴叩击痛明显,有异常活动和骨擦音,下桡尺关节松弛并有挤压痛,前臂旋转功能障碍。当检查桡骨下1/3部有明显假关节活动而尺骨尚完整时,即应想到本病。

前臂正侧位 X 线片应包括腕、肘关节,以观察是否合并下桡尺关节脱位和尺骨茎突骨折,以确定骨折类型和移位情况。正位片上,下桡尺关节间隙变宽,成人若超过 2mm,儿童若超过 4mm,则为下桡尺关节分离。侧位片上,桡尺骨干正常应相互平行重叠,若两骨干发生交叉,尺骨头向背侧移位,则为下桡尺关节脱位。

根据受伤史、临床表现和 X 线检查可作出诊断。必要时应摄对侧同部位 X 线片,左右对比帮助判断下尺桡关节是否存在脱位。

【辨证论治】

桡骨下1/3骨折合并下桡尺关节脱位的治疗,要争取达到解剖复位,尤其对骨折断端的成角和旋转畸形必须矫正,防止前臂旋转功能的丧失。桡骨下1/3骨折合并下桡尺关节脱位在牵引下复位并不困难,但维持复位后的稳定性比较困难。复位的重点应该放在整复桡骨骨折上,桡骨长度恢复、成角纠正后,下桡尺关节才能满意复位并稳定。在固定时不但要注意维持桡骨稳定,更重要的是稳定下桡尺关节。

稳定型骨折按儿童桡尺骨远端骨折处理,滑脱的尺骨骨骺必须矫正。特殊型骨折按桡尺骨双骨折处理,对尺骨仅有弯曲无骨折者,须先将尺骨的弯曲畸形矫正,桡骨骨折及下桡尺关节脱位才能一起复位。尺骨弯曲畸形不能矫正或整复固定失败者,则需切开复位内固定。

(一) 整复方法

不稳定型骨折一般先整复骨折,然后整复下桡尺关节脱位。整复方法如下。

患者取平卧位,肩外展,肘屈曲,前臂中立位,两助手行拔伸牵引 3~5 分钟,将短缩移位牵开。然后可以用分骨手法纠正桡骨远折端向尺侧的移位,用提按折顶手法纠正向掌侧或背侧的移位。如果桡骨远折端向尺侧掌侧移位时,一手作分骨,另一手拇指按近折段向掌侧,示、中、环三指提远折段向背侧,使之对位;如果桡骨远折段向尺侧背侧移位时,一手作分骨,另一手拇指按远折段向掌侧,示、中、环三指提近折段向背侧,使之对位;最后术者用一手捏住整复的桡骨断端,一手扣紧下尺桡关节使之复位。

(二)固定方法

在维持牵引和分骨下,掌、背侧各放一个分骨垫。分骨垫在骨折线远侧占 2/3,近侧占 1/3,用手捏住掌、背侧分骨垫,各用 2 条胶布固定。将备妥的合骨垫置于腕部背侧,由桡骨茎突掌侧处绕过背侧到尺骨茎突掌侧,作半环状包扎,再用宽绷带缠绕固定。根据骨折远段移位方向,加用小平垫。然后再放置掌、背侧夹板,用手捏住,再放桡、尺侧板,桡侧板稍超过腕关节,以限制手的桡偏,尺侧板下端不超过腕关节,以利于手的尺偏,借紧张的腕桡侧副韧带牵拉桡骨远折段向桡侧,克服其尺偏倾向。对于桡骨骨折线自桡侧上方斜向尺侧下方的患者,置分骨垫于骨折线近侧;桡侧夹板平腕关节,尺侧夹板超腕关节,可达第 5 掌骨颈的尺侧,以限制手的尺偏,利于骨折对位。4 块夹板放置后,用四道扎带捆绑,屈肘 90°,三角巾悬吊固定。固定时间成人为 6 周,儿童为 4 周。

(三)练功活动

复位固定后,应做指、掌关节的屈伸、握拳活动,以减轻患肢远端的肿胀,并可使骨折断端紧密接触,增加其稳定性。禁止前臂旋转活动和腕关节伸屈活动。中期可进行肩关节和肘关节的活动功能锻炼。解除夹板固定后,逐步进行前臂旋转活动和腕关节伸屈、旋转活动。

(四)药物治疗

初期宜活血祛瘀,消肿止痛,内服可选用活血止痛汤、肢伤一方,外敷双柏膏。中期宜和营生新、接骨续损,内服可选用肢伤二方或八厘散,外敷接骨膏。后期宜养气血、补肝肾、壮筋骨,内服肢伤三方。解除夹板固定后,外用骨科外洗一方或海桐皮汤熏洗。

(五)手术疗法

桡骨下 1/3 骨折合并下桡尺关节脱位必须得到较好的复位,才能维持前臂良好的旋转功能。如果手法复位失败,应采用手术切开复位内固定治疗。可以选用髓内钉或钢板螺钉固定。钢板能更好地控制旋转移位,但必须有足够长度。下桡尺关节不稳定的患者,可用克氏针经皮固定 4~6 周,以增强下桡尺关节稳定性。

【预防与调护】

桡骨下 1/3 骨折合并下桡尺关节脱位属于不稳定性骨折,复位与固定后极易发生再移位,3 周内必须严密加以观察,如有移位,应及时整复。夹板和分骨垫的位置是否合适、松紧度如何是保障治疗获得满意疗效的关键,应加以重视。早期练功活动,要严格限制前臂旋转及腕关节伸屈活动。

第十四节　桡骨远端骨折

桡骨远端骨折是指发生在桡骨远侧端 3cm 范围以内的骨折。桡骨远端膨大,由松质骨构成,位于松质骨与密质骨交界处,易于发生骨折。远端关节面略呈四方形,还有掌、背、尺、桡四个面。远端关节面与舟骨和月骨形成桡腕关节面,正常人此关节面向掌侧倾斜 10°~15°,向尺侧倾斜 20°~25°(图 2-43)。四个面中的掌侧面光滑凹陷,有旋前方肌附着;背侧面稍凸,有四个骨性腱沟,伸肌腱通过其中;尺侧面构成下桡尺关节,为前臂旋转活动的枢纽;桡侧面有肱桡肌附着,并有拇短伸肌和拇长展肌通过此处的骨纤维鞘管。桡骨远端桡侧向远侧延伸形成桡骨茎突,较其内侧的尺骨茎突长 1~1.5cm。三角纤维软骨的基底部与桡骨远端相连,尖端附于尺骨茎突深面,是桡尺骨远端之间的重要连接带。当桡骨远端发生骨折时,桡骨远端关节面的角度常发生改变,背侧的骨性腱沟也扭曲错位,若无良好的复位,

PPT 课件

可造成腕和手指功能活动障碍。若合并尺骨茎突骨折移位者,多伴有三角纤维软骨的破裂。桡骨远端骨折是腕关节附近最常见的骨折。多见于老年人和青壮年。

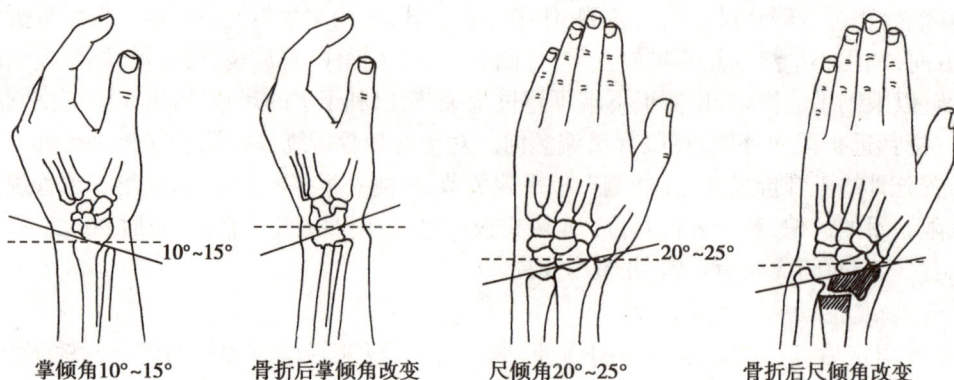

图 2-43 桡骨远端关节面的倾斜角

【病因病机】

直接暴力和间接暴力均可造成桡骨远端骨折,但多为间接暴力所致。由于受伤姿势和骨折移位的不同,可形成不同的类型。

（一）伸直型骨折

伸直型桡骨远端骨折,又称科利斯(Colles)骨折,临床最常见。跌倒时,前臂在旋前位,腕关节背伸,手掌先着地,躯干向下的重力与地面向上的反作用力交集于桡骨远端而发生骨折(图 2-44),儿童多发生骨骺分离。暴力轻者,骨折嵌入而无移位。暴力重并且持续作用于腕部,使腕关节关系改变,骨折远端向背侧、桡侧移位(图 2-45),使腕部发生"餐叉样"畸形,桡骨远端关节面向掌侧、尺侧的倾斜变小或消失,甚至为负角。由于桡骨远端骨折有成角移位和重叠移位,常合并有下桡尺关节脱位及尺骨茎突骨折。如合并尺骨茎突骨折,下桡尺关节的三角纤维软骨盘随骨折块移向桡侧背侧;如尺骨茎突完整,骨折远端移位明显时,三角纤维软骨盘附着点必然破裂,掌侧屈肌腱及背侧伸肌腱亦发生相应的扭转和移位。老年人骨质疏松,骨折常呈粉碎并可波及关节面。

图 2-44 桡骨远端伸直型骨折受伤机制

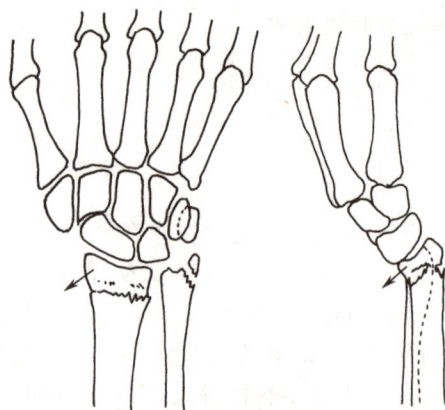

图 2-45 桡骨远端伸直型骨折移位

（二）屈曲型骨折

屈曲型桡骨远端骨折,又称史密斯(Smith)骨折,临床比较少见。跌倒时,腕关节呈掌屈位,手背先着地,传达暴力作用于桡骨远端而造成骨折。骨折远端向桡侧和掌侧移位,桡骨远端关节面向掌侧的倾斜角度加大(图 2-46),手腕部呈"锅铲样"畸形。

(三)背侧缘骨折

桡骨远端背侧缘骨折,又称巴顿(Barton)骨折,临床极少见。当患者前臂旋前,腕关节强力背伸位,前仆跌倒,手掌触地时,身体的重力自上而下传递到桡骨远端,地面的反作用力由下向上经腕骨作用于桡骨远端,两力交集于桡骨远端关节面背侧缘,造成桡骨远端关节面背侧缘骨折。若暴力较大,持续作用,有时远端骨折块连同腕关节向背侧移位,形成桡骨远端背侧缘骨折合并腕关节脱位(图 2-47)。

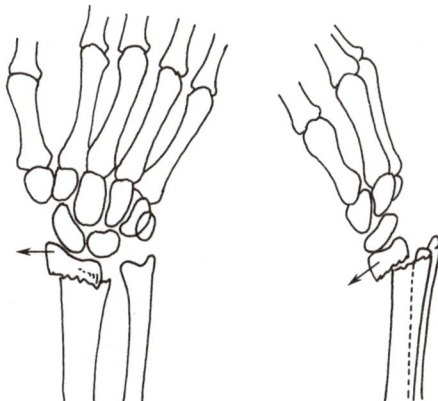

图 2-46 桡骨远端屈曲型骨折移位

(四)掌侧缘骨折

桡骨远端掌侧缘骨折,临床极少见。患者前仆跌倒,手背触地,使腕关节急骤掌屈,身体的重力自上而下传递到桡骨远端,地面的反作用力由下向上经腕骨作用于桡骨远端,两力交集于桡骨远端关节面掌侧缘,造成桡骨远端关节面掌侧缘骨折。有时远端骨折块连同腕关节向掌侧并向上移位,形成桡骨远端掌侧缘骨折合并腕关节脱位(图 2-48)。

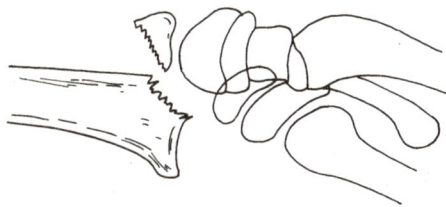

图 2-47 桡骨远端背侧缘骨折移位

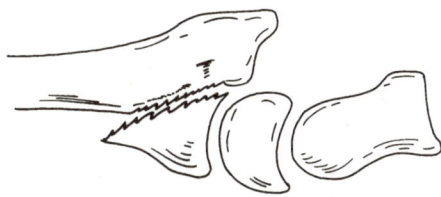

图 2-48 桡骨远端掌侧缘骨折移位

【临床表现与诊断】

伤后局部肿胀、疼痛,可有皮下瘀斑,手腕功能部分或完全丧失。桡骨远端掌、背、桡侧压痛明显,有纵向叩击痛。有移位骨折,常有典型畸形。如伸直型骨折,骨折远端向背侧移位时,从侧面观可见典型"餐叉样"畸形;骨折远端向桡侧移位并有缩短移位时,可触及上移的桡骨茎突,从正面观腕部横径增宽和手掌移向桡侧,呈"枪刺状"畸形(图 2-49)。屈曲型骨折,骨折远端向掌侧移位时,从侧面观可见典型"锅铲样"畸形。桡骨远端关节边缘骨折,移位严重者,腕掌背侧径增大,其背侧缘骨折脱位者,也可出现"餐叉样"畸形。但无移位骨折或不完全骨折时,肿胀多不明显,仅觉局部疼痛和压痛,可有环形压痛和纵向叩击痛,腕和指运动不便,握力减弱,须注意与腕部软组织扭伤鉴别。

腕关节正侧位 X 线片可明确骨折类型、移位情况和骨折线是否通过关节面,并可了解是否合并尺骨茎突骨折和下桡尺关节脱位。

根据受伤史、临床表现和 X 线检查可作出诊断。

【辨证论治】

无移位的骨折不需要整复,仅用掌、背两侧夹板固定 3~4 周即可。有移位的骨折则根据骨折类型不同,而采用相应的整复和固定方法。

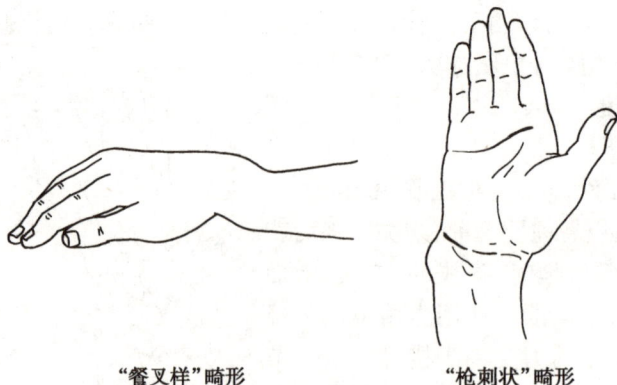

"餐叉样"畸形　　　　　　　"枪刺状"畸形

图 2-49　桡骨远端伸直型骨折典型畸形

（一）整复方法

1. 伸直型骨折

（1）折顶复位法：患者坐位，老年人平卧为佳，肘部屈曲 90°，前臂中立位。一助手把持患肢前臂上段，术者两手分别握持患手大、小鱼际部，示指置于骨折近端掌侧，两手拇指在前臂背侧骨折端间，摸清向背侧移位的远折端，并用拇指将其扣紧，两手用力向相反方向牵引，同时向掌侧加大成角，目的是打开断端间的嵌入，并使远折端压向掌侧。此时迅速在牵引下进行反折，使腕关节掌屈和尺偏，使之复位。此法多用于骨折线未进入关节，骨折端完整者（图 2-50）。

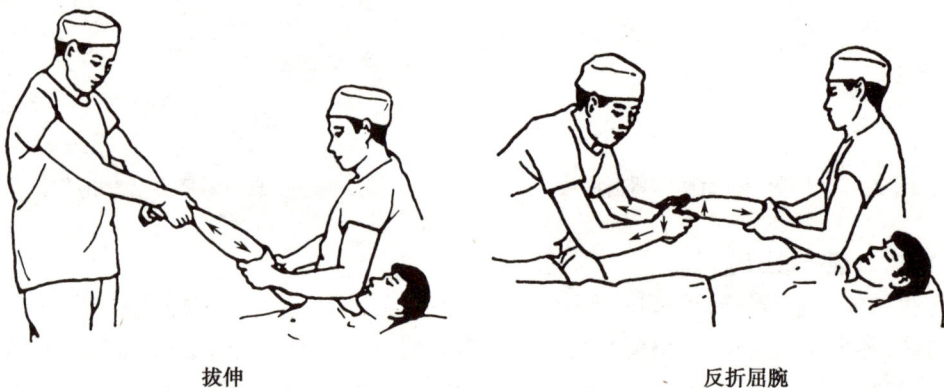

拔伸　　　　　　　　　　　　　　反折屈腕

图 2-50　桡骨远端伸直型骨折折顶复位方法

（2）提按复位法：患者肘部屈曲 90°，前臂中立位。一助手把持患肢前臂上段，另一助手握持患手拇指和其他四指，做对抗牵引，持续 2~3 分钟，使骨折端的嵌入完全解脱。然后在牵引下，术者一手握住近折端向桡侧推挤，另一手握住远折端向尺侧推挤，矫正远折端向桡侧移位；在牵引下，术者两手 2~4 指，置于近折端掌侧向上端提，两拇指并列压于远折端背侧，向掌侧按压，使两断端复位。该法多用于骨折线进入关节或骨折块粉碎的伸直型骨折，尤其是老年患者（图 2-51）。

2. 屈曲型骨折　患者取坐位，肘部屈曲 90°，前臂中立位。一助手把持患肢前臂上段，另一助手握持患手拇指和其他四指，做对抗牵引，持续 2~3 分钟，待嵌入或重叠移位矫正后，术者两手拇指由掌侧将骨折远端向背侧推挤，同时用食、中、环三指将骨折近端由背侧向掌侧牵拉，与此同时，牵引手指的助手徐徐将腕关节背伸、尺偏，使之复位。

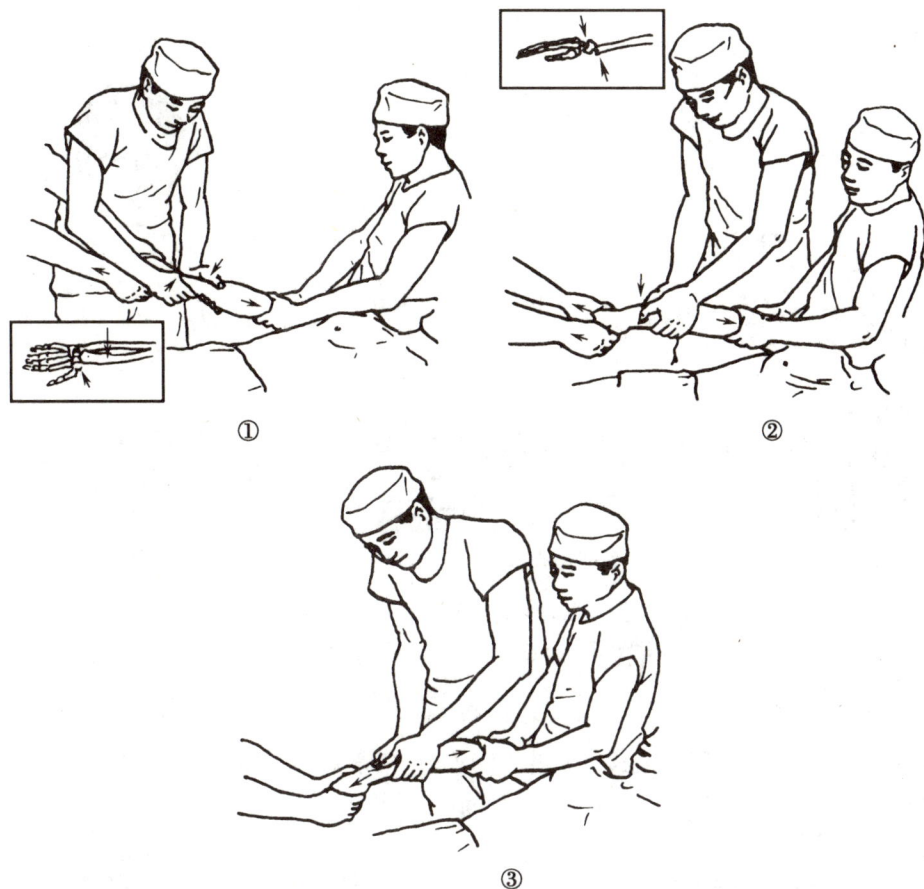

图 2-51　桡骨远端伸直型骨折提按复位方法
①矫正桡侧移位；②矫正背侧移位；③舒筋

3. 背侧缘骨折　患者肘部屈曲 90°，前臂中立位。一助手把持患肢前臂上段，另一助手握持患手拇指和其他四指，做对抗牵引。术者将两手拇指压于远端骨折块近侧，其余四指环抱腕部掌侧。在牵引下，一助手将腕部轻度屈曲，此时，术者两手拇指向远端推挤骨折块，然后牵引手指的助手徐徐背伸腕关节，骨折即可复位。

4. 掌侧缘骨折　患者肘关节屈曲 90°，前臂中立位。一助手握持患手拇指和其他四指，另一助手把持患肢前臂上段，做持续对抗牵引。术者两手拇指压于远骨折块近侧，其余四指环抱腕部背侧。在牵引下，一助手将腕部轻度背伸，术者两手拇指向远侧和背侧推挤骨折块，然后牵引手指的助手徐徐掌屈腕关节，骨折即可复位。

(二) 固定方法

用掌、背、桡、尺四块夹板固定。伸直型骨折先在骨折远端背侧和近端掌侧，按两垫固定原则分别放置一平垫，然后放上夹板，夹板上端达前臂中、上 1/3，桡、背侧夹板下端应超过腕关节，限制手腕的桡偏和背伸活动 (图 2-52)。屈曲型骨折则在远端的掌侧和近端的背侧各放一平垫，桡、掌侧夹板下端应超过腕关节，限制桡偏和掌屈活动。桡骨远端背侧缘骨折在骨折远端的背侧和掌侧各放一平垫，背侧平垫在前，掌侧平垫在后，掌侧夹板下端应超腕关节，将腕关节固定于背伸位；桡骨远端掌侧缘骨折在骨折远端的掌侧和背侧各放一平垫，掌侧平垫在前，背侧平垫在后，背侧夹板下端应超腕关节，将腕关节固定于掌屈位。固定垫、夹板放妥后，扎上三条布带，最后将前臂置于中立位，屈肘 90°，悬挂于胸前。固定时间 4~5

周,儿童 3 周左右。

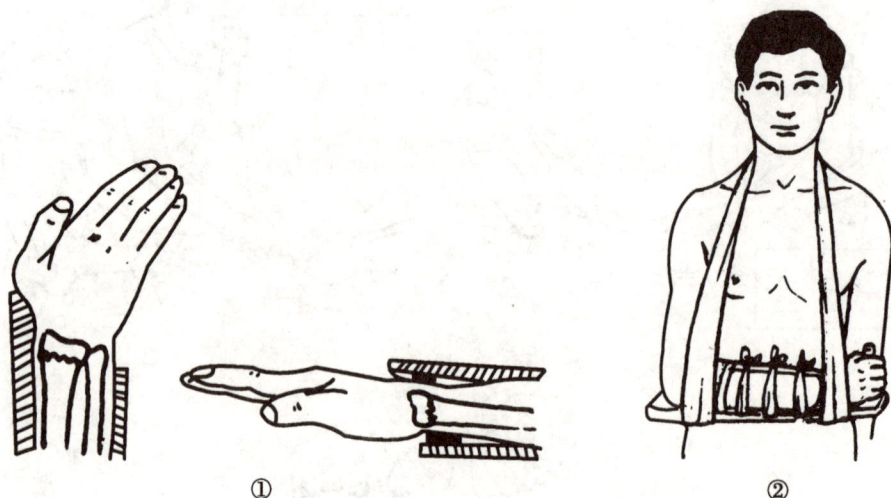

图 2-52　桡骨远端伸直型骨折夹板固定方法
①夹板加压垫位置；②患肢悬吊情况

(三) 练功活动

骨折复位固定后,可鼓励患者立即做指间关节、指掌关节屈伸锻炼及肩肘关节活动。解除固定后可做渐进性腕关节屈伸、旋转和前臂旋转锻炼。

(四) 药物治疗

初期宜活血祛瘀、消肿止痛,可内服活血止痛汤,外敷消瘀止痛药膏或金黄散;中期宜接骨续筋,可内服新伤续断汤,外敷接骨续筋药膏;后期宜养气血、补肝肾、壮筋骨,可内服补肾壮筋汤或肢伤三方。解除夹板固定后,均应用中药熏洗以舒筋活络,通利关节,可选用上肢损伤洗方或四肢损伤洗方。

(五) 手术疗法

大多数桡骨远端伸直型骨折和屈曲型骨折采用手法复位加夹板固定治疗能够获得满意效果。若桡骨远端伸直型或屈曲型骨折复位固定失败,可采用经皮穿针固定,外固定支架固定及切开复位钢板螺钉固定。桡骨远端掌侧缘或背侧缘骨折,如骨折块较大,复位后不稳定而夹板固定困难者,可采用闭合复位经皮穿针固定或切开复位钢板螺钉固定。若桡骨远端骨折畸形愈合,如畸形不严重,仅有前臂旋转功能障碍者,可行尺骨小头切除术或尺骨短缩术;如畸形明显,而无前臂旋转功能障碍者,可行尺骨小头部分切除术及桡骨畸形处截骨术。

【预防与调护】

复位固定后应观察手部血液循环,随时调整夹板松紧度。注意固定体位的维持,纠正骨折再移位倾向,如伸直型骨折应维持在掌屈尺偏位,屈曲型骨折应维持在轻度背伸尺偏位。早期进行练功活动,但固定期间禁止做与移位方向一致的活动。

第十五节　腕舟骨骨折

腕舟骨是近排腕骨中最长、最大的一块,其状如舟,分为结节、腰部和体部三个部分。其远端超过近排腕骨,达远排头状骨的中部平面,其腰部相当于两排腕骨间关节的平面。腕舟骨与桡骨远端及 7 块腕骨中的 4 块相关节,其表面大部分为关节软骨所覆盖,仅背侧的一小部分及掌侧腕舟骨结节处有韧带附着,为营养血管进入的孔道(图 2-53),故腕舟骨腰部骨折时,近侧骨折块容易发生缺血性坏死。正常腕关节的活动,主要由两部分构成,其中主要的一部分是桡腕关节,另一部分是通过两排腕骨间关节及第 1、2 掌骨之间,腕舟骨在其中起着重要的桥梁支柱作用。当腕舟骨腰部骨折后,远侧骨折块随远排腕骨一起活动,两排腕骨间的活动就改为通过腕舟骨骨折线的活动(图 2-54),这样腕舟骨骨折端所受的剪力很大,以致骨折难于愈合。腕舟骨骨折是腕部常见的骨折,多发生于青壮年,不发生于儿童(小儿腕舟骨尚未骨化)。

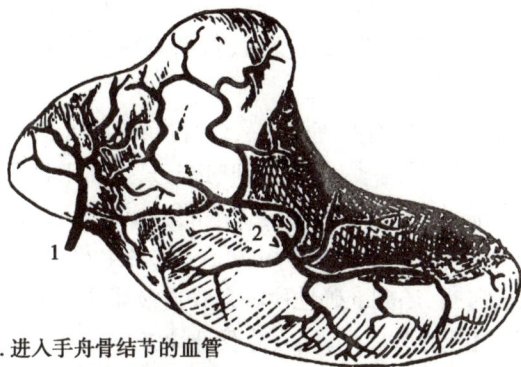

1. 进入手舟骨结节的血管
2. 进入手舟骨腰部的血管

图 2-53 腕舟骨的血供

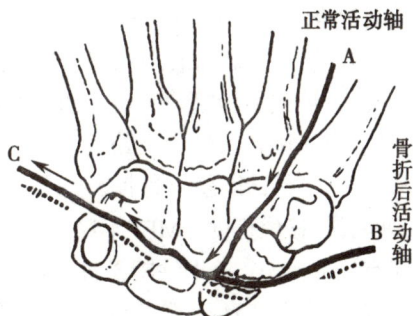

图 2-54 腕舟骨腰部骨折后的活动轴

【病因病机】

多为间接暴力所致。跌倒时,腕关节处于过度桡偏背伸,手掌先着地,地面的反作用力由舟骨结节向上传导,身体的重力由桡骨干向下传导,两力将腕舟骨挤压在桡骨远端背侧缘和远排腕骨之间,腕舟骨被锐利的桡骨关节面的背侧缘或茎突缘切断而发生骨折(图 2-55)。由于腕骨间接触紧密,没有肌肉和强大的韧带附着,故腕舟骨骨折很少发生移位。根据骨折部位不同可分为三种类型(图 2-56)。

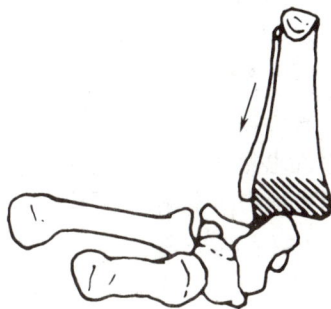

图 2-55 腕舟骨骨折的发生机制

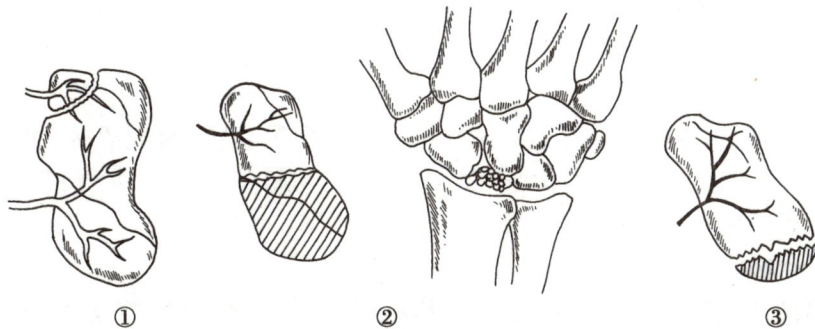

图 2-56 腕舟骨骨折的类型
①结节骨折;②腰部骨折;③近端骨折

ER-2-34

腕舟骨骨折
损伤机制动
画演示

1. 结节骨折 即腕舟骨远端骨折,在腕舟骨骨折中最少见。骨折线近侧与远侧的骨折块均有丰富的血液供应,骨折愈合较快。

2. 腰部骨折 即腕舟骨中段骨折,在腕舟骨骨折中最多见。近骨折块血供有一定破坏,加之骨折后,断端剪力大,难以稳定,故很容易发生骨折迟缓愈合和不愈合,少有缺血性坏死发生。

3. 近端骨折 骨折线的远侧骨折块血液供应良好,而近侧骨折块血液供应大部分丧失,故近侧骨折块多数发生缺血性坏死。

【临床表现与诊断】

伤后腕桡侧肿胀,鼻烟窝变浅或消失。局部疼痛,尤以腕关节桡偏活动时明显。鼻烟窝部压痛,有沿第1、2掌骨的纵轴叩击痛。

腕关节正侧位及30°后前斜位(蝶式位)X线片可明确骨折的部位和类型,尤其是腕关节尺偏斜位照片意义更大。新鲜腕舟骨骨折几乎都呈纤细的裂痕,若断端有囊性变化或骨折面有硬化现象,则提示为陈旧性腕舟骨骨折。

根据受伤史、临床表现和X线检查可作出诊断。但有些腕舟骨裂缝骨折,早期X线片表现为阴性,常被误诊为腕关节扭挫伤,导致漏诊,后果严重。因此应仔细检查,只要临床表现符合或可疑,应先按腕舟骨骨折处理,至骨折2~3周后再拍片检查,因骨折端的骨质被吸收,骨折较易显露。CT是诊断腕舟骨骨折更有效的方法,最细微的裂缝骨折也可在CT片上得以显示,并可判断骨折移位程度。MRI不仅能发现腕舟骨骨折,还能准确地反映舟骨血液灌注情况以及是否伴有韧带损伤。陈旧性腕舟骨骨折应与先天性双舟骨区别,先天性双舟骨X线片上两骨块之间界限清楚,整齐光滑,骨结构正常,多为双侧,所以必要时可摄健侧X线片对照。

【辨证论治】

新鲜腕舟骨骨折治疗的关键是可靠的固定。无移位骨折,以塑形夹板或前臂管形石膏固定。有移位骨折,则必须手法整复和固定。

(一) 整复方法

腕舟骨骨折很少移位,一般不需整复。若有移位时,患者取坐位,前臂轻度旋前位,术者一手握患侧腕上,另一手拇指置于阳溪穴处,其余四指环握拇指,在牵引下使患腕关节尺偏,然后以拇指向掌侧、尺侧按压移位的骨折远端,即可复位。

(二) 固定方法

以塑形夹板或前臂管形石膏固定。在鼻烟窝部位处放棉花球作固定垫,然后用塑形夹板或纸壳夹板固定腕关节伸直而略向尺偏、拇指于对掌位,固定范围包括前臂下1/3、腕、拇掌及拇指指间关节,新鲜及陈旧性骨折均可采用。亦可用短臂石膏管形固定腕关节于背伸25°~30°、尺偏10°、拇指对掌和前臂中立位。固定时间应根据骨折情况而定,并根据骨折愈合情况适当延长:结节部骨折一般约6周均可愈合,其余骨折8~12周。

(三) 练功活动

早期可做手指的屈伸活动和肩肘关节的活动,禁做腕关节的桡偏活动。中期以主动握拳活动为主。后期解除外固定后,做握拳及腕部的主动屈伸、旋转活动。骨折迟缓愈合者,暂不宜做过多的腕部活动,但应注意手指的活动。

(四) 药物治疗

初期宜活血祛瘀、消肿止痛,可内服活血止痛汤,外敷消瘀止痛药膏或金黄散;中期宜接骨续筋,可内服新伤续断汤,外敷接骨续筋药膏;后期宜养气血、补肝肾、壮筋骨,可内服补肾壮筋汤或肢伤三方。骨折迟缓愈合者,应重用接骨续筋药,如土鳖虫、骨碎补、自然铜等。解除固定后,可选用上肢损伤洗方或四肢损伤洗方。

(五) 手术疗法

腕舟骨骨折固定难以稳定者,可行经皮或切开复位空心螺钉内固定。若年轻患者腕舟骨骨折不愈合,骨折线清晰,骨折端有轻度硬化,但无关节退变者,可行腕舟骨钻孔植骨术。若腕舟骨腰部骨折,骨折端无明显硬化,腕关节桡偏时,桡骨茎突与骨折处相抵触,引起疼痛,并影响骨折愈合者,可行桡骨茎突切除术。若腕舟骨已部分坏死,腕关节疼痛,但尚未发生创伤性关节炎,行舟骨切除术;若已发生腕关节创伤性关节炎,腕部疼痛严重,影响工作者,可行桡腕关节融合术。

【预防与调护】

腕舟骨骨折易被漏诊或误诊,对于腕部损伤应仔细检查,初始 X 线检查可能为阴性,只要临床表现可疑,应先按腕舟骨骨折处理,经过 2~3 周后再摄片检查确诊。固定期间应观察手部血液循环,禁做桡偏活动,注意固定体位的维持,以纠正骨折再移位的倾向。腕舟骨骨折很容易发生延缓愈合或不愈合,在治疗过程中,不得随意解除固定,直至腕关节正斜位 X 线片证实骨折线消失、骨折已临床愈合,才能解除外固定。

第十六节 掌 骨 骨 折

PPT 课件

掌骨有 5 块,并列成排,按其解剖部位可分为头、颈、干和基底部。第 1 掌骨短而粗,腕掌关节活动度大且孤立,缺乏保护,易发生第 1 掌骨基底部骨折;第 3、4 掌骨长而细,且较突出,易发生掌骨干骨折;第 2、5 掌骨位于手掌边缘,握拳击物时,重力多落在第 2、5 掌骨上,故易发生掌骨头或颈骨折,第 5 掌骨最多见。

【病因病机】

直接暴力与间接暴力均可造成掌骨骨折。临床常见下列几种骨折。

(一)第 1 掌骨基底部骨折

多由间接暴力所致,骨折远端受拇长屈肌、拇短屈肌与拇指内收肌的牵拉,近端受拇长展肌的牵拉,骨折断端总是向桡背侧突起成角。

(二)第 1 掌骨基底部骨折脱位

多由间接暴力所致,骨折线呈斜形经过第 1 掌腕关节面,第 1 掌骨基底部内侧的三角形骨块,因有掌侧韧带相连,仍留在原位,而骨折远端从大多角骨关节面上脱位至背侧及桡侧(图 2-57)。

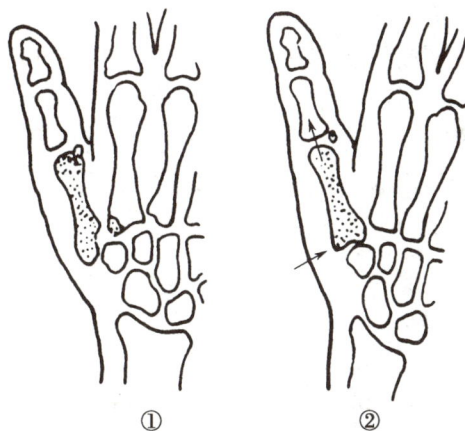

图 2-57 第 1 掌骨基底部骨折脱位
①移位方向;②整复方法

(三)掌骨颈骨折

由间接暴力或直接暴力所致。但以握拳时掌骨头受到冲击的传达暴力所致者为多见。第 5 掌骨因其易暴露和受打击,故最多见,第 2 掌骨次之。骨折后断端受骨间肌与蚓状肌的牵拉,而向背侧突起成角,掌骨头向掌侧屈转(图 2-58);又因手背伸肌腱牵拉,以致近节指骨向背侧脱位,掌指关节过伸,手指越伸直,畸形越明显。

(四)掌骨干骨折

可为单根骨折或多根骨折。由直接暴力所

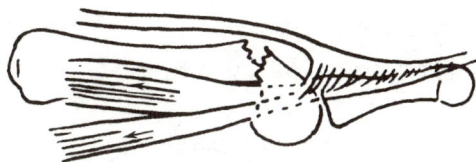

图 2-58 掌骨颈骨折移位

致者,多为横断或粉碎性骨折。扭转及传达暴力引起者,多为斜形或螺旋形骨折。骨折端向背侧成角和向侧方移位,单根掌骨骨折移位较轻,而多根骨折则移位较重。

【临床表现与诊断】

伤后局部肿胀疼痛,功能障碍,有明显压痛,纵轴挤压或叩击掌骨头则疼痛加剧,如有重叠移位,则该掌骨短缩畸形,可见掌骨头凹陷畸形。第1掌骨基底部骨折或骨折脱位时,拇指不能做收展活动,握力减弱。掌骨颈和掌骨干骨折可有骨擦音。

手掌正位与斜位 X 线片可明确骨折部位和移位情况。因侧位片 2~4 掌骨互相重叠,容易漏诊。

根据受伤史、临床表现和 X 线检查可作出诊断。

【辨证论治】

掌骨骨折的治疗,应根据骨折部位、骨折成角与移位、内在稳定性、相关组织损伤及患者的功能要求等因素而决定适当的固定方法。正确的复位,合理而有效的固定,方可避免造成手的功能障碍。

(一) 整复方法

1. 第1掌骨基底部骨折　术者一手握患腕,拇指置于第1掌骨基底部的突起处,一手握患侧拇指,将拇指置于掌指关节屈曲位。先将拇指向远侧与桡侧牵引,以后将第1掌骨头向桡侧与背侧推扳,同时以拇指用力向掌侧与尺侧压顶骨折处,以矫正向桡侧与背侧突起成角。

2. 第1掌骨基底部骨折脱位　整复手法同掌骨基底部骨折,但注意应使拇指外展而不要将第1掌骨外展,否则反而加重掌骨内收,则脱位难以整复。

3. 掌骨颈骨折　整复时,术者一手握手掌,手指捏持骨折近段,另一手握患指,在牵引下先屈曲掌指关节至90°位,使掌指关节两侧的侧副韧带紧张,移位的掌骨头受近节指骨基底部的压迫而推向背侧。同时另一手的拇指由背侧向掌侧推挤骨折近端,骨折即可复位(图2-59)。由于骨折块向背侧成角,常有错误地将掌指关节固定于过伸位者。因在过伸位时,侧副韧带松弛,掌骨头仍向掌侧屈转不能整复。

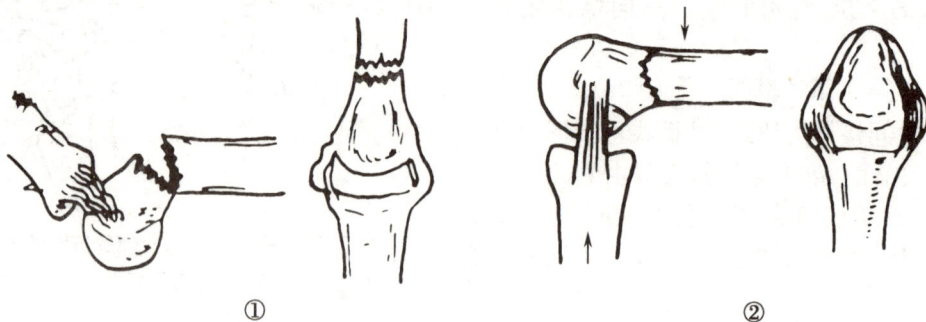

图 2-59　掌骨颈骨折整复方法
①不正确整复;②正确整复

4. 掌骨干骨折　整复时,助手握持腕部,术者一手持患指,另一手施行手法。在牵引下,拇指压迫其手背成角畸形处,矫正其背侧突起成角,然后用示指与拇指由掌侧及背侧夹挤骨折部两侧骨间隙,矫正侧方移位。

(二) 固定方法

第1掌骨基底部骨折整复后,先将一小平垫放置于第1掌骨基底部的桡背侧,相当于骨折部,防止背侧成角。另一平垫放于第1掌骨头的掌侧,防止掌骨因为屈指肌的收缩而向掌

106

侧屈曲。用胶布固定好平垫。然后用弓形夹板放在前臂桡侧和第1掌骨的桡背侧,使夹板成角部位正对腕关节,用三条宽胶布在夹板的前臂、腕部和第1掌指关节部位环绕固定,保持第1掌骨在外展位,拇指屈曲对掌位固定(图2-60)。固定时间4周。

第1掌骨基底部骨折脱位固定方法同第1掌骨基底部骨折,如固定仍不稳定,可采用局部加压短臂石膏管形外固定的同时加用拇指牵引,在石膏上包一粗铁丝,于拇指的两侧粘一条2cm×10cm胶布作皮肤牵引,或作拇指远节指骨骨牵引(图2-61)。固定时间3~4周。

图2-60 第1掌骨基底部骨折固定方法

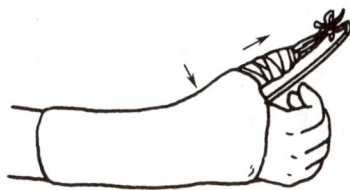

图2-61 第1掌骨基底部骨折脱位石膏固定与拇指牵引

掌骨颈骨折整复后,用直角竹片或铝片放在手背及近节指骨的背面,用胶布固定好,保持掌指关节于90º屈曲位,而后用绷带包扎。固定时间4周。

掌骨干骨折整复后,在骨折部背侧两骨之间各放置一个分骨垫以胶布固定,根据骨折成角方向,将小毡垫放在骨折的背侧或掌侧用胶布固定,最后在掌侧与背侧各放一块夹板,厚2~3mm,以胶布固定,外加绷带包扎(图2-62),固定时间4周。对于斜形、粉碎、短缩较多的不稳定骨折,需做患指远节指骨骨牵引。

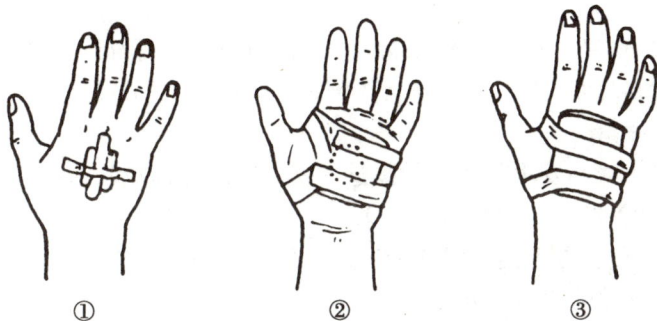

① ② ③

图2-62 第3掌骨骨折固定方法

(三)练功活动

有移位的掌骨骨折,经固定后,应避免患指的活动,可做肩肘关节的活动。在3~4周内,第1掌骨各类骨折不能做腕掌关节内收活动,掌骨颈骨折不能做伸指活动,第3至第5掌骨干骨折不能用力做伸指握拳活动。一般在第4周骨折临床愈合后,可解除外固定,逐步加强手指和腕关节的功能锻炼活动,应以主动活动为主,禁止做粗暴的被动扳拉。

(四)药物治疗

初期宜活血祛瘀、消肿止痛,可内服七厘散。中期宜和营生新,接骨续损,可内服驳骨丹。后期宜补肝肾、壮筋骨,可内服虎潜丸。解除夹板固定后,可选用上肢损伤洗方或海桐皮汤熏洗。

(五)手术疗法

第1掌骨基底部骨折脱位,整复容易,但维持复位困难。对于难以固定者,可在复位满意后，采用经皮闭合穿针固定或微型外固定支架固定。若内侧骨折块较小，可将克氏针钻入第1掌骨底，穿过关节固定在大多角骨上。如果复位不满意，则可切开复位钢针内固定。

掌骨干多根骨折，移位显著，闭合复位不理想或难于固定者，可采用切开复位内固定，固定方式可采用克氏针、螺钉及微型钢板等。

【预防与调护】

掌骨骨折复位固定后，要注意夹板或石膏固定的松紧度，第1掌骨基底部骨折或脱位，弓形夹板固定时第1掌骨基底部的固定垫不宜过厚，掌骨干骨折夹板固定时背侧的分骨垫不宜过厚过硬，以免引起皮肤压迫溃疡。固定完成后，应维持手指于特定的位置，如第1掌骨基底部骨折或脱位，应保持第1掌骨外展，拇指屈曲对掌位；掌骨颈骨折，要保持掌指关节固定在90°屈曲位和近节指间关节屈曲位，以免造成骨折重新移位。

第十七节　指骨骨折

指骨共14块，除拇指为两节指骨外，其他四指均为3节，分为近节、中节和远节。近节及中节指骨背面光滑，为伸肌腱膜扩张部所覆盖；掌面凹陷，构成骨纤维鞘的一部分。指骨骨折后，指骨周围附着的肌肉和肌腱收缩牵拉，可影响骨折移位，处理不当可发生畸形愈合，或造成关节囊挛缩，或骨折端与邻近肌腱相粘连而导致关节功能障碍，对手的功能产生不良影响。指骨骨折是手部最常见的骨折，骨折可发生于近节、中节和远节，可单发或多发，多见于成年人。

【病因病机】

指骨骨折多由直接暴力所致，常为多发性，易引起开放性骨折。按骨折类型分为横断、斜形、螺旋、粉碎或波及关节的骨折。按骨折部位分为近节、中节或远节指骨骨折。

(一) 近节指骨骨折

以近节指骨骨干最易发生骨折。骨折近端受骨间肌与蚓状肌牵拉，骨折远端受伸肌腱牵拉，造成骨折端向掌侧突起成角（图2-63）。

近节指骨颈骨折后，骨折端也向掌侧突起成角，由于伸肌腱中央部的牵拉，远折端可向背侧翻转达90°，使远端的背侧与近端的断面相对而阻止骨折块的整复（图2-64）。

图2-63　近节指骨干骨折移位　　　　图2-64　近节指骨颈骨折移位

(二) 中节指骨骨折

中节指骨骨折因发生的部位不同，可产生不同的移位。如发生在屈指浅肌腱止点的近侧，近折端受指背腱膜中间腱的牵拉，远折端受屈指浅肌腱的牵拉，形成向背侧成角。如发生在屈指浅肌腱止点的远侧，近折端因屈指浅肌腱的牵拉移向掌侧，形成骨折端向掌侧成角。

(三) 远节指骨骨折

远节指骨骨折由于直接暴力引起的粉碎型骨折合并软组织破裂及指甲损伤者较为多

见,骨折移位少见。

远节指骨基底部背侧伸指肌腱止点部易发生撕脱骨折。多由于手指伸直时,间接暴力作用于指端使远节指骨突然屈曲,伸指肌腱的骤然牵拉所致。如在接球时,指端被球撞击所致的远节指骨基底部背侧撕脱骨折。骨折后远节手指屈曲,呈典型的锤状指畸形(图 2-65)。

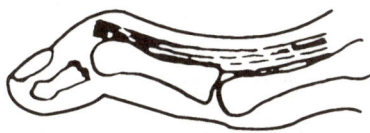

图 2-65 远节指骨基底背侧撕脱骨折

【临床表现与诊断】

伤后局部明显的肿胀疼痛,手指伸屈功能受限。由于指骨浅居皮下,较易扪及骨擦感。有明显移位时,近节、中节指骨骨折可有成角畸形,远节指骨基底部背侧撕脱骨折有锤状指畸形。

手指正侧位与斜位 X 线片可明确骨折部位和移位情况。

根据受伤史、临床表现和 X 线检查可作出诊断。

【辨证论治】

指骨骨折治疗,必须正确整复对位,尽量做到解剖复位,不能有成角、旋转、重叠移位畸形,以免妨碍肌腱的正常滑动,造成手指不同程度的功能障碍。闭合性骨折可手法复位、夹板固定,开放性骨折应及时清创处理。复位后手指应尽量固定在功能位,既要充分固定,又要适当活动,做到固定与活动的有机统一,从而使骨折愈合与手指功能恢复齐头并进,既快又好地恢复手部的功能。

(一)整复方法

近节指骨骨干骨折整复时,术者一手拇指及示指捏住骨折近端,另一手四指握住骨折远端,在牵引下屈曲指关节,同时用拇指由断端掌侧向背侧挤压骨折部,使成角矫正。如有侧方移位,可在牵引下左右移动,或用术者屈骨折远端手的拇指和示指分别捏住骨折处的内外侧进行捏挤,使其复位。指骨颈骨折整复时,应加大畸形,用反折手法,先将骨折远端呈 90° 向背侧牵引,然后迅速屈曲手指,屈曲时应将近端的掌侧顶向背侧,即可复位(图 2-66)。

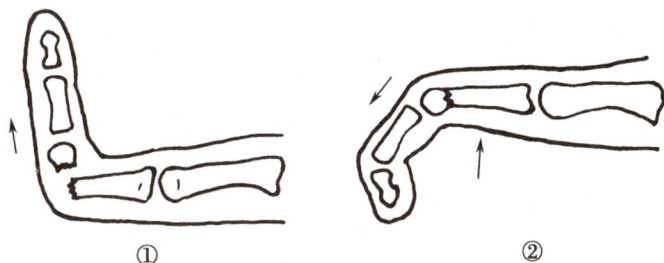

图 2-66 指骨颈骨折整复方法

中节指骨骨折整复时,术者一手拇指及示指捏住骨折近端固定患指,另一手拇指和示指扣住患指远节,先拔伸牵引,然后用该手的拇指和示指捏住骨折处的内外侧进行捏挤,矫正侧方移位,再将拇指和示指改为捏住骨折处的掌背侧进行提按,以矫正掌背侧移位。

远节指骨末端粗隆及骨干骨折整复时,可在牵引下,术者用拇指和示指在骨折处内外和掌背侧进行捏挤,以矫正侧方移位和掌背侧移位。远节指骨基底部背侧撕脱骨折整复时,将近侧指间关节屈曲成 90°、远侧指间关节过伸,便可使指骨基底部向被撕脱的骨片靠近。

(二) 固定方法

近节指骨骨折整复后,在骨折掌侧成角处加一平垫,用掌背侧夹板加以固定,夹板长度相当于指骨,不超过指间关节。再令患者手握绷带卷,掌指关节屈曲 45°,近节指间关节屈曲 90°,使手指屈向舟骨结节,以胶布固定,外加绷带包扎(图 2-67)。如有侧方移位,也可在内外侧各放一夹板。固定时间 3~4 周。

骨折部位在屈指浅肌腱止点远侧的中节指骨骨折,固定方法同近节指骨骨折。骨折部位在屈指浅肌腱止点近侧的中节指骨骨折,虽然手指在伸直位固定较稳定,但时间不宜太长,以免造成关节侧副韧带挛缩及关节僵硬。

远节指骨末端或骨干骨折整复后,可用塑形竹片夹板或铝板固定于功能位。如为远节指骨基底部背侧撕脱骨折,则应固定在患指近侧指间关节屈曲 90°、远侧指间关节过伸位。固定时间 6 周。

图 2-67 近节指骨骨折整复后固定方法

(三) 练功活动

整复固定后,在不影响患指固定的情况下,其余手指需经常活动。骨折愈合后,患指即应尽早进行功能锻炼,以免造成关节僵硬。

(四) 药物治疗

初期宜活血祛瘀、消肿止痛,可内服七厘散;中期宜接骨续损,可内服接骨丹;后期如无兼症,可免服药物。解除固定后,可选用上肢损伤洗方或海桐皮汤熏洗。

(五) 手术疗法

中节或近节指骨斜形不稳定骨折或外固定不成功者,可选择两根克氏针交叉固定或微形钢板固定。骨折部位在屈指浅肌腱止点近侧的中节指骨骨折,为了避免手指在伸直位固定过久,影响关节功能,也可选择克氏针内固定。远节指骨基底部背侧撕脱骨折,手法整复不成功,或就诊较晚失去闭合复位机会,则可考虑手术治疗。如撕脱骨折块较大,可用细克氏针将骨折块固定到原位。如撕脱骨折块较小,可用骨锚缝合固定。克氏针固定时注意针尽量从指骨头背侧穿出,不能穿过关节面,以免影响关节功能。

【预防与调护】

复位及固定后应观察手指末梢血液循环,随时调整夹板松紧度。固定后要抬高患肢,以利肿胀消退。除患指外,其余未固定手指应经常活动,防止其余手指发生功能障碍。除骨折部位在屈指浅肌腱止点近侧的中节指骨骨折外,患指应固定在功能位,不能将手指完全伸直位固定,以免造成关节囊和侧副韧带挛缩及关节僵硬,从而引起关节功能障碍。

附:上肢其他骨折简表

上肢其他骨折简表

骨折名称	病因病机	临床表现与诊断	辨证论治
肩胛骨骨折	直接暴力或间接暴力所致,分为肩胛体、肩胛颈、肩胛盂、肩峰、肩胛冈、喙突骨折。骨折多数无移位	局部疼痛,肿胀,压痛明显,患肩活动障碍。肩胛骨 X 线检查可确诊。CT 检查可精确评估肩胛骨损伤	无移位、轻度移位和嵌插骨折用三角巾悬吊患肢。早期主动进行练功活动。按骨折三期辨证用药治疗
肱骨解剖颈骨折	多为间接暴力所致,受伤暴力较大,临床罕见,多发生于老人	局部疼痛、肿胀,患肩活动障碍,压痛不明显,有纵轴叩击痛。肩正侧位 X 线片可确诊	无移位及嵌插骨折用三角巾悬吊患肢。有移位骨折应复位固定,亦可切开复位钢针固定

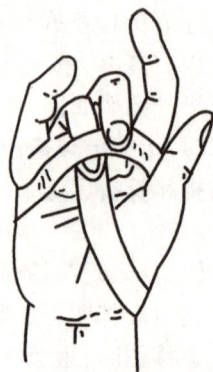

续表

骨折名称	病因病机	临床表现与诊断	辨证论治
肱骨大结节骨折	直接暴力打击多为粉碎性骨折，间接暴力肌肉牵拉发生撕脱性骨折。分为无移位、有移位骨折。常合并发生肩关节脱位和肱骨外科颈骨折	肱骨大结节部疼痛、肿胀，肩关节活动障碍，以外展外旋时明显，局部压痛，移位骨折可有骨擦音。肩正侧位X线片可确诊	无移位骨折用三角巾悬吊患肢。有移位骨折复位外展位固定。亦可闭合穿针或切开复位钢针内固定。要重视合并肩关节脱位、外科颈骨折的治疗
肱骨小结节骨折	多为间接暴力所致，常合并发生于肱骨外科颈骨折	肱骨小结节部疼痛，压痛，患肩活动障碍。肩正侧位X线片可确诊	一般无须特殊处理
肱骨外上髁骨折	多由肌肉牵拉发生撕脱性骨折，临床罕见	肘外侧疼痛，伸肘困难，肘关节正位X线片可确诊	三角巾悬吊患肢制动，疼痛消失后进行练功活动
肱骨小头骨折	多为伸肘位外翻跌倒，由桡骨头撞击所致。分三型：完全骨折，骨折块包括肱骨小头及部分滑车；部分骨折，骨折块仅包含肱骨小头、关节软骨及其下方少量骨质；肱骨小头关节软骨挫伤	肘外侧肿痛，活动受限，压痛局限于肱骨小头部位。肘关节正侧位X线片可确诊，因肱骨小头与肱骨下端相重叠，有时可漏诊。必要时做CT三维重建检查	治疗要求解剖复位，恢复关节面的平整。有移位骨折，手法整复夹板或石膏托屈肘位固定4周。复位固定困难者应切开复位，用钢针或螺丝钉内固定
尺骨冠状突骨折	伸直型，肘伸直位跌倒，前方肱肌强力收缩，造成尺骨冠状突撕脱骨折；屈曲型，肘屈曲位跌倒，冠状突撞击肱骨滑车引起骨折。多合并发生于肘关节脱位或尺骨鹰嘴骨折	肘前部肿痛，肘关节伸屈活动受限，肘前方压痛明显。肘关节侧位X线片显示骨块大小及移位情况，可明确诊断	治疗要求保持尺骨半月切迹光滑平整。一般可用夹板或上臂石膏托屈肘位固定3~4周。如骨折移位较大，可切开复位螺丝钉内固定。如骨折块小，可做骨块切除
桡骨茎突骨折	多因腕背伸跌倒，腕舟骨撞击桡骨远端所致，亦可因腕强力尺偏韧带牵拉发生撕脱骨折	腕桡侧部肿痛，压痛明显，腕关节活动受限。腕关节正侧位X线片可明确诊断	无移位骨折用夹板固定；有移位者应手法整复腕尺偏位夹板固定，或闭合穿针固定
尺骨茎突骨折	常合并发生于桡骨远端伸直型骨折。偶尔单独发生	腕尺侧部肿痛，压痛明显，腕关节活动受限。腕关节正侧位X线片可明确诊断	可用夹板或石膏尺偏位固定制动4周。后期如疼痛可行尺骨茎突切除术
月骨骨折	手掌触地跌倒或强力推重物时致伤。骨折多无移位。较少见	腕部疼痛无力，肿胀，月骨部压痛，有第3掌骨纵向挤压痛。腕正位X线片可确诊	新鲜月骨骨折可用前臂石膏制动12周。如发生月骨缺血坏死则应切除月骨
其他腕骨骨折	多为撕脱骨折或片状骨折。损伤发生率从高到低依次为三角骨、大多角骨、豌豆骨、钩骨、头状骨、小多角骨	腕部肿痛，压痛，活动受限，有腕部纵向挤压痛。腕正位X线片可明确诊断。必要时行CT检查	多数撕脱骨折，可用夹板或前臂石膏固定。头状骨颈部骨折应严格固定。复位困难者，可考虑切开复位克氏针内固定

（齐万里 王 轩 李 浩 何帮剑）

复习思考题

1. 肱骨干中段骨折发生迟缓愈合的机制有哪些？如何治疗？

2. 肱骨髁上骨折石膏管型固定后，出现患肢剧烈疼痛，手部感觉障碍,可能是什么原因造成的？如果不及时处理,会发生什么病理改变？会有什么后遗症？

3. 上肢哪些骨折会合并桡神经损伤？其损伤机制有哪些？

4. 肱骨髁上骨折愈合后发生肘内翻畸形的机制是什么？

5. 桡骨远端背侧缘骨折为什么采用腕背伸位固定？

6. 为什么腕舟骨骨折临床上会发生漏诊和误诊？

第三章

下肢骨折

学习目标

通过对下肢各部位常见骨折的病因病机、临床表现与诊断、辨证论治等相关理论知识的学习和技能训练，初步建立起处理下肢骨折的临床思维能力，学会诊治下肢骨折的主要方法，为今后临床实习和工作奠定基础。

下肢的主要功能是负重和行走，需要一个良好的稳定结构，双下肢要等长。当下肢发生骨折后，临床整复骨折的要求高，不仅需要患肢与健肢的长度相等，而且要求对位对线良好。若患肢短缩在 2cm 以上，则会出现跛行。若患肢成角畸形，不但影响下肢长度，还影响下肢的力线，易导致创伤性关节炎的发生。下肢肌肉发达，骨折整复后，单纯夹板固定难以保持断端整复后的位置，尤其是股骨干骨折及不稳定的胫腓骨骨折，常需配合持续牵引，固定时间需相应延长，以防止过早负重而发生畸形或再骨折。

第一节 股骨颈骨折

股骨颈骨折是股骨头下至股骨颈基底部的骨折。股骨头是一个 2/3 的球形，表面大部分覆盖着关节软骨。在顶部有一小窝，股骨头圆韧带附着在此，称股骨头凹。股骨颈微向前凸，横断面呈椭圆状，上下径大于前后径；近端与股骨头相连，中段较细，远端粗大并和股骨大、小转子相续。因股骨颈大部分位于关节囊内，所以表面很少有骨外膜。股骨颈长轴与股骨干长轴之间形成一角度，称颈干角(图 3-1)，正常值为 110°~140°，男性平均为 132°，女性127°，儿童平均为 151°。股骨颈中轴线与股骨两髁中点间的连线形成一角度，约 12°~15°，称之为前倾角(图 3-2)。在治疗股骨颈骨折时，注意保持正常的颈干角和前倾角，否则会遗留髋关节畸形，而影响髋关节功能。股骨颈前面部分完全位于关节囊内，而后面只有内侧 2/3被关节囊所覆盖。

股骨颈的血运有三个来源：①股骨头圆韧带动脉：位于股骨头圆韧带内，该动脉发自闭孔动脉(内髂动脉)，管径较细，仅供给股骨头的内下部分，供血有限；②股骨干滋养动脉：血运仅达股骨颈基底部，小部分与关节囊的小动脉有吻合支脉，该动脉供应股骨头小部分血运；③关节囊小动脉：该动脉来源于旋股内动脉、旋股外动脉、臀下动脉和闭孔动脉的吻合部到关节囊附着部，分为髋外动脉、上干骺端动脉和下干骺端动脉进入股骨颈，供应股骨颈和大部分股骨头的血运(图 3-3)。关节囊小动脉和股骨头圆韧带动脉的损伤是导致股骨头缺血性坏死的主要因素。股骨颈骨折好发于老年人。

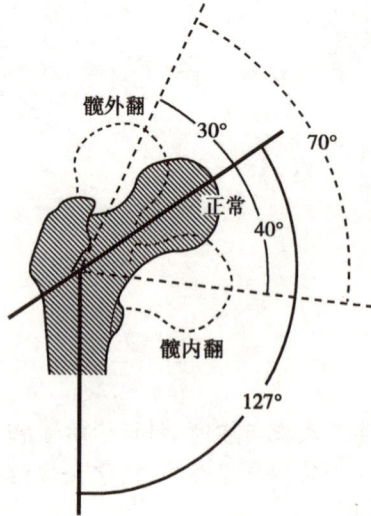

图 3-1　股骨颈干角

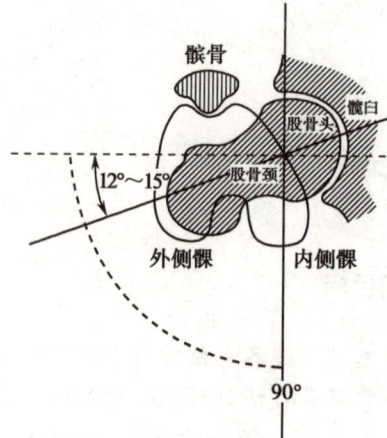

图 3-2　股骨前倾角

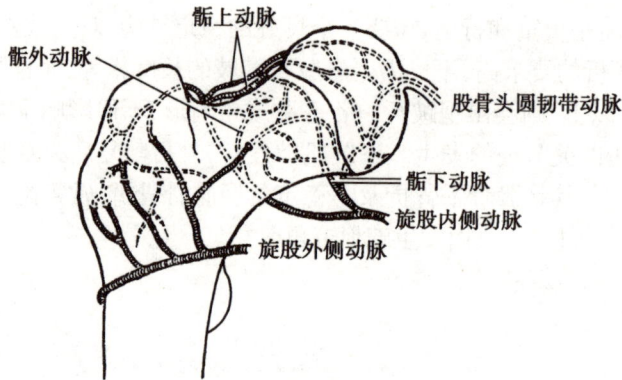

图 3-3　股骨上端的血液供应

股骨颈骨折的治疗有一定困难。我国清代的《医宗金鉴·正骨心法要旨》《伤科补要》等医籍中，都载有"老人左股压碎者"，属"十不治证"的戒条，说明本病预后不佳。直至现在，由股骨颈骨折带来的骨折不愈合、股骨头坏死、全身并发症等仍是亟待解决的问题。

【病因病机】

股骨颈骨折的青壮年患者，多由强大暴力所致；而老年患者常受到轻微外力即发生骨折，提示老年人股骨上端骨质丢失，抵抗外力的能力下降。

(一) 骨质疏松

骨质疏松是股骨颈骨折的主要内在因素之一。老年人多存在全身性骨质疏松，尤其女性绝经后骨质疏松。骨基质和骨矿物质成比例减少，且随年龄增加而加剧。骨质疏松病变好发于富含骨小梁的干骺端骨骼，如：股骨上端就是骨质疏松的好发部位之一，表现为骨皮质变薄，骨小梁数目减少、变细、强度下降。

(二) 暴力作用

外来暴力是造成股骨颈骨折的直接因素，常见暴力形式多为间接、低能量暴力。中老年人骨质疏松，股骨颈强度下降而脆弱，在轻微外力作用下，如平地滑倒或突然转身等都可引起骨折。青壮年股骨上端坚强，多因遭受强大暴力发生股骨颈骨折，如车祸、高处跌落等高能量损伤，常合并其他损伤。

114

　　总之,骨质疏松降低股骨上端强度是股骨颈骨折的内因,暴力作用是外因。二者共同决定着骨折发生与否及其变化。此外,由于股骨颈局部有病变,如骨结核、骨囊肿、骨肿瘤等,引起骨质破坏,强度下降,在外力作用下发生骨折,则属于病理性骨折。

(三) 分型

1. 按骨折部位分型(图3-4)

(1)股骨颈基底部骨折:指骨折线位于股骨颈基底部,该部位未被后侧关节囊包裹,又称为囊外骨折。股骨颈基底部血液循环丰富,骨折远、近端均有血运供应,骨折愈合能力好,后期也很少出现股骨头缺血性坏死。

(2)股骨颈颈中骨折:股骨颈中部被关节囊完全包裹,此部位血液循环主要由关节囊小动脉分支供应,如骨折移位明显,极易损伤股骨颈的血液循环系统,导致骨折近端血运障碍,发生骨折不愈合和股骨头缺血坏死的概率较高。

(3)股骨颈头下骨折:股骨颈头颈结合部发生骨折,骨折断端的血运破坏严重,骨折不愈合、股骨头坏死发生率均极高。

　　股骨颈颈中型和头下型骨折因都发生在关节囊内,与股骨颈基底部骨折相对,故又称为囊内骨折。部分学者认为:此两型骨折均在关节囊内,骨折是否愈合或是否发生股骨头坏死和骨折部位无明显关系,决定因素在于局部血运破坏程度。

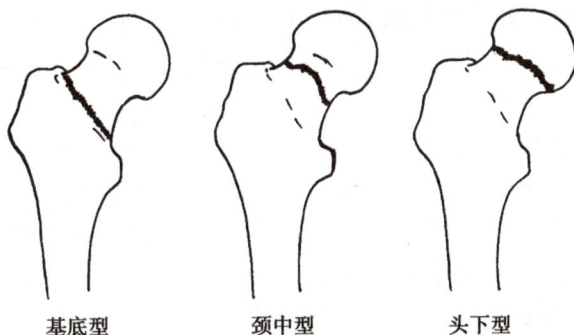

基底型　　　　颈中型　　　　头下型

图3-4　股骨颈骨折按照部位分型

2. 按骨折移位程度分类(Garden 分类)　是目前临床较常用的分类方法。这种分类方法较准确地判断骨折的预后,对临床治疗有较高的指导价值。因股骨颈基底部骨折预后一般较好,故该分类法更多应用于囊内骨折。

(1)不完全骨折(Garden Ⅰ型):股骨颈部分骨折,骨折线未贯穿整个股骨颈,部分骨小梁仍保持连续。

(2)无移位骨折(Garden Ⅱ型):股骨颈完全骨折,骨小梁的连续性全部中断,但骨折没有移位。

(3)轻度移位骨折(Garden Ⅲ型):股骨颈完全骨折,两骨折端有较小的移位。血运遭到一定程度的破坏,预后较上两型为差。

(4)完全移位骨折(Garden Ⅳ型):骨折端移位较大,血运破坏严重,复位困难,预后相对最差。

　　临床上一般认为 Garden Ⅰ、Ⅱ型骨折属于稳定型骨折,Garden Ⅲ、Ⅳ型骨折属于不稳定型骨折(图3-5)。

3. 按骨折远端外展内收关系分型　在 X 线片上,股骨颈骨折按骨折远端处于外展或内收的位置,分为外展型骨折和内收型骨折。

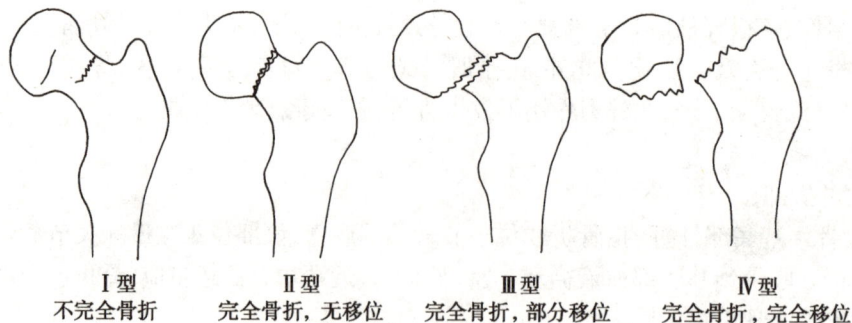

Ⅰ型
不完全骨折

Ⅱ型
完全骨折，无移位

Ⅲ型
完全骨折，部分移位

Ⅳ型
完全骨折，完全移位

图 3-5　股骨颈骨折 Garden 分型

(1)外展型骨折：是在股骨干急剧外展及内收肌的牵拉下发生的，骨折断端间外侧有嵌插，骨折线接近水平，多在头下部，移位较轻微，骨折线与股骨纵轴的垂线所形成的倾斜角往往小于 30°；骨折局部剪切力小，断端较稳定，血运破坏少，故骨折愈合率较高。

(2)内收型骨折：是在股骨干急骤内收及外展肌牵拉下发生的，骨折可发生在头下、颈中或基底部，移位多明显，很少嵌插，骨折线与股骨干纵轴的垂线形成的倾斜角往往大于 50°；局部剪切力大，血运破坏较多，骨折愈合率低，股骨头缺血坏死率较高。

【临床表现与诊断】

老年患者一般多由生活中的低能量损伤所致，如行走时意外滑倒、从自行车上摔下等；甚至少数高龄患者可能没有明显外伤史。青壮年或儿童患者则常是强大暴力致伤，如交通事故、高处坠跌等。

老年人伤后患髋疼痛、功能障碍、不能站立行走。个别患者疼痛沿大腿内侧向膝部放射，易误诊为膝部损伤。也有些不完全骨折者，仅有患髋轻度疼痛或不适，可继续勉强行走或骑自行车。青壮年因强大暴力所致，伤后局部剧烈疼痛、明显功能障碍。

患肢呈特有的畸形，即轻度屈髋、屈膝、短缩及外旋畸形。触摸腹股沟略饱满，腹股沟韧带中点下方有压痛，可触及大转子上移。患肢大转子直接叩击痛及足跟纵轴叩击痛阳性，髋关节主、被动活动障碍。大转子上移的特殊体征表现为：Nélaton 征、Bryant 征阳性，即大转子在髂前上棘-坐骨结节连线之上、大转子与髂前上棘水平线间距离较健肢短缩(图 3-6)。注意与髋关节脱位相鉴别。

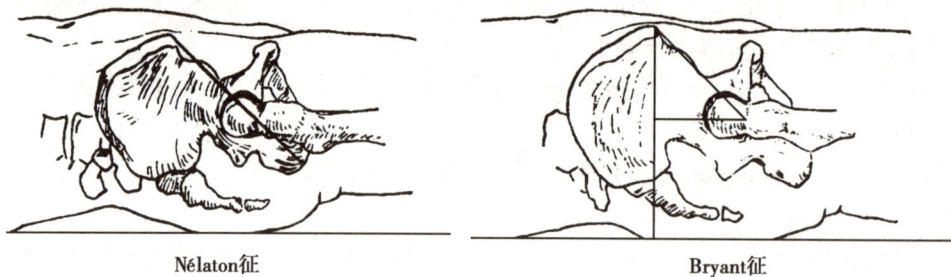

Nélaton征　　　　　　　　　　　　　Bryant征

图 3-6　股骨颈骨折体征

髋关节正侧位 X 线片可显示骨折的部位、类型、移位方向以及程度。临床上有些不完全骨折和裂缝骨折不易发现，应特别注意股骨上端骨小梁和骨皮质的连续性，若结合临床，疑为股骨颈骨折而 X 线检查未发现骨折线者，应于伤后 10~14 天再行 X 线检查，此时，骨折端坏死吸收，骨折线清晰；亦可结合 CT 或 MRI 检查，能更好地排除隐匿性股骨颈骨折。

根据受伤史、临床表现和影像学检查可作出诊断。诊断不仅要明确骨折与否，还要对骨折类型、全身病症做出判断。老年人骨折后除了损伤表现外,还会出现神情萎靡、食欲不佳、大便秘结等症状。诊断要辨证与辨病相结合,正确掌握病情。

【辨证论治】

股骨颈骨折治疗方案的制定要综合患者年龄、健康状况、骨折类型等多因素,选择最佳治疗措施。股骨颈基底部骨折、稳定骨折,或高龄不能耐受手术治疗者,选用保守治疗;不稳定的股骨颈骨折采用手术治疗。

(一) 整复方法

1. **复位标准**　股骨颈骨折复位标准是以髋关节 X 线表现为参考的。复位标准:正位片上股骨干上端内侧骨皮质线与股骨头内主压力骨小梁轴线呈 160° 角;侧位片上股骨头轴线与股骨颈轴线呈 180°,断端对位良好。

2. **手法复位**　适用于股骨颈基底部骨折伴有短缩外旋移位,可配合牵引复位固定、穿针固定等,无移位骨折则无须整复。

患者仰卧,助手固定骨盆。术者一手握患踝,另一侧上肢屈肘置于患肢腘窝,使患肢膝、髋均缓缓屈曲至 90°,逐渐用力向上拔伸牵引,纠正短缩畸形。再缓慢伸膝伸髋,同时内旋、外展髋关节,纠正外旋移位,使骨折面紧密接触(图 3-7)。手掌试验(复位后将患肢足跟托于术者掌心)可验证整复效果,如外旋畸形消失,则复位成功。

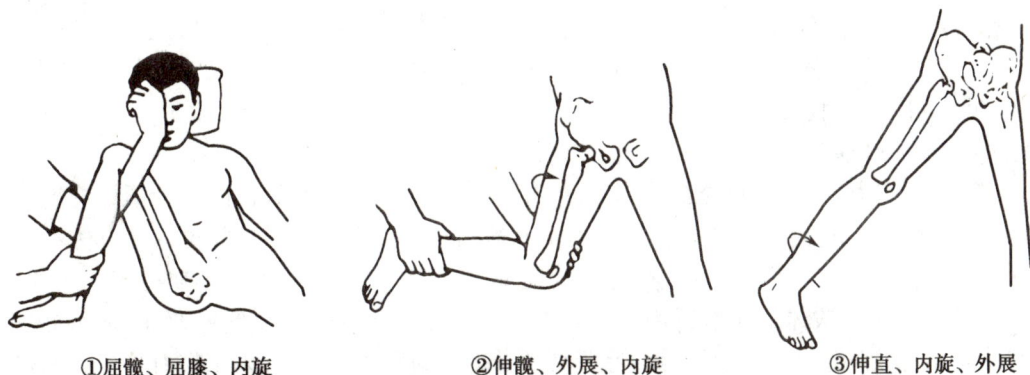

①屈髋、屈膝、内旋　　②伸髋、外展、内旋　　③伸直、内旋、外展

图 3-7　股骨颈骨折手法复位方法

3. **牵引复位**　牵引复位一般选择患肢股骨髁上或胫骨结节骨牵引,通过牵引力的持续作用可整复短缩移位,同时也能起到固定作用。另外,如对于无移位骨折,为了维持固定,也可选用皮肤牵引方式。

4. **牵引床快速复位**　牵引床快速复位法一般适用于穿针固定治疗,快速复位后,行固定手术。患者平卧于牵引床上,施以恰当的麻醉,固定骨盆和会阴部,双下肢伸直并外展 20°,双足固定在足套上,通过患足牵引、内收,使股骨颈骨折复位。

(二) 固定方法

1. **"丁字鞋"固定**　适用于手法复位成功者和稳定骨折。患者仰卧位,患足穿一带有横木板的"丁字鞋"(图 3-8),患肢放在外展 30°、膝关节略屈曲、足中立位。如牵引复位固定者,可配合"丁字鞋"固定,一般固定 6~8 周。

2. **牵引固定**　牵引不仅可以起到复位作用,更能维持骨折复位后的稳定,具体内容见"整复方法"。

3. **穿针固定**　为预防长期卧床引起的并发症,可采取闭合穿针固定骨折。常用穿针方法有多枚骨针固定法、多枚空心螺钉固定法等。青壮年骨折患者如能复位,应采用穿针固定法,以减少损伤,争取骨折愈合。

(三) 练功活动

卧床期间定期做深呼吸运动,主动拍打胸部、咳嗽排痰,预防并发症的发生。积极进行股四头肌舒缩练习,活动患侧踝、足、趾关节,防止肌肉萎缩、关节僵硬及骨质脱钙现象。去除牵引,可扶双拐下地练习不负重行走,以后每隔1~2个月复查1次,并拍X线片至骨折愈合。骨折愈合并无股骨头缺血性坏死发生,患肢逐渐负重。

(四) 药物治疗

早期用活血化瘀、消肿止痛法,以桃红四物汤加减应用。如瘀滞肠胃,大便秘结,脘腹胀满者,加大黄、芒硝、枳实等,通

图3-8 丁字鞋

腑导滞。中期治以舒筋活络、补气养血,选用舒筋活血汤加减。后期则以补肝益肾、强筋壮骨为主,常用壮筋养血汤加减。外用药早期外敷双柏散以消肿止痛,中期用接骨续筋膏促进骨折愈合,后期用海桐皮汤熏洗滑利关节。由于本病多为老年人,防止并发症在治疗中占有重要地位。如患者瘀肿不重,早期即可采用扶正固本法;老人腹胀、便秘者,不可攻伐太过,应以润下为宜,可用麻仁润肠丸加减。

(五) 手术疗法

髋部骨折后的并发症是导致老年患者死亡的主要原因,手术是目前股骨颈骨折治疗的主要手段之一。一般主张:开放复位内固定术适用于移位严重或手法复位后仍对位不良的股骨颈基底部骨折、年龄小于60岁的Garden Ⅲ型骨折等患者,以达到早期离床下地、促进愈合的目的;人工假体置换术适用于年龄大于60岁的Garden Ⅲ、Ⅳ型患者,可以尽快恢复髋关节功能、避免并发症出现。陈旧性股骨颈骨折根据具体情况,可采用带血管蒂骨瓣移植术、截骨术、人工假体置换术等。

【预防与调护】

股骨颈骨折的护理,在卧床期注意臀、足跟等受压部位,给予气圈垫或海绵垫,定期按摩受压部位,用京万红软膏涂擦,防止压疮;定时坐起,拍背咳痰,预防呼吸道感染。在功能锻炼和恢复期,教会患者使用拐杖,不负重行走,做到"三不",即不负重、不盘腿、不侧卧。对于手术治疗的患者,应遵守各自的术后护理原则进行。

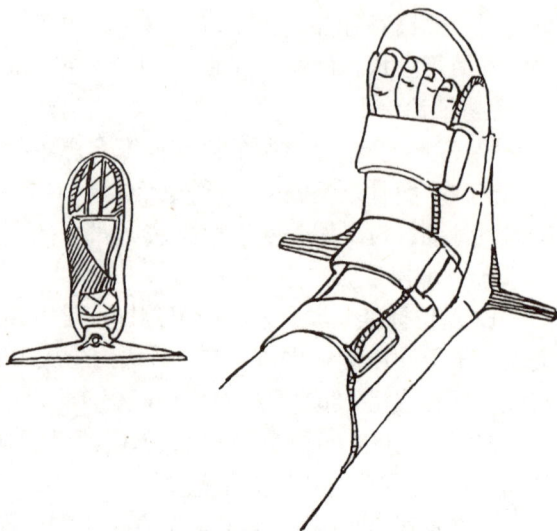

课堂讨论

患者张某,男,70岁。

主诉:被汽车撞倒致右髋部疼痛、右腿不能活动1小时。

现病史:患者1小时前骑自行车与汽车剐蹭,摔倒时右臀部着地。当即感到右髋部剧烈疼痛,右侧下肢不能活动,随即被送至医院。伤后患者意识清楚,无出血和二便失禁等异常表现。

体格检查:神清,痛苦表情,抬入诊室。生命体征正常,全身皮肤无出血点及黄染,浅表淋巴结无肿大。头颅五官无异常,颈软无抵抗。胸廓对称,心肺无异常。腹平软、

无压痛,肝脾未触及,神经生理反射正常,病理反射未引出。

　　骨科情况:脊柱、双上肢及左下肢未见异常。右下肢呈轻度屈髋、屈膝外旋畸形,右腹股沟饱满,未见明显瘀斑。腹股沟韧带中点下方有明显压痛,足跟及大粗隆部叩击痛,右髋关节活动完全受限。膝、踝等关节运动正常,右下肢皮肤感觉无异常。

　　讨论问题:

　　1. 根据以上资料,初步诊断为何病? 为了诊断明确,还应进行什么检查?

　　2. 下图是患者的右髋关节 X 线片(图 3-9),结合上述资料,该患者应该诊断为什么病? 什么类型?

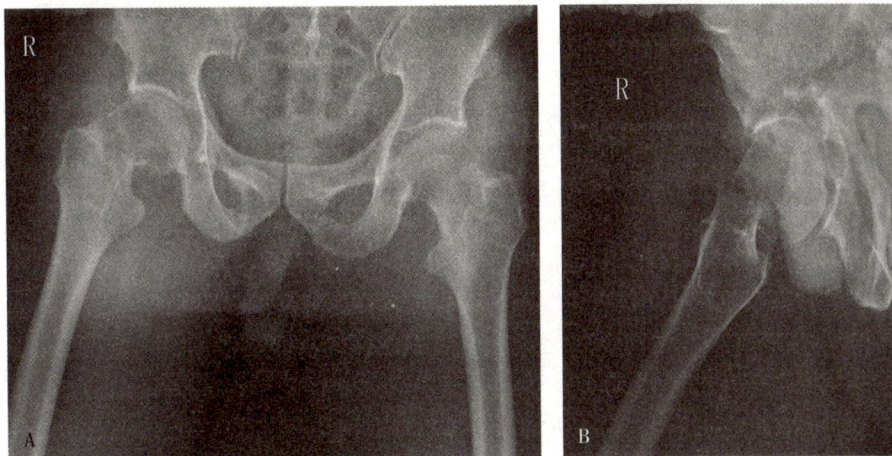

图 3-9　患者右髋 X 线片
A. 正位片;B. 侧位片

　　3. 结合本节内容,该患者的治疗方案和治疗措施是什么?

PPT 课件

第二节　股骨转子间骨折

　　股骨转子间骨折,又称股骨粗隆间骨折,是指自股骨颈基底部至小转子水平以上部位发生的骨折。股骨大、小转子是骨性突起,位于股骨颈下方的内、外侧。两转子间前面有转子间线,比较平滑,关节囊韧带附着于此;后面有转子间嵴,明显隆起,虽然没有关节囊附着,但许多小外旋肌附着在此。股骨转子间主要为松质骨,周围有许多肌肉等软组织,血运丰富,骨组织的营养优越。因此,骨折后会出血较多,但由于骨折部血液供应充分,故股骨转子间骨折很少发生骨折不愈合、股骨头无菌性坏死等并发症,预后较好。股骨转子间骨折是老年人的常见损伤,且平均发病年龄偏高。青壮年患者临床少见,多由强大暴力所致。临床治疗中的主要问题是长期卧床导致的各种并发症和髋内翻畸形。卧床并发症严重者可导致死亡,髋内翻畸形引起跛行。因此在骨折治疗的同时,更应注意预防,及时治疗并发症。

【病因病机】

　　股骨转子间骨折的病因病机与股骨颈骨折极其相似,但因该部位骨质松脆,常为粉碎性骨折。由于血运丰富，骨折无论何型，一般都能愈合，很少发生骨折不愈合和股骨头缺血性坏死。临床分型有两种：即依据骨折线走行方向及部位分型、依据骨折移位和稳定程度分型。

（一）依据骨折线走行方向及部位分型

1. 顺转子间骨折　骨折线的走行方向与转子间相平行，即自大转子顶点开始，斜向内下方行走，到达小转子部。由于暴力不同，小转子或保持完整，或为游离骨片，但股骨上端内侧的骨支持柱完整，骨折复位后较稳定。

2. 反转子间骨折　骨折线与转子间线方向相反。即骨折线自大转子下方斜向内上方走行，到达小转子上方，骨折线走向大致与转子间线或转子间嵴相垂直，小转子也可能成游离骨片。骨折近端有外展、外旋移位，近端有向内、向上移位趋势。

3. 转子下骨折　骨折线经过大、小转子的下方，成为横形、斜形或锯齿形，严重者可为粉碎性骨折。由于骨折不稳定，骨折近端多屈曲、外展、外旋，远端常向内并外旋移位（图3-10）。

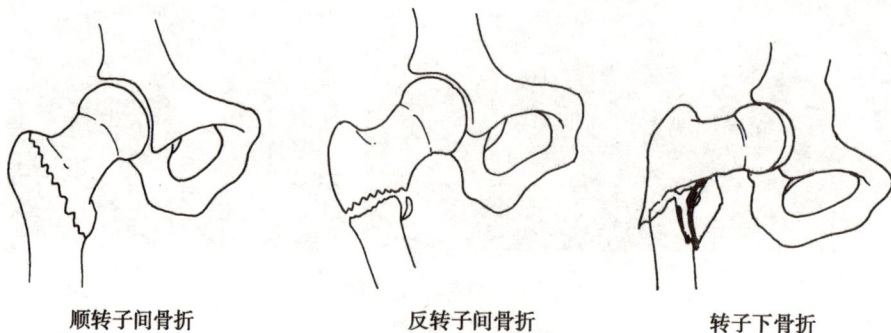

顺转子间骨折　　　　　反转子间骨折　　　　　转子下骨折

图3-10　股骨转子间骨折按部位分型

临床上顺转子间骨折最常见，多为稳定型骨折；其余各型都属于不稳定型骨折。

（二）依据骨折移位和稳定程度分型

Evans分型最初将该骨折分为稳定型和不稳定型两种，后又进一步把不稳定型骨折分为两种类型：一种为复位固定后骨折基本稳定，属于欠稳定型；另一种即使复位固定后，骨折也难以稳定，属于不稳定型。

1. 稳定型骨折　骨折断端比较稳定，复位、固定后，骨折不易发生再移位，畸形愈合发生率极低。如顺转子间骨折，股骨干上端内侧骨支持组织完整，较少出现髋内翻（图3-11 ①）。

2. 欠稳定型骨折　骨折端欠稳定，即使骨折处理后，仍有可能出现再移位。但如复位、固定均良好时，尚可以预防畸形愈合。如反转子间型、转子下型，骨折近端因外展外旋肌群的收缩而外展外旋；远端因内收肌、髂腰肌的牵引而向内、向上移位，骨折明显成角。由于骨折端有骨性支持，畸形纠正后给以稳妥固定，这种导致移位的力量是可以克服的（图3-11 ②）。

3. 不稳定型骨折　骨折端极不稳定，即使复位固定后，较易发生髋内翻畸形愈合，如顺转子间粉碎性骨折严重者，股骨上端内侧骨皮质不仅粉碎，而且移位较多，尽管复位、固定后，骨折端的内下部常因缺乏骨性支持组织，在肌力和关节反力的作用下，出现髋内翻畸形（图3-11 ③）。

【临床表现与诊断】

患者多系老年人,常有轻微外伤史,如下肢突然扭转、平地滑倒、跌倒等。伤后髋部疼痛明显,功能活动严重受限,不能站立和行走。无移位的嵌插骨折或移位较少的稳定骨折,上述症状比较轻微,体征不明确,按压大转子时引起疼痛,可有纵向叩击痛。移位明显表现为患肢短缩、外旋畸形,患侧大粗隆上移。大腿局部可见肿胀及大面积瘀斑,大粗隆及腹股沟中点外下方压痛明显,搬动患肢即可引起剧烈疼痛。转子间骨折和股骨颈骨折的临床表现极为相似,但股骨转子部血运丰富,肿胀明显,有广泛瘀斑,压痛点多在大转子处,预后良好;而股骨颈骨折瘀肿较轻,压痛点在腹股沟中点,囊内骨折愈合较难。

髋关节正侧位X线片可明确骨折的部位、类型和移位情况,并可与髋部其他损伤进行鉴别。

根据受伤史、临床表现和X线检查可作出诊断。

【辨证论治】

患者多为高龄老人,首先注意全身情况,预防由于骨折后长期卧床而引起危及生命的各种并发症,如肺炎、压疮和泌尿系感染等。骨折治疗目的是防止发生髋内翻畸形,具体治疗方法应根据骨折类型、移位情况、患者年龄和全身情况等,分别采取不同方法。

(一) 整复方法

1. 手法复位 复位应在麻醉下进行,患者在无痛状态下接受治疗。患者取平卧位,一助手固定双腋部,另一助手握患踝部,使伤肢在中立外旋位对抗牵引,待双侧下肢等长,将患肢内旋至中立位。然后术者用肘部套在患膝部向远端牵引,另一手按压大粗隆部,握踝助手放开,术者在牵引状态下将患髋略外展,骨折即可复位。

2. 牵引复位 大部分采用患肢皮肤牵引,如青年患者或肌肉发达、皮肤过敏者,可采用胫骨结节骨牵引。置患肢于外展、中立位牵引,牵引重量为6~8kg,待双下肢等长、骨折复位后,牵引重量改为3~6kg。

(二) 固定方法

无移位稳定型骨折或老年患者,对患肢功能无要求以及中风偏瘫患者的偏瘫侧骨折,均可选择"丁字鞋"固定;牵引固定主要选择有移位的骨折、合并有较重内脏疾患不适于手术以及骨折严重粉碎不适宜内固定者,或要求用牵引治疗的患者。牵引重量一般为3~6kg,患肢置于外展中立位,时间为6~8周。根据具体情况适度调整。

(三) 练功活动

非手术患者因需长期卧床,应鼓励咳嗽,保持肺张力,嘱患者多喝水,防止各种并发症,并适当进行伤肢的功能锻炼及股四头肌的舒缩活动。6~8周后患者可扶拐并逐渐负重行走,恢复正常生活。

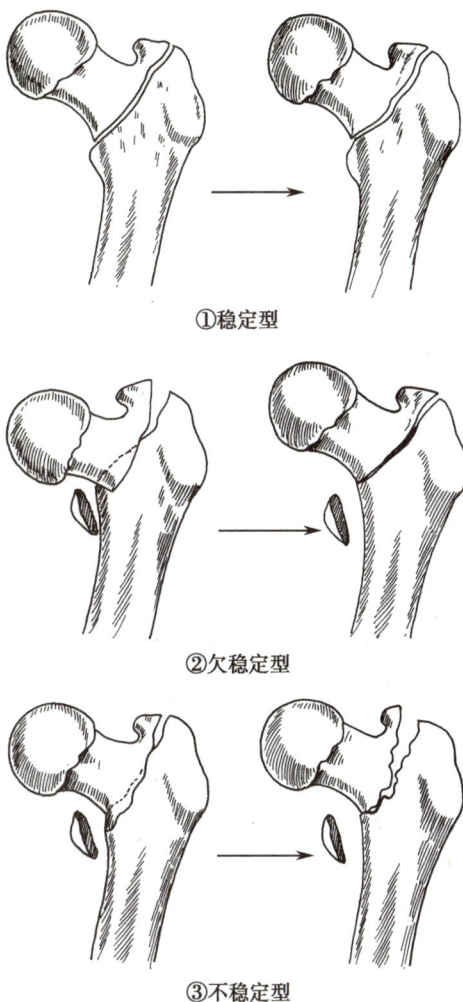

①稳定型

②欠稳定型

③不稳定型

图3-11 股骨转子间骨折按稳定程度分型

股骨粗隆间骨折手法牵引整复操作演示

（四）药物治疗

股骨转子间骨折多为年老体衰患者，辨证用药时除了要遵循骨折三期用药原则，还要注意到气血不足和肝肾虚损的老年体质特点。早期用活血化瘀、消肿止痛之品，如三七、丹参等养血活血药，祛瘀而不伤新血；慎用桃仁、三棱、莪术等破血伤气药，使之耗伤正气。中后期重补益气血、强筋壮骨，方用八珍汤、肢伤三方加减。外用中药早期瘀肿明显应用消肿止痛膏外敷，中后期外敷接骨续筋药膏。

（五）手术疗法

股骨转子间骨折，一般能耐受手术的患者最好选择手术治疗。手术治疗可以早期下地，避免长期卧床并发症。对于稳定型和部分欠稳定型骨折，选择闭合手法复位、穿针固定术，以减少损伤；不稳定型骨折或不能采用穿针固定的欠稳定骨折，选择切开复位内固定术。手术方式可选用：动力髋螺钉、防旋股骨近端髓内钉、联合加压交锁髓内钉等进行内固定。股骨转子间畸形愈合的青壮年患者，可行转子下截骨术纠正髋内翻畸形。

【预防与调护】

非手术患者因需长期卧床，早期护理重点在于防止各种并发症，应保持病房空气流通，鼓励咳嗽，保持肺张力，定期坐起，经常拍背，嘱患者多喝水，保持皮肤清洁和被褥柔软干燥，进行骶尾部按摩，预防肺炎、压疮、泌尿系感染等。并适当进行伤肢的功能锻炼及股四头肌的舒缩活动，防止肢体功能障碍。

案例分析

患者江某，女，83岁。

主诉：摔伤致左髋部疼痛、左下肢活动受限3小时。

现病史：患者3小时在家行走时踩滑摔倒受伤，摔倒时左臀部着地。当即感到左髋部剧烈疼痛，左侧下肢不能活动，随即被送至医院。伤后患者意识清楚，无出血和二便失禁等异常表现。

体格检查：神清，痛苦表情，抬入诊室。生命体征正常，全身皮肤无出血点及黄染，浅表淋巴结无肿大。头颅五官无异常，颈软无抵抗。胸廓对称，心肺无异常。腹平软、无压痛，肝脾未触及，神经生理反射正常，病理反射未引出。左下肢呈轻度屈髋、屈膝外旋畸形，未见明显瘀斑。左髋大转子处有明显压痛，足跟及大粗隆部叩击痛，左髋关节活动完全受限。脊柱、双上肢及右下肢未见异常。

X线检查：左髋关节正侧位X线片（图3-12）显示：左股骨转子间粉碎性骨折，大转子向上移位。

分析：

1. 诊断　左股骨转子间骨折。分型：依据骨折线走行方向和部位，此为顺转子间骨折，依据骨折移位和稳定程度，应为不稳定型骨折。

2. 诊断依据　有摔倒时左臀部着地的外伤病史；有骨折的一般症状，左髋部剧烈疼痛，左侧下肢不能活动；骨折的体征，左下肢呈轻度屈髋、屈膝外旋畸形，左髋大转子处压痛，足跟及大粗隆部叩击痛，左髋关节活动受限；X线显示左股骨转子间粉碎性骨折。

3. 病机分析　老年患者，骨质疏松，股骨上端强度下降而脆弱，在踩滑摔倒的轻微外力作用下，左臀受到传导暴力发生骨折。因骨断筋伤，气血凝滞，经络受阻，故局部疼痛，有压痛、叩击痛。骨断失去支撑与杠杆作用，故见左下肢畸形和左髋关节活动受限。

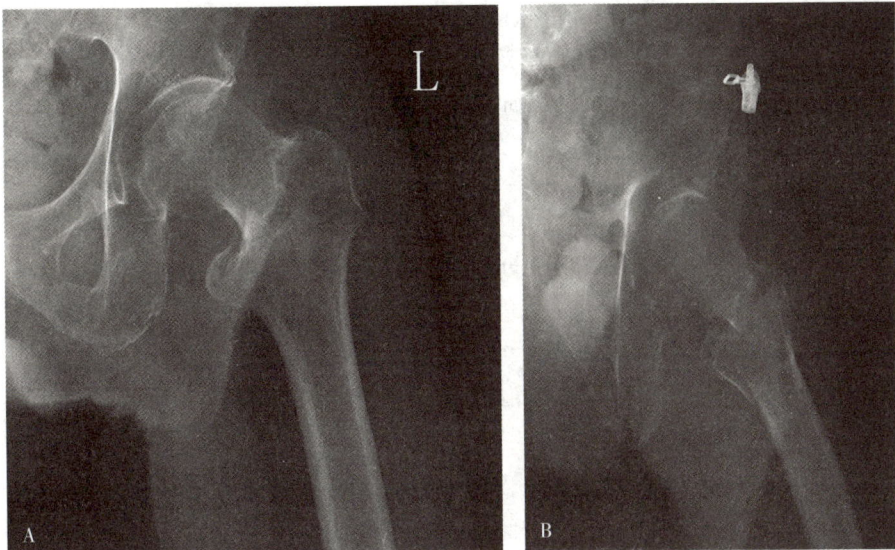

图 3-12　患者左髋关节 X 线片

A. 正位片；B. 侧位片

4. 治疗方案　对于不稳定型骨折,若采用手法整复和牵引固定的治疗,应注意牵引的重量和方向,牵引多以胫骨结节牵引为主,方向外展为佳,时间 6~8 周,但要时刻注意预防长期卧床导致的各种并发症。非手术治疗因存在长期卧床并发症较多的风险,股骨粗隆间骨折的不稳定型,建议行手术治疗,手术方式可选用：动力髋螺钉、防旋股骨近端髓内钉、联合加压交锁髓内钉等进行内固定,但仍然需要注意预防围手术期的并发症,加速康复外科理念的引入能很好地解决此方面问题。

ER-3-5

加速康复外科理念在老年髋部骨折诊治的应用

第三节　股骨干骨折

股骨干骨折是指股骨小转子下 2~5cm 至股骨髁上 2~5cm 之间的股骨骨折。中医学对股骨干骨折早有记述,《左传》就记载了"卫侯折股"的事件。《医宗金鉴·正骨心法要旨》解释说："大楗骨,一名髀骨,上端如杵,入于髀枢之臼,下端如锤,接于胻骨,统名曰股,乃下身两大支之通称也,俗名大腿骨。"股骨是人体中最长的管状骨。股骨干由骨皮质构成,有轻度向前外突出的弧线,便于股四头肌发挥伸膝作用,治疗时应保持此生理弧度。其表面光滑,后方有一骨嵴,称股骨粗线,是肌肉等软组织附着处。骨折切开复位时,常以此为对位的标志,其上附着的肌肉不可过多剥离,以免损伤骨组织周围的营养血管。股骨干髓腔略呈圆形,上、中 1/3 交界处最窄,向下逐渐变得宽大,髓内钉固定时需注意。股骨干被三组肌肉所包围,其中位于前侧的伸肌群最大,由股神经支配；位于后侧的屈肌群次之,由坐骨神经支配；位于内侧的内收肌群最小,由闭孔神经支配。由于大腿肌肉组织丰厚而骨干较细,单纯外固定难以维持骨折整复后的位置。伸、屈肌群互相拮抗保持平衡,但股骨外侧没有足以与内收肌群相对抗的外展肌群,所以骨折远端经常有内收移位的倾向。当骨折端复位后,这种趋势又经常使骨折端向外侧成角。在股骨干骨折治疗时,必须注意纠正和防止这种倾向。另外,内收肌群收缩时的杠杆力容易使钢板弯曲、折断或螺钉松动、拔出,最终导致内固定失

PPT 课件

败。股动、静脉在股骨干上、中 1/3 骨折时,由于有肌肉相隔不易被损伤。而在下 1/3 骨折时,由于血管位于骨折的后方,而且骨折远端常向后成角,可能压迫、刺伤该部位的腘动、静脉,引起严重的并发症。股骨干骨折为临床常见骨折,约占全身骨折的 4%~6%。可发生于任何年龄,但儿童和青壮年患者为多,男性多于女性。

【病因病机】

多数股骨干骨折由强大的直接暴力所致,如打击、挤压等;少数股骨干骨折由间接暴力所致,如杠杆作用、扭转作用、高处跌落等。前者多引起横断或粉碎性骨折,而后者多引起斜形或螺旋形骨折。儿童股骨干骨折可能为不完全骨折或青枝骨折。成人股骨干骨折后,出血有可能达到 500~1 000ml,出血多者可能出现休克。由挤压伤所致股骨干骨折,有可能引起挤压综合征。下 1/3 骨折,可能损伤大血管。股骨干骨折要注意早期并发症,以免贻误病情。

股骨干骨折在临床上一般按解剖部位分类。

1. 股骨干上 1/3 骨折　骨折近端因受髂腰肌、臀中肌、臀小肌及其他外旋肌的作用,而产生屈曲、外展及外旋移位;骨折远端则因内收肌群作用,产生向后、上、内方移位。

2. 股骨干中 1/3 骨折　骨折端移位无一定规律性,视暴力方向而异,大部分断端重叠;若骨折端尚有接触而无重叠时,由于内收肌群的作用,骨折端向前外成角。

3. 股骨干下 1/3 骨折　下 1/3 骨折远端由于膝后方关节囊及腓肠肌的牵拉,远折端被拉向后倾斜,有压迫或刺伤腘动、静脉的危险,而骨折近端有内收向前移位趋势(图 3-13)。

【临床表现与诊断】

股骨干骨折的患者多有严重的外伤史。应详细询问外伤时的具体情况,了解患者的症状。如患者已昏迷,应及时向知晓情况者询问伤情,便于诊断。

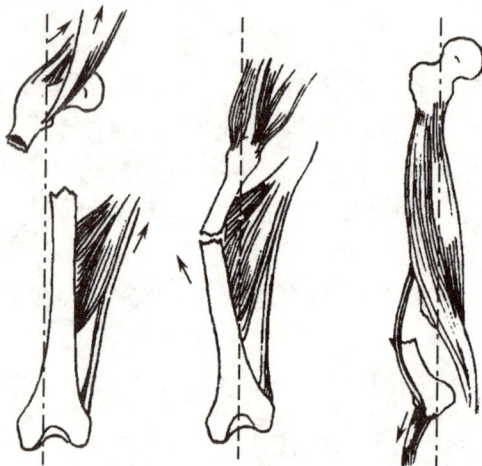

图 3-13　股骨干骨折的一般移位规律

局部剧烈疼痛、肿胀和功能障碍。伤肢骨折部压痛,有纵轴叩击痛。多数伴明显的肢体短缩、成角或旋转畸形,可闻及骨擦音,有异常活动。伴有并发症和复合伤者,可出现相应体征。

股骨干骨折后出血较多,即使是闭合性骨折,严重者也可达 1 000ml 以上,所以有常伴有休克症状,甚至危及生命。偶尔股骨干骨折可以合并足踝、膝、髋等部位损伤。如跟骨骨折、膝关节韧带损伤、髋关节脱位等,易被临床首诊医生忽视而漏诊。应当提高警惕,根据受伤机制仔细检查其他部位。患肢的神经血管也应仔细检查,如:股骨干上 1/3 骨折,股动脉可能在内收肌裂孔附近受到损伤;股骨下 1/3 骨折,远折段向后倾斜,可以压迫腘动脉和神经。因此,应该仔细检查胫后动脉和足背动脉搏动的有无,足踝关节运动和感觉有无障碍,以排除血管和神经的损伤。

大腿正侧位 X 线片可明确骨折的部位和移位情况。股骨干骨折可合并髋、膝关节损伤,所以 X 线摄片要包括髋、膝关节。必要时还应该加摄脊柱、骨盆和足踝 X 线片,以排除其他部位骨折。

根据患者受伤史、临床表现和 X 线检查,即可对股骨干骨折和并发症、复合伤作出全面的诊断。必要时还应进行其他检查,明确诊断。

【辨证论治】

股骨干骨折的治疗应充分体现整体观和辨证论治的特点，既要正确处理全身和局部并发症，又要合理选择骨折的治疗方法。首先需要重视全身情况，防治创伤性休克。妥善处理损伤局部，把急救作为治疗的开始。避免不当搬运和粗暴检查，尽快了解病情，明确诊断，制定治疗方案。儿童处于生长期，塑形能力强，生长速度也较快，一般采用牵引复位即可纠正股骨干骨折常见的成角和旋转两种畸形。成人股骨干骨折的治疗采用非手术疗法，多能获得良好效果。但因大腿的解剖特点是肌肉丰厚，拉力较强，骨折移位的倾向力大，在采用手法复位，夹板固定的同时需配合短期的持续牵引治疗。必要时，还需切开复位内固定。

(一) 整复方法

1. 手法复位　手法整复适用于股骨干横形、短斜形或短螺旋形等复位后较稳定性骨折。因整复导致剧烈疼痛，应选择在麻醉下进行。患者取仰卧位，一助手固定骨盆，另一助手用双手握小腿上段，顺势拔伸，并徐徐将伤肢屈髋屈膝各 90°，沿股骨纵轴方向用力牵引，矫正重叠移位后，再按骨折的不同部位分别采用下列手法。

(1) 上 1/3 骨折：近端屈曲、外展、外旋移位，遵循"以子求母"的原则，将伤肢抬高、外展、略加外旋，然后术者一手握近端向后挤按，另一手握住远端由后向前端提复位。

(2) 中 1/3 骨折：骨折多向前外侧成角，在外展位进行牵引，术者仔细触摸骨折端的移位方向，采用端提、挤压、折顶等手法整复。骨折端或骨折块有背靠背移位，使用回旋手法复位。

(3) 下 1/3 骨折：在持续牵引下，把膝关节缓慢屈曲，术者双手在腘窝将骨折远端由后向前、向近端提按复位。如远端向后旋转移位，也可采用俯卧位复位法：骨折近端用布带和助手固定，术者应将膝关节屈曲 90° 位下牵引，用端提挤压手法整复移位 (图 3-14)。

复位后，横断骨折适当采用摇摆手法，斜形、螺旋形和有游离骨块的骨折用捏拿挤压手法，使对位更加对合良好。对于移位严重者，不必强求一次复位完全纠正所有移位，只需恢复股骨干力线即可。

2. 牵引复位　牵引复位适用于长斜形、螺旋形和粉碎性等不稳定型骨折，并与外固定相结合，是保守治疗的主要方法。牵引与手法整复相结合，共同起到复位和固定的作用。

(二) 固定方法

1. 悬吊皮肤牵引　适用于 3 周岁以下、有移位不稳定的股骨干骨折患者。选用带床牵引架，将患儿双下肢用温水洗净、擦干，将橡皮膏按皮肤牵引原则粘贴后，再用绷带包扎牢固，将双下肢同时悬吊牵引于带床牵引架上，牵引重量以使臀部离开床面 1~2cm 为度。粘贴橡皮膏或捆扎牵引带时，要在腓骨小头处垫一棉垫，以减轻对腓总神经的压迫，预防该神经的医源性损伤。一般牵引 3~4 周，牵引期间每天检查末端血运，定期摄 X 线片，掌握骨折愈合进度 (图 3-15)。

2. 水平皮肤牵引　适用于 4~8 岁的无移位或移位不大的稳定型股骨干骨折患者，常用橡皮膏或皮肤牵引带牵引。患儿卧牵引床，患肢一般用橡皮膏或下肢牵引带行水平位牵引。患肢牵引体位为：上 1/3 骨折屈髋、外展、外旋位；中 1/3 骨折屈髋、略外展位；下 1/3 骨折屈膝位。牵引重量 2~3kg。牵引时间 4~6 周。

3. 骨牵引　适用于 8~12 岁的不稳定型股骨干骨折患者。为了避免损伤胫骨结节骨骺，牵引针可穿过胫骨结节下 2~3 横指处的胫骨骨皮质，严格按照胫骨上段牵引术的要求操作。术后将患肢置于布朗架上，摆放好肢体的位置。牵引重量为 3~5kg，牵引方向同成人股骨干骨折骨牵引。

股骨干骨折手法整复动画演示

①拔伸

②纠正向前移位

③纠正向后移位

④俯卧复位

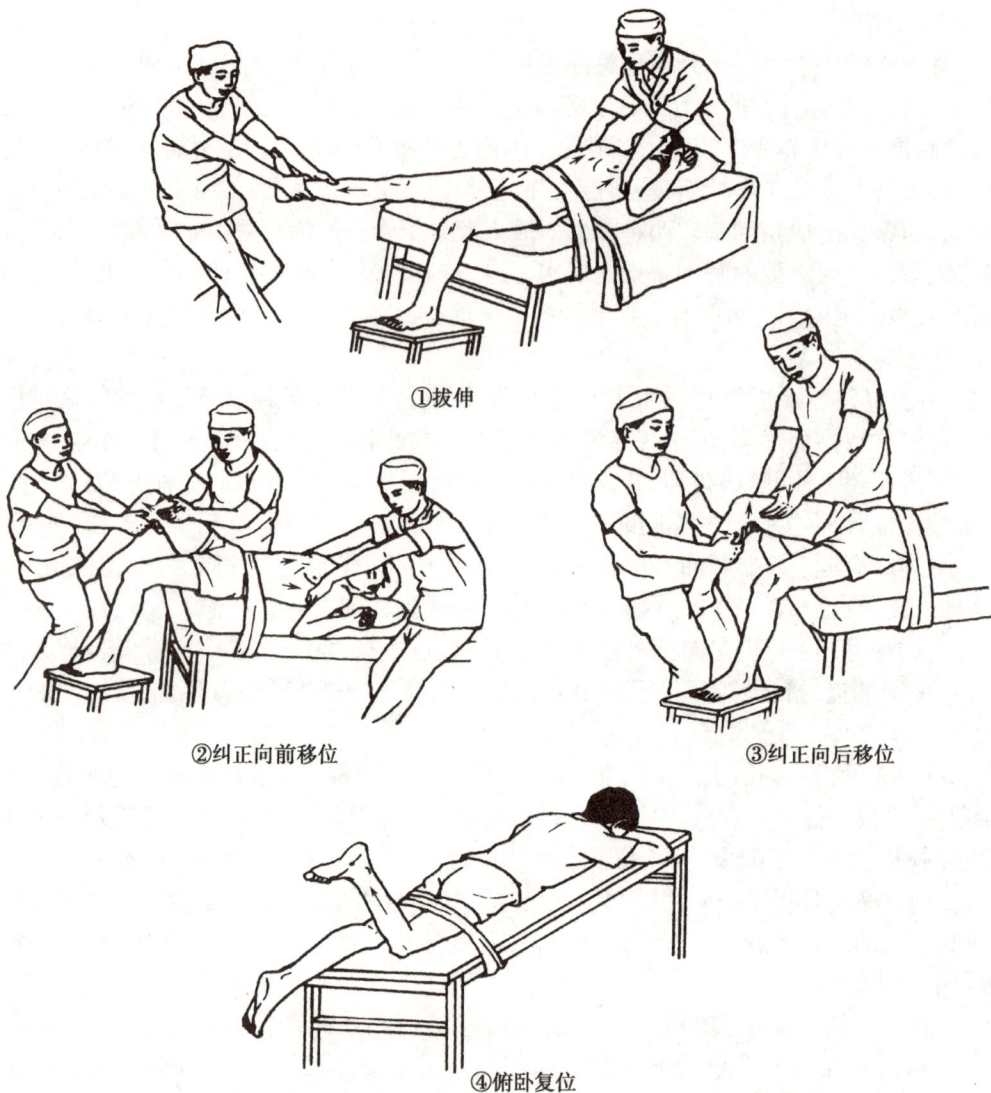

图 3-14 股骨干下 1/3 骨折的手法复位

4. 骨牵引加夹板固定

（1）骨牵引：上 1/3、中 1/3 骨折用股骨髁上骨牵引，下 1/3 骨折用胫骨结节骨牵引。骨牵引后，应将肢体放置在托马斯架上，上 1/3 骨折置于髋关节外展 30° 位，中 1/3 骨折置于髋关节中立位，下 1/3 骨折置于膝关节屈曲位。牵引重量为 4~8kg，根据骨折移位程度和患者体质、性别、局部肌肉丰满程度等适度调整牵引重量。随着骨折治疗时间延长，逐渐减轻牵引重量，防止骨折过度牵引，发生骨折断端分离。

（2）夹板固定：牵引完成后，应与患者大腿长度、外形、骨折类型等选择相适应的股骨夹板。根据骨折移位方向和程度放置合理的压垫，股骨干上 1/3 段骨折应将压垫放在近端的前方和

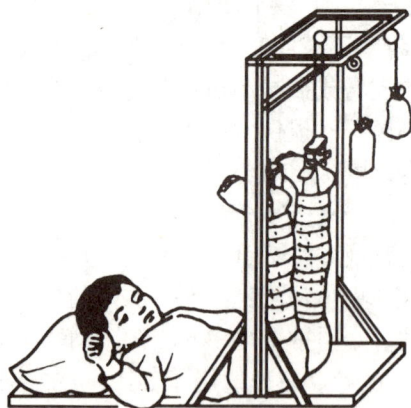

图 3-15 股骨干骨折垂直悬吊皮肤牵引

外方,股骨干中 1/3 骨折应把压垫放在骨折线的外方和前方,股骨干下 1/3 骨折应把压垫放在骨折近端的前方,将四块夹板按前、后、内、外置于大腿四周,用四条布带捆扎牢固。注意布带的松紧度,防止夹板松动或皮肤压疮等不良现象的出现(图 3-16)。

(三)练功活动

治疗期间要积极进行练功,并根据不同时期进行不同的练功锻炼。初期从骨折固定完成后开始,主要行股四头肌舒缩活动和足踝关节的运动练习。中期骨折已初步连接,在牵引和夹板固定下,利用牵引架上的拉手,在床上进行髋、膝、踝关节运动练习(图 3-17)。后期去除牵引后,扶双拐练习下地行走功能锻炼。一般经 8~12 周的治疗,详细地进行临床检查和 X 线摄片,若骨折局部无压痛、无纵

图 3-16 股骨干骨折的夹板固定

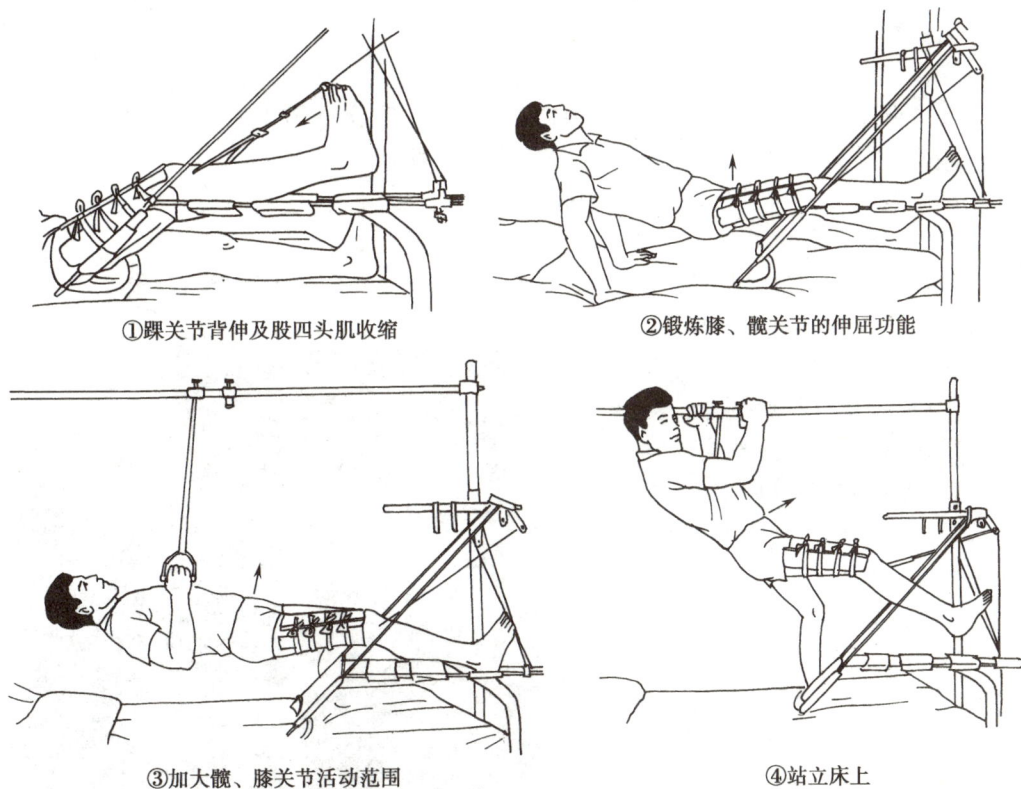

轴叩击痛,X 线片示骨折线模糊,骨痂已通过骨折端,即达临床愈合,可拆除牵引。解除牵引后,患肢在夹板的保护下进行 2~3 周的扶拐下地功能锻炼之后,再次经 X 线和临床检查证实骨折确实愈合,即可拆除夹板,进行下地行走练习。

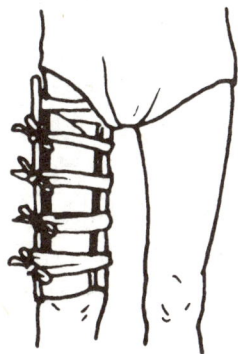

①踝关节背伸及股四头肌收缩　　②锻炼膝、髋关节的伸屈功能

③加大髋、膝关节活动范围　　④站立床上

图 3-17 股骨干骨折的练功活动方法

(四)药物治疗

初期宜活血祛瘀、消肿止痛,内服活血止痛汤或肢伤一方,局部外敷跌打万花油或消肿止痛膏。中期宜接骨续损、和营生新,内服肢伤二方或生血补髓汤,外敷接骨膏或接骨续筋药膏。后期宜补肝肾、壮筋骨,内服肢伤三方。解除固定后,可用海桐皮汤或下肢损伤洗方熏洗。

（五）手术疗法

经过非手术治疗，一般都能获得满意的效果。但有以下情况者，可考虑手术切开复位内固定。

1. 严重开放性骨折早期就诊者。
2. 合并有神经血管损伤，需探查及修复者。
3. 多发性损伤者。
4. 骨折断端间嵌夹有软组织者。

常用的手术方法有接骨板固定和髓内钉固定两大类。上、中 1/3 骨折，多采用髓内钉固定，下 1/3 骨折多采用接骨板固定。手术治疗存在可能发生感染、骨痂生长慢、股四头肌粘连、骨折愈合时间偏长的缺点，所以必须严格掌握手术适应证。

【预防与调护】

骨折持续牵引时，要注意牵引重量的调整，牵引力线的方向，夹板位置及扎带的松紧度，患肢放置在牵引架上，要注意股四头肌和踝、趾关节的功能锻炼，并防止皮肤发生压疮。

课堂讨论

患者赖某，男，24 岁。

主诉：高处坠落致右大腿肿痛、畸形伴活动受限 3 小时。

现病史：患者 3 小时前不慎从高约 4m 的山坡上坠落，当即致右大腿剧烈疼痛、畸形，患者右大腿主动活动明显受限，无法完成站立及行走活动。后急被家人送至我院急诊科就诊。自发病以来，患者神志清、精神可，无头痛、头晕、恶心、胸痛、腹痛等症状，未进食，未大小便。

专科查体：脊柱生理曲度存在，各节段棘突及椎旁无明显压痛，脊柱各节段活动度正常；双上肢及左下肢无畸形，无明显红肿压痛，肌力、肌张力正常，关节活动度正常；右大腿中段明显肿胀、畸形，畸形处压痛明显、可闻及骨擦音和触及骨擦感，右大腿主动活动明显受限，右膝、踝及足活动良好，右足背动脉可触及，右足末梢血运好。

讨论问题：

1. 下图是患者的右股骨干正侧位 X 线片（图 3-18），结合上述资料，该患者应该诊断为什么病？什么类型？为了诊断明确，还应进行什么检查？

2. 结合本节内容，该患者的治疗方案和治疗措施是什么？

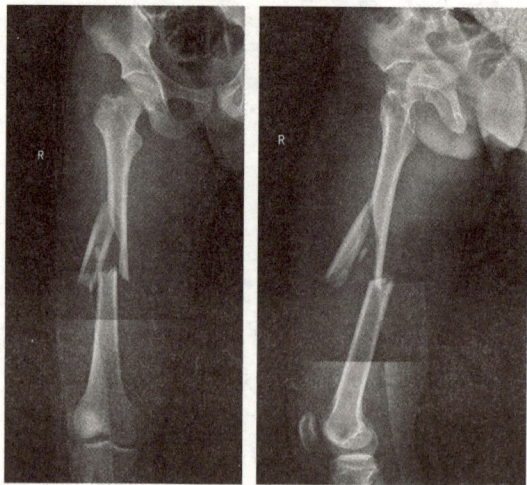

图 3-18　患者右股骨干正侧位 X 线片

03节04节 PPT

PPT 课件

第四节　股骨髁上骨折

股骨髁上骨折是指股骨下端腓肠肌起始点上 2~4cm 范围内的骨折。股骨下端变大,向下延续为股骨内、外侧髁。股骨髁是膝关节的上端,其前后径大于上下径,外侧髁尤为明显。股骨下端后面有一三角形平面,称为"腘平面"。腘动脉、腘静脉和胫神经位于腘平面之后,腘动脉位置最深,自收肌腱裂孔进入腘窝,斜向外下行走,开始位于胫神经内侧,在腘平面则在胫神经和腘静脉的深面,至腘肌下缘分为胫前、后动脉两支进入小腿。腘动脉上段紧贴股骨下端,发生骨折时易被伤及。本病好发于 20~40 岁青壮年。

【病因病机】

直接暴力和间接暴力均可造成股骨髁上骨折,且暴力多较强大。直接暴力如汽车冲撞、重物压砸等。间接暴力所致者,多因自高处坠落,足部或膝部着地,因传达、扭转暴力等引起骨折。此外,若膝关节强直、失用性骨质疏松,更容易因外力而发生股骨髁上骨折。

直接暴力所致骨折多为粉碎性或短斜形骨折,而横断骨折较少;间接暴力所致骨折,则以斜形或螺旋形骨折为多见。

股骨髁上骨折可分为屈曲型骨折和伸直型骨折(图 3-19),以屈曲型骨折较多见。

屈曲型　　　　　　　　伸直型

图 3-19　股骨髁上骨折分型

(一) 屈曲型骨折

多在膝关节屈曲位受伤发生骨折。骨折线多为斜形,从前下斜向后上,亦可见横断骨折。骨折远折端因受腓肠肌牵拉及关节囊紧缩,向后移位。向后移位严重时可压迫或刺伤腘动、静脉。骨折近端如尖锐并向前伸出,可刺伤髌上囊及前面的皮肤,形成开放性骨折。

(二) 伸直型骨折

跌倒时,膝关节伸直或遭受后方暴力打击引起骨折。斜形骨折的骨折线与屈曲型骨折相反,从后下斜向前上。骨折远端向前移位,骨折近端在后,骨折端前后重叠移位。该型骨折,如腘窝有血肿和足背动脉减弱或消失,应考虑有腘动脉损伤。其损伤一旦发生,则腘窝呈进行性肿胀,张力极大,伤处质硬,小腿下 1/3 以下肢体发凉呈缺血状态,感觉缺失,足背动脉搏动消失。发现此种情况,应提高警惕,宜及早手术探查。如骨折线为横断者,远折端常合并小块粉碎性骨折。间接暴力则为长斜形或螺旋形骨折,多见于儿童。

【临床表现与诊断】

患者常有严重的外伤史,伤后局部剧烈疼痛,大腿下段肿胀,严重时可波及膝关节。患肢短缩畸形,功能障碍。检查或搬动肢体时可偶获异常活动及骨擦音。屈曲型骨折有时可在髌骨上方触及骨折近端;伸直型骨折的骨折端前后重叠,不易触及,可发现患处前后径增大。

股骨髁上骨折的出血量较大,如为开放性则出血量更多。患者可有早期休克的表现,如精神紧张和烦躁、面色苍白、口干、肢体发凉、血压正常或轻度增高、脉搏稍快等。

屈曲型股骨髁上骨折,向后移位的骨折端可损伤腘动脉。若伤后腘窝部迅速肿胀,张力加大,胫后动脉、足背动脉搏动减弱或消失,提示有腘动脉损伤可能。若为腘动脉挫伤,血栓形成,则不一定有进行性肿胀。腘动脉损伤症状可有小腿前侧麻木和疼痛,肢体下 1/3 发凉,感觉障碍,足趾及踝关节不能运动,足背动脉搏动消失。胫神经损伤表现为足跖屈、内收、旋后及趾屈运动消失,跟腱反射消失,足背外侧 1/3 及足底皮肤感觉迟钝或消失。

大腿下段正侧位 X 线片可显示骨折的类型和移位情况。

根据受伤史、临床表现和 X 线检查可作出诊断。

【辨证论治】

儿童青枝骨折和成人无移位骨折,可以采用夹板或石膏超膝关节固定。有移位骨折采用骨牵引加手法整复、夹板固定治疗。骨折移位难以整复固定,或伴有血管神经损伤者,应切开复位内固定。

(一) 整复方法

整复以牵引和手法相结合,纠正骨折移位。

1. 骨牵引　牵引可以起到拔伸的作用,同时减少手法整复引起的血管神经损伤。一般伸直型股骨髁上骨折采用胫骨结节牵引;屈曲型骨折采用股骨髁上牵引,如骨折远端向后移位严重,可以选用股骨髁上和胫骨结节双骨牵引(图 3-20)。

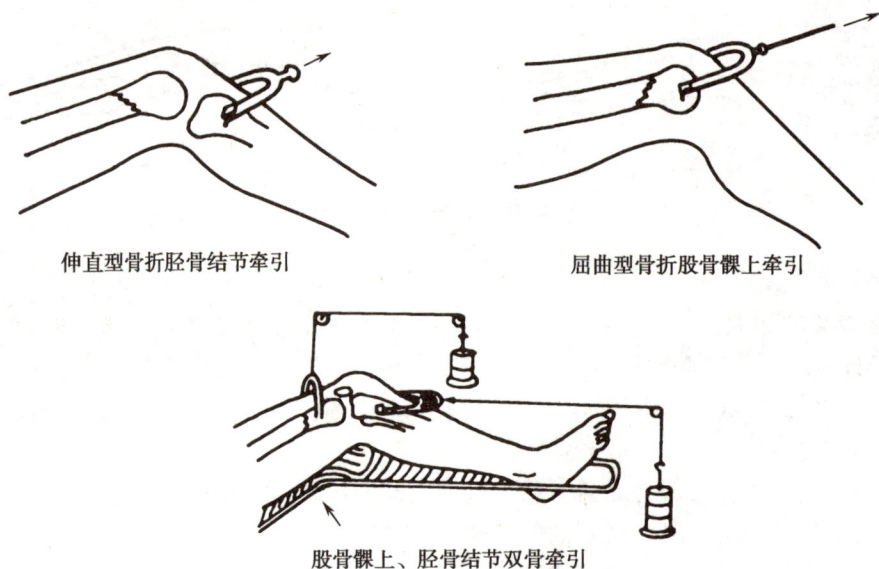

伸直型骨折胫骨结节牵引　　屈曲型骨折股骨髁上牵引

股骨髁上、胫骨结节双骨牵引

图 3-20　股骨髁上骨折牵引

2. 手法复位　由于股骨髁上有强大的肌肉牵拉,骨折断端移位不易纠正,且手法整复后可发生重新移位。手法整复常在牵引下进行,或配合牵引复位矫正残余移位。

(1)屈曲型骨折:整复时,将膝关节屈曲 90° 左右,一助手握小腿,向下牵引。术者双手抱住小腿上端近腘窝处向前牵引,纠正重叠、成角移位。然后,术者两手可把骨折近段向前提托,或用手相对挤压,纠正残余前后和侧方移位(图 3-21)。

(2)伸直型骨折:伸直型骨折在膝关节屈曲 20°~30°,两助手分别握住大腿中下段及小腿近段,对抗牵引,术者一手将近端向前上提托,另一手向后按压骨折远端,握小腿的助手逐渐屈曲膝关节至 90°~110°,骨折即可复位。

130

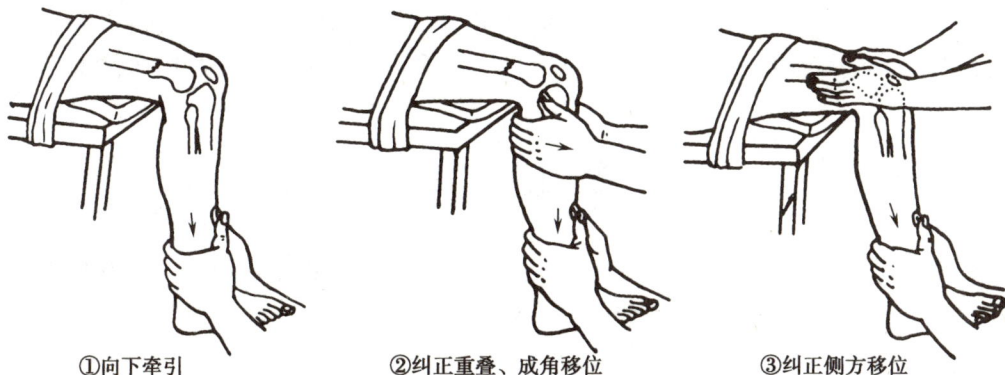

①向下牵引　　　　②纠正重叠、成角移位　　　　③纠正侧方移位

图 3-21　股骨髁上骨折屈曲型手法复位

(二) 固定方法

无移位骨折采用带活动轴的超膝关节夹板固定,大腿、小腿分别捆扎固定,便于膝关节练功锻炼(图 3-22)。固定时间 6~8 周。

有移位的骨折,由于配合牵引固定,一般选用不超膝关节的股骨下段夹板固定(图 3-23)。

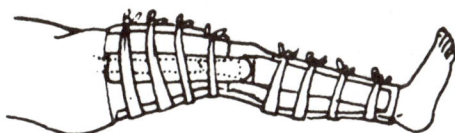

图 3-22　超膝关节夹板固定

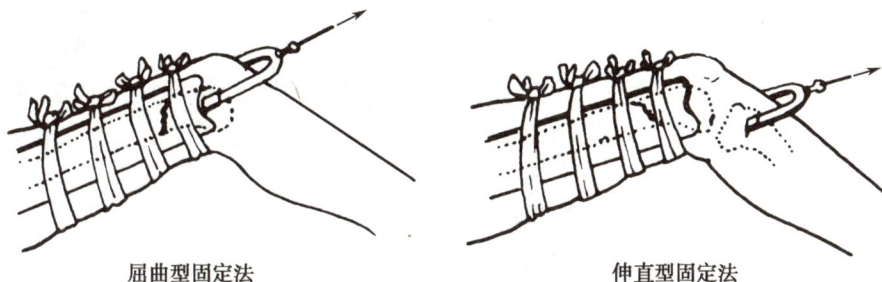

屈曲型固定法　　　　　　　　伸直型固定法

图 3-23　夹板牵引固定

(三) 练功活动

整复固定后,即可做股四头肌收缩及踝、趾关节屈伸活动练习,参照股骨干骨折功能锻炼的方法练习 6~8 周,骨折临床愈合后,可扶双拐下床练习行走,逐渐活动膝关节。

(四) 药物治疗

初期宜活血祛瘀、消肿止痛,内服活血止痛汤或肢伤一方,局部外敷跌打万花油或消肿止痛膏。中期宜接骨续损、和营生新,内服肢伤二方或生血补髓汤,外敷接骨膏或接骨续筋药膏。后期宜补肝肾、壮筋骨,内服肢伤三方。解除固定后,可用海桐皮汤或下肢损伤洗方熏洗。

(五) 手术疗法

移位严重的骨折,开放性骨折,手法整复不成功、未达到功能复位标准的骨折,固定有困难的不稳定骨折等可以选用手术治疗,行切开复位内固定术。如腘部血管损伤,患肢缺血症状明确,经牵引或手法整复后,足背动脉、胫动脉搏动未恢复者,应在伤后 6 小时内尽早行手术探查,修复受损的血管。如伴有胫神经损伤,也可一并处理。但单纯胫神经损伤常是挫伤,可以逐渐恢复,暂不做处理,待骨折愈合后视情况而定。

【预防与调护】

股骨髁上骨折患者无论骨牵引、手法整复、夹板固定,还是切开复位内固定治疗,膝关

笔记栏

PPT课件

功能恢复常不满意。因此在实际治疗中,改进固定技术,保护伸膝装置,缩短骨折愈合时间,避免长期外固定及注意早期功能锻炼是必要的。解除固定后,要加强外用中药熏洗。

第五节 股骨髁间骨折

股骨髁间骨折,又称股骨双髁骨折,为关节内骨折。股骨髁部是股骨下端膨大处,分为内髁及外髁,其间为髁间窝。股骨髁下方与胫骨平台形成关节,前方与髌骨形成髌股关节。后方为腘窝,有腘动脉、腘静脉、胫神经、腓总神经等重要组织。周围有前后交叉韧带、内外侧副韧带及大腿和小腿重要肌肉的附着点。其解剖结构复杂,并发症多,复位要求高,若治疗不当,其效果常常不理想。股骨髁间骨折是膝部较严重的损伤,多见于青年男性。

【病因病机】

股骨髁间骨折多由较严重的间接暴力所致,直接暴力打击或挤压膝部亦可发生。根据受伤机制和骨折端移位方向,分为伸直型骨折、屈曲型骨折两种,以后者多见。

(一)屈曲型骨折

损伤发生时,膝微屈位足部着地,暴力自地面向上经小腿传至膝部,在造成髁上屈曲型骨折的同时,暴力继续作用,骨折近端将远端劈开成两块,并向后移位,骨折近端则向前移位。

(二)伸直型骨折

损伤发生时,膝关节受到过伸暴力,在造成髁上骨折使远折端向前移位,暴力继续作用,近折端插于远端,造成远折端被劈开并向前移,近折端后移,骨折线可呈 T 或 Y 形(图 3-24)。

根据骨折的移位程度,股骨髁间骨折又可分为四度。

Ⅰ度:骨折无移位或轻微移位,关节面平整。

Ⅱ度:骨折有移位,但两髁无明显旋转和分离。

Ⅲ度:骨折远端两髁旋转分离,关节面不平。

Ⅳ度:骨折粉碎,股骨髁粉碎成三块以上,且游离的骨块较大,关节面严重错位。

股骨髁间骨折多为闭合性损伤,严重移位时,骨折端可刺破皮肤造成开放性骨折,亦可伤及后方的腘动脉、腘静脉、胫神经、腓总神经等。髁间骨折为关节内骨折,关节腔常有大量积血。

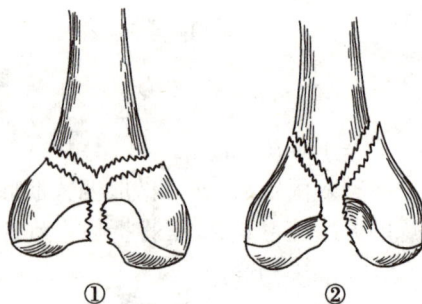

图 3-24 股骨髁间骨折类型
① T 形骨折;② Y 形骨折

【临床表现与诊断】

伤后膝部疼痛,肿胀严重,有皮下瘀斑,膝关节呈半屈曲位,下肢功能丧失,患肢缩短,膝部可能有横径或前后径增大,局部压痛明显,并可扪及骨擦音,有异常活动。应注意检查腘窝有否血肿,足背、胫前动脉的搏动,以及小腿和足背的皮肤感觉、温度,以便确定是否伴有血管神经损伤。

膝关节正侧位 X 线片可以明确骨折类型及移位情况。

根据受伤史、临床表现和 X 线检查可作出诊断。

【辨证论治】

股骨髁间骨折是关节内骨折,治疗要求较高。治疗原则是恢复股骨髁部的解剖对位、关节面的平整和下肢正常的力线,并尽快清除膝关节内血肿,防止出现创伤性关节炎。对仅有远近端移位而两髁无明显分离及旋转移位的,且关节面基本平整的Ⅰ度、Ⅱ度骨折,可用手法复位加超膝关节夹板固定。膝部肿胀严重,远近折端重叠移位,两髁旋转、分离的Ⅲ度、Ⅳ度骨折,可用手法整复,配合股骨髁冰钳或胫骨结节牵引,加大腿夹板固定。骨折粉碎,关节面严重破坏的老年人行超膝关节固定,早期功能锻炼;年轻患者则考虑切开复位内固定。

(一) 整复方法

患者仰卧,膝关节屈曲40°~50°,先在无菌操作下,抽吸干净关节积血,必要时可给予膝部血肿内麻醉。然后一助手握持大腿中下段,另一助手握持小腿中上段,术者用两手掌抱髁部,并向中心挤压,以免在牵引时加重两髁旋转分离。在抱髁下,两助手徐徐用力对抗牵引,注意牵引时不要用力过猛,以免加重损伤和造成两髁旋转(图3-25)。

(二) 固定方法

1. 超膝关节夹板固定 骨折整复后,移位不明显、关节面基本平整,用超膝关节夹板固定。采用带活动轴的超膝关节夹板固定,大腿、小腿分别捆扎固定,便于膝关节练功锻炼。固定时间6~8周。

2. 超膝关节夹板固定加胫骨结节牵引 骨折整复后,如关节面已平整,仅有少许前后移位,用超膝关节夹板固定加胫骨结节牵引。先以超膝关节夹板固定,小腿置于牵引架上,膝关节屈曲45°位,使腓肠肌松弛。并行胫骨结节骨牵引。牵引重量视患者体重和骨折块移位程度而定,一般为体重的1/8~1/7。

图3-25 股骨髁间骨折的整复方法

(三) 练功活动

练功活动应贯穿于骨折治疗全过程,并强调早期功能锻炼。积极的练功活动,通过肌肉收缩活动时产生的动力、夹板固定的压力及胫骨平台对破裂的股骨髁关节面的模造,达到保持骨折对位、关节面平整、矫正残余移位的治疗效果,并可防止关节囊粘连、肌肉、韧带挛缩,有利于关节功能的恢复。骨折固定后,即做股四头肌收缩及踝、趾关节屈伸活动;第2周起行膝关节自动屈伸活动,活动范围从小到大,开始时,允许患者以手帮助进行膝屈伸活动2~3周,范围在10°~20°;然后增加到30°~40°,但切忌暴力屈伸;4~6周后,可参照股骨下1/3骨折的方法进行锻炼。6周后解除牵引,做膝关节的屈伸活动,可在超关节带轴夹板固定下加强锻炼,先进行扶拐下地不负重行走锻炼,直到X线片显示骨性愈合,才允许逐步下地行走锻炼。

(四) 药物治疗

早期宜活血祛瘀,消肿止痛,内服复元活血汤或桃红四物汤加泽泻、车前子、萆薢、牛膝等。中期肿胀已消,瘀血未尽,宜和营生新、接骨续筋,内服和营止痛汤或肢伤二方。后期宜补肾壮筋,内服补肾壮筋汤等。解除夹板固定后,可用下肢损伤洗方或海桐皮汤熏洗,以舒筋活络,促进膝关节功能恢复。

(五) 手术疗法

骨折移位明显、手法复位不理想者,合并神经血管损伤、韧带损伤者,开放性骨折的年轻患者可行切开复位,选用动力髁钢板、股骨远端锁定钢板和逆行髓内钉固定。

【预防与调护】

股骨髁间骨折要注意早期复位并给予有效固定,若治疗不及时,预后较差。在骨折初期练功时,夹板往往易松脱,要及时重新绑扎,保证有效的固定。在骨折治疗3个月以内,要防止膝内翻或外翻,以及过早负重造成骨折再移位。

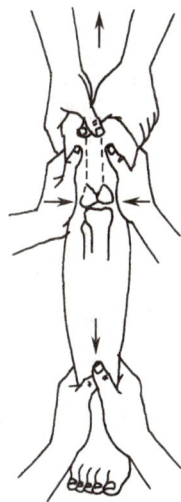

笔记栏

PPT 课件

髌骨骨折损伤机制动画演示

第六节　髌　骨　骨　折

髌骨处于膝的前方,是人体最大的籽骨,呈三角形,底边在上而尖端在下,前面粗糙而隆突;后面有光滑的软骨面,与股骨下端髌面相关节,股四头肌腱连接髌骨上部,并沿其前面移行向下形成髌韧带,止于胫骨结节上,其两侧为髌旁腱膜,是膝关节的重要支持带。髌骨是股四头肌伸膝作用的主要支点,起保护并稳定膝关节、增强股四头肌力量等作用。髌骨骨折多见于成年人和老年人,儿童极少见。

【病因病机】

髌骨骨折可由直接暴力或间接暴力所致,以间接暴力为多。直接暴力引起者,系由暴力直接打击髌骨或跌倒时髌骨直接撞击地面所致,骨折多为粉碎或星芒状,骨折移位较少,股四头肌腱膜和关节囊一般保持完整,对伸膝功能影响较小。间接暴力所致者,系患者跌倒时膝关节骤然屈曲,由于股四头肌反射性强力收缩,髌骨受肌腱的强力牵拉,以股骨髁的前面为支点,导致髌骨横断骨折,两骨折端多有分离,股四头肌腱膜及关节囊多有破裂,伸膝装置受到破坏,若治疗不当,可影响伸膝功能。

髌骨骨折有以下两种分类方法。

（一）根据骨折断端移位情况分类

1. 无移位骨折　骨折无移位,髌骨周围筋膜和关节囊保持完整,伸膝装置未破坏（图 3-26）。

2. 有移位骨折　骨折有分离移位,髌骨周围筋膜和关节囊保持撕裂较严重,伸膝装置受到破坏（图 3-27）。

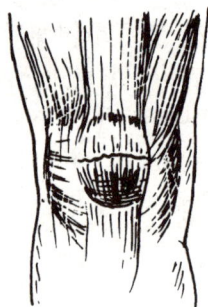

图 3-26　髌骨骨折无移位　　　　　图 3-27　髌骨骨折分离移位

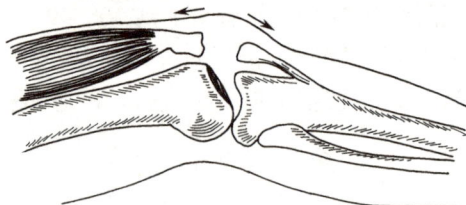

（二）根据骨折部位与骨折线的形状分类

1. 按骨折线的形状,可分为髌骨横形骨折、纵形骨折和粉碎性骨折或星芒状骨折。

2. 按骨折部位可分为髌骨上极骨折、中部骨折和下极骨折（图 3-28）。

【临床表现与诊断】

伤后局部疼痛,髌前皮下瘀血青紫,或有皮肤擦伤,膝关节前部肿胀突起,甚至局部发生水疱,膝关节功能丧失,不能自主伸直抬举患肢。局部压痛明显,若为横断骨折分离移位可扪及凹陷,无移位的骨折有时可触及骨擦音。关节内有大量积血者,浮髌试验阳性。

膝关节正、侧、轴位 X 线片可明确骨折类型和移位情况。

根据受伤史、临床表现和 X 线检查可作出诊断。

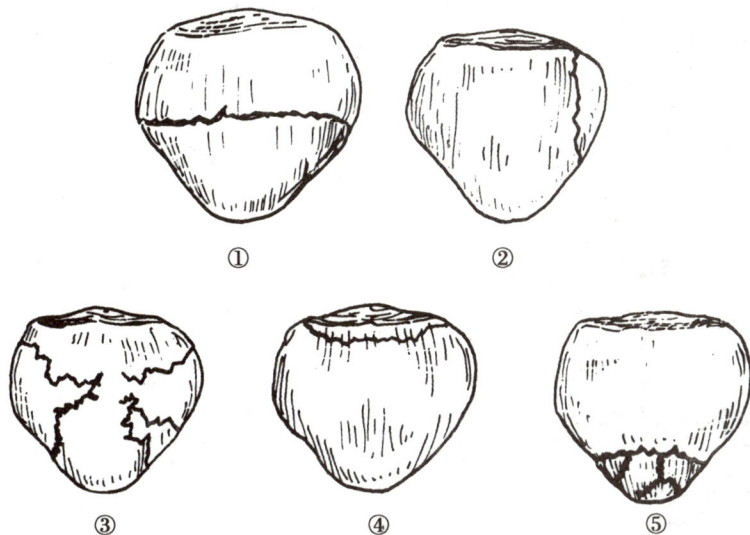

图 3-28　髌骨骨折的类型
①髌骨中部横形骨折；②髌骨纵形骨折；③髌骨星芒状粉碎性骨折；
④髌骨上极粉碎性骨折；⑤髌骨下极粉碎性骨折

【辨证论治】

髌骨骨折的治疗原则是恢复伸膝装置完整,维持关节面光滑完整,防止创伤性关节炎的发生。无移位的髌骨骨折,移位不大的裂缝骨折、星芒状骨折,可单纯采用抱膝圈固定膝关节于伸直位。横断骨折若移位在 1cm 以内者,可采用手法整复,抱膝圈固定膝关节于伸直位,如移位较大的髌骨骨折,手法整复有困难者,可采用抓髌器固定。

(一) 整复方法

患者平卧,患肢置于伸直位,先清洗局部皮肤,在无菌操作下抽吸关节腔及骨折断端间血肿后,并注入 1% 利多卡因 10ml 左右做局部麻醉。术者以一手拇指及示、中指先捏挤远端下缘向上推并固定;另一手拇指及示、中指捏挤近端上缘的内外两角,向下推挤,使骨折近端向远端对位(图 3-29)。

(二) 固定方法

1. 抱膝圈固定　无移位或分离移位不超过 0.5cm 者,可用抱膝圈固定。用绷带量好髌骨轮廓大小,作成圆圈,缠以棉花,用绷带缠好外层,另加布带四条,各长 60cm,制成抱膝圈。后侧垫一托板,长度由大腿中部到小腿中部,宽 13cm,厚 1cm,板中部两侧加上固定用的螺丝钉。骨折整复满意后,置患膝于托板上,膝关节后侧及髌骨周围衬好棉垫,将抱膝圈套于髌骨周围,固定带分别捆扎在后侧托板上。若肿胀消退,则根据消肿后髌骨轮廓大小缩小抱膝圈,继续固定至骨折愈合(图 3-30)。固定时间 4~6 周。

2. 骨圆针闭合穿针外固定　对髌骨骨折上下两块骨折块分离移位较大者,可用克氏针闭合穿针加压外固定。患者仰卧位,患肢膝关节屈曲 5°~10°,股神经阻滞或局部麻醉无菌下操作,穿针方向与髌骨骨折线平行,两针应在同一平面,抽净关节内积血,用两手拇指和示指推挤髌骨使其对位,摸清骨折内外侧边缘及髌骨表面,若已齐平可将两针端靠拢拉紧,安装微型加压器并拧紧螺丝,如无加压器,可用不锈钢丝代替加压固定器拧紧钢针。术后用酒精纱布保护针孔,防止感染,膝后置长木板或石膏后托固定膝关节于 5°~10° 屈曲位,直至骨折愈合。固定时间 4~6 周。

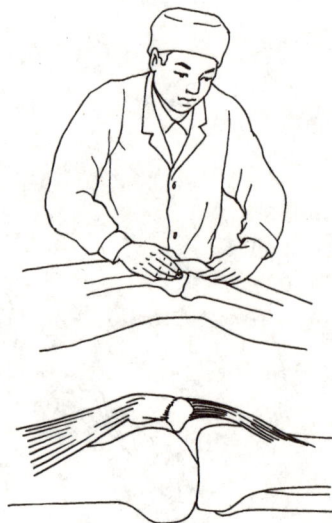

图 3-29 髌骨骨折复位法

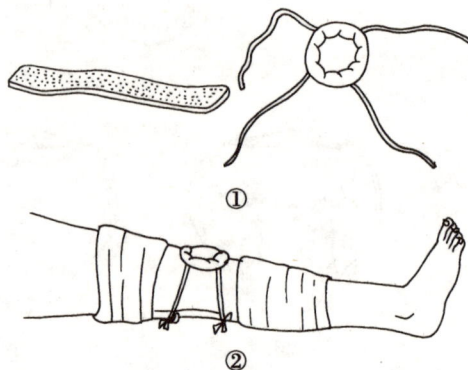

图 3-30 抱膝圈固定方法
①抱膝圈；②固定方法

3. 抓髌器固定　适用于有分离移位的新鲜闭合性髌骨骨折。在无菌操作下，麻醉后，抽净膝关节内积血，用双手拇指和示指相对推挤髌骨使其对位，摸清髌骨内外边缘及表面是否平整，待复位准确后，先用抓髌器较窄的一侧钩刺入皮肤，钩住髌骨下极前缘和部分髌腱。如为粉碎性骨折，钩住其主要骨块和最大的骨块，然后再用抓髌器较宽的一侧钩住髌骨上极前缘即张力带处，如为上极粉碎性骨折，先钩住上极粉碎性骨块，再钩住远端骨块。注意抓髌器的双钩必须抓牢髌骨上下极的前缘，将加压螺旋稍加拧紧以期髌骨块间相互紧密接触，术者以手指触摸髌骨前面和内外侧缘，若平整光滑，再缓慢地伸屈膝关节以磨造关节面，达到最佳复位（图 3-31）。术后用酒精纱布保护钩爪孔眼、防止感染。固定时间 4~6 周。

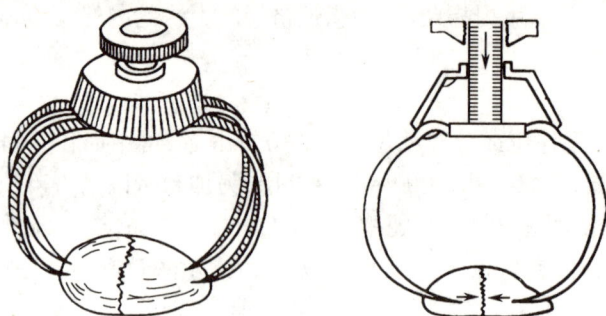

ER-3-12

髌骨骨折抓髌器固定方法

图 3-31 抓髌器固定

（三）练功活动

整复固定后，应积极指导患者行股四头肌及踝、足趾关节功能锻炼，2 周后开始做膝关节被动屈伸，活动范围开始时不要超过 15°。第 4 周起，可嘱患者扶双拐患肢不负重下地步行 1~2 周，再改为单拐。解除外固定后，逐步加大膝关节的屈伸锻炼，加大的程度以患者不感到疼痛为宜。

（四）药物治疗

髌骨骨折，关节内积血较严重，初期宜大量使用活血化瘀药及适当加渗湿药，如活血祛瘀方加薏苡仁、汉防己、车前子等；待肿胀渐消，再在活血化瘀的基础上，和营止痛、接骨续筋，如使用和营止痛汤、接骨丹等药；后期宜服肢伤三方。外用药，早期可敷双柏散、四黄散等，后期解除外固定后，可用海桐皮汤熏洗。

(五) 手术疗法

对有较大移位的髌骨骨折，可选用手术切开复位内固定治疗。新鲜髌骨骨折在硬膜外麻醉下作髌骨前方弧行或纵行切口，解剖复位骨折块并恢复软骨面平整。固定方法可依据骨折具体情况，选用钢丝或丝线荷包缝合固定，或克氏针钢丝张力带固定，也可采用记忆合金爪形聚髌器固定等。注意同时要修复撕裂的髌旁腱膜及关节囊。术后用石膏托固定膝关节屈曲 10° 位 4~6 周。

【预防与调护】

注意调整抱膝圈扎带的松紧度或抓髌器螺旋盖的压力，松则不能有效地维持对位，紧则抱膝圈影响肢体的血液循环。要求患者按练功步骤积极稳妥地进行锻炼，但在骨折未达到临床愈合之前，注意勿过度屈曲，避免造成骨折的再移位。

第七节 胫骨髁骨折

胫骨髁骨折，又称为胫骨平台骨折。胫骨髁部由松质骨构成，其边缘上有半月板覆盖，中间为髁间嵴，有前后交叉韧带附着，两侧有内外侧副韧带。胫骨内外髁形态如倒锥状，上面平阔故称为平台，由于外侧平台骨小梁分布不如内侧密集，膝外侧又容易遭受外力打击，故胫骨外髁骨折又较内髁骨折多见。胫骨髁骨折为关节内骨折，骨折波及胫骨近端关节面。严重者还可合并有半月板及关节韧带损伤，因此胫骨髁骨折容易引起膝关节的功能障碍。为了获得最大限度的功能恢复，处理这种骨折时，应根据损伤的严重程度、损伤类型以及合并损伤的情况等，采用不同的治疗方法。胫骨髁骨折较为常见，好发于青壮年，男性患者多于女性。

【病因病机】

直接暴力与间接暴力均可引起胫骨髁骨折，以间接暴力引起者多见。直立位膝部外侧受暴力打击，外翻暴力造成外髁骨折。从高处跌下时，胫骨髁受到垂直压缩暴力，股骨髁向下冲击胫骨平台，则引起胫骨内、外髁同时骨折。膝关节屈曲小腿外旋位外翻暴力可造成胫骨外髁前部骨折，而内旋位内翻暴力可引起内髁前部骨折。胫骨髁骨折致伤暴力复杂，临床分类方法较多。根据暴力性质及移位方向，一般分为以下三型 (图 3-32)。

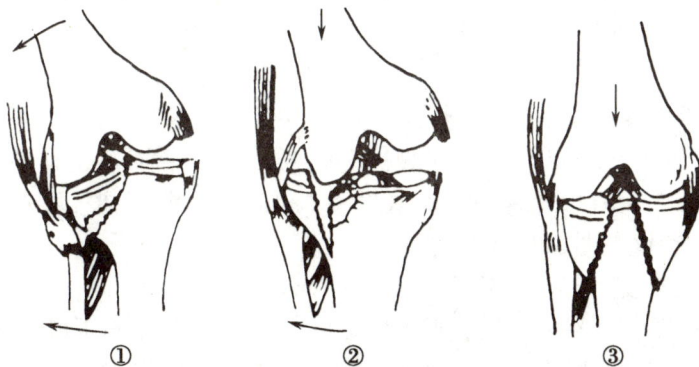

图 3-32 胫骨髁骨折类型
①胫骨外髁劈裂型；②胫骨外髁凹陷型；③胫骨双髁劈裂型

1. 胫骨外髁劈裂骨折　因外翻暴力,股骨外髁外侧缘切入胫骨外髁所致,骨折线纵行,外髁骨折块向外侧移位。

2. 胫骨外髁凹陷骨折　由于外翻暴力较大,股骨外髁将部分胫骨平台的关节面连同骨折碎片压入劈裂的骨折断片之间,既有关节面的塌陷,又有关节面的劈裂,这种凹陷的骨碎片常阻止劈裂的骨折块复位,使手法整复较困难,且影响关节面的平整。

3. 胫骨双髁劈裂骨折　自高处坠落时,地面的反作用力通过足经小腿向上传达,身体重力通过股骨髁作用于胫骨髁上,使胫骨髁骨折。胫骨髁的两侧向下方移位,使胫骨棘相对隆起,骨折线可呈 T 或 Y 形。高能量损伤患者,一定要仔细评估血管神经状况。另外,作用力很少双侧相等,往往一侧较另一侧稍大,故骨折移位往往不一致。

当外翻暴力较大时,往往可将十字韧带及膝内侧副韧带撕裂,伴有内侧半月板损伤,给治疗带来更大困难。直接暴力打击膝外侧,可合并腓骨小头骨折或腓总神经损伤。

膝过度内翻暴力,可致胫骨内髁骨折,骨折块塌陷。有时因内侧副韧带牵拉而向内移位,临床极少见。

【临床表现与诊断】

伤后膝部明显肿胀疼痛,有明显瘀斑,膝关节功能完全障碍,可有膝内、外翻畸形。局部有明显压痛,有骨擦音及异常活动。有侧副韧带断裂时,侧向试验阳性;有交叉韧带断裂时,则抽屉试验阳性;有腓总神经损伤,可出现小腿前外侧及足背皮肤感觉减弱或消失,小腿前侧及前外侧肌群肌力减弱或消失。

膝关节正侧位 X 线片可显示骨折类型和移位情况。疑有侧副韧带断裂,还可在被动内翻或外翻位拍摄双膝关节正位 X 线片,与健侧对比关节间隙的距离。膝关节 CT 检查可更全面反映骨折情况;MRI 检查可精确地反映韧带和半月板损伤情况,必要时可配合检查,以便于明确诊断。

根据受伤史、临床表现和 X 线、CT、MRI 检查可作出诊断。

【辨证论治】

胫骨髁骨折治疗的目的是最大限度地恢复膝关节功能,避免关节不稳定、畸形、僵硬与疼痛。因此治疗时应正确复位,予以可靠的内或外固定,进行适当的练功锻炼,恢复光滑的平台关节面,以促进关节功能恢复。无移位骨折,先在无菌操作下,抽吸干净关节内积血或积液,用超关节夹板固定 4~6 周。有移位骨折,则视具体情况,确定复位手法及固定方式,要求做到解剖复位。

(一) 整复方法

腰麻或局部血肿内麻醉后,患者仰卧位,先在无菌操作下抽吸干净膝关节内积血,置屈膝 20°~30° 位,然后根据骨折不同情况进行整复。

1. 二人复位法　适用于移位不多、关节面无挤压塌陷或塌陷不严重的单髁骨折。以胫骨外髁为例:助手一手按于股骨下段向外侧推,另一手握小腿下段牵拉并向内扳拉,使膝成内翻位,并扩大膝关节外侧间隙,有利于骨折块复位。当膝外翻被矫正时,膝关节囊即紧张,可以把骨折块拉回原处。术者站于患侧,在助手牵拉的同时,用拇指推压骨折块向上、向内,以进一步纠正残余移位(图 3-33 ①)。

2. 三人复位法　适用于骨折移位较多的胫骨髁骨折。

(1)单髁骨折以外髁为例,一助手握大腿下段,另一助手握小腿下段行对抗牵引。在纵向对抗牵引下,远端助手略内收小腿使成膝内翻。膝内翻时,外侧关节囊若未破裂,可在其牵拉下,将骨折块拉向近、内侧,术者站于患侧,用两手拇指按压骨折块向上、向内复位(图 3-33 ②③)。

胫骨髁骨折手法整复动画演示

138

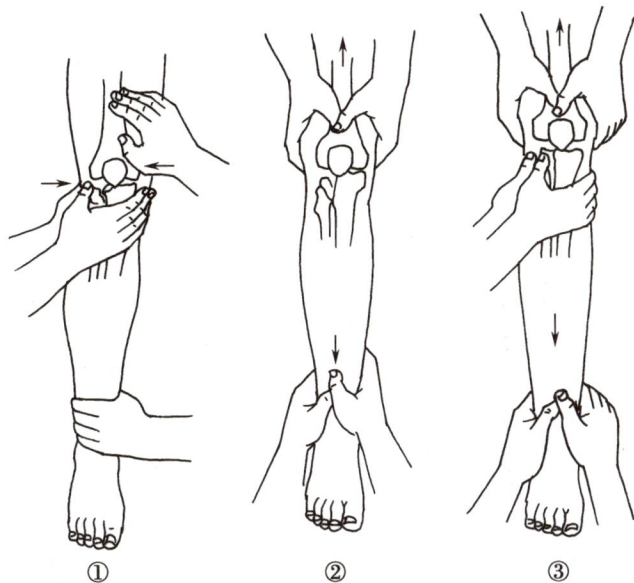

图 3-33　胫骨髁骨折整复方法
①二人复位法；②③三人复位法

（2）双髁骨折手法复位时，两助手分别握大腿下段及小腿下段对抗牵引。牵引时，要持续有力，术者在对抗牵引下，以两手掌合抱，用大鱼际部置于胫骨内、外髁上端两侧，相向对挤，使骨折块复位。若整复时有阻力或不顺利，可反复用手推挤骨折块，使之复位。复位后应加用持续牵引。

（二）固定方法

1. 夹板固定　无移位骨折可用超关节夹板固定 4~6 周。有移位骨折在整复后，经 X 线检查若位置满意，用超关节夹板固定。先在外髁的前下方放好固定垫，但注意勿压伤腓总神经；双髁骨折则在内、外髁前下方各置一固定垫。放好固定垫后，可用夹板固定。若骨折块移位较多的单髁骨折或双髁骨折，整复后骨折块仍有移位趋势，可加跟骨牵引，亦可选加小腿皮肤牵引，以增强骨折复位固定的稳定性，减少继续移位。固定时间 6~8 周。

2. 撬拨复位固定　适用于手法复位不成功或固定效果不满意的胫骨髁骨折。常规无菌操作下，用合适的细钢针（一般选用 2~3mm 直径为宜）撬拨。以外髁骨折为例，保持膝关节内翻位，在胫骨髁前外侧的下方，离关节面 3cm 处，将钢针穿过皮肤，向后、上方进针。经 X 线透视下，用针前端抵住外髁塌陷骨折块，做撬拨复位。在撬拨的同时，在胫骨上端内外两侧配合手法，向中部推挤，整复周围劈裂骨折。复位经 X 线透视满意后，用另一钢针穿过皮肤，沿塌陷骨片下面击入，至胫骨髁内侧骨皮质下作固定。然后包一长腿管型石膏，固定时间 6~8 周。

3. 持续牵引　适用于各型胫骨髁骨折，尤其是关节面破碎严重无法复位者。先在局部麻醉下行跟骨牵引。无菌操作下抽出关节内积血，再注入 1% 普鲁卡因 20ml，膝关节完全伸直位并抬高 30°，牵引重量 3~5kg，牵引时间一般为 4~6 周，儿童可改为皮肤牵引。每天做主动活动，膝关节屈曲至 90°，然后伸直。经 X 线检查显示骨折已达临床愈合，去牵引扶双拐下地活动，3 个月内患肢不负重，通过早期活动模造出较理想的关节面。

4. 穿针外固定器固定　适用于移位大、伤情重或局部皮肤条件差不宜切开复位的胫骨髁骨折，一般在 C 臂 X 射线机监视下进行操作。平行胫骨内外髁关节面徐徐钻入 2 枚骨螺纹钉，撬起骨折块以恢复正常关节面的解剖关系，可酌情辅以手法挤按使之复位满意，继之在胫骨中下段再钻入2枚骨圆针,通过螺钮连接在外固定器上(图3-34)。此法可使患膝早期活动,有利于关节面模造和防止关节粘连。固定时间一般为6~8周。骨折愈合后去除针钉和外固定器。

(三)练功活动

复位固定后,应立即进行股四头肌功能锻炼及踝、足趾关节屈伸活动锻炼。采用持续牵引和外固定器固定的,固定期间应主动做膝关节活动。经8周左右骨折已临床愈合,可拆除外固定,做膝关节主动活动锻炼,活动范围由小到大,循序渐进,具体方法可参考"股骨髁间骨折"。下地负重活动最早应在伤后半年后进行。练功期间,夜间需再行后托夹板固定,防止膝外翻畸形。

(四)药物治疗

早期宜活血祛瘀、消肿止痛,可内服桃红四物汤加泽泻、车前子、延胡索、萆薢、牛膝。中期肿胀已消,瘀血未尽,宜调和营血、祛瘀生新,内服和营止痛汤。后期宜补肾壮筋,内服补肾壮筋汤。解除外固定后,可选用海桐皮汤加强熏洗。

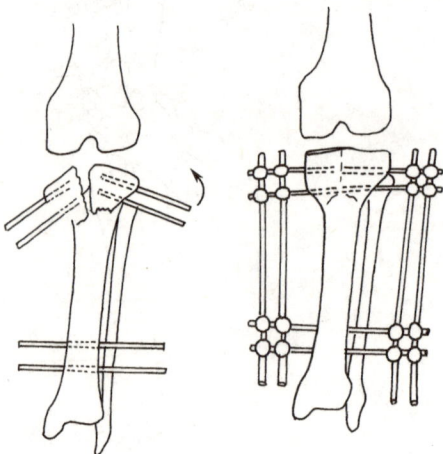

图3-34 穿针外固定器固定

(五)手术疗法

胫骨髁骨折移位严重者或伴有神经、肌肉等软组织损伤者,需要行切开复位钢板螺钉内固定治疗,恢复胫骨两髁的平整和宽度。胫骨髁压缩骨折撬拨复位后,骨缺损处用松质骨充填,恢复平台关节的光滑,再行固定。合并韧带、半月板损伤者,除处理骨折外,还要根据损伤情况加以修复。

【预防与调护】

胫骨髁骨折属关节内骨折,既不易整复,又难以固定,因此应指导患者早期进行功能锻炼、后期负重锻炼,以免发生关节不稳、膝关节僵硬以及后期发生创伤性关节炎。骨牵引、穿针固定和手术治疗要注意预防感染。

第八节 胫腓骨干骨折

胫腓骨干骨折是指胫骨干和腓骨干同时发生骨折,又称胫腓骨干双骨折。胫骨中上段横截面呈三角形,由前、内、外三嵴将胫骨干分成内、外、后三面,胫骨嵴前突并向外弯曲,形成胫骨的生理弧度,其上端为胫骨结节。胫骨嵴下行至下1/3处渐失去其陡嵴的外形,与胫骨干混合,故胫骨干下1/3略呈四方形。中下1/3交界处比较细弱,是骨折的好发部位。胫骨干并非完全垂直,上端凸向内,而在中、下部凸向外,形成胫骨的生理弧度。胫骨结节和胫骨嵴是良好的骨性标志,在整复时,应注意骨性标志,并注意恢复其生理弧度。胫骨下端内侧骨质突出成为内踝,与腓骨下端所形成的外踝共同构成踝穴,骑在距骨体的上方,组成负载全身体重的踝关节。正常人膝关节与踝关节在同一平行轴上活动,故在治疗胫腓骨干骨折时,必须防止成角和旋转移位,保持膝、踝关节轴的平行一致,以免日后发生创伤性关节炎。胫骨的营养动脉由胫骨干上1/3的后外侧穿入,在致密骨内下行一段距离后进入髓腔,因此胫骨干中段以下发生骨折,营养动脉易发生损伤,往往造成下骨折段血液供应不良,发生迟缓愈合或不愈合。腘动脉在进入比目鱼肌的腱弓后,分为胫前动脉与胫后动脉。此二动脉贴近胫骨下行,胫骨上端骨折移位时易损伤此二血管,引起筋膜间隔区综合征或缺血性肌挛缩。胫腓骨干骨折在长管状骨折中发生率较高,以少年儿童多见。好发部位为胫骨干中下 1/3 交界处。

【病因病机】

直接暴力或间接暴力均可造成胫腓骨干骨折(图 3-35)。

(一) 直接暴力

暴力多来自外侧或前外侧,如重物打击、跌伤、撞伤,或车轮、重物压伤等。骨折线多为横形或短斜形,严重者可为粉碎性骨折。胫、腓两骨骨折线都在同一水平,且常在暴力作用侧有一个三角形碎骨片。软组织损伤较严重,因整个胫骨的前内侧面位于小腿的皮下,易造成开放性骨折。除上 1/3 骨折外,血管神经同时受伤的较少。

(二) 间接暴力

由高处坠落,扭伤或滑倒时的传达暴力或扭转暴力所致。骨折线多为斜形或螺旋形。双骨折时,腓骨的骨折线较胫骨为高,软组织损伤较轻。偶因骨折移位,骨尖穿破皮肤造成开放性骨折,因骨折尖端自里而外穿出,故伤口污染较轻。儿童胫腓骨干双骨折时,可同时为青枝骨折。

骨折发生后,由于暴力的方向、肌肉的收缩、小腿和足部的重力等因素的影响,骨折断端可有重叠、成角或旋转畸形。因小腿外侧受暴力机会较多,骨折端多向内成角。因股四头肌和腘绳肌分别附着胫骨上端的前及内侧,两肌牵拉骨折近段则向前、内移位;小腿肌肉主要在胫骨的后面和外面,可使骨折远端向后、外倾斜;足的重力可使骨折远端向外旋转。由于肢体内动力的不平衡,当肿胀消退后,肌肉收缩,可使两骨折端重叠。骨折的旋转和成角,膝关节和踝关节二轴的平行关系被破坏,如不纠正,则影响步行和负重功能,并可导致创伤性关节炎的发生。胫骨上端骨折移位时,有可能损伤紧贴胫骨下行的胫前动脉和胫后动脉。由于小腿深筋膜甚为坚厚致密,故胫骨骨折可造成小腿筋膜间隔区内肿胀,压迫血管,形成筋膜间隔区综合征。胫骨中下段骨折,由于胫骨的营养血管同时损伤,胫骨下 1/3 又缺乏肌肉附着,往往因局部血液供应不良而发生骨折迟缓愈合或不愈合。特别是在开放复位时,由于骨膜被剥离,仅有的骨膜下动脉也遭受破坏,直接中断了骨折远端的血液供给,更加重迟缓愈合或不愈合的可能性。

【临床表现与诊断】

伤后小腿疼痛肿胀和功能丧失,可有肢体缩短、成角及足外旋畸形以及骨擦音和异常活动。损伤严重者,在小腿前、外、后侧间隔区单独或同时出现极度肿胀,扪之硬实,肌肉紧张而无力,有压痛和被动牵拉痛,胫后神经或腓总神经分布的皮肤感觉丧失,应诊断为筋膜间隔区综合征。严重挤压伤或开放性骨折,应注意早期创伤性休克的可能。小儿青枝骨折或裂缝骨折,临床症状可能很轻,但患儿拒绝站立或行走,局部有轻微肿胀及压痛时,即应做 X 线检查,以防漏诊或误诊。胫骨上 1/3 骨折者,检查时应注意腘动、静脉的损伤。腓骨上端骨折时,要注意腓总神经的损伤。

小腿正侧位 X 线片可明确骨折部位、类型及移位方向。间接暴力引起的胫腓骨骨折的骨折线不在同一平面,X 线片拍摄应包括胫腓骨全长。

根据受伤史、临床表现和 X 线检查可作出诊断。

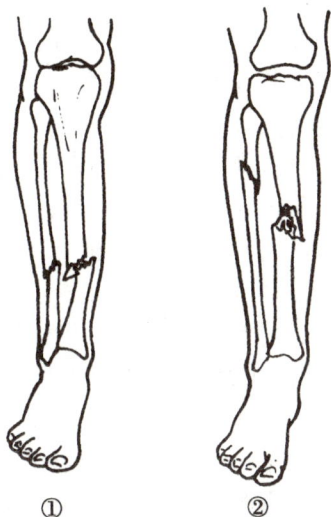

图 3-35 胫腓骨干骨折
①直接暴力骨折;②间接暴力骨折

胫腓骨骨折损伤机制动画演示

【辨证论治】

胫腓骨干骨折的治疗目标主要是恢复小腿长度和负重功能,因此应重点处理胫骨骨折。对骨折端的成角畸形和旋转移位,应予以完全纠正。无移位骨折,只需夹板固定,直至骨折愈合;有移位的稳定骨折(如横断骨折),可采用手法复位,夹板固定;不稳定骨折(如粉碎性骨折、斜形骨折),可用手法复位,夹板固定,配合跟骨牵引。开放性骨折应彻底清创,尽快闭合伤口,将开放性骨折变为闭合性骨折。合并筋膜间隔区综合征者应切开深筋膜,彻底减压。创口缝合时,若张力太大,可在两侧作减张切口。陈旧骨折畸形愈合者,若生长未牢固,可用手法折骨,夹板固定加跟骨牵引;畸形愈合牢固、折骨困难者,或骨不愈合者,应行切开复位内固定加植骨术。

(一) 整复方法

骨折整复越早,越易复位,效果也越好。应尽可能在伤后 2~3 小时内肿胀尚未明显时进行整复,此时容易整复成功。必要时可配合镇痛、麻醉、予肌肉松弛剂,以利达到完全整复的目的。当骨折后肢体明显肿胀时,不宜强行复位,可给予暂时性制动并抬高患肢,促进血液循环,减少组织渗出,待肿胀消退后再行整复固定。

患者仰卧,膝关节屈曲 20°~30°,一助手站于患肢外上方,用肘关节套住患膝腘窝部,另一助手站在患肢足部远侧,一手握前足,一手握足跟部,沿胫骨长轴做对抗牵引 3~5 分钟,矫正重叠及成角移位。若近端向前内移位,则术者两手拇指放在远端前侧,其余四指环抱小腿后侧,在维持牵引下,近端牵引的助手将近端向后按压,术者两手四指端提远端向前,使之对位;如仍有左右侧移位,可同时推近端向外,拉远端向内,一般即可复位。螺旋形骨折、斜形骨折时,远端易向外侧移位,术者可用拇指置于远侧端前外方,挤压胫腓骨间隙,将远端向内侧推挤,其余四指置于近端内侧,向外用力提拉,并嘱把持足部牵引的助手,将远端稍稍内旋,可使完全对位,然后在维持牵引下,术者两手握骨折处,嘱助手徐徐摇摆骨折远端,使骨折端紧密相插,最后以拇指和示指沿胫骨嵴及内侧面来回触摸骨折部,检查对线对位情况(图 3-36)。一般胫骨骨折复位后腓骨亦随之复位,即使腓骨断端有稍许错位亦影响不大。

(二) 固定方法

1. 夹板固定 胫腓骨干骨折整复后,取 5 块夹板固定。外、后、内侧各 1 块,前侧板 2 块,并根据骨折端复位前移位的倾向性而放置适当的固定垫。斜形骨折在骨折远端的前外侧(相当于胫腓骨之间)放置分骨垫,分骨垫的上缘平骨折线,然后在骨折部位的内侧及小腿外侧的上下端各放一纸垫,横断骨折达到解剖复位的,不用分骨垫;如未达到解剖对位,一般近端易向内,远端易向外,故可将内侧纸垫放在向内移位的骨折近端,分骨垫放在远端的前外侧。放好纸垫后,用胶布贴好,再根据骨折部位不同选择放置合适的夹板。

上 1/3 骨折时,膝关节置于屈曲 40°~80° 位,夹板下达内、外踝上 4cm,内、外侧板上超膝关节 10cm;胫骨嵴两侧放置两块前侧板,外前侧板正压在分骨垫上。两块前侧板上端平胫骨内、外两髁;后侧板的上端超过腘窝部,在股骨下端前面再放 1 块短夹板作超膝关节固定。

中 1/3 骨折时,外侧板下平外踝,上达胫骨外髁上缘;内侧板下平内踝,上达胫骨内髁上缘;后侧板下端抵于跟骨结节上缘,上达腘窝下 2cm,以不妨碍膝关节屈曲 90° 为宜。前侧两板下达踝关节上,上平胫骨结节。

下 1/3 骨折时,内外侧板上达胫骨内、外髁平面,下平齐足底,后侧板上达腘窝下 2cm,下抵跟骨结节上缘,前侧两板与中 1/3 骨折放置相同(图 3-37)。

将夹板放好后,用布带先扎好中间 2 道,后捆两端。上 1/3 骨折作超膝关节固定,下 1/3 骨折的内、外侧板在足跟下方作超踝关节结扎固定。作夹板固定时,腓骨小头处应以棉垫保护,避免夹板直接压迫腓骨小头引起腓总神经麻痹。固定后要抬高患肢以利消肿,可放在枕头或布朗架上。夹板固定时,要注意松紧度适当,既要防止消肿后外固定松动而致骨折重新

142

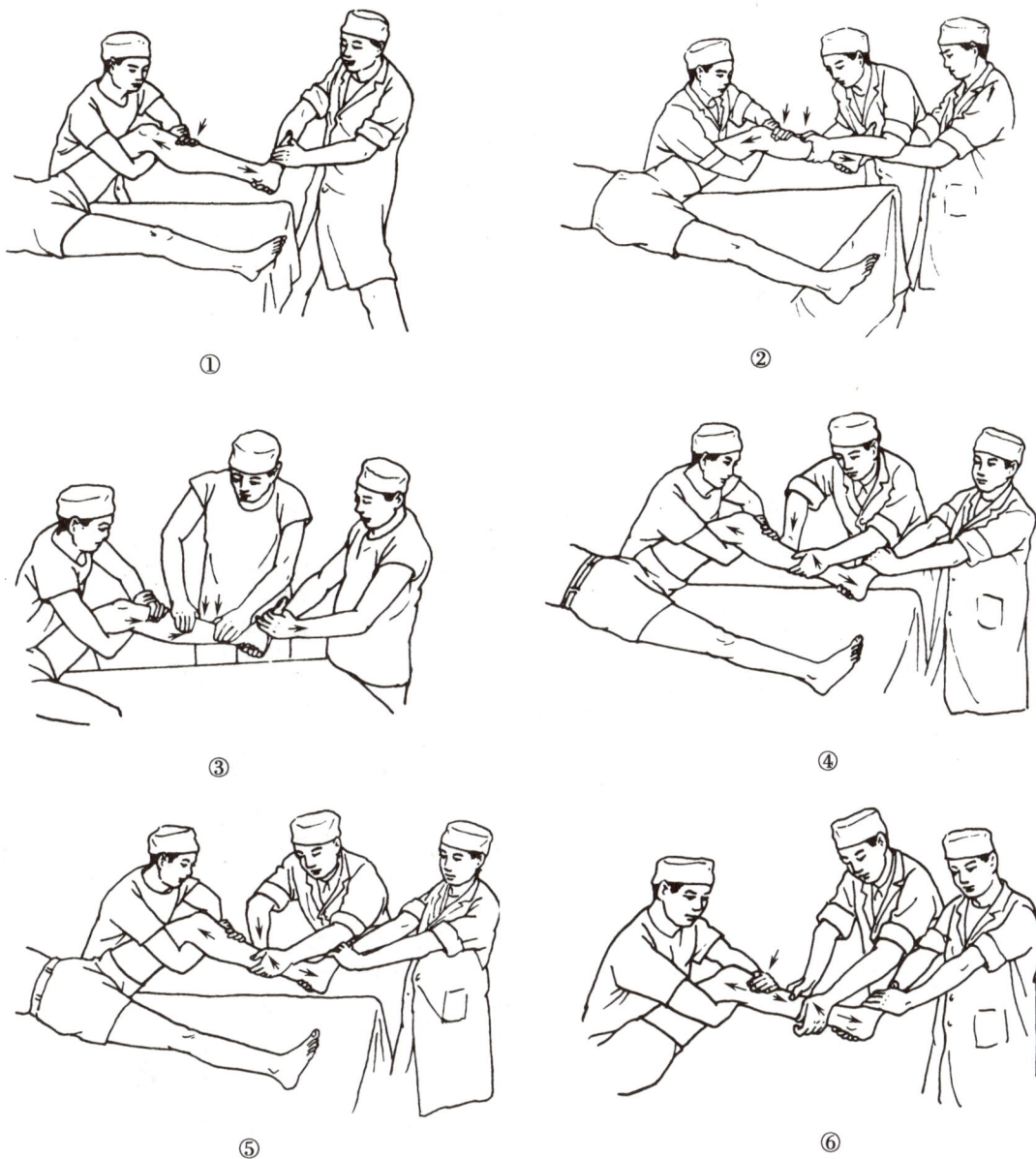

①

②

③

④

⑤

⑥

图 3-36　胫腓骨干骨折复位手法
①拔伸牵引；②纠正前后移位；③纠正向外移位；
④纠正侧方移位；⑤挤压捺正；⑥检查复位情况

移位，也要防止夹板过紧而妨碍患肢血运或造成压疮。应抬高患肢，下肢在中立位，膝关节屈曲20°~30°，每天注意调整布带的松紧度，检查夹板、固定垫有无移位，加垫处或骨突处有无受压而产生持续性疼痛等。固定时间 7~10 周，胫骨中下段骨折迟缓愈合，固定时间要相应延长。

2. 石膏外固定　石膏外固定在治疗胫腓骨骨折的应用上比较广泛。适用于比较稳定的骨折或经过一段时间牵引治疗后的骨折，以及辅助患者进行功能锻炼（功能石膏）等情况。最常用的是长腿管型石膏固定。固定期间要保持石膏完整，因肢体肿胀消退后易因空隙增大而致骨折再移位，故若有松动及时更换。长腿石膏一般需固定 7~8 周后拆除。发生在胫腓骨中下 1/3 交界处以下的稳定型骨折，也可采用小腿 U 形石膏固定，操作方便，利于活动及功能锻炼。

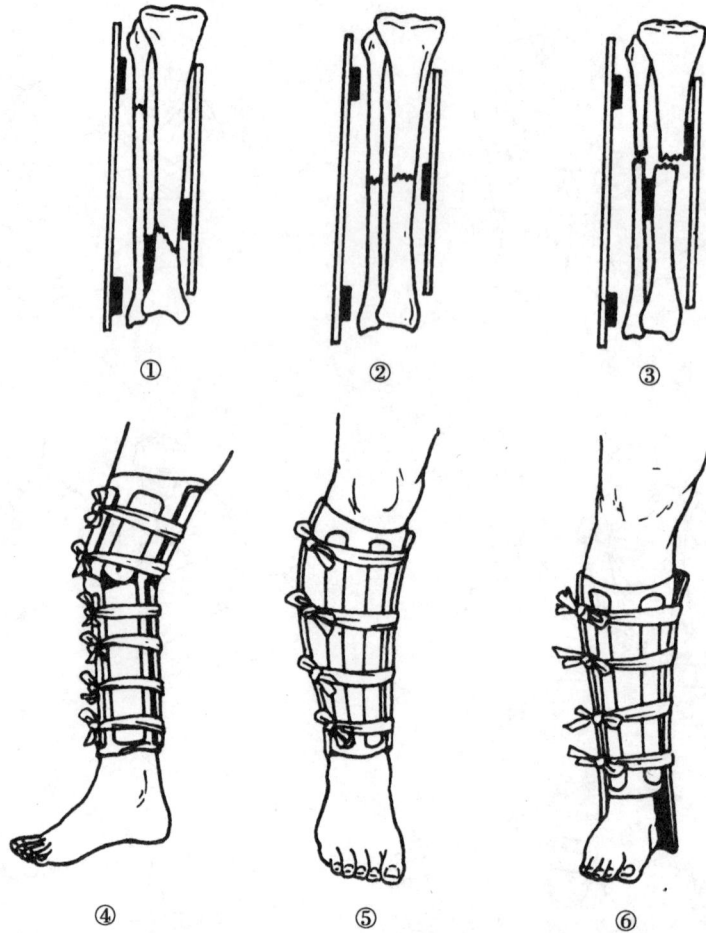

图 3-37 胫腓骨干骨折压垫放置位置及夹板固定方法
①斜形骨折；②横断骨折达到解剖对位者；③横断骨折未达到解剖对位者；
④上 1/3 骨折固定法；⑤中 1/3 骨折固定法；⑥下 1/3 骨折固定法

3. 持续牵引　对于患肢严重肿胀或有皮肤挫伤不宜立即作夹板固定，或粉碎性骨折、斜形骨折及螺旋形骨折等不稳定骨折，可在局部麻醉或无菌操作下行跟骨牵引。穿细钢针时，跟骨外侧需比内侧高 1cm（约有 15° 斜角），因垂直牵引时 15° 斜角变为平行，使足跟轻度内翻的力量向上传导集中在骨折部，骨折对位更稳定，并可恢复小腿的生理弧度。牵引重量一般为 3~5kg。牵引后 48 小时内 X 线照片检查骨折对位情况。重叠移位纠正后，可适当减少牵引重量，以防过度牵引，尤其是中、下 1/3 骨折及粉碎性骨折者。若患肢严重肿胀，或大量水疱、广泛皮肤擦伤及开放性骨折伤口较大者，则不宜用夹板固定，以免造成压疮或感染，可暂时采用跟骨牵引，待消肿后再加或单独用夹板固定；或先用石膏托固定，待肿消或伤口愈合后改用夹板固定。残余移位，可用手法或通过调整牵引重量或方向矫正。若骨折对位良好，在 4~6 周后拍 X 线片复查，如有骨痂生长，可解除牵引，继续用夹板固定 3~4 周。

4. 骨外固定器固定　应用小腿骨折复位固定器治疗胫腓骨干骨折（图 3-38）。适用于新鲜开放性骨折，伤口超过 2cm，伴有严重的碾挫伤不能用夹板或石膏固定，或开放伤口暴露时间长，失去一期缝合机会者；开放感染骨折，软组织条件较差者；短螺旋、短斜面、粉碎性或多段不稳定型骨折；骨折畸形愈合，经手法折断或手术截骨后需较长时间、较大牵引力维持其力线者。骨折延迟愈合及不愈合，应视患者的不同情况做相应的处理，然后应用复位固定器固定。对于婴幼儿及不能配合的患者不要采用穿针外固定治疗。无菌操作下，在胫骨远近两端各穿入2根钢针,用小腿骨折复位固定器连接钢针两端,按复位固定要求调节相关螺母即可。固定时间7~10周。

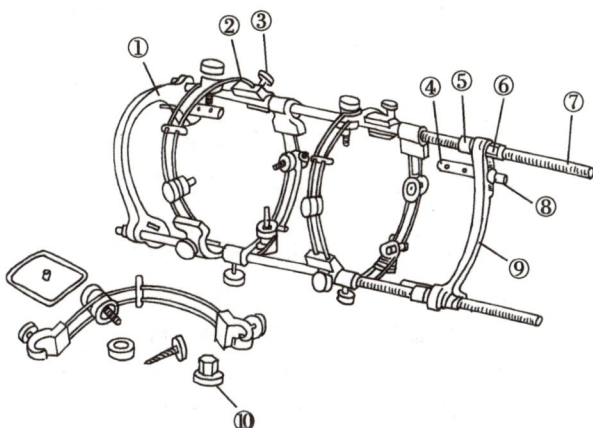

图 3-38　小腿骨折复位固定器
①踝部托板;②钩形固定锁;③紧固螺母;④锁针器;⑤伸缩螺母;
⑥伸缩六角螺母;⑦支撑杆;⑧骨针固定柱;⑨框架;⑩滑轨上定位螺母

(三) 练功活动

整复固定后,即可做踝、足部关节屈伸活动及股四头肌舒缩活动。跟骨牵引者,还可以用健腿和两手支持体重做抬臀运动,稳定性骨折从固定2周后开始进行抬腿及屈膝活动(图3-39)。3周后扶双拐不负重行走,此时患肢虽然不负重,但足底要放平,不要用足尖着地,以免导致远折端受力引起骨折端旋转或成角移位。锻炼过程中骨折部若无疼痛,且自觉有力,可试行改用单拐逐渐负重锻炼。3~5周内,为了维持小腿的生理弧度和避免骨折端向前成角,卧床休息时可用两枕法;若解除跟骨牵引后,胫骨仍有轻度向内成角者,可令患者屈膝90°,髋屈曲外旋,将患肢足部放于健肢小腿上,呈盘腿姿势,利用肢体本身的重力来恢复胫骨的生理弧度(图3-40)。治疗7~10周后,根据X线照片及临床检查,达到骨折临床愈合标准时,去除外固定。

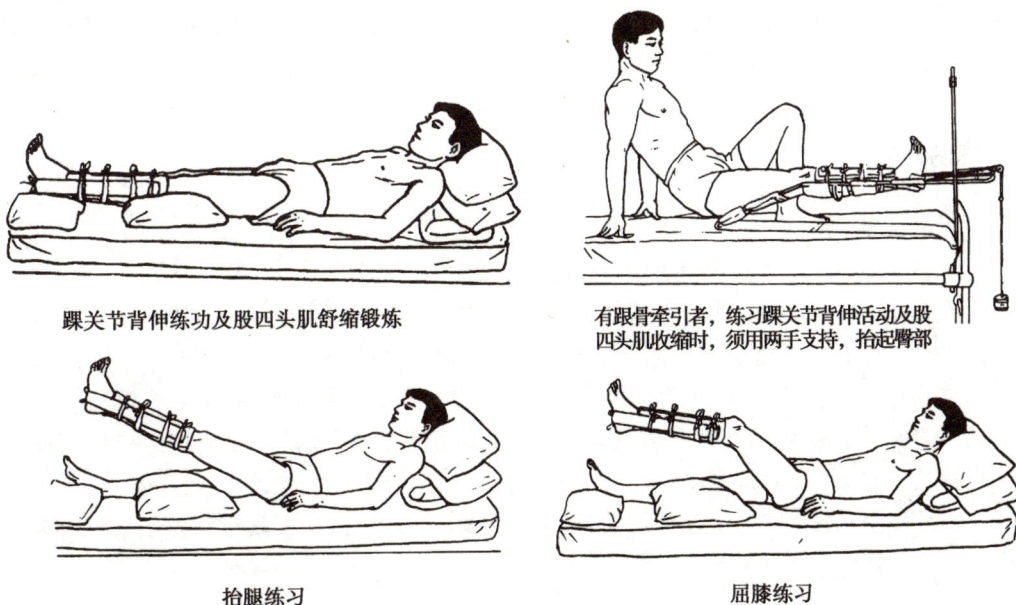

踝关节背伸练功及股四头肌舒缩锻炼

有跟骨牵引者,练习踝关节背伸活动及股四头肌收缩时,须两手支持,抬起臀部

抬腿练习

屈膝练习

图 3-39　胫腓骨干骨折练功活动

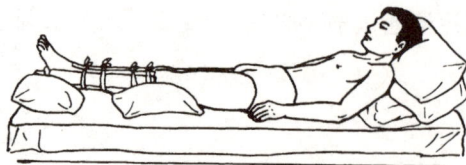

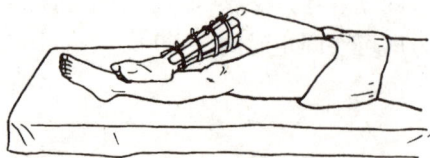

两枕法矫正向前成角　　　　　　盘腿法矫正向内成角，恢复正常生理弧度

图 3-40　练功矫正成角

(四) 药物治疗

骨折初期瘀肿较甚,治宜活血祛瘀、消肿止痛,内服可选用活血止痛汤、肢伤一方加减,肿胀严重者重用三七、泽兰等。外敷双柏膏、消肿止痛膏等。中期宜和营生新、接骨续损,内服可选用新伤续断汤、肢伤二方或七厘散等,外敷接骨膏或接骨续筋药膏。后期宜养气血、补肝肾、壮筋骨,内服可选用肢伤三方、补肾壮筋汤等,骨折迟缓愈合者,应重用接骨续筋药,如土鳖虫、骨碎补、自然铜等。解除夹板固定后,外用骨科外洗一方或下肢损伤洗方熏洗以舒筋活络。

(五) 手术疗法

非手术治疗对多数闭合性胫腓骨干骨折都能达到满意的治疗效果。手术内固定虽可防止成角和短缩,但骨折愈合速度并不加快,手术本身存在感染、皮肤坏死等风险,应慎重施行,要严格掌握以下适应证。

1. 骨折合并血管、神经损伤需探查血管、神经者,可同时行内固定。
2. 无法复位的胫腓骨干骨折,如有软组织嵌入者。
3. 胫骨多段骨折者。
4. 肢体多发骨折,为避免相互牵制和影响者。
5. 胫腓骨干骨折合并膝关节、踝关节损伤者。

临床根据实际情况选用单纯螺钉、钢板螺钉或髓内钉固定。

【预防与调护】

整复固定后,要抬高患肢,有利于消肿。采用夹板固定时,要注意松紧度适当,既要防止消肿后外固定松动而致骨折再移位,也要防止夹缚过紧而妨碍患肢血运或造成压疮。采用穿针牵引及开放手术等治疗时,要注意预防感染。

案例分析

患者吴某,男,40 岁。

主诉:重物砸伤致左小腿肿痛、畸形伴活动受限 18 小时。

现病史:患者 18 小时前不慎被重物砸伤左小腿,当即出现左小腿肿胀、疼痛、畸形,不能活动,被同事送至医院求治。既往健康,无其他病史。

体格检查:神志清晰,痛苦面容,左小腿严重肿胀,扪及较硬实,左下肢短缩、足外旋畸形,局部压痛,骨擦音及异常活动存在,不能自主活动,被动牵拉痛,左小腿皮肤感觉较健侧减退,足背动脉搏动较弱,趾活动稍受限,末端血运稍差,感觉较麻木。

X 线检查:左胫腓骨干粉碎性骨折,骨折线在同一平面,周围软组织肿胀(图 3-41)。

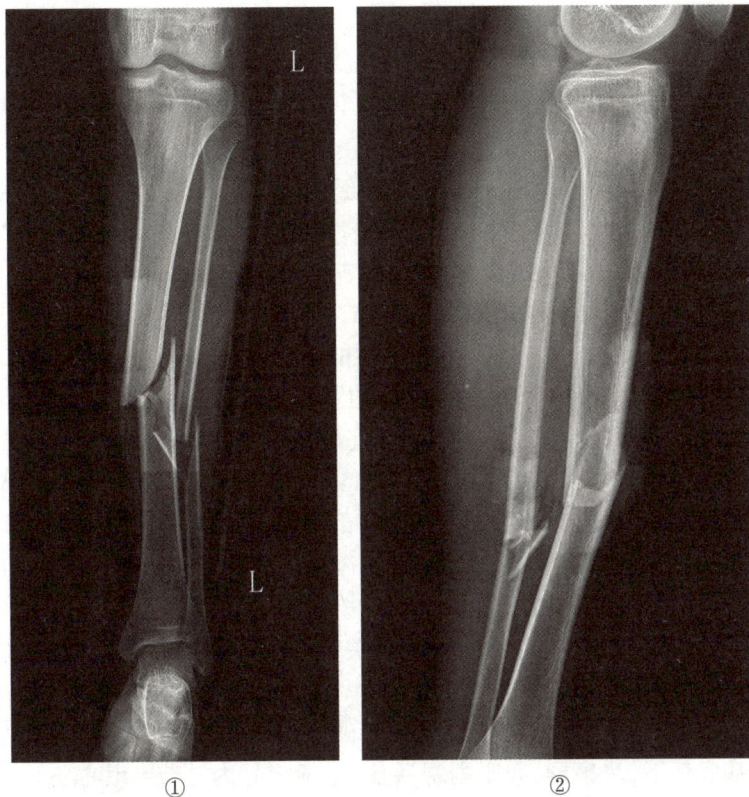

图 3-41　左小腿正侧位 X 线片
①正位片；②侧位片

分析：

1. 诊断　①左胫腓骨干骨折；②左小腿筋膜间隔综合征。

2. 诊断依据　有重物砸伤病史；有骨折一般症状，左小腿肿胀、疼痛及活动受限；有骨折的特征性畸形、骨擦音和异常活动；X 线显示左胫腓骨干粉碎性骨折。以上均支持"左胫腓骨干骨折"的诊断。左小腿严重肿胀，扪及较硬实，被动牵拉痛，左小腿皮肤感觉较健侧减退，足背动脉搏动较弱，趾活动稍受限，末端血运稍差，感觉较麻木，均为筋膜间隔综合征的症状体征，由此可判断合并有左小腿筋膜间隔综合征。

3. 病机分析　患者被重物砸伤，左小腿受直接暴力而发生骨折，故可见粉碎性骨折，胫腓骨干骨折线在同一平面。因骨断筋伤，血离经脉，气血凝滞，经络受阻，故局部肿胀、疼痛，有压痛。骨断失去支撑与杠杆作用，故见左小腿活动受限以及异常活动。小腿深筋膜较为坚厚致密，加之胫腓骨干骨折，局部出血，可造成小腿筋膜间隔区内肿胀，间室压力增加，压迫血管，形成筋膜间隔综合征。

4. 治疗方案　若判断无胫前、胫后动脉损伤，急诊行筋膜间隔切开减压，手法整复加外固定支架固定(注意小腿的长度、下肢力线)。若骨折端对位对线仍较差，待小腿肿胀消退后，二期行闭合/切开复位内固定术，内固定物可选择髓内钉或钢板螺钉。

笔记栏

PPT 课件

微课：踝关节的解剖学构造

第九节 踝部骨折

踝部骨折是指胫骨、腓骨远端发生的骨折，绝大多数属关节内骨折，并常伴有距骨脱位。踝关节是屈戌关节，由胫骨下端、腓骨下端和距骨组成。胫骨下端内侧向下的骨突称为内踝，其后缘呈唇状突起为后踝，腓骨下端骨突构成外踝。外踝和内踝不在同一冠状面上，外踝远端较内踝远端低 0.5cm，位于内踝后约 1cm。内踝、外踝和胫骨下端关节面构成踝穴，包容距骨体。胫腓骨下端之间有坚强而有弹性的下胫腓韧带连接。距骨分为体、颈、头三部，距骨体前宽后窄，当踝关节背伸时，距骨体的宽部进入踝穴，下胫腓韧带紧张，距骨体与踝穴关节面之间紧贴，踝关节稳定，不易损伤，但暴力过大仍可造成骨折；当踝关节跖屈（如下楼梯）时，距骨体的窄部进入踝穴，使距骨体和踝穴的间隙增大，下胫腓韧带松弛，踝关节不稳定，这是踝关节在跖屈位容易发生损伤的解剖因素。与踝穴共同构成关节的距骨滑车，其关节面约有 2/3 与胫骨下端关节面接触，是人体负重的主要关节之一，站立时全身重量落在踝关节上，行走时的负荷值约为体重的 5 倍。踝关节的主要运动形式是背伸和跖屈，踝关节的内翻及外翻活动主要发生在距下关节。踝关节的关节囊前后松弛，前后韧带亦薄弱，以利踝的屈伸活动；内外侧关节囊较紧张，并有侧副韧带加强，内侧为三角韧带，分浅深两层，浅部为跟胫韧带，起自内踝之前丘，止于载距突的上部；深层主要由胫距后韧带组成，呈三角形，尖朝上，基底朝下，呈扇形，起于内踝后丘，止于距骨内结节及其前方。三角韧带具有限制距骨外移的作用，该韧带与关节囊紧密相连，并由胫骨后肌肌腱及趾长屈肌肌腱加强，因此踝关节受到外翻应力时，韧带不易断裂，常导致内踝骨折。外侧副韧带不如三角韧带坚强，分为腓距前韧带、腓跟韧带与腓距后韧带，与关节囊联系较疏松，仅由腓骨肌肌腱加强，故在内翻暴力作用下极易损伤，以跟腓韧带断裂较为常见，多伴有外踝骨折和下胫腓前韧带扭伤。下胫腓韧带包括下胫腓前韧带、下胫腓后韧带、骨间韧带和下胫腓横韧带，是维持踝关节稳定的重要韧带。踝关节周围有肌腱包围，但缺乏肌肉和其他软组织遮盖。后面主要为跟腱，前面有胫前肌腱和伸踇肌腱、伸趾肌腱及第三腓骨肌；内侧有胫后肌腱、屈踇肌腱及屈趾长肌腱；外侧有腓骨长、短肌腱。这些肌肉协调作用，可使踝关节背伸、跖屈和足内翻、外翻。正常成年人踝关节活动范围为背伸 20°~30°，跖屈 40°~45°。踝部骨折多发生于青壮年，儿童较少见。

【病因病机】

踝部骨折多由间接暴力引起，大多数是在踝关节跖屈位受伤，如从高处坠下、下楼梯或下坡、走崎岖不平的道路等。有时直接暴力如车祸撞击亦可造成骨折。由于暴力的大小、作用方向、踝足所处的姿势各不相同，故有不同类型的踝部损伤，骨折、脱位和韧带损伤可单独或同时发生。根据骨折时外力作用方向及受伤时的体位不同，踝部骨折可分为内翻、外翻、外旋、纵向挤压、侧方挤压、跖屈、背伸等多种，其中临床上以内翻骨折多见，其次为外翻骨折、外旋骨折。

（一）内翻骨折

从高处坠下，足外侧先着地，或行走时足底内侧踏在凸处，使足突然内翻，外踝可因外侧副韧带的牵拉造成撕脱性骨折，骨折线多为横形。如暴力继续作用，迫使距骨体内移而撞击内踝，则可发生内踝斜形骨折，甚至使距骨向内侧移位。如暴力巨大，还可合并后踝骨折（图 3-42）。

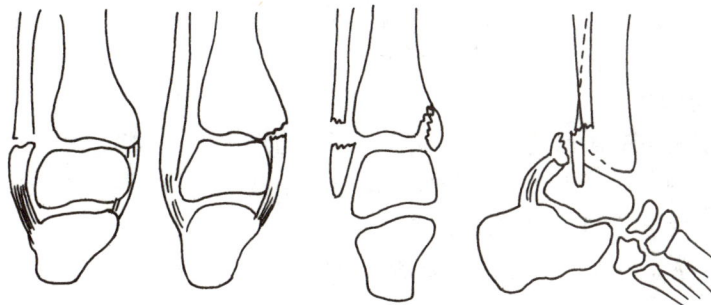

图 3-42 踝部内翻骨折

(二)外翻骨折

从高处坠下,足内侧先着地,或外踝受暴力打击而引起踝关节强力外翻可发生骨折。若暴力较轻,发生单纯内踝骨折,骨折线呈横形;若暴力较大,使距骨撞击外踝,可导致双踝骨折,骨折线内踝为横形,外踝为斜形,可合并距骨向外脱位,或发生后踝骨折(图 3-43)。

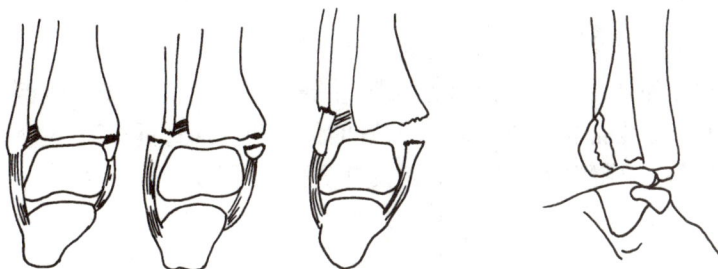

图 3-43 踝部外翻骨折

(三)外旋骨折

从高处跳下或在平地急转躯干,使小腿不动而足部过度外旋,或足部不动而小腿过度内旋,踝关节受到由前内向后外弧形暴力作用,距骨体首先撞击外踝内侧,致腓骨下段斜形或螺旋形骨折,暴力继续作用,使距骨体继续外旋,强力牵拉内侧副韧带,致内踝撕脱性骨折。暴力进一步作用,距骨向后、外旋转,撞击后踝致其骨折,距骨随之向后、外脱位(图 3-44)。

(四)纵向挤压骨折

从高处坠下,足底着地,可引起踝关节纵向挤压骨折。如踝关节处于中立位,可形成胫骨下段 Y、T 形粉碎性骨折,或同时合并外踝、后踝甚或胫骨下关节面前缘骨折,但临床少见(图 3-45)。

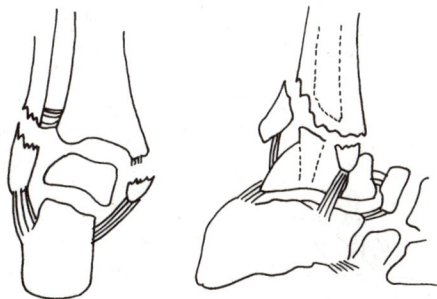

图 3-44 踝部外旋骨折

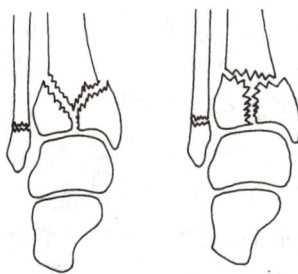

图 3-45 踝部纵向挤压骨折

踝部骨折损伤机制动画演示

此外,根据骨折脱位的程度,踝部骨折又可分为三度:单踝骨折为Ⅰ度;双踝骨折、距骨轻度脱位为Ⅱ度;三踝骨折、距骨脱位为Ⅲ度。

【临床表现与诊断】

伤后踝部剧烈疼痛、肿胀、瘀斑,严重者出现张力性水疱,不能站立行走,触诊时压痛明显,移位明显者可见足踝部畸形。外翻骨折多呈外翻畸形,内翻骨折多呈内翻畸形,距骨脱位时,则畸形更加明显,可扪及骨擦音。

踝关节正侧位X线片可明确骨折类型及骨折脱位的程度。摄X线片时应包括小腿下1/3段,以免漏诊。

根据外伤史、临床表现和X线检查可作出诊断。

【辨证论治】

踝关节结构复杂,踝部骨折属关节内骨折,骨折类型多样,治疗必须尽可能恢复踝穴的完整和稳定,在牢固固定的同时,要早期进行踝关节练功锻炼。整复时,应先整复腓骨骨折,再整复内踝及下胫腓联合。无移位骨折仅需将踝关节固定在0°中立位3~4周即可,有移位骨折要求解剖复位,否则易并发踝关节创伤性关节炎。

(一) 整复方法

1. 内翻骨折 患者侧卧,患肢在上,助手握小腿上段,术者握其足跟和足背顺势做拔伸牵引,两手拇指顶住外踝,示指、中指扣住内踝,使踝部外翻,纠正骨折的内翻移位(图3-46)。

2. 外翻骨折 患肢在下侧卧,术者手放置的位置与内翻骨折相反,两手拇指顶住内踝,示指、中指扣住外踝,使踝部内翻,纠正骨折的外翻移位(图3-47)。

图3-46 踝部内翻骨折整复方法

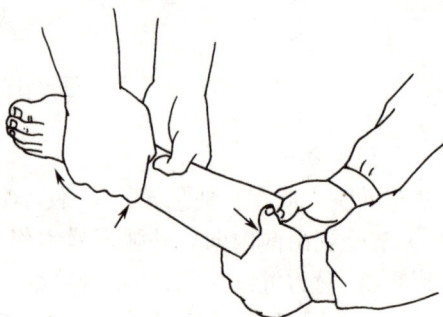

图3-47 踝部外翻骨折整复方法

3. 外旋骨折 整复方法与外翻骨折大致相同,在使踝部内翻的同时,将足内旋。伴有下胫腓关节分离者,术者两手掌分别置于内、外踝部,相对用力挤压;伴有后踝骨折合并距骨后脱位,可用一手握胫骨下段向后推,另一手握前足向前提,并缓慢将踝关节背伸,利用紧张的关节囊将后踝拉下。若后踝骨折块较大时,可在足和小腿中下段套上一只袜套,下端超过足尖20cm,用绳结扎,作悬吊滑动牵引,利用肢体重量使后踝逐渐复位(图3-48)。

4. 纵向挤压骨折 将踝关节沿肢体纵轴牵引,根据骨折具体情况施以提、按、挤等手法,使胫骨下端关节面尽可能平整。若重度

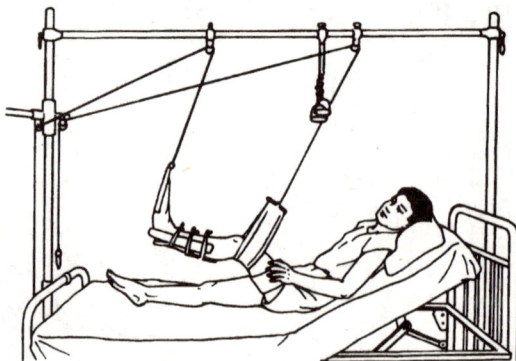

图3-48 袜套悬吊牵引

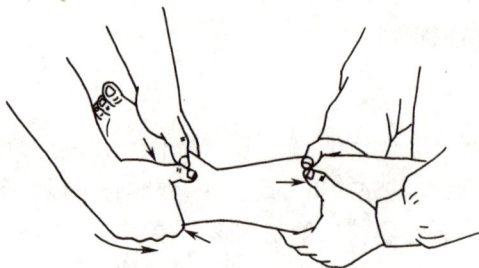

纵向挤压骨折,手法不易复位,需结合跟骨骨牵引,并鼓励患者做踝关节背伸、跖屈活动,牵引 2~3 天后,根据情况施以必要的手法使之复位。

(二) 固定方法

取夹板 5 块,为前内侧板、前外侧板、后侧板、内侧板和外侧板,先在内、外踝上方置一塔形垫,下方各置一梯形垫,用 5 块夹板行超踝关节固定。其中内、外、后侧板上自小腿上 1/3,下平足跟,前内侧板及前外侧板较窄,其长度上起胫骨结节,下至踝关节上方。踝关节体位应固定于与暴力作用相反的位置,内翻骨折固定于外翻位,外翻骨折固定于内翻位。最后可加用踝关节活动夹板(铝制或木制),将踝关节固定于 90° 位置 4~6 周(图 3-49)。若患肢局部皮肤条件较差或软组织肿胀严重,宜用 U 形石膏或管形石膏固定。使用的夹板或石膏必须塑形,以保证与足踝部的外形基本一致。一般初期每周 X 线复查 2 次,中期每周 1 次。固定时间 5~6 周。

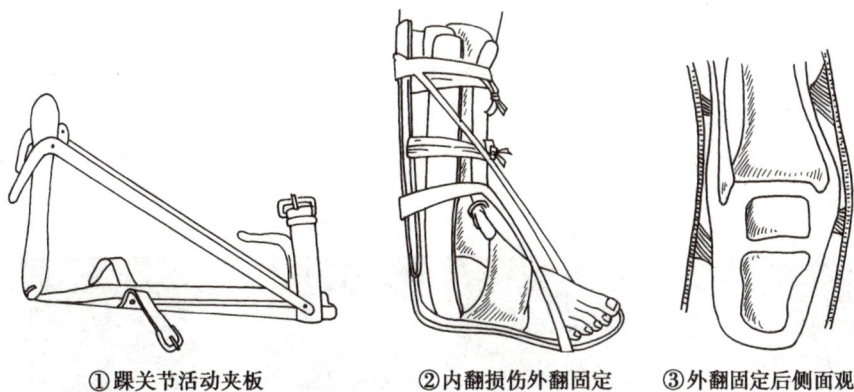

①踝关节活动夹板   ②内翻损伤外翻固定   ③外翻固定后侧面观

图 3-49　踝部骨折的固定

(三) 练功活动

整复固定后,即可行足趾活动,逐渐行踝关节屈伸活动,但踝关节禁止行引起损伤的内翻、外翻或旋转活动。2 周后可在保持夹板固定的情况下加大踝关节的主动活动范围,3~4周后可扶拐站立,5~6 周后解除固定,扶拐练习不负重行走。在袜套悬吊牵引期间亦应多做踝关节的伸屈活动。

(四) 药物治疗

按骨折三期辨证用药,早期瘀血凝聚较重,宜用桃红四物汤加田七、三棱、莪术、血竭;后期若局部肿胀难消,宜行气活血、健脾利湿;拆除固定后可配合中药熏洗。

(五) 手术疗法

踝部骨折治疗要求较高,有以下情况者,可考虑手术切开复位内固定治疗。

1. 手法复位失败者。
2. 内翻骨折,内踝骨折块较大,波及胫骨下关节面 1/2 以上者。
3. 内踝骨折有软组织嵌入骨折线之间者。
4. 开放性骨折者。
5. 陈旧性骨折在 1~2 个月以内,骨折对位不良,踝关节有移位者。
6. 陈旧性骨折,继发创伤性关节炎影响功能者。

踝部骨折类型较多,不同类型的骨折可采用不同的手术方法,切开复位必须准确。对胫腓下关节分离者,应注意复位,修复侧副韧带并用皮质骨螺钉固定胫腓下关节。陈旧性骨折脱位可考虑行切开复位植骨术或踝关节融合术。

【预防与调护】

骨折整复固定后,早期应卧床休息并抬高患肢,以利消肿,主动行足趾和踝关节屈伸活动,密切观察患肢的血液循环及足趾活动情况,及时调整外固定的松紧度。如患踝出现进行性加重的疼痛、肿胀,局部麻木,趾端皮肤苍白,常提示局部压迫过紧,应及时予以松解。踝部肿胀一般于固定 4~6 天后逐渐消退,此时应及时缩紧固定,以免扎带松脱使骨折移位。

案例分析

患者张某,女,53 岁。

主诉:外伤后右踝关节肿痛、畸形 1 小时。

现病史:患者 1 小时前行走时不慎扭伤右踝关节,当即出现右踝关节肿胀、疼痛、畸形,不能活动,被家人送至医院求治。既往健康,无其他病史。

体格检查:神志清晰,痛苦面容,右踝部明显内翻畸形、肿胀、瘀斑,踝关节内、外侧压痛,不能自主活动,被动活动因疼痛受限,骨擦音及异常活动存在。

X 线检查:右侧胫腓骨远端骨质不连续,周围软组织肿胀,关节间隙略狭窄(图 3-50)。

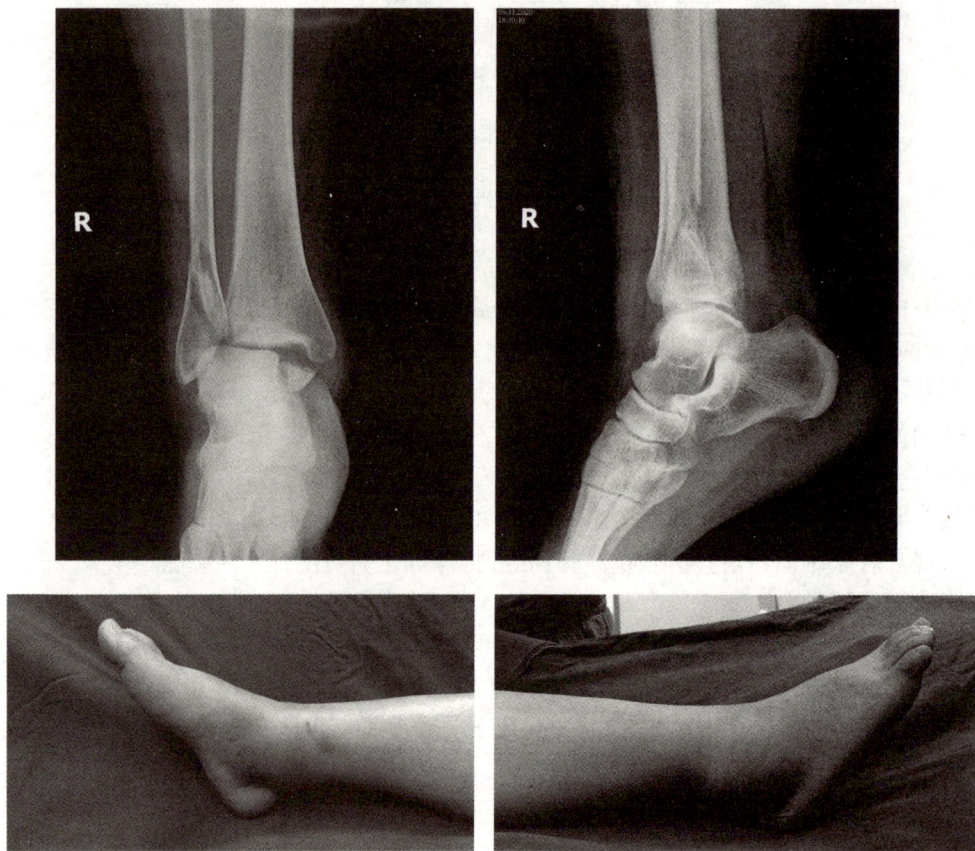

图 3-50 踝关节正侧位片及伤后外观

分析：

1. 诊断　右双踝骨折。

2. 诊断依据　明显外伤史；右踝部肿胀、疼痛、畸形、活动受限；有骨擦音和异常活动；X线所见。临床常见鉴别诊断有踝关节扭伤、踝关节脱位。

3. 病因病机　患者行走不稳，踝关节扭动，间接暴力导致踝部骨折。因骨断筋伤，血离经脉，气血凝滞，经络受阻，故局部肿胀、疼痛，有压痛。骨断失去支撑与杠杆作用，故见踝部畸形，活动受限以及异常活动。

4. 常见治疗方法　①手法整复夹板外固定；②切开复位钢板螺钉内固定术。

第十节　距骨骨折

足部的骨骼由28块骨组成，其中包括跗骨7块、跖骨5块、趾骨14块、固定的籽骨2块，由韧带与肌肉相连成一个整体，构成3个主要足弓，即内侧纵弓、外侧纵弓与跖骨间横弓。足弓有负重、推进行走与吸收震荡的功能。距骨是足弓的顶，上接胫骨下端，下连跟骨与舟骨。距骨分为体、颈、头三部分。距骨体呈不规则立方形，有6个关节面，覆被以软骨，上关节面是滑车关节面，呈鞍形，内、外侧关节面向下延长，与胫腓骨内、外踝关节面相接，外侧关节面较内侧关节面大，距骨体的下部关节面与跟骨相应的关节面相接；距骨颈较细，背面及外侧面粗涩，为关节囊及韧带附着；距骨头圆隆，与足舟骨相接。距骨体前宽后窄，位于踝穴内，当足在中立位置时，距骨与胫腓骨下端的关节面正好嵌合，当足跖屈如下楼时，踝关节稳定性差；当足背伸时，踝关节较稳定。距骨的血供主要来自胫后动脉的跗骨管动脉和三角支，胫前动脉的颈上支和跗骨窦动脉以及腓动脉的穿支和后结节支。距骨的血管孔位于距骨颈的上、外、下面及距骨体的内面，其中距骨颈下面（构成跗骨管的顶）最多、最大。在距骨颈骨折脱位并有明显移位时，此血管容易受到损伤而发生缺血性坏死。距骨是全身骨骼中唯一无肌肉起止的骨，其骨折或脱位时的移位多由外力所致，由于关节囊和韧带牵拉，手法复位比较困难，若能复位，则再移位的可能性较小。距骨骨折属于关节内骨折，临床上较少见，多发生于青壮年。

【病因病机】

距骨骨折可由背伸外翻暴力及内翻跖屈暴力引起，临床以背伸外翻暴力引起的损伤为多。典型受伤情况为机动车驾驶员足踩刹车时相撞，或由高处坠下，踝关节强力背伸外翻，胫骨下端前缘像凿子一样插入距骨颈、体之间，将距骨劈成前后两段。如暴力继续作用，距骨下后方的韧带断裂，合并距跟关节脱位，导致跟骨、距骨头连同足向前上方移位。待暴力消失时，因跟腱与周围肌腱的弹性，足向后回缩，跟骨的载距突常钩住距骨体下面的内侧结节，而使整个骨折的距骨体随之向后移位，脱位于胫腓踝穴的后方，距骨体向外旋转，骨折面朝向外上方，甚至合并内踝骨折（图3-51）。踝关节跖屈内翻暴力可引起距骨前脱位，单纯跖屈暴力可因胫骨后踝与距骨体后唇猛烈顶压而引起距骨后突骨折，临床较为少见。

距骨骨折按骨折的部位分类，可分为距骨颈骨折、距骨体骨折、距骨头骨折和距骨后突骨折。以距骨颈骨折为多见。

FR-3-20

双踝骨折手法整复夹板固定法

03章10节PPT

PPT课件

FR-3-21

距骨骨折损伤机制动画演示

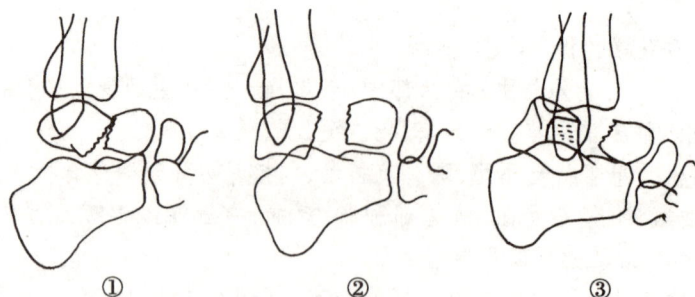

图 3-51　距骨骨折及其移位
①距骨颈骨折；②合并距下关节脱位；③合并距骨体后脱位

距骨表面 3/5 为软骨面，发生骨折时，骨折线多经过关节面，发生创伤性关节炎的概率较大。距骨的主要血液供应自距骨颈进入，距骨颈骨折时，常影响来自足背动脉的血液供应，因此距骨体容易发生缺血性坏死。

【临床表现与诊断】

伤后局部肿胀、疼痛，不能站立行走。局部有压痛和足跟叩击痛，骨折明显移位时则出现畸形，并可于踝关节前侧或后侧扣及移位的骨折块。

踝关节与跗骨正侧位 X 线片可明确骨折部位类型、移位程度及有无合并脱位。阅片时应注意鉴别距骨后突骨折块与距骨后三角副骨：三角副骨边缘整齐清晰，多为对称分布。

根据受伤史、临床表现和 X 线检查可作出诊断。

【辨证论治】

无移位的距骨颈骨折，可用超踝关节夹板固定，亦可用石膏托中立位固定 4~6 周。有移位的距骨颈骨折应整复固定，保持关节面平整。

(一) 整复方法

1. 距骨颈骨折或颈体间移位骨折　患者经麻醉后仰卧位，患肢屈膝 90°，助手环握小腿上部，术者一手握住前足，轻度外翻、跖屈位，向下、向后推压，另一手握住小腿下端后侧向前端提托，使距骨头与距骨体两骨折块对位；合并距骨体后脱位时，先增大畸形，即助手将踝关节极度背伸、稍向外翻，以解除载距突与距骨体的交锁，术者用两拇指将距骨体向前上方推压，使其复入踝穴，然后用拇指向前顶住距骨体，将踝关节稍跖屈，使距骨头与体两骨折块对位 (图 3-52)。

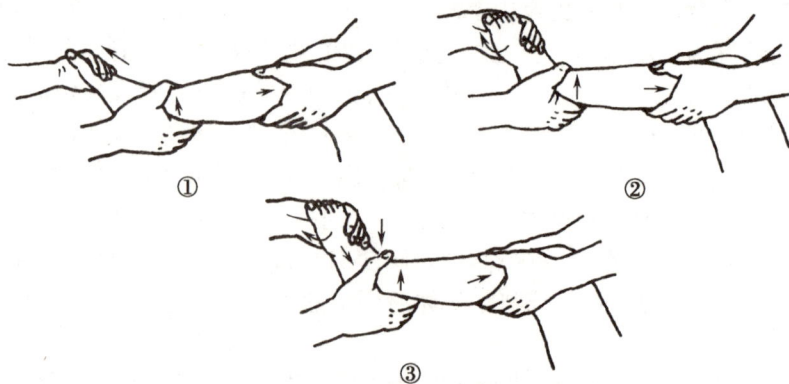

图 3-52　距骨颈或颈体间移位骨折的整复方法
①跖屈、前推；②外翻；③后压

2. 距骨后突骨折　患者仰卧,屈膝,助手用力使足背伸,术者用两手拇指从跟腱两侧向中部并向下推挤骨折块,使之复位。

(二)固定方法

距骨颈骨折整复后,将踝关节用石膏托固定在跖屈稍外翻位 6~8 周;距骨后突骨折伴距骨前脱位者,应固定在功能位 4~6 周。切开整复内固定或关节融合术者,应用管形石膏固定踝关节在功能位 3 个月。

(三)练功活动

复位固定后,即可开始进行足趾背伸、屈曲活动,之后做膝关节屈伸活动,解除固定前 3 周,应开始扶拐做逐渐负重步行锻炼,解除固定后做踝关节屈伸活动。

(四)药物治疗

按骨折三期辨证用药,由于距骨骨折容易引起骨的缺血性坏死,故中后期应重用补气血、益肝肾、壮筋骨的药物;解除固定后应行局部按摩,配合中药熏洗,以利关节活动。

(五)手术疗法

新鲜距骨骨折,手法复位失败者,应行切开复位,可选用空心埋头加压螺钉或钢板螺钉内固定,必要时可植骨。如为距骨体严重粉碎性骨折、移位较大的距骨颈骨折、陈旧性骨折或距骨缺血性坏死者,可考虑行胫距关节、跟距关节融合术。

【预防与调护】

骨折整复固定后,早期需防止足下垂,每 2~4 天检查一次固定情况,密切注意有无骨折再移位,必要时进行 X 线摄片检查;其次注意是否发生距骨缺血性坏死,如摄片发现距骨有密度增高但尚未塌陷变形时,应严禁患肢负重,并延长固定时间,直至新骨爬行替代完成方可负重;骨折固定后应早期进行足趾及膝关节的主动活动,解除固定后,用弹性绷带包扎,逐渐增加活动量;累及跟距关节者,外固定拆除早期勿做过量的足背伸活动,后期锻炼以无锐痛、活动后无不适为度。

第十一节　跟骨骨折

跟骨是人体最大的跗骨,呈不规则长方形,前部窄小、后部宽大,向下移行于跟骨结节,其内侧突较大,有𧿹展肌、趾短展肌附着,外侧突有小趾展肌附着,载距突的下面有𧿹长屈肌腱通过,外侧面的滑车突下有腓骨长肌腱通过,绕行至足底,跟腱附着于跟骨结节。跟骨上面有 3 个关节面,后关节面最大,中关节面位于载距突上,前关节面位于中关节面前外侧,后关节面与中、前关节面以跟骨沟相隔,三者作为一整体与距骨相应关节面构成距下关节。跟骨是足的正常承重骨,正常足底是三点负重,在跟骨、第 1 跖骨头和第 5 跖骨头三点组成的负重面上,跟骨与距骨组成纵弓的后臂,负担 60% 的重量,跟骨的结构对足弓的形成和负重有极大影响。通过跟距关节,足可做内翻、内收或外翻、外展的动作,以适应在凹凸不平的道路上行走。跟距关节遭受破坏,可引起足部功能障碍。跟骨结节为跟腱附着处,腓肠肌、比目鱼肌收缩,可做强有力的跖屈动作。跟骨结节顶点和跟骨后突的连线与跟骨前、后突连线形成 20°~40° 的夹角,称为跟骨结节关节角(Böhler 角),而跟距关节面之间形成的 95°~105° 的夹角称为盖氏角,是跟距关节的两个重要标志(图 3-53)。跟骨骨折较常见,约占跗部骨折的 60%,多发生于成年人,儿童少见。

【病因病机】

跟骨骨折多由传达暴力造成。从高处坠下或跳下时,足跟先着地,身体重力从距骨下传至跟骨,地面的反作用力从跟骨负重点上传至跟骨体,使跟骨被压缩或劈开;亦有少数因跟腱牵拉致撕脱骨折。骨折多为压缩或粉碎性,足纵弓塌陷,跟骨结节关节角减小,甚至变为负角,影响足弓后臂,减弱了跖屈的力量及足纵弓的弹簧作用。

根据骨折线的走向,跟骨骨折可分为不波及跟距关节面骨折和波及跟距关节面骨折两类。前者预后较好,后者预后较差。

(一) 不波及跟距关节面骨折

不波及跟距关节面骨折一般分为以下几类(图 3-54)。

1. 跟骨结节纵形骨折　从高处坠下,跟骨在外翻位结节底部着地时引起,同样情况如发生在跟骨结节,骨骺未闭合前,则可引起该骨骺分离。

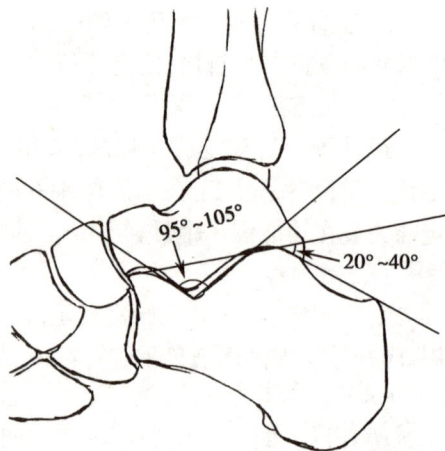

图 3-53　用于评价骨折复位的解剖学三角

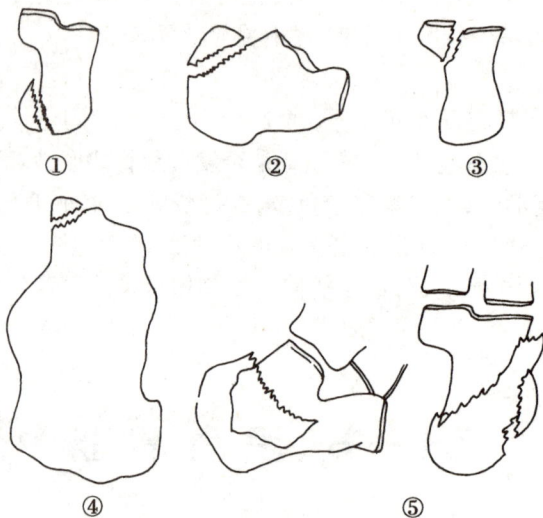

图 3-54　不波及跟距关节面骨折
①跟骨结节纵形骨折;②跟骨结节横形骨折;③载距突骨折;
④跟骨前端骨折;⑤跟骨体部关节外骨折

2. 跟骨结节横形骨折　又名"鸟嘴形"骨折,为跟腱撕脱骨折的一种,骨折由于跟腱的牵拉而向后方张口,较少见。

3. 载距突骨折　足处于内翻位,载距突受到距骨内侧向下方的冲击所致,较少见。

4. 跟骨前端骨折　由于足前部强力扭转所致,骨折线可通过跟骰关节,很少移位,较少见。

5. 接近跟距关节的骨折　为跟骨体骨折,骨折线呈斜形,从正面看,它由内后斜向外前方,但不通过跟距外侧的关节面。由侧面看,跟骨体后半部连同跟骨结节向后上移位,使跟骨中部向足心凸出成躺椅状,较常见。

(二) 波及跟距关节面骨折

1. 跟骨外侧跟距关节面塌陷骨折　骨折线由内后斜向外前方,通过跟距关节的外侧关节面,该关节面因重力而向下塌陷(图 3-55)。较常见。

2. 跟骨全部跟距关节面塌陷骨折　跟骨体全部粉碎下陷、增宽,跟距关节面中心塌陷,跟骨结节上升、底部外翻,跟骨前端亦可能骨折,波及跟骰关节(图 3-56)。最为常见。

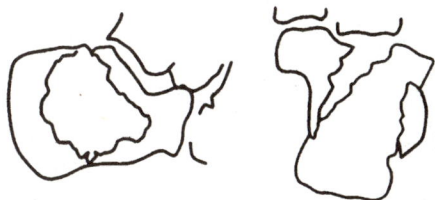

图 3-55　跟骨外侧跟距关节面塌陷骨折　　　　图 3-56　跟骨全部跟距关节面塌陷骨折

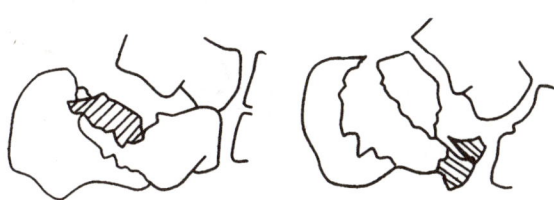

【临床表现与诊断】

伤后足跟部肿胀、瘀斑、疼痛、压痛明显。骨折严重者,足弓变平、足部变长,足跟部横径增宽。

跟骨侧位、轴位 X 线片可明确骨折部位、类型、程度和移位情况,必要时可加摄 CT 及三维重建。

从高处坠下时,足跟部先着地,脊柱前屈,可引起脊椎压缩性骨折或脱位,甚至冲击力沿脊柱上传,引起颅底骨折和颅脑损伤,应常规询问和检查脊柱、颅脑的情况。

根据外伤史、临床表现和影像学检查可作出诊断。

【辨证论治】

跟骨骨折治疗总的原则是纠正跟骨体宽度、高度和长度,尽量恢复跟骨结节关节角和盖氏角,恢复跟距关节面平整。对无移位的骨折,仅外敷活血化瘀、消肿止痛的中药加压包扎制动,3~4 周后逐渐练习负重,有移位的骨折应尽可能复位固定。

(一) 整复方法

1. 不波及跟距关节面的骨折　跟骨结节纵形骨折的骨折块一般移位不大,予以挤按对位即可。跟骨结节横形骨折是一种撕脱性骨折,若骨折块大且向上移位者,可在适当麻醉下,患者取俯卧位,屈膝,助手尽量使足跖屈,术者以两手拇指在跟腱两侧用力推挤骨折块,使其复位。若跟骨体后部同跟骨结节向后向上移位,应予充分矫正,否则可因跟骨底不平,影响日后步行和站立。患者仰卧,患侧膝关节屈曲 90°,助手环握患肢小腿,术者一手托住足跟后部,另一手握住足背,两手同时用力向下拔伸牵引,以矫正骨折块向上移位,继而术者以两手指交叉扣于足底,两手掌根部相向用力挤压跟骨两侧以矫正侧方移位(图 3-57),以尽可能恢复正常的结节关节角。如未能复位者,可用跟骨夹挤压整复(图 3-58),应用时注意以软棉垫保护皮肤。

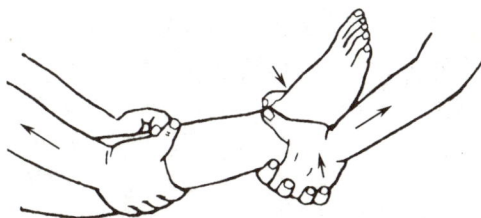

图 3-57　跟骨骨折整复方法　　　　　图 3-58　跟骨夹挤压整复方法

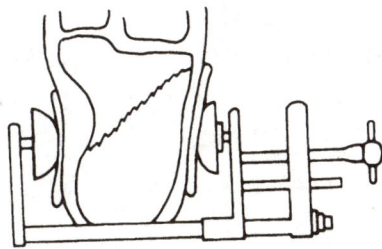

跟骨骨折手法整复动画演示

2. 波及跟距关节面的骨折　对有关节面塌陷、粉碎性骨折者,手法整复除同上面不波及跟距关节面的手法外,还可采用针拨复位法(图 3-59),麻醉后 X 线下将一枚骨圆针于跟骨结节处进针，撬拨起塌陷的关节面，以恢复跟距关节面的平整。

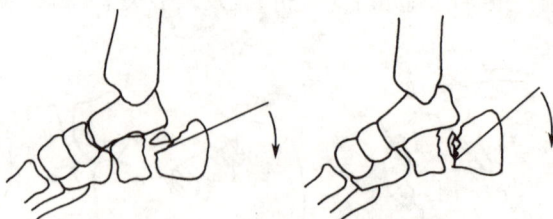

图 3-59　跟骨骨折针拨整复方法

（二）固定方法

无移位骨折一般不作固定。对有移位的跟骨结节横形骨折，接近跟距关节骨折及波及跟距关节面骨折未用钢针固定者，可用夹板固定。即在跟骨两侧各置一棒形压垫，用小腿两侧弧形夹板作超踝关节固定，前面用一弓形夹板维持患足于跖屈位，小腿后侧弓形板下端抵于跟骨结节上缘，足底放一平足垫，维持膝关节屈曲 30° 位，一般固定 6~8 周。亦可采用石膏固定，用针拨复位法复位的骨折可用石膏将针一起固定，固定方法一般为将踝关节置于跖屈位 3~4 周后，改为中立位继续固定至 7~8 周。

（三）练功活动

骨折复位固定后，即可做膝关节及足趾屈伸活动，待肿胀稍消退后，可扶双拐下地不负重行走。并在夹板固定下进行足部活动，关节面可自行磨造而恢复部分关节功能，6~8 周后逐渐负重练习。

（四）药物治疗

初期宜活血祛瘀、消肿止痛，内服活血止痛汤或肢伤一方加木瓜、牛膝等利水消肿之品，局部外敷跌打万花油或消肿止痛膏。中期宜接骨续损、和营生新，内服肢伤二方或生血补髓汤，外敷接骨膏或接骨续筋药膏。后期宜补肝肾、壮筋骨，内服肢伤三方。解除固定后，可用海桐皮汤熏洗或下肢损伤洗方熏洗。

（五）手术疗法

对跟距关节面塌陷严重，手法复位困难者，均可采用切开复位内固定术。常取跟骨外侧切口，将跟距关节面解剖复位后，植骨填充复位后的空隙，尽可能恢复跟骨结节关节角和盖氏角。对严重粉碎性骨折，关节面破坏严重者，宜采用功能疗法：患者卧床，弹力绷带包扎，抬高患肢，进行足、趾及踝关节主动活动。1 周后持拐行走，3 周（双足 6 周）后部分负重，6 周后完全负重，12 周后弃拐练习行走。后期如并发创伤性关节炎，可行跟距关节或三关节融合术。

【预防与调护】

骨折整复固定后，早期主动活动足趾与小腿肌肉，拆除固定后应加强足踝部的功能活动，但对累及跟距关节者，外固定拆除早期不可做过量的足背伸活动，后期活动以锻炼时无锐痛、活动后无不适为度。

第十二节　跖 骨 骨 折

跖骨共 5 块，每块跖骨可分为基底、干和头三部。第 1~3 跖骨底分别与内侧楔骨、中间楔骨和外侧楔骨相关节，第 4~5 跖骨底部与骰骨相关节。第 1 跖骨头与第 5 跖骨头是构成

跟骨骨折手法整复夹板固定法

03章12节PPT

PPT 课件

足内外侧纵弓前方的支重点,与后方的足跟形成整个足部主要的 3 个负重点。五块跖骨之间又构成足的横弓,跖骨骨折后必须恢复上述解剖关系。跖骨骨骺出现年龄,男性为 2~6 岁,女性为 1~5 岁;愈合年龄,男性为 17~19 岁,女性为 16~18 岁。跖骨骨折是足部最常见的骨折,多发生于成年人。

【病因病机】

跖骨骨折多由直接暴力,如压砸或重物打击而引起,以第 2、3、4 跖骨较多见,可几根跖骨同时骨折。间接暴力如扭伤等,亦可引起跖骨骨折。长途跋涉或行军则可引起疲劳骨折。骨折的部位可发生于基底部、骨干及颈部。

跖骨骨折按骨折线可分为横断、斜形及粉碎性骨折,因跖骨相互支持,骨折移位多不明显。按骨折的原因和解剖部位可分为以下三种类型(图 3-60)。

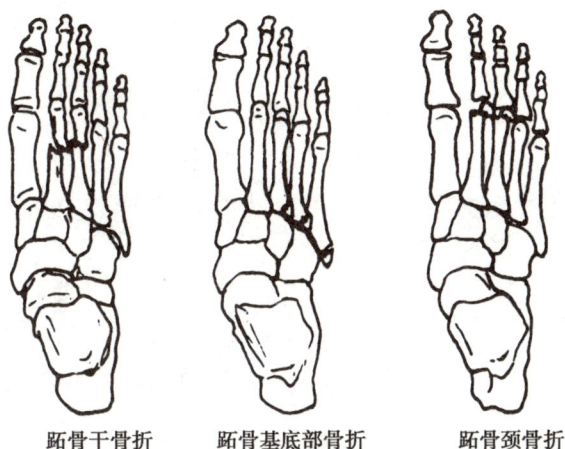

跖骨干骨折　　跖骨基底部骨折　　跖骨颈骨折

图 3-60　跖骨骨折类型

1. 跖骨干骨折　多由重物压伤足背所致,常为开放性、多发性,有时还并发跖跗关节脱位。且足部皮肤血供较差,容易引起伤口边缘坏死或感染。

2. 第 5 跖骨基底部撕脱骨折　因足内翻扭伤时附着于其上的腓骨短肌及第三腓骨肌的猛烈收缩所致,一般骨折块的移位不严重。

3. 跖骨颈疲劳骨折　好发于长途行军的战士,故又名行军骨折,多发于第 2、第 3 跖骨颈部,其中尤以第 2 跖骨颈发病率较高。由于肌肉过度疲劳,足弓下陷,第 2、3 跖骨头负重增加,超过骨皮质及骨小梁的负担能力,即逐渐发生骨折,但一般为不完全骨折,同时骨膜产生新骨。

【临床表现与诊断】

伤后足背骨折局部疼痛、肿胀、压痛,活动功能障碍,有纵轴挤压痛,若为移位骨折多可触及骨擦音,合并脱位者则出现足部畸形。

足部正、斜位 X 线片可明确骨折的部位和移位情况。

根据受伤史、临床表现和 X 线检查可作出诊断。第 5 跖骨基底部撕脱骨折应与跖骨基底骨骺未闭合、腓骨长肌腱的籽骨相鉴别。后两者压痛、肿胀不明显,骨片光滑规则,且为双侧性。跖骨颈疲劳性骨折,最初为前足痛,劳累后加剧,休息后减轻,2~3 周后在局部可摸到骨隆突,由于没有明显的暴力外伤史,诊断常被延误。X 线检查早期可能为阴性,2~3 周可见跖骨颈部有梭形骨痂,骨折线多不清晰,不可误诊为肿瘤。

【辨证论治】

无移位骨折、第5跖骨基底部骨折和疲劳骨折可局部外敷中药以活血化瘀、消肿止痛，外用夹板或石膏托固定4~6周。有移位骨折要整复固定。

（一）整复方法

有移位的跖骨干骨折、骨折合并脱位、多发性骨折，可采用手法整复。在适当麻醉下，患者取仰卧位，一助手双手固定牵引小腿，术者站于足对侧，一手拇指置足心，四指放足背，以另一手牵引骨折对应足趾1~2分钟，牵引之初足趾向背侧，约与跖骨纵轴成20°~30°角；待矫正重叠移位后，再翻转向跖侧屈曲，与跖骨纵轴成10°~15°角，同时在足心的拇指由跖侧推挤远侧断端向背侧使其复位。如仍有残留的侧方移位，则继续在牵引下，从跖骨之间以拇指、示指用夹挤分骨法，矫正残余移位（图3-61）。跖骨骨折上下重叠移位或向足底突起成角必须纠正，否则会影响足的行走功能。

图3-61 跖骨骨折整复方法
①矫正重叠；②矫正侧方移位

ER-3-28
跖骨骨折手法整复石膏固定法

（二）固定方法

手法整复后，先把足部托板置于足底部，将分骨垫垫于背侧跖骨间隙之间，再在足背部置一扇面薄板垫，远端达趾蹼，宽度铺满足背，外用绷带包扎。固定4~6周。亦可用石膏前后托固定。

（三）练功活动

初期可做跖趾关节屈伸活动，2周后扶拐不负重步行锻炼，4~6周疼痛消失、解除固定后，逐渐下地负重行走。

（四）药物治疗

按骨折三期辨证用药，后期可配合中药熏洗。

（五）手术疗法

开放性骨折，闭合性骨折在手法复位失败后，可采用切开复位内固定术，术后用石膏托固定4~6周。对于陈旧性跖骨颈骨折，因跖骨头向足底移位而影响行走者，可行跖骨头切除术。

【预防与调护】

早期进行足趾和踝关节屈伸活动，并可早期扶双拐行走，但患足不着地，待临床症状消失后，患足方可逐渐负重行走。固定期间常规检查足部肿胀、趾端末梢血运状态，不可包扎过紧，必要时抬高患足以利消肿。第1、2跖骨基底部骨折需密切观察有无因足背动脉终支损伤或胫后动脉痉挛所致的血栓形成，避免前足坏死。跖骨颈骨折复位后常有再移位倾向，应每周复查X线片1次。拆除固定后，若有足背僵凝不适、疼痛等症状，可予熏洗、按摩、理疗，以促使功能恢复。

第十三节 趾骨骨折

趾骨除跚趾为2节外,余趾均为3节,每节趾骨分为底、体及滑车三部。趾骨近端骨骺出现的年龄,男性为2~6岁,女性为1~5岁;愈合年龄,男性为17~19岁,女性为17~18岁。足趾具有增强足的附着力的功能,可辅助足的推进与弹跳。趾骨骨折多见于成年人,其骨折发生率居足部骨折的第2位。

【病因病机】

趾骨骨折多因重物砸伤或踢碰硬物所致。前者多引起粉碎或纵裂骨折,后者多为横断或斜形骨折,常合并有皮肤或甲床损伤。以第1、5趾骨骨折较为常见。有皮肤和甲床损伤者,局部容易引起感染。

【临床表现与诊断】

伤后患趾疼痛、肿胀、活动受限,下地行走困难,有移位者外观畸形、局部有压痛及纵轴挤压痛,触诊可扪及骨擦音。

足正位、斜位X线片可明确骨折的部位、类型和移位情况。

根据受伤史、临床表现和X线检查可作出诊断。

【辨证论治】

趾骨骨折的治疗,应注意维持跖趾关节活动的灵活性,矫正骨折端向跖侧的突起成角。无移位趾骨骨折,可外敷中药以消肿接骨,采用邻趾固定法固定3~4周。有移位骨折,应整复固定。

(一)整复方法

患者仰卧位,足跟垫高,患趾骨折远端用纱布包裹,术者两手拇指、示指分别握住骨折远近端,先行拔伸牵引,然后将骨折远端屈曲以矫正跖侧的成角畸形。若有侧方移位,可用挤捏法予以纠正。

(二)固定方法

整复后用两块小夹板分别置于趾骨的背侧和跖侧固定3~4周,亦可用邻趾固定法。

(三)练功活动

整复固定后,可做足踝屈伸活动锻炼,解除固定后即可下地行走。

(四)药物治疗

按骨折三期辨证用药,后期可配合中药熏洗。

(五)手术疗法

若复位后骨折不稳定,或伴有趾骨脱位,可行手术切开复位,细克氏针内固定,固定时间3~4周。趾骨骨折若有皮肤破损者,应清创处理,预防感染;甲下血肿严重者,可在趾甲上开窗引出;开放性骨折,清创时拔去趾甲,视情况可同时用克氏针内固定。

【预防与调护】

骨折整复固定后,抬高患足以促进趾端血液回流,早期进行足踝屈伸活动,固定期间常规检查趾端末梢血运状态,不可包扎过紧。邻趾固定者每周更换胶布一次。

PPT课件

ER-3-29

趾骨骨折手法整复夹板固定法

附：下肢其他骨折简表

下肢其他骨折简表

骨折名称	病因病机	临床表现与诊断	辨证论治
股骨头骨折	单独发生极少见，多合并于髋关节脱位中。多为头上部或前内下方骨折，偶见粉碎性骨折	髋部疼痛，活动受限。合并于髋关节脱位有相应症状。髋部正侧位X线片可确诊	多随髋关节脱位整复而复位。复位不满意或关节内有碎骨片，可切开复位螺丝钉固定。小骨片不能复位应切除
股骨大转子骨折	直接暴力打击局部或间接暴力臀中肌牵拉所致。临床少见，多无移位或移位不大	髋部外侧疼痛、肿胀，压痛明显，患髋活动障碍。髋正侧位X线片可确诊	无移位或轻度移位，外敷中药，卧床3~4周。移位较大骨折应整复固定，亦可切开复位钢针固定
股骨小转子骨折	多因髂腰肌强力牵拉造成撕脱骨折。多见于青少年爱好运动者。骨折块可发生较大移位	髋部内侧疼痛、肿胀，压痛明显，患髋活动障碍。髋正侧位X线片可确诊	无移位或移位在2cm以内，外敷中药，卧床3~4周。移位大骨折应整复固定，亦可切开复位螺丝钉固定
股骨单髁骨折	多为膝在内翻或外翻位纵向传达暴力所致。可分为矢状位骨折、冠状位骨折和混合型骨折	膝部疼痛，肿胀明显，有压痛，膝活动受限，可有骨擦音。膝正侧或斜位X线片可确诊	有移位骨折要整复固定，保持关节面平整。整复不满意，可切开复位选用钢针或螺丝钉固定
胫骨结节骨折	多因股四头肌猛烈收缩牵拉所致。儿童可发生骨骺分离。有不同程度的分离移位	膝前下方疼痛、肿胀，压痛明显，局部有隆起，或可触摸到骨折块。膝正侧位X线片可确诊	轻度移位骨折，外敷中药，长腿夹板伸膝位固定4~6周。移位较大骨折应整复固定，亦可切开复位钢针固定
胫骨干骨折	直接暴力或间接暴力引起。因有腓骨支持多移位不大。直接暴力引起皮肤破裂可造成开放性骨折	局部疼痛、肿胀，有压痛和纵向挤压痛，可有骨擦音。小腿正侧位X线片可确诊	参考胫腓骨干骨折
腓骨干骨折	多因直接暴力由小腿外侧打击引起。骨折移位不多。亦可因长途行走引起慢性疲劳骨折。腓骨上端骨折可损伤腓总神经	局部疼痛、肿胀，压痛明显。疲劳骨折可仅有酸痛感。小腿正侧位X线片可确诊。腓骨上端骨折应检查有无腓总神经损伤	一般无须整复，直接用夹板固定4~6周。腓骨下1/3骨折影响踝关节稳定者，可切开复位内固定。疲劳骨折应休息至骨折愈合
骰骨及楔骨骨折	骰骨骨折多由足强力内翻引起，楔骨骨折多因暴力打击所致。多有严重软组织挫伤或其他足骨骨折	局部疼痛、肿胀，压痛明显，有纵向挤压痛。足正、斜位X线片可确诊	无移位骨折，外敷中药，用足部托夹或短腿石膏固定5~6周。有移位者应予整复固定
足舟骨骨折	直接暴力或间接暴力引起。分足舟骨结节骨折、足舟骨背侧缘撕脱骨折和足舟骨体部骨折三类	局部疼痛、肿胀，压痛明显，有纵向挤压痛。足正侧位或舟骨切线位X线片可明确诊断	无移位骨折，外敷中药，用足底托板固定。有移位骨折应整复固定。固定困难者，可闭合穿针固定
籽骨骨折	多因重物砸伤或高处坠落第一跖骨头着地所致。芭蕾舞演员和运动员可发生籽骨疲劳骨折	第一跖骨头部跖侧疼痛，伸跨趾时疼痛加重，局部肿胀、压痛。前足侧位斜位X线片可明确诊断	外敷中药，用硬纸板固定3~4周。如籽骨骨折不愈合，且局部疼痛者，可行籽骨切除术

（黄　勇　王勤俭　宋寒冰）

复习思考题

1. 为什么股骨颈骨折愈合率低而股骨头坏死率高？
2. 怎样预防股骨转子间骨折的常见并发症？
3. 为什么股骨干骨折治疗大多要配合持续牵引？临床如何配合使用？
4. 为什么下肢骨折处理不当会引起创伤性关节炎？请举例说明。
5. 下肢哪些骨折易合并重要血管神经损伤？其损伤机制如何？

扫一扫
测一测

第四章

躯 干 骨 折

04章 PPT

PPT 课件

📝 **学习目标**

通过对躯干各部位常见骨折的病因病机、临床表现与诊断、辨证论治等相关理论知识的学习和技能训练,初步建立起处理躯干骨折的临床思维能力,学会诊治躯干骨折的主要方法,为今后临床实习和工作奠定基础。

躯干骨是由脊柱、胸骨、肋骨和骨盆组成,对胸腔、腹腔、盆腔内脏器与椎管内脊髓的保护和躯体承重起着非常重要的作用。躯干骨损伤的致伤暴力强大,损伤机制复杂,往往合并重要组织和内脏结构的破坏,产生严重并发症,可致终身残疾甚至死亡。因此,对于躯干骨折的诊断和治疗,既要重视躯干骨折,也要重视并发的重要血管神经损伤和内脏损伤及其对全身和局部生理功能的影响。

第一节　颈椎骨折与脱位

颈椎骨折与脱位是由外力引起的第 1~7 颈椎的椎体、椎弓、关节突等的骨折以及外伤性脱位。骨折与脱位或单独出现,或合并出现,多伴有脊髓损伤而危及生命。

颈椎上端承托颅骨,下端与脊柱胸段相连,是脊柱活动度最大的部位。依据解剖特点和功能结构,通常将颈椎分为上颈椎(第 1、2 颈椎,包括寰枕关节)和下颈椎(第 3~7 颈椎)。第 1、2 颈椎结构独特,由它们构成的复合体允许头部有点头和旋转运动。第 1 颈椎称为寰椎,呈环形,由前弓、后弓和两个侧块构成,没有椎体,其上关节面与枕骨髁相关节,下关节面向内下,可在枢椎形似"斜肩"的上关节面上转动。第 2 颈椎又称枢椎,突出特征是其椎体上的指状突起,即齿状突,是限制寰椎水平移位的枢轴。齿状突与寰椎前结节内侧关节面形成关节,并靠寰椎的横韧带来维持稳定,防止齿状突向后移压迫脊髓。颈椎最明显的特征是位于横突上的横突孔,椎动脉穿过 1~6 椎的横突孔,通常不穿过第 7 颈椎的横突孔。第 7 颈椎位于颈、胸段脊柱的移行处,棘突很长,在活体上易被摸到,为常用的骨性标志。自第 2 颈椎到骶椎,每两个椎体间均有两个关节突关节,关节突关节是由上位椎体下关节突与下位椎体的上关节突结合组成,第 2~7 颈椎关节突关节排列近乎水平位,同时关节囊较宽大,以适应颈椎较灵活的屈伸、旋转运动,但易发生脱位。

【病因病机】

《医宗金鉴·正骨心法要旨·旋台骨》:"此骨被伤,共分四证,一曰从高坠下,致颈骨插入腔内,而左右尚活动者,用提颈法治之;一曰打伤,头低不起,用端法治之;一曰坠伤,左右歪邪,用整法治之;一曰仆伤,面仰头不能垂,或筋长骨错,或筋聚,或筋强骨随头低,用推、端、续、整四法治之。""或坠车马蹉伤,或高处坠下折伤,或打重跌倒。"从病因学上阐述了不同损伤发生的原理。

(一)上颈椎骨折脱位

不同体位、不同外力方向所造成的损伤类型也不同。

1. 寰椎骨折　由来自头顶的纵向传达暴力致伤,除高处坠落重物打伤外,高台跳水或高处坠落头顶撞击地面也是常见的受伤形式,因此大多合并脑外伤,且死亡率较高。骨折多发生在骨质结构薄弱的前弓或后弓与侧块连接处附近,骨折块向四周分离移位,导致局部的椎管扩大,除非合并寰枕关节脱位或寰枢关节脱位,否则并发脊髓损伤的机会较少(图4-1)。

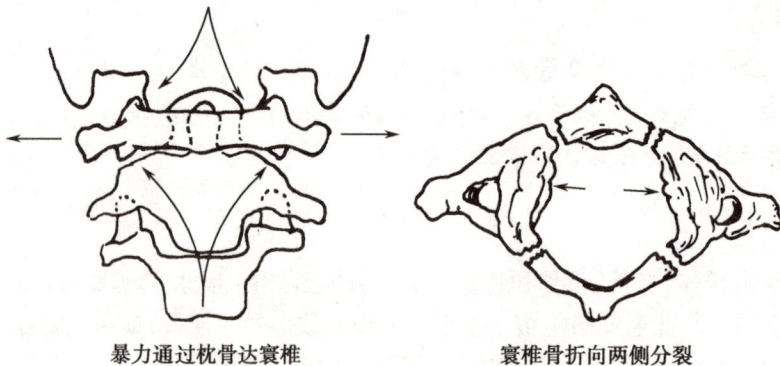

暴力通过枕骨达寰椎　　　　　　寰椎骨折向两侧分裂

图4-1　寰椎骨折

2. 寰枢椎骨折脱位　寰椎横韧带与齿状突是维持寰枢椎稳定的重要结构。发生于寰枢椎之间的骨折脱位,大多与齿状突骨折和寰椎横韧带断裂有关。寰椎横韧带断裂常导致寰椎前脱位,而齿状突骨折则致寰椎前脱位或后脱位。寰枢椎脱位常可并发严重的脊髓损伤。

3. 齿状突骨折　枢椎齿状突骨折可由屈曲、旋转或伸展暴力引起,也可见于挥鞭样损伤。齿状突骨折按骨折线的水平(Anderson 分类法)可分为三型(图4-2)。

Ⅰ型:齿状突尖部骨折,多为撕脱性骨折,主要由附着于齿状突尖部的翼状韧带撕裂所致,骨折稳定,愈合率高,预后好。

Ⅱ型:齿状突腰部骨折,较为多见,此处骨折对齿状突的血运影响大且不稳定,骨折不愈合率高,多需手术治疗。

Ⅲ型:齿状突基底部骨折,骨折线常延及枢椎体上部及寰枢关节,骨折较为稳定,预后良好。

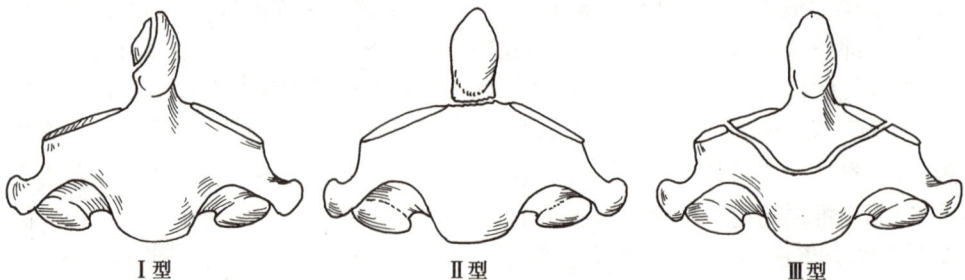

Ⅰ型　　　　　　　　Ⅱ型　　　　　　　　Ⅲ型

图4-2　齿状突骨折及类型

(二)下颈椎骨折脱位

下颈椎骨折脱位,超过 80% 的损伤水平发生在第 4~6 颈椎,一般可分为三种类型。

1. 下颈椎单纯骨折　多是受到垂直冲击力所致。受累的椎体被压成楔形,有时有骨块

FR-4-1
上颈椎骨折
损伤机制动
画演示

分离,但无脱位。损伤的颈椎后部结构保持完整,故不易出现脊髓压迫症状。若因背部肌肉强烈收缩或直接暴力冲击,可发生第7颈椎、第1胸椎棘突骨折,前者多为撕脱性骨折,X线片显示棘突有骨折线或骨块分离;后者骨折线为纵行方向,多与棘突分离。

2. 下颈椎单纯脱位

(1)全脱位:当外来的暴力使头部前倾,颈部极度屈曲使上位颈椎的下关节突掀起,暴力形成的分力使得椎体连接部位发生脱位,使后关节囊及棘间韧带撕裂;另外,颈部肌肉及韧带不足以维持其稳定性,上一颈椎整个前移,即发生全脱位。此时上一颈椎的下关节突位于下一颈椎的上关节突之前,产生关节突交锁,故称"关节突跳跃征"(图4-3)。一般以第4~7颈椎之间较多见,少数患者可伴有下一椎体的轻度压缩性骨折或前缘小片骨折,此时多伴有不同程度的脊髓损伤。

(2)半脱位:当外来暴力较轻,上一颈椎下关节突向前轻度移位,关节突关节面尚有部分接触,排列失去正常的平行关系,则称为半脱位。多发生于颈4/5或颈5/6之间。因该部颈椎活动度较大,当颈部屈曲时,颈后各组织如颈后肌、黄韧带等具有回弹作用,半脱位常自行复位。行颈椎正侧位X线照片时很难发现脱位,易被忽视而误诊或漏诊。颈椎半脱位多因"挥鞭"样损伤引起,可伴有神经损伤症状。

图4-3 关节突跳跃征

(3)旋转性单侧脱位:当颈椎遭受侧屈暴力再加上旋转暴力时,颈椎一侧关节突可发生脱位,但对侧可不累及,多由间接暴力引起,较少见。

3. 下颈椎骨折并脱位 此类骨折脱位多是较严重的暴力所致,常合并脊髓和神经损伤。

(1)屈曲型损伤:多因低头工作时从高处坠落之物体砸于头的枕后部,或进行体操运动、杂技表演等时从高处落下,颈部屈曲触地;或乘坐汽车紧急刹车时或快速起动时,颈部的"挥鞭"损伤所致(图4-4)。颈部过度屈曲时,若椎体之间的挤压分力大于向前的脱位分力,即可造成椎体楔形压缩性骨折,多发生于第5~7颈椎之间,受累椎体可为1~2个,甚至3个椎体同时发生。此时椎间盘组织可向后被挤出,造成脊髓受压而出现神经症状。当暴力过大时,除造成椎体压缩骨折外,还可造成两侧关节突分离脱位,并导致黄韧带、棘间韧带及棘上韧带断裂。此种损伤常伴有严重的脊髓和神经根损伤。

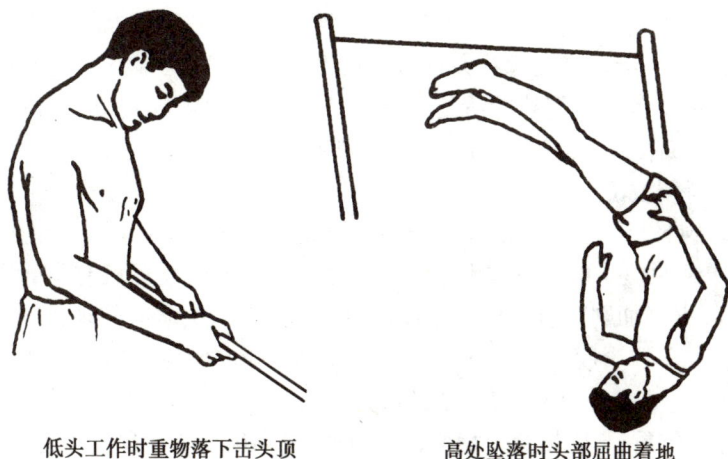

低头工作时重物落下击头顶　　　高处坠落时头部屈曲着地

图4-4 屈曲型颈椎损伤的受伤姿势

下颈椎屈曲型骨折损伤机制动画演示

（2）侧屈型损伤：当外力来自头的侧方，强力使颈部侧屈，则可造成侧屈型损伤，即颈椎椎体的一侧压缩变扁。此种损伤有时可合并横突骨折或横突间韧带断裂，并伴有脊髓或臂丛神经损伤。

（3）伸直型损伤：较屈曲型少见。当暴力由前向后作用，如摔倒时面部先着地，跳水运动员颈部过伸位撞击池底，体操运动员、杂技演员失手而致面部触地等均可发生损伤。此时，椎体后缘压缩变扁，可合并椎板及关节突骨折；或椎体前下缘骨折；若发生椎体分离，多发生在椎间盘上方及椎体下部之间，即终板与椎体松质骨之间。当过伸暴力使椎体向后向下作用，发生骨折脱位时，可伴有关节突骨折，椎间盘破裂及前纵韧带断裂，脊柱的稳定性遭到严重破坏，易造成脊髓损伤，此类损伤多见于老年伴颈椎病变者，如颈椎病、类风湿关节炎等。

（4）纵向挤压损伤：当头在中立位，外来的暴力垂直作用于头顶，由于纵向挤压作用，使整个椎体变扁变宽，骨折块移位，或髓核向椎管内脱出，造成椎管前后径或椎间孔缩小，出现脊髓、神经根受压症状。

【临床表现与诊断】

颈椎损伤均有明显的颈部或头部外伤史。伤后颈部疼痛，肿胀不一定明显，头颈部活动障碍，并可出现颈部或头部偏歪畸形，局部压痛。各部位损伤的临床特点依据骨折脱位的平面及是否有合并症而不同。

（一）上颈椎骨折脱位

1. 寰椎骨折　局限性上颈部疼痛，可通过枕大神经向枕后部放射，颈部活动时加重。多在枕下部有局限压痛，颈后肌肉痉挛僵硬，颈椎旋转活动受限为主，患者在转动身体时，必须以双手托住下颌及头部，保持头部与躯干方向一致，少部分患者会出现高位截瘫症状。

2. 寰枢椎骨折脱位　并发截瘫甚至死亡的概率较高，常造成患者当场死亡。即使初始症状不重的患者，也可能因各种并发症而危及生命，故检查时不应粗暴或用力转动头部，以免加重损伤。患者伤后感颈部疼痛或明显不稳，甚至不敢起坐。颈部各方向活动受限，尤以旋转活动受限为重，也可出现张口活动障碍。张口检查时，有时可见到或摸到寰椎前结节。一侧脱位时，头多旋向健侧，且向患侧倾斜。

3. 齿状突骨折　多数患者表现为颈痛，疼痛可放射至枕部，活动受限，颈部压痛，肌肉紧张，失稳感，患者需双手托头以协助稳定颈部。

上颈椎骨折与脱位的患者，一般应摄张口正位及侧位 X 线片。正位片寰椎两侧块间距增宽，且两侧块与齿状突的距离不对称，提示寰椎骨折；如果寰椎双侧侧块侧方移位的总和大于 7mm，提示寰椎横韧带断裂。在未并发齿状突骨折的寰枢椎脱位患者，可见咽后壁肿胀，寰齿间距大于 4mm；并发齿状突骨折寰枢椎脱位患者，会见到齿状突骨折线和脱位。CT 平扫、三维重建及多平面重建能清楚显示上颈椎骨折及脱位发生的部位以及移位程度，对制定治疗方案帮助很大。MRI 检查有助于判断有无脊髓损伤。

（二）下颈椎骨折脱位

1. 下颈椎单纯骨折　仅有局部疼痛、压痛，神经症状多不明显。

2. 下颈椎单纯脱位　单纯下颈椎半脱位时，症状较轻微，伤后可有颈部疼痛，颈部旋转活动不便，活动时疼痛加剧，检查时颈部肌肉可有轻度痉挛，头略向前倾，脱位颈椎棘突有不同程度的压痛。如一侧半脱位，下颌歪向健侧，头自患侧向健侧旋转，伤椎的棘突向伤侧偏歪，伤椎的下一棘突处可有压痛，如有神经根受压，则出现相应的神经损伤症状。颈椎全脱位，头向前倾，症状较重，与寰椎脱位相似，压迫脊髓时则出现不同程度的高位截瘫。

如第 3、4 颈神经损伤时，可有颈肌痉挛、一侧或两侧颈三角部疼痛。第 6 颈神经损伤时,前臂及手的桡侧有疼痛麻木或针刺样感。若第7颈神经损伤,则疼痛沿手的桡侧及示指放射,甚至向中指放射。

X线检查:凡疑有颈部损伤者,均应拍摄颈部正侧位X线片。半脱位时,在颈椎侧位片显示,上一颈椎的下关节突移至下一颈椎的上关节突尖部,颈椎正常的生理前突消失。全脱位时,正位片上可见受累平面的棘突及椎板间的间隙加大,侧位片上,可见上一颈椎前移,其下关节突位于下一颈椎的上关节突之前,两棘突间的距离加宽。

3. 下颈椎骨折并脱位　屈曲型损伤可见伤椎棘突向后凸出,局部肿胀,压痛明显,头前屈而不能伸,患者常以两手托腮以防止因活动引起的颈部肌肉痉挛性疼痛;侧屈型损伤,除肿胀疼痛及活动受限外,头颈向伤侧倾斜;伸直型损伤,头向后仰,颈椎前凸加大;纵向挤压型损伤,头颈一般处在中立位,各方向活动受限。如合并有脊髓和神经根损伤,则出现相应的临床症状。轻者仅出现神经根刺激症状,重者可出现不全截瘫甚至完全截瘫,但一般上肢症状较下肢明显。

X线检查:一般需拍摄颈椎正、侧位片,必要时可加拍斜位片,以明确诊断及骨折部位、移位方向。注意在伸直型损伤中产生的颈椎后脱位,由于软组织的回弹力,移位可自行复位,可能在X线片上显示不出来,但脊髓损伤已发生。

CT平扫、三维重建及多平面重建能清楚显示颈椎骨折及脱位发生的部位以及移位程度,对制定治疗方案帮助很大。MRI检查有助于判断是否并发脊髓损伤,脊髓是横断型损伤还是出血水肿或压迫性损伤。

根据受伤史、临床表现和影像学检查可作出诊断。

【辨证论治】

颈椎骨折脱位属严重损伤,在搬运过程中,必须一人双手把住患者下颏和枕部略加牵引,保持头颈与躯干平衡,绝对不能屈曲、过伸或旋转,然后另一人一手扶肩部,一手扶臀部将患者滚送到担架上。使头颈保持中立位,头颈两侧以垫挤紧,防止在运输过程中头颈不稳。如属屈曲型损伤者,应将颈部置于后伸位,颈后垫一软枕。相反,伸直型损伤,将颈部置于略屈曲位,在急诊室也应遵循上述原则。进行X线、CT、MRI等检查时,必须由医生护送。

颈椎骨折脱位的治疗目的:①恢复脊柱序列;②解除脊髓压迫,减少受损神经组织功能丧失;③促进神经功能恢复;④获得并维持脊柱稳定;⑤获得早期的功能恢复。

(一)整复方法

颈椎骨折脱位后应该立即进行治疗,手法复位由于其治疗风险大,可能增加脊髓损伤,导致严重并发症,现在较少应用,主要通过持续牵引来达到复位固定的效果,可选用颌枕带或颅骨牵引。屈曲型损伤在伸直位牵引;伸直型损伤,先于中立位牵引,逐渐改为稍屈曲位牵引;纵向挤压型损伤,宜采用中立位颅骨牵引。

1. 颌枕带牵引　适用于需要牵引时间短、牵引力较小、骨折移位不明显及颈部仅稍需固定的患者。一般重量不超过4kg,时间为3~4周。牵引期间注意牵引带不能滑脱至颈部,以免压迫颈部血管及气管。

2. 颅骨牵引　适用于寰枢椎骨折脱位较严重,或伴有脊髓损伤,或第3~7颈椎完全脱位及颈椎骨折合并脱位者,需要在短时间内大重量快速牵引复位。第1颈椎开始,一般牵引重量为4kg,每向下一椎体,则加1kg。有时颈部肌肉发达者,牵引重量可增至15kg复位,复位后维持重量为4kg。牵引时,一般不采用过伸复位法,以在中立位或轻度屈曲位(15°~20°)为宜。因过伸复位时,上下关节突嵌顿较紧,颈椎越伸展,嵌顿就越紧,不但不能达到复位目的,反而加重脊髓损伤的危险。开始牵引后,每隔1小时于床旁拍摄颈椎侧位片一次,至嵌顿的关节突被拉开后,则可在肩后垫一软枕,使颈部逐渐伸直。若无骨折和脊髓损伤,可持续牵引 3~4 周后再解除牵引,如有椎体及关节突骨折应延长牵引时间。牵引时应抬高床头做反牵引,并根据复位情况及时调整牵引方向及重量(图 4-5)。

(二)固定方法

对于无合并神经损伤的颈椎骨折,复位后可用颈托或头-颈-胸石膏固定,如合并有脊髓和神经根损伤的严重骨折,可在复位后用牵引维持固定。

1. 垫枕固定 病情较轻,虽有骨折,但无移位,且较稳定及无神经压迫症状时,仅需卧床,用一特制的高约 12cm、宽 8cm、长约 20cm 的枕头,置于患者颈后,使颈部保持在过伸位休息即可。2~3 周后改为颈托固定。

2. 金属支架固定 颈椎骨折脱位,经复位后,可采用 Halo 支架固定,以利患者早期下地活动。

3. 头-颈-胸石膏固定 用于颈椎骨折、骨折合并脱位经手法或牵引复位后仍不稳定,如枢椎齿状突骨折合并寰枢脱位。经复位后可即行石膏固定或牵引 3~4 周后改为石膏固定,直至骨折愈合(图 4-6)。

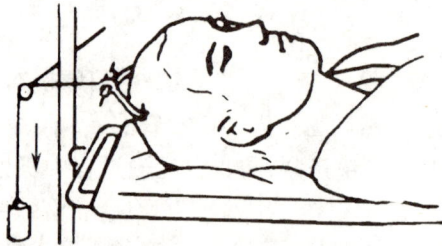

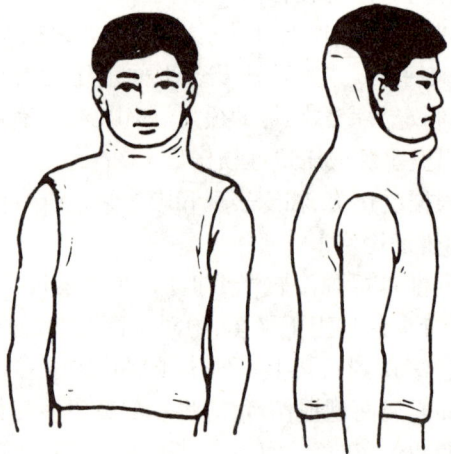

图 4-5 颅骨牵引法　　　　　图 4-6 头-颈-胸石膏固定

固定方法的选择,应根据实际情况而定。固定时间应以骨折愈合或脱位后韧带修补生长能防止再移位为止。一般单纯脱位,固定时间 6~8 周。合并骨折,固定时间可延长,直至 X 线片显示骨折愈合。

(三)练功活动

牵引和固定期间,应加强四肢肌肉和关节的锻炼。解除牵引及固定后,逐步进行颈部屈伸、侧屈及旋转活动。早期应避免做与移位方向相同的动作,即屈曲型及寰枢椎骨折脱位应避免前屈,伸直型避免做后伸活动;侧屈型避免向患侧侧屈,以防骨折未坚强愈合而发生再骨折。

(四)药物治疗

根据骨折三期辨证用药。早期局部肿胀、疼痛,腹胀纳呆,治宜活血化瘀、消肿止痛、行气导滞,内服复元活血汤或大成汤、七厘散等。中期肿痛已消,全身情况好转,应以接骨续筋为主,内服接骨丹或补筋丸,外贴伸筋膏。后期骨折已愈合,关节稳定,但颈筋强硬,筋络不舒并有疼痛者,可用舒筋活血、通利关节之法,选用舒筋活血汤、舒筋汤等方剂,狗皮膏等药物外用。

对于有脊髓压迫或刺激的患者,均应予脱水治疗,常用药为 20% 甘露醇、50% 葡萄糖、地塞米松或甲泼尼龙。早期适当应用氨甲苯酸、酚磺乙胺等止血剂可减轻脊髓出血。

(五) 手术疗法

后路寰枢椎侧块或椎弓根螺钉固定融合术治疗寰椎骨折;枕颈融合术治疗无法复位的寰枢椎脱位;经口咽途径行寰枢椎关节植骨融合治疗可复性寰枢椎脱位;齿状突螺丝钉固定治疗齿状突骨折;后路寰枢椎经关节突螺钉内固定治疗齿状突骨折(Magerl 法);前路钢板螺丝钉内固定治疗颈椎骨折脱位;后路钉板或钉棒系统内固定治疗下颈椎骨折脱位;后路椎板减压及内固定术治疗合并颈椎后纵韧带骨化的过伸性颈椎损伤等。

【预防与调护】

颈椎骨折脱位的预防重点在于做好安全生产措施,注意交通安全,乘坐或驾驶汽车应系安全带,尽量避免或减少颈椎损伤的发生。

已经发生颈椎骨折脱位的患者,在积极非手术或手术治疗的同时,要进行有效的专科护理,预防或减少截瘫等并发症。对于能活动的患者,在病情允许的情况下,要鼓励患者进行主动、被动功能锻炼。

第二节　胸腰椎骨折与脱位

据古籍记载,胸腰椎属"背骨"及"腰骨"范围。《医宗金鉴·正骨心法要旨》载:"背者,自后身大椎骨以下,腰以上之通称也。""腰骨,即脊骨十四椎、十五椎、十六椎间骨也。"

胸椎共 12 块,在椎体侧面和横突尖端的前面,都有与肋骨相关节的肋凹,其胸椎棘突伸向后下,互相掩盖呈叠瓦状,上下关节面基本呈冠状位。腰椎共 5 块,椎体肥厚,棘突直伸向后方,棘突间隙较大,腰椎上下关节面基本上呈矢状位,允许腰椎有较大的活动范围。外伤时,杠杆力往往集中在相对稳定与活动交界的胸腰段,使该部位很容易受到旋转负荷的破坏,造成胸腰段或腰椎损伤。临床以胸 11~ 腰 2 为好发部位,该部位与硬膜囊的有效间隙相对狭窄,所以损伤后容易形成脊髓、神经根的压迫和损伤。

【病因病机】

胸腰椎损伤是常见的脊柱损伤,依据损伤的暴力作用方式、损伤部位、稳定性等有不同的分类。

(一) 根据受伤时暴力作用的方式分类

1. 屈曲型损伤　临床上最为常见,暴力使患者的身体猛烈屈曲,椎体相互挤压,脊柱前部承受压应力,而脊柱后部承受张应力,造成椎体前方压缩性骨折,同时伴有棘上韧带断裂。如果这种暴力的水平分力较大,则发生脊柱脱位,上一椎体前移,并使骨关节突脱位,或者出现骨折。

2. 压缩型损伤　多见于高处坠落,足跟或臀部垂直着地,或站立时重物落在头顶,损伤的暴力与脊柱纵轴方向一致,垂直重压椎骨,引起下胸段和腰椎产生爆裂性骨折,骨折块向椎体左右和前方散裂,骨折块可向椎体后部突出进入椎管,致使脊髓和神经根发生不同程度的损伤。

3. 屈曲旋转型损伤　脊柱前屈的同时伴有旋转,造成椎间关节脱位,易导致胸腰段脊髓损伤。

4. 屈曲牵张型损伤　常见于车祸,又称为安全带损伤,高速行驶的汽车发生车祸时,由于安全带的作用,下肢和躯体下部保持不动,上半身高速前移,结果造成安全带附近脊柱后部的骨或软组织承受过大的暴力而撕裂。

5. 伸展型损伤　多发生在高空仰面坠落者,坠落的中途背部被物阻挡,使脊柱过伸,引起前纵韧带断裂,椎体横形撕裂,棘突互相挤压而断裂。

老年人因内分泌功能减退而致骨质疏松,尤其是老年妇女停经以后,骨质明显疏松,这种疏松的椎体,对负重受压的承受力差,稍受外力挤压即可引起压缩性骨折,椎体多呈现鱼椎骨状的双凹形改变。如蹲下提重物、滑倒臀部着地或乘车颠簸,虽然外力较轻也可致骨折。

(二) 根据骨折后的稳定性分类

1. 稳定型骨折　椎体压缩高度未超过 50%。

2. 不稳定型骨折　压缩高度超过 50%;椎体成角 >20°;骨折伴脱位;压缩骨折伴棘突或棘间韧带断裂等。

(三) Denis 三柱分类

Denis 三柱分类是目前国内外应用较广的分类。Denis 三柱理论将脊柱分为前柱、中柱和后柱。前纵韧带、椎体和椎间盘的前半部构成前柱;后纵韧带,椎体和椎间盘的后半部构成中柱;椎弓、黄韧带、关节突关节、棘间韧带、棘上韧带构成后柱(图 4-7)。根据三柱的损伤状况,将胸腰段骨折脱位分为四类。

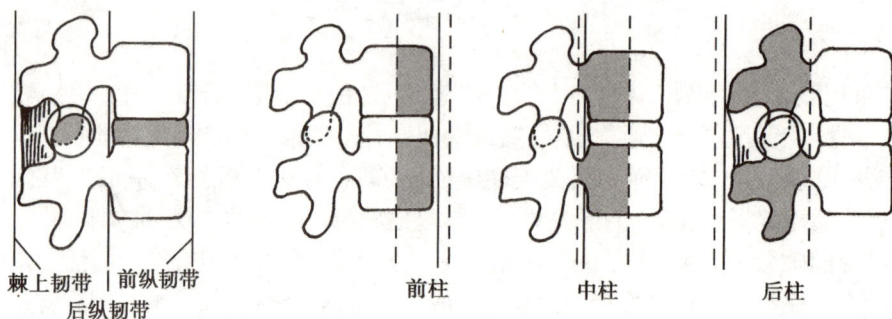

图 4-7　Denis 三柱理论

1. 压缩骨折　损伤位于前柱,中柱和后柱完整。X 线片见椎体前部高度降低,后部高度正常。

2. 爆裂骨折　椎体的前后部均受损,即前中柱都损伤,而后柱一般完整。

3. 中后柱断裂　脊柱后柱受张力断裂,致棘间韧带或棘突水平断裂,并延及椎板、椎弓根乃至椎体,前柱作为旋转中心为压缩损伤或完整。X 线片可见棘突间距增加,椎体后壁增高。如果三柱损伤局限于 1 个椎体的骨性结构,则称为 Chance 骨折。

4. 骨折脱位　三柱中的骨性和韧带结构均受损。

Denis 把脊柱不稳定分为三度:一度为机械性不稳定,为前柱和后柱损伤,或中柱和后柱损伤。二度为神经性不稳定,由于中柱受累,在椎体塌陷时,继发椎管变窄,而产生神经症状。三度为兼有机械性和神经性不稳定,见于三柱均遭受损伤,骨折脱位型损伤均属此类。

【临床表现与诊断】

除老年椎体压缩骨折以外,胸腰椎骨折与脱位均有较严重的外伤史。受伤部位疼痛与活动有关,轻者可以双手扶腰挺直行走,损伤严重的患者不能坐起,甚至出现休克。受损部位可见肿胀、瘀斑;椎旁肌可有保护性肌痉挛,按压或叩击伤椎的棘突时,疼痛加重。屈曲型损伤棘突间距可增宽,损伤部位棘突可有后凸畸形。如果椎体侧方压缩,可有轻度的侧弯畸形。如果有脊髓神经损伤则出现损伤平面以下肢体麻木,活动无力,感觉迟钝或消失,排便无力,尿潴留或大小便失禁等。胸腰椎压缩骨折较易出现腑实证或蓄血症状,如纳呆、胸闷、腹胀痛、恶心呕吐、二便不通、心烦失眠、全身不适等。

X线检查对确定胸腰椎损伤的部位、类型和程度,以及指导治疗均有重要价值。正位片可见椎体高度变扁,左右横径增宽;侧位可见椎体楔形变,脊柱后凸畸形,椎体后上缘骨折块向后上移位,处于椎间孔水平。CT检查能提供椎体椎管矢状径的情况、脊髓受压程度和血肿大小,对于爆裂性骨折及其骨折块进入椎管的诊断很有意义,是胸腰椎损伤的最佳辅助检查手段,为临床施行急诊手术提供依据。MRI能较清楚地显示椎管内软组织的病理损害程度,在观察脊髓损伤的程度和范围上较CT优越,可为判断伤情是否有手术价值、损伤的预后提供有力的依据。肌电图和诱发电位检查有助于评估患者后期的神经功能。

根据受伤史、临床表现和影像学检查等可作出诊断。

【辨证论治】

胸腰椎骨折与脱位患者的急救工作十分重要,处理不当可造成严重后果。对损伤患者在现场应立即进行简单的检查和处理,检查时不应随便搬动患者。如有休克应给予急救处理,如予止痛剂和输液;如有脊髓损伤,颅脑、胸腹脏器及四肢合并损伤时,应适当处理。

搬运伤员所用的工具,最好是硬担架或木板。不宜用软担架或毯子。禁止一人背送或二三人抬送,否则会加重损伤。搬运时先将伤员双下肢理直靠拢,双上肢贴于体侧,担架或门板靠近患者一侧,用滚动法将患者滚到担架上并使其仰卧,或由三人平移至担架上。屈曲型损伤者,受损处垫一软枕,使脊柱呈过伸位;若使用软担架时,宜使伤员俯卧位,头转向一侧以便在离地运送时,可使伤员保持脊柱过伸。伸展型损伤者搬运时,应在轻度屈曲位。如伤员对损伤时的姿势记忆不清,宜采用木板或硬担架使伤者仰卧,保持脊柱中立位最为妥当。昏迷患者应平卧位搬运。

年轻患者,功能要求高,恢复后要从事体力劳动,故应及时复位、采取良好的固定、进行积极的功能活动,才能获得满意疗效。对于老年体弱、骨质疏松的患者,一般不主张手法复位,可以卧床休息3个月左右或进行适当的练功活动,必要时行经皮椎体成形术(PVP)或经皮椎体后凸成形术(PKP)治疗。

(一) 整复方法

胸腰椎压缩骨折不合并脊髓神经损伤者,可采用手法复位,先在水平位大力牵引,并将脊椎后突畸形按压平正,切忌使用暴力按压;然后再使脊柱过伸,骨折处垫一软枕,保持骨折处稳定,避免伤及脊髓神经。在整个复位过程中,为了减少患者的痛苦和松弛痉挛的肌肉,可以考虑给予适当的止痛药。目前常用的整复方法有牵引过伸按压法(图4-8)、二桌复位法(图4-9)、两踝悬吊复位法、牵引复位法等。也可以通过自身复位功能法进行复位及康复,此法以背伸肌为动力,增加前纵韧带及椎间盘前部纤维环的张力,使压缩的椎体逐渐张开,骨折畸形逐渐得以矫正,背伸肌力的加强,形成一个有力的肌肉夹板,对脊柱的稳定起重要作用。坚持脊柱后方肌群的背伸锻炼,患者恢复快,同时可预防骨质疏松,发挥患者在复位和治疗中的主动作用。

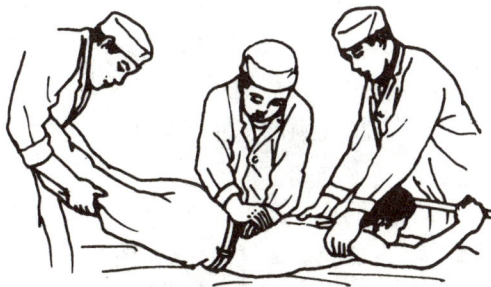

图4-8 牵引过伸按压法

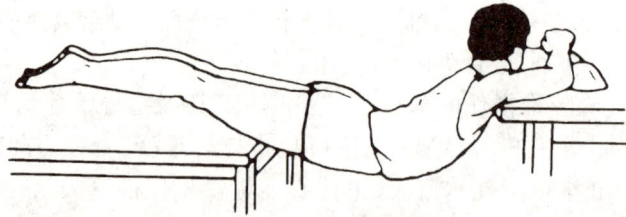

图 4-9　二桌复位法

（二）固定方法

对于不合并脊髓神经损伤的患者，经过手法复位 5~6 周后，软组织基本愈合，骨折已趋向稳定，可采用夹板腰围固定或胸腰椎支具固定（图 4-10）。对轻度胸腰椎压缩骨折的患者，不需特别固定，患者仰卧于硬板床上，骨折处垫一薄枕即可。对伸展型损伤患者，应头下垫枕抬高，膝下用枕头垫起，使髋膝关节屈曲，脊柱轻度屈曲位，便于骨折块靠拢，1~2 周急性期过后，可予胸腰椎支具固定躯干于中立位或微屈曲位 2 个月。

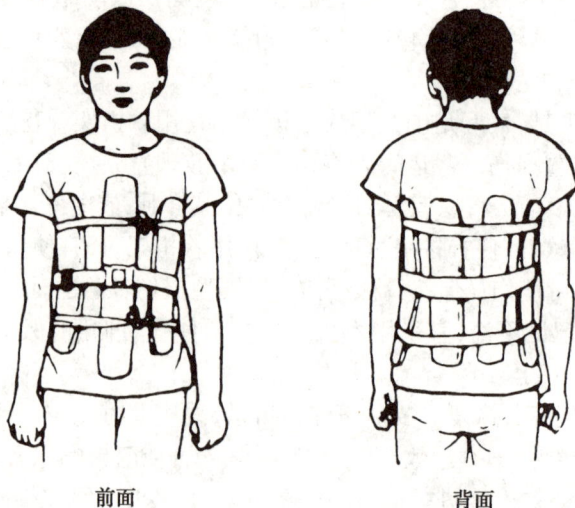

前面　　　　　　背面

图 4-10　夹板腰围固定

（三）练功活动

早期消除全身症状，合理饮食，增加体力，有利于患者的康复。仰卧位锻炼法有五点、三点和四点支撑法（图 4-11）；俯卧位锻炼法有飞燕点水姿势等（图 4-12）。练功活动作为复位的一个重要部分，必须早期进行、循序渐进、持之以恒。只要全身情况允许，一般伤后 1~2 天即要指导伤员进行练功，并向其说明练功要领和必要性。一般经过 2 周后，骨折可大部分复位，4 周后基本恢复，8~12 周后骨折愈合。本法对合并附件骨折或不完全脱位的不稳定骨折亦可达到复位目的。通过功能锻炼，椎体在压缩 1/3 或不到 1/2 者可基本恢复正常高度，后期脊柱功能恢复满意。伸直型骨折应避免伸腰活动。

（四）药物治疗

骨折初期主要在于调理内伤，如肠胃气滞、腹胀、嗳气、呕吐等，治以行气活血导滞，可内服腰伤一方加减。如气滞血瘀，腑气不通，大便秘结，当行气导滞，通腑祛瘀，可选用大成汤。若大便干结难下，予润肠通便，可选用小承气汤加减，外敷双柏油膏。当全身症状消除，肠胃功能恢复，治宜续筋接骨，内服接骨丹或腰伤二方，外敷接骨续筋膏。后期，腰背筋脉不舒，局部僵硬疼痛，可舒筋活络，续服腰伤二方。如证属肝肾亏损，气血不足者，应培补肝肾，补养气血,内服补肾活血汤、十全大补汤等,外贴狗皮膏。

五点支撑法

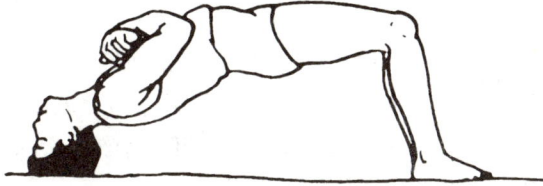

三点支撑法

四点支撑法

图 4-11 仰卧位腰背肌练功

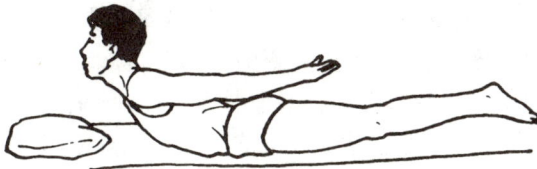

头、胸、双上肢抬离床面

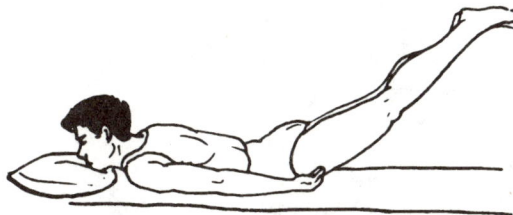

双下肢抬离床面

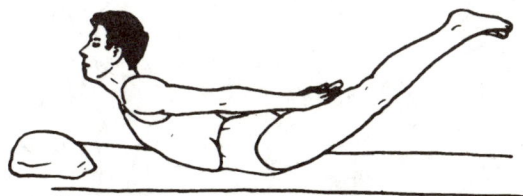

身体呈角弓反张状

图 4-12 俯卧位腰背肌练功

(五) 手术疗法

胸腰椎骨折脱位,如果椎体结构性破坏或伴有脊髓神经损伤者,需要手术治疗。目的是对骨折脱位进行复位,恢复并维持脊柱的稳定性,为损伤的脊髓功能的恢复创造有利条件,减少创伤的并发症。常用的手术方法是经胸腰椎前路或侧前路椎管减压术,椎体复位内固定术等。内固定要求创伤小,固定节段少,纠正脊柱畸形,有效地恢复伤椎稳定,在提供坚强的内固定时,保留脊柱正常节段的运动功能。至于老年骨质疏松性胸腰椎压缩性骨折,若不伴有神经症状,或骨块没有脱入椎管压迫脊髓者,可行 PVP 或 PKP 椎体成形术治疗。

【预防与调护】

骨折整复和手术后,应鼓励患者早期进行四肢和腰背肌锻炼。即使严重损伤的患者,也不应该绝对卧床,可手术后在支具保护下坐起。为预防压疮,应每隔 1~2 小时帮助患者翻身,同时进行按摩。一旦病情稳定,患者肌力恢复,即可开始练功活动。轻伤者和术后患者 8~12 周可下地活动,12 周后即可进行脊柱的全面锻炼。

第三节　骨盆骨折

骨盆是一个环形结构,由骶骨和两块髋骨(髂骨、耻骨、坐骨)组成,前方有耻骨联合,后方有骶髂关节,均有坚强的韧带附着(图 4-13)。骨盆的稳定性不仅取决于骨性结构,周围的软组织同样重要。骨盆环的稳定结构包括耻骨联合、骶髂后复合体和骨盆底。骶髂后复合体是维系骨盆稳定性最重要的结构。维系骨盆环稳定的主要韧带有骶髂韧带、骶棘韧带和骶结节韧带。骶髂韧带中的骶髂骨间韧带犹如悬吊桥的钢索,将骶骨悬吊于两侧桥墩似的髂嵴上。骶棘韧带连接骶骨和坐骨棘,防止骨盆外旋。骶结节韧带连接骶髂复合体和坐骨结节,抵抗纵向剪切和旋转力。骨盆上连脊柱,支持上身体重,同时又是连接躯干与下肢的桥梁。骨盆环的后方有两个负重主弓。站立时,重力线经骶髂关节至两侧髋关节,称骶股弓(图 4-14);坐位时,重力线经骶髂关节至两侧坐骨结节,称骶坐弓(图 4-15)。前方上下各有一个起约束作用的副弓。上束弓经耻骨体及耻骨上支,防止骶股弓分离;下束弓经耻骨下支及坐骨下支,支持骶坐弓,防止骨盆向两侧分开。副弓(尤其是下束弓)较薄弱,容易发生骨折。若主弓有骨折时,副弓多同时骨折。骨盆对盆腔内的脏器和组织(如膀胱、直肠、输尿管、血管、神经和生殖器官)有保护作用。导致骨盆骨折的暴力常导致内脏的合并损伤并危及生命,此时治疗的首要任务是抢救生命,而在抢救中不能忽略骨盆骨折,事实上早期对骨盆骨折采取正确的固定将有利于患者的预后。

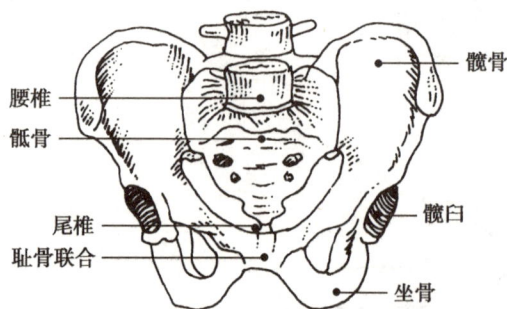

图 4-13　骨盆的结构

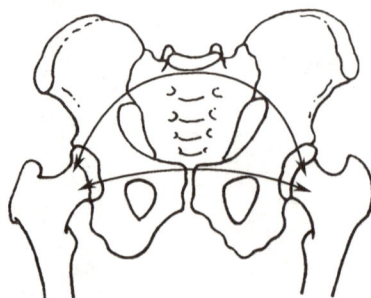

图 4-14　骶股弓及连接弓

【病因病机】

骨盆骨折多为高能量损伤，如交通事故、坑道或房屋倒塌、高处坠落等。暴力的方向决定骨盆骨折的类型。前后方挤压暴力亦称作"外旋暴力"，是指暴力直接作用于髂后上棘或髂前上棘，或作用于股骨的外旋暴力，会使一侧或两侧的髂骨外旋，导致耻骨联合处断裂，严重时可使一侧或两侧骶棘韧带、骶髂前韧带断裂，造成骨盆"开书样"损伤（图4-16）。侧方压缩暴力是指暴力作用于髂嵴或大转子，将骨盆挤向人体中线，前方骨盆损伤时，骨盆内旋；后方骨盆损伤时，骶髂部位松质骨受损，可发生轻度移位，但后方韧带复合体多保持完整（图4-17）。垂直剪切暴力是指暴力穿过骶髂后复合体的主要结构（图4-18），侧方挤压力通常只引起骶骨侧方的嵌插骨折而韧带的完整性得以保存，外旋暴力也常常造成耻骨联合分离、骶棘韧带和骶髂前韧带的断裂而骶髂后韧带仍然完整，但是当侧方挤压力或外旋力足够大时，都能挣脱韧带的约束，从而彻底破坏骨盆的稳定性。因此，垂直剪切暴力实际上就是复合暴力，造成骨盆环明显移位、广泛的软组织断裂，骨盆完全不稳定。此外，跌倒时骶尾部撞击于硬物，可发生骶、尾骨骨折，肌肉的强烈收缩可发生髂前上、下棘或坐骨结节撕脱骨折。

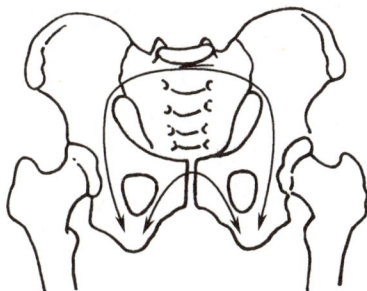

图 4-15 骶坐弓及连接弓

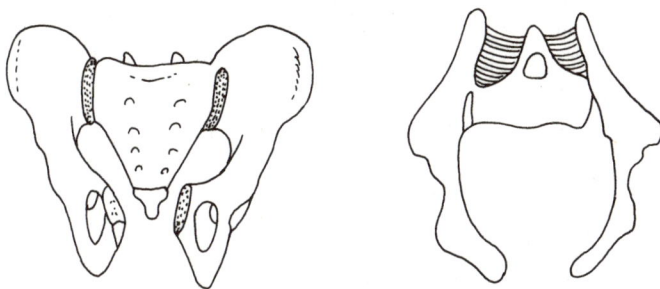

图 4-16 前后方挤压损伤

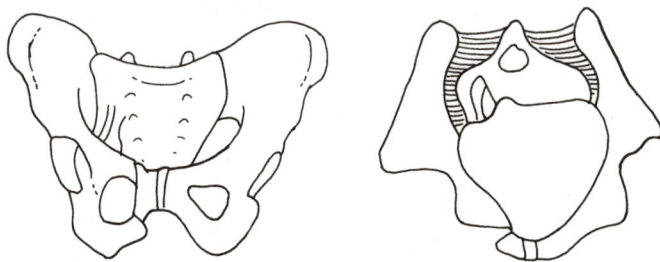

图 4-17 侧方挤压损伤

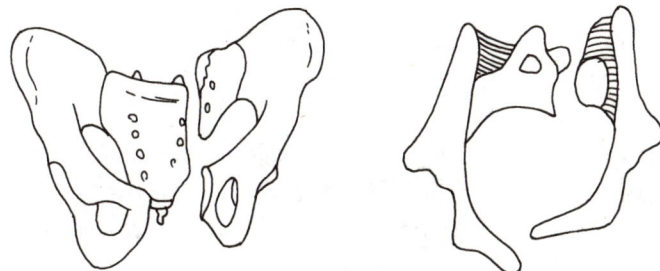

图 4-18 垂直剪切损伤

根据损伤机制以及骨盆的稳定性,将骨盆骨折分为三个类型。

(一) 稳定型

稳定型损伤骨盆环保持稳定,在生理外力的作用下不会发生移位。稳定型骨折又分两类,第一类是不累及骨盆环的骨折,如髂骨的撕脱骨折、骶骨及尾骨的横形骨折等(图4-19)。第二类是髂骨翼骨折或累及骨盆环但骨折移位很小且没有明显软组织损伤的骨折,如单独的前环骨折、骨质疏松患者受到较轻的侧方压力导致耻骨和骶髂部的轻度损伤等。

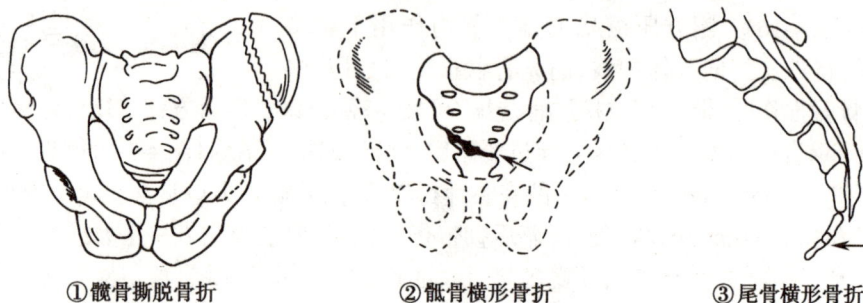

①髂骨撕脱骨折　　　　②骶骨横形骨折　　　　③尾骨横形骨折

图 4-19　不累及骨盆环的骨折

(二) 部分稳定型

部分稳定型骨折是旋转不稳定,而骶髂关节后方韧带完整,骨盆后方或垂直方向是稳定的。前后方挤压或股骨外旋暴力导致的"开书样"损伤属外旋不稳定,这类损伤相对少见,表现为髂骨翼外旋、耻骨联合分离或耻骨支骨折、骶髂关节前方韧带断裂或髂骨的骨折。侧方压缩暴力导致后弓单侧部分断裂,垂直和后方的稳定性得以保留,在骶髂关节处产生一种"合页样"动作,属内旋不稳定,表现为髂骨翼内旋、耻骨支骨折重叠移位、骶骨前方压缩骨折等,整个半侧骨盆折向对侧,可损伤膀胱或血管。此外,髂骨侧方直接遭受打击可造成"桶柄样"骨折,即骨盆的前、后环均有损伤,且前、后环损伤的部位分别在左、右两侧,比如前环为双侧的耻骨上下支骨折,左侧有移位,则后环损伤在右侧。受伤半侧骨盆犹如桶柄样向上方旋转,前环断裂分离,后环为嵌插(图4-20),患者会出现明显的下肢不等长。

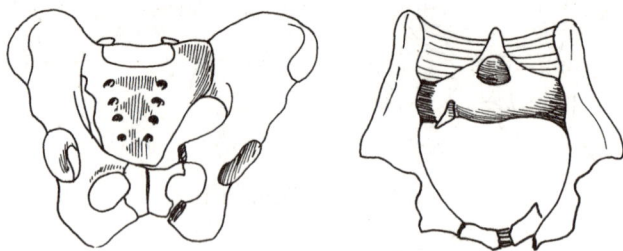

图 4-20　"桶柄样"骨折

(三) 不稳定型

不稳定型骨盆骨折为骨盆环的稳定性完全破坏,包括耻骨联合、骶髂后复合体和骨盆底,可以是单侧也可以是双侧。垂直剪切暴力导致骶髂后复合体完全断裂,周围软组织损伤严重,表现为骶髂关节脱位或经骶髂关节的骨折脱位、骶骨纵形骨折、耻骨联合或耻骨上下支断裂(图4-21)。此型损伤预后凶险,必须采取即刻的抢救措施。

①一侧耻骨上下支骨折
合并耻骨联合分离

②一侧耻骨上下支骨折
合并同侧骶髂关节脱位

③髂骨翼骨折合并
耻骨联合分离

④单侧骶髂关节脱位合并
耻骨联合分离

⑤双侧耻骨上下支骨折
合并骶髂关节脱位

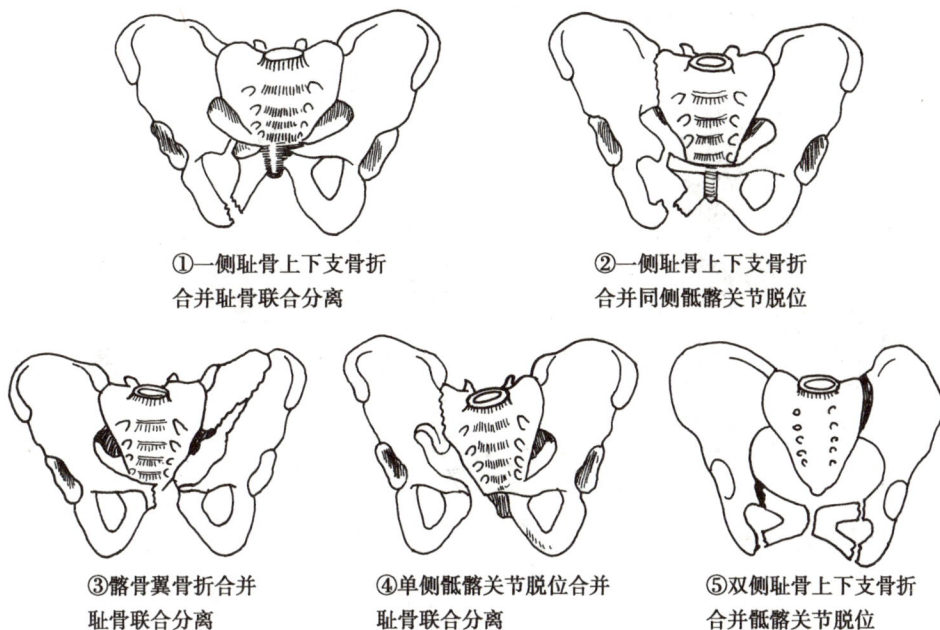

图 4-21　不稳定型骨盆骨折

ER-4-7

不稳定型骨
盆骨折损伤
机制动画
演示

【临床表现与诊断】

　　年龄较大的骨质疏松患者,较小的外力即可导致骨盆骨折,软组织损伤一般很轻。而在年轻患者即使轻微骨折也需要较大的暴力,常伴有较严重的软组织损伤。男性患者更易伴发尿道损伤。暴力大小和方向对判断骨盆骨折的类型和程度十分重要。前后方向暴力导致"开书样"损伤,侧方压缩暴力导致内旋不稳定,骶髂关节部压缩损伤,多属部分稳定型。低能量暴力比如家中跌倒造成的骨盆骨折多属稳定型。而高能量暴力比如交通事故、高处坠落、工伤事故等则多造成骨盆不稳定型骨折,且常伴有多处复合伤如血管、神经和脏器的损伤,严重者甚至危及生命,需即刻抢救。

　　伤后骨盆局部疼痛肿胀、皮下瘀血和皮肤挫擦伤痕,均提示有骨盆骨折的可能。有骨折处压痛明显,髂前上、下棘和坐骨结节撕脱性骨折,常可触及移位的骨折块,下肢因疼痛而活动受限,被动活动伤侧肢体可使疼痛加重,下肢有短缩或旋转畸形。下肢短缩、内旋(除外下肢骨折)、髂前上棘至肚脐距离缩短,提示侧方挤压损伤。下肢外旋、髂前上棘至肚脐距离增大,触摸耻骨联合有较大缝隙提示为前后方向挤压的"开书样"损伤。下肢短缩、外旋(除外下肢骨折)、髂后上棘向后上移位,提示垂直剪切暴力损伤。骨盆挤压试验(即以两手向内对向挤压两侧髂骨翼)和分离试验(即以两手分别置于两侧髂前上棘向后外方推压骨盆)时骨折处疼痛加剧,若有骨盆异常活动,提示骨盆不稳。肛门指检有触痛或摸到移位的骨折端。

　　骨盆正位 X 线片可明确骨折部位和类型。髂骨翼内旋时,其宽度变小、耻骨联合向对侧移位或耻骨支发生重叠、闭孔变大;髂骨翼外旋时,其宽度增加、闭孔变小、耻骨联合向同侧移位或耻骨支骨折端发生分离。第 5 腰椎横突撕脱骨折和骶棘韧带附着点的撕脱骨折,都是骨盆不稳定的征象。单凭骨盆的前后位 X 线片,难以发现骨盆后方移位,需加摄骨盆入口位、出口位 X 线片。拍摄骨盆入口位 X 线片时,嘱患者仰卧于 X 线检查台上,投照射线从患者头侧射向骨盆,与检查台面成 45° 角照射,能较好显示有无后方移位(图 4-22)。骨盆出口位 X 线片拍摄时,嘱患者仰卧于 X 线检查台上,投照射线从患者尾侧向头侧倾斜 45° 角,对准耻骨联合拍摄,能很好地显示骨盆的上下移位情况(图 4-23)。此外,必要时需拍摄骶髂关节斜位片,以了解骶髂关节有无骨折或脱位。

根据受伤史、临床表现和 X 线检查可作出诊断。

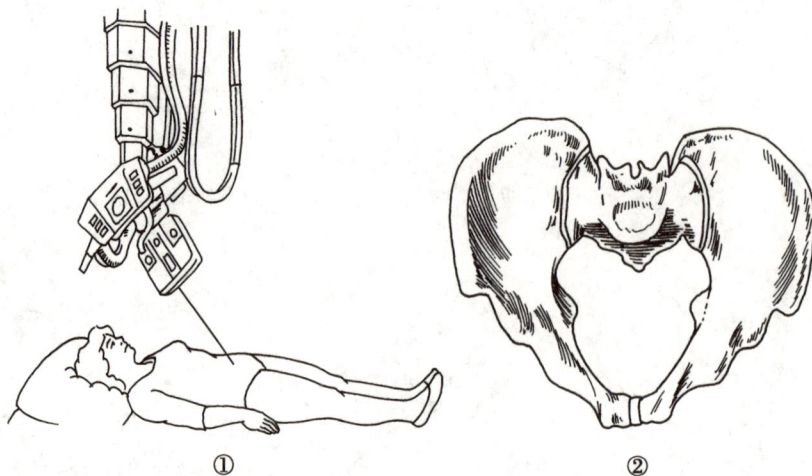

图 4-22　骨盆入口位 X 线片拍摄

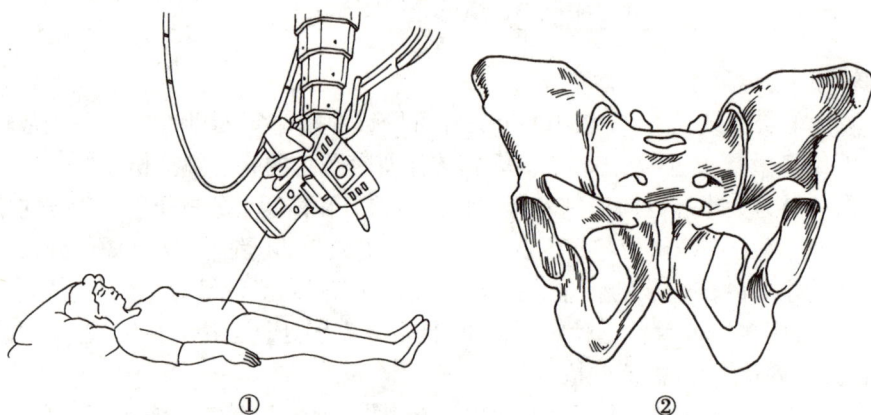

图 4-23　骨盆出口位 X 线片拍摄

　　临床需要注意的是骨盆骨折的致伤暴力强大，骨折可能同时有颅脑、胸部和腹部脏器损伤，出现意识障碍、呼吸困难、发绀、腹部疼痛、腹膜刺激征等。骨盆骨折易造成大出血，出现面色苍白、头晕恶心、心慌、脉速、血压下降等失血性休克的表现。对骨盆骨折应先检查全身情况，注意有无头、胸、腹、四肢等处的复合损伤。常见的骨盆局部复合伤有血管损伤、神经损伤、尿道损伤、膀胱破裂、直肠破裂等，应及时诊断。

　　1. 血管损伤　髂内动脉从髂总动脉发出，严重的骨盆骨折可发生髂内动脉断裂导致大出血。盆腔脏器血液经盆腔静脉丛回流，该静脉丛损伤亦将导致大量失血。严重骨盆骨折的失血量可达 2 500~4 000ml，这是骨盆骨折后造成患者早期死亡的主要原因之一。血管损伤失血过多会发生低血容量性休克，会有低血压、心动过速等表现，应注意检查生命体征、毛细血管充盈等情况。

　　2. 神经损伤　多因骨折移位牵拉或骨折块压迫所致，可引起腰丛、骶丛、闭孔神经或股神经损伤。伤后可出现臀部或肢体某部麻木、感觉减退或消失、肌肉无力，多为可逆性，一般经治疗后能逐渐恢复。

　　3. 尿道损伤　古称"海底穴伤"。坐骨支骨折时容易导致后尿道损伤，表现为尿滴血、膀胱膨胀、排尿困难、会阴部血肿及尿外渗等症状。

4. 膀胱破裂 比尿道损伤少见,在膀胱充盈时容易发生。可分为腹膜外破裂与腹膜内破裂两种。前者无腹膜刺激征,患者仍可自行排出少量血尿,尿外渗至耻骨上前腹壁及膀胱直肠间隙,致下腹肿胀、发硬及明显压痛;后者因尿液流入腹腔而引起腹膜刺激征,如腹痛、腹肌紧张、下腹压痛、反跳痛等。还可以出现恶心、呕吐等症状,查体时可见膀胱空虚。

5. 直肠破裂 较少见,常因会阴部撕裂所致。患者下腹部疼痛,有里急后重感,直肠指诊时有压痛和血迹,有时可触及骨折断端。腹膜内破裂时出现腹膜刺激征,而腹膜外破裂则在肛门周围容易发生严重感染。

【辨证论治】

骨盆骨折患者的死亡率为 10%,而不稳定型骨盆骨折,其死亡率可高达 31%,对于合并骨盆骨折的多发伤患者要立即进行抢救。对于骨盆骨折的检查重点是评估骨盆环的稳定性,针对骨折的稳定程度,选择不同的复位固定时机与方法。

(一) 急救

对合并有多器官损伤患者,各种抢救措施要同时应用,而不能一个一个地进行。首先要检查了解呼吸道、失血和中枢神经系统的情况,患者的急救首先应保持呼吸道的通畅并纠正休克。骨盆骨折尤其是不稳定骨折的失血量极大,失血量可接近甚至超过全身血液总量的1/2 造成血脱,要迅速大量输血、补液,对于不稳定的骨盆骨折患者,输血量通常需要 3 000ml左右。骨盆骨折的稳定是抢救生命的重要一环,及时正确的复位和固定可将骨盆容量降低至正常,有效控制进一步失血,从而降低死亡率。经积极的抗休克治疗,休克仍不能纠正,需做 CT 强化、动脉造影检查进一步明确诊断,必要时使用纱布填塞、动脉栓塞或血管结扎术。初步复苏完成后,应进一步检查呼吸道、失血、中枢神经系统、消化道、泌尿系和骨折情况。

(二) 整复方法

1. **稳定型骨折** 对于无明显移位的骨折不需复位。髂前上棘、髂前下棘骨折有移位者,嘱患者仰卧位,患侧髋、膝关节取半屈位,术者以挤按手法将骨折块复位。坐骨结节骨折有移位者,使患者侧卧,保持髋伸直、膝屈曲,使腘绳肌放松,术者双手拇指以推按手法推按骨折块使其复位。尾骨骨折脱位者,嘱患者侧卧位,屈髋屈膝,术者戴手套,将示指或中指涂抹液体石蜡后伸入肛门内,扣住向前移位的尾骨下端前侧,拇指压住骶骨下端后侧,两指同时相向提按,将尾骨远端向后复位。

2. **部分稳定型骨折** 受前后方向挤压暴力的"开书样"损伤,一侧或两侧的髂骨翼外旋、耻骨联合分离,复位时嘱患者仰卧,若骨折有纵向移位,需两名助手协助牵引,一名助手在患者的上方,双手把住患者两腋窝向上牵引,另一名助手在患者的下方,双手握住患者的患侧足踝部向下牵引,以纠正患侧骨盆的纵向移位,然后术者用两手对挤髂骨部,使髂骨翼外旋、耻骨联合分离复位。或者使患者侧卧于木板上,患侧向上,用推按手法对骨盆略加压力,使分离的骨折端复位。

受侧方挤压暴力损伤的骨折髂骨翼内旋、耻骨联合向对侧移位、下肢短缩明显(大于2.5cm)且有明显内旋的患者需要复位。患者仰卧,术者将患者的患侧膝、髋关节屈曲并外展外旋髋关节,同时向外向后推按患侧髂嵴,分离骨盆以矫正髂骨翼的内旋和耻骨联合的重叠移位,使骨折复位。如还残留向上移位,可使一名助手在患者的上方,双手把住患者两腋窝向上牵引,另一名助手在患者的下方,双手握住患者的患侧足踝部向下牵引,以纠正患侧骨盆的纵向向上的移位。对"桶柄样"骨折的复位和下肢不等长的矫正,需要注意纠正半侧骨盆的旋转,否则单纯垂直向下牵引患肢效果不理想。

3. **不稳定型骨折** 不稳定型垂直剪切损伤,骶髂关节脱位或骶髂关节周围的骶骨骨折、髂骨骨折,可采用下肢牵引的手法复位。患者仰卧位,一名助手在患者的上方,双手把住患者两腋窝向上牵引,另一名助手在患者的下方,双手握住患者的患侧足踝部向下牵引,术者向下推按髂骨翼复位。

(三)固定方法

无明显移位的骨盆骨折,卧床 3~5 周即可,不必固定。对于髂前上、下棘骨折,复位后可采取屈髋屈膝位休息,同时在伤处垫一平垫,用多头带或绷带包扎固定,3~5 周去除固定后,可下床练习活动。骶尾部骨折,一般不需固定,如仰卧位可用气圈保护,4~5 周多可愈合。

1. 多头带包扎或骨盆兜悬吊固定 受前后方向挤压暴力的"开书样"损伤,一侧或两侧的髂骨翼外旋、耻骨联合分离者,手法复位后可应用多头带包扎或骨盆兜带悬吊固定(图 4-24),急救时亦可使用床单捆扎临时固定,固定时间 4~6 周。多头带包扎及骨盆兜带悬吊固定不适于侧方挤压型和不稳定型骨折。

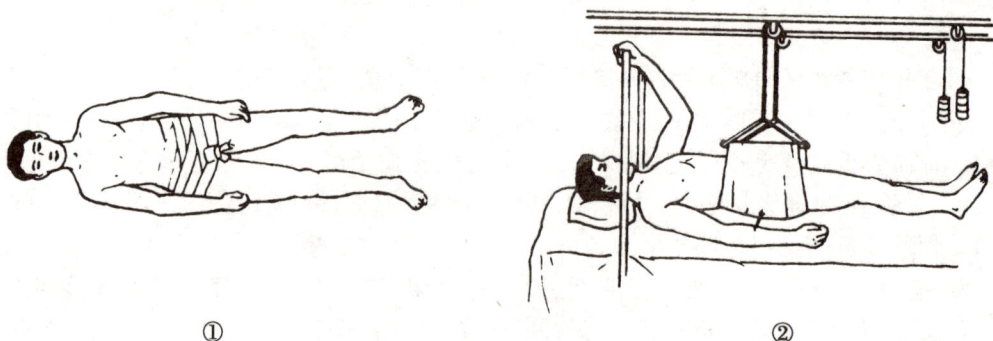

图 4-24 骨盆多头带包扎和骨盆兜带悬吊固定
①骨盆多头带包扎固定;②骨盆兜带悬吊固定

2. 石膏固定 对于儿童或青少年的"开书样"损伤,也可将双下肢固定在内旋位上,以髋"人"字石膏固定 3~4 周。

3. 持续牵引 受侧方挤压暴力损伤的骨折髂骨翼内旋、耻骨联合向对侧移位,骨盆向上移位者,复位后应采用患侧下肢持续皮肤牵引。骨盆向上移位超过 2.5cm、下肢短缩明显者,复位后应采用股骨髁上骨牵引,牵引重量为体重的 1/7~1/5,牵引时间 6~8 周。不稳定型垂直剪切损伤,骶髂关节脱位或骶髂关节周围的骶骨骨折、髂骨骨折者,复位后应采用股骨髁上骨牵引,酌情配合使用外固定架固定,牵引重量为体重的 1/7~1/5,牵引时间 6~8 周。

4. 骨外固定器固定 骨盆外固定器主要有前方外固定架和骨盆夹。前后挤压暴力的"开书样"损伤,一侧或两侧的髂骨翼外旋、耻骨联合分离者,可用骨盆外固定器固定。应用时在无菌和局部麻醉下操作,在每一侧髂嵴前部的髂骨内外板之间钻入两枚或两枚以上的固定针,借助固定针手法复位后,以各型固定夹和连接杆形成梯形框架结构将骨盆固定(图 4-25)。垂直剪切暴力损伤导致骨盆后方不稳定,比如骶髂关节脱位、骶骨纵形骨折移位,应用骨盆夹外固定。将两枚固定针分别固定在两侧骶髂关节处的髂骨外板上,收紧骨盆夹使骨盆的后方闭合(图 4-26)。外固定器的应用能有效降低骨盆容量,对符合其适应证的患者早期复苏有很大的帮助。外固定器一般固定 6~8 周。

(四)练功活动

对于无移位骨折且骨盆环稳定的患者,伤后第 1 周练习下肢肌肉收缩及踝关节屈伸活动,伤后第 2 周练习髋关节与膝关节的屈伸活动,伤后第 3 周可扶拐下地站立活动。牵引的患者,在牵引期间应加强四肢肌肉舒缩和关节屈伸活动,解除固定后即可下床开始扶拐站立

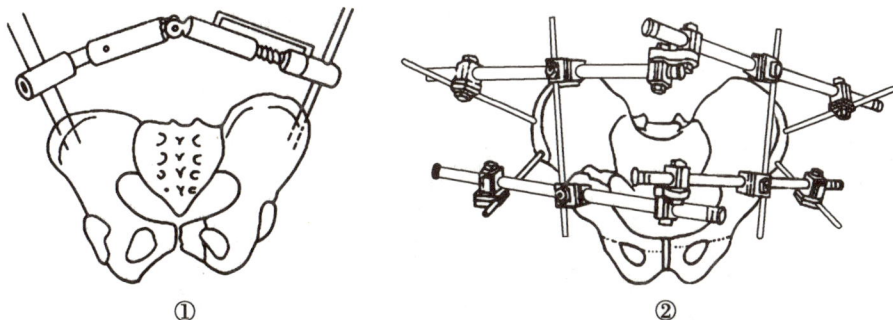

图 4-25 骨盆骨折外固定器固定

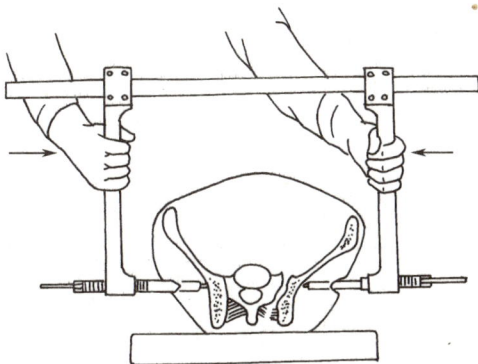

图 4-26 骨盆夹外固定器固定

与步行锻炼活动。手术治疗的患者根据内固定后的稳定性决定下地活动时间,下地活动后应做影像学检查明确有无再移位。部分稳定型骨折的患者负重练习需持续至少 6~8 周,不稳定型骨折的患者则需持续至少 8~10 周。

(五)药物治疗

由于骨盆骨折合并症多,对全身影响较大,故药物治疗更为重要。若因合并大出血发生血脱者,应当急速给以大量补液和输血,急投独参汤加附子、炮姜,同时冲服三七粉或云南白药。

遵循骨折三期辨证原则,早期宜活血祛瘀、消肿止痛,可选用复元活血汤或活血止痛汤,若局部瘀紫肿胀较重者可外用消瘀膏、消肿散或双柏散。中期以续筋接骨为主,内服接骨丹。后期应强筋壮骨、舒筋通络,内服选用补肾壮筋汤或舒筋汤,外用海桐皮汤水煎外洗。

若伤后胃气上逆,呕吐,腹胀纳呆,甚或腹痛,小便短赤,大便秘结者,治宜活血顺气、通经止痛,可选用顺气活血汤或大成汤。若伤后小便不利、黄赤刺痛,小腹胀满,口渴发热等,治宜养阴清热解毒,利小便,可应用导赤散合八正散加减。若伤后瘀血泛注于腰臀或下肢,出现漫肿或结块,乃血瘀而致气滞,初起属肝脾郁火,急用定痛散外敷,内服小柴胡汤,加桃仁、红花,化瘀以清肝火,继用八珍汤益气养荣。若瘀血作痛,局部肿胀、青紫发黑,甚则发热口渴汗出者,乃经络壅滞、阴血受伤之故,方用四物汤加桃仁、红花、乳香、没药,以去瘀血、通壅塞。若症见疼痛较甚,发热口渴,烦闷,头晕,日晡益甚,乃阴虚内热之证,宜用八珍汤加丹皮、麦冬、五味子、骨碎补等药治之。若伤后少腹引阴茎作痛者,乃瘀血不行兼肝郁化火所致,宜用小柴胡汤加大黄、黄连、山栀,待疼痛消失再以养血之剂调养。伤后长期卧床而出现便秘,应辨证用药:若因大肠血虚火炽者,宜用四物汤送服润肠丸;肾虚火燥者,用六味地黄丸;肠胃气虚者,用补中益气汤。

(六)手术疗法

髂前上棘撕脱骨折移位明显,闭合复位不理想者,可手术切开复位、螺钉内固定。髂骨翼骨折分离移位影响骨盆环稳定者,可予手术切开复位钢板螺钉内固定。"开书样"损伤耻骨联合分离大于 2.5cm 者,在耻骨联合上方用一块四孔钢板固定,即可恢复稳定性。侧方压缩型骨折,耻骨上支移位突入会阴部,可采用小的横形切口,将骨折复位后,以螺钉或小钢板内固定。骶髂关节骨折脱位,若闭合复位不良需手术治疗。骶髂关节脱位或骨折脱位可在髂嵴上做切口经前方显露,进行复位、钢板内固定。骶髂关节周围的髂骨骨折、骶骨骨折可在髂骨后嵴的内或外侧切口经后方显露,螺钉或钢板固定。骶髂关节脱位可单独应用螺钉固定,切开或经皮穿钉。螺钉穿过骶髂关节能提供很好的固定。穿钉的位置一定要准确,穿钉过程中要透视检查(骨盆入口位、出口位、骨盆侧位)或 CT 引导定位下进行,避免螺钉进入椎管损伤马尾神经,或穿入第 1 骶孔损伤神经根。

【预防与调护】

骨盆骨折伴发静脉血栓栓塞并发症的概率很高,有时会导致死亡。对于高危人群(包括老龄、创伤、既往静脉血栓栓塞症病史、肥胖、瘫痪、制动等)应采取积极的预防措施,术前应做全面的检查(彩色多普勒超声、MRI、静脉造影等),围手术期使用足底静脉泵、间歇充气加压装置等物理预防措施以及恰当使用抗凝药物(必须在出血已经停止之后方可应用),从而减少静脉血栓栓塞症的发生率。围手术期使用抗生素可降低感染的风险。术后发现血肿应立即清除,以减少感染风险。熟悉解剖关系、正确应用影像增强器以避免医源性损伤。

饮食上给予低盐低脂、高蛋白、高维生素、易消化的食物,多吃新鲜蔬菜水果,清淡饮食可防止刺激性食物对血管的刺激。高热量高纤维饮食可补足机体所需能量,亦可防止大便秘结。禁食高胆固醇食物,防止因血脂偏高增加血液黏度。督促吸烟患者戒烟,避免尼古丁等刺激引起血管收缩和增加血液黏度。建议患者多饮水,每日 >2 000ml,避免脱水而增加血液黏度。对于需要长时间卧床的患者,骨性突起部位受压后易引起压疮,应定时翻身,以每 1~2 小时翻身 1 次为宜。督促患者做上肢悬吊抬臀动作,鼓励患者卧床期间多做深呼吸和咳嗽,减少肺不张。注意下肢保暖,防止寒冷刺激引起静脉痉挛血液瘀积。

第四节 肋骨骨折

肋骨为细长弓状的扁骨,富有弹性。每一肋骨可分为中部的体及前、后两端。肋体前端粗糙,接肋软骨,肋软骨为透明软骨,与胸骨侧缘相关节。肋骨的后端膨大,称肋头,有关节面与胸椎体的肋凹相关节。肋头外侧稍细部为肋颈,再向外变扁成肋体,颈与体结合处的后面突起叫做肋结节,肋结节有关节面与胸椎横突的肋凹相关节。肋体有内、外两面及上、下两缘。内面近下缘处有肋沟,肋间血管和神经沿此沟走行。肋体向外转为向前的转弯处叫肋角。第 1 肋骨上下扁宽而短,无肋角和肋沟,分为上、下面和内、外缘。上面内缘处有前斜角肌附着形成的前斜角肌结节,结节的前、后方各有浅沟,是锁骨下静脉和锁骨下动脉的压迹。下面无肋沟,前端借肋软骨直接与胸骨相结合。第 2 肋比第 1 肋稍长,更近似一般肋骨。第 11、12 肋无肋结节,体直而短,末端圆钝。肋骨共 12 对,呈弓形,分左右对称排列,与胸椎和胸骨相连构成胸廓,保护着心、肺、大血管等重要生命器官。上 7 对肋骨借助软骨直接附着于胸骨,称为真肋。下 5 对肋骨中,第 8~10 肋骨借第 7 肋软骨间接与胸骨相连,称为假肋。第 11、12 对肋骨前端游离,称为浮肋。上下肋骨之间,有肋间内肌、肋间外肌交叉附着,将肋骨连成一体,故肋骨骨折一般较少发生移位。两肋之间有肋间神经和血管通过,肋骨骨折错位容易使其损伤。肋骨前连软骨,后有关节,肋骨本身又富有弹性,有缓冲外力的作用。第 1、2 对肋骨短小,又被肩胛骨、锁骨及上臂保护,一般不易受伤。中部第 3~7 肋,外表较少保护,发生骨折的机会较多。第 8~10 肋连于第 7 肋软骨而不直接连于胸骨,故弹性较大,发生骨折较少。浮肋弹性更大,不易骨折。故骨折常发生于较长的第 4~9 肋的前外侧。肋骨骨折较常见,约占全身骨折的 1.4%,占钝性胸部损伤的 55%。好发于成人和老年人,多见于 18~50 岁,青少年则少见。一肋一处骨折多见,多肋多处骨折少见。但多肋多处骨折所致的连枷胸是胸部损伤早期六大死亡原因之一。

【病因病机】

肋骨骨折可因直接暴力撞击或受到间接暴力如塌方、车轮碾轧等挤压胸廓而致(图 4-27)。

1. 直接暴力 多由钝器打击、碰撞等直接作用于肋骨某处,该处肋骨被迫向胸廓内陷而发生骨折,骨折端多呈横断或粉碎性,并向内塌陷。如果断端移位较大,可损伤胸膜和肺脏,造成血胸或血气胸等。

2. 间接暴力 多由交通事故、塌方所致。在胸廓前后方外力对挤的作用下,胸廓前后径减小,左右径增大,肋骨向外弯曲而骨折,多发生在腋中线处。在侧胸壁外力左右对挤时,则可发生前肋或后肋骨折,或胸肋关节脱位。骨折线常呈斜形,骨折端易刺破胸膜、肺脏或皮肤,造成血胸、血气胸或开放性骨折。

3. 混合暴力 胸廓同时遭受直接打击和间接挤压,是引起多段骨折的重要原因。直接暴力过于强大,除造成被打击处骨折外,暴力还可沿肋骨继续传导,而发生一根肋骨多段骨折,甚至多根肋骨多段骨折。此类骨折合并内脏损伤的机会较大。

4. 肌肉牵拉 由于长期咳嗽或剧烈咳嗽,肋间肌肉反复急剧收缩可引起肋骨骨折。多发生于体质虚弱之人,如肺结核、慢性阻塞性肺疾病或有明显的骨质疏松者。

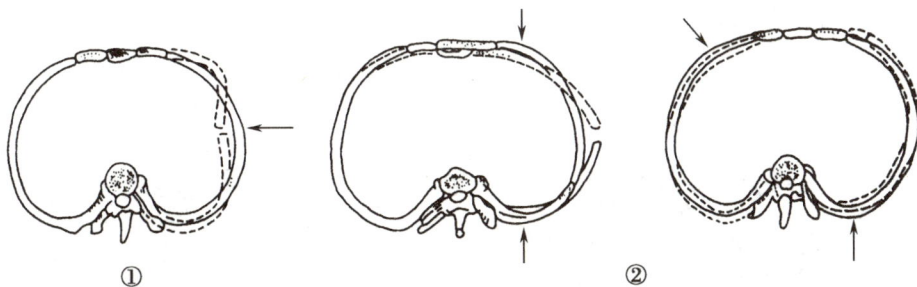

图 4-27 肋骨骨折的病因
①直接暴力;②间接暴力

肋骨骨折多为闭合性骨折,可发生于一根或数根。一根肋骨单处或两段骨折,胸廓的稳定性常不被破坏;而多根肋骨多段骨折,或多根肋骨单处骨折合并肋软骨骨折、胸肋关节脱位时,可使该处胸廓失去支持,形成浮动胸壁即连枷胸,产生反常呼吸运动(图 4-28),即吸气时胸腔负压增大,该处胸壁向内凹陷,呼气时因胸腔负压减低而向外凸出。由于反常呼吸运动,肺的通气功能发生障碍,严重影响呼吸和循环功能,患者出现呼吸困难、低氧血症等,死亡率高达 20%。

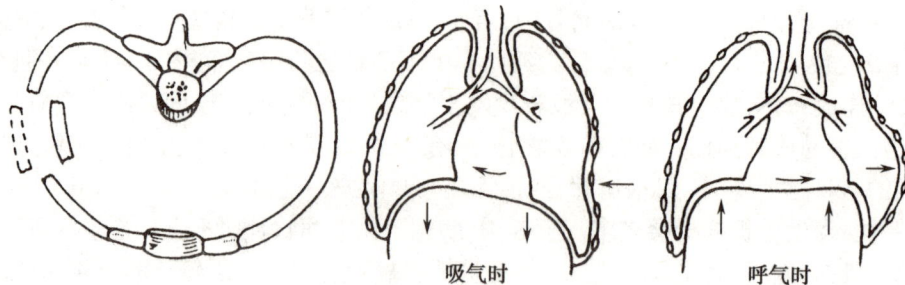

图 4-28 浮动胸壁及反常呼吸

若骨折断端刺破胸膜,空气从外界进入胸膜腔,则可并发气胸。如胸膜穿破口已闭合,不再有空气进入胸膜腔,则称为闭合性气胸;如胸壁穿破口未闭合,空气可随呼吸经胸壁缺损处自由进出胸膜腔,则称为开放性气胸(图 4-29);如胸膜穿破口形成阀门,吸气时空气通过破裂口进入胸膜腔,呼气时则不能将空气排出,胸腔内压力不断增加,导致胸膜腔压力高于大气压,形成张力性气胸,又称为高压性气胸(图 4-30)。

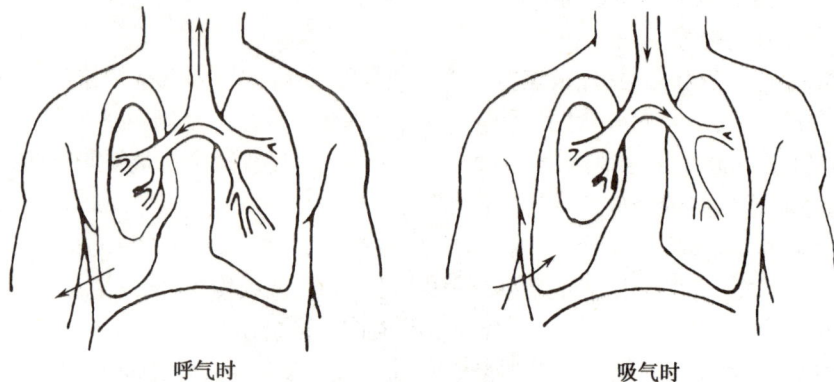

图 4-29 开放性气胸的病理变化

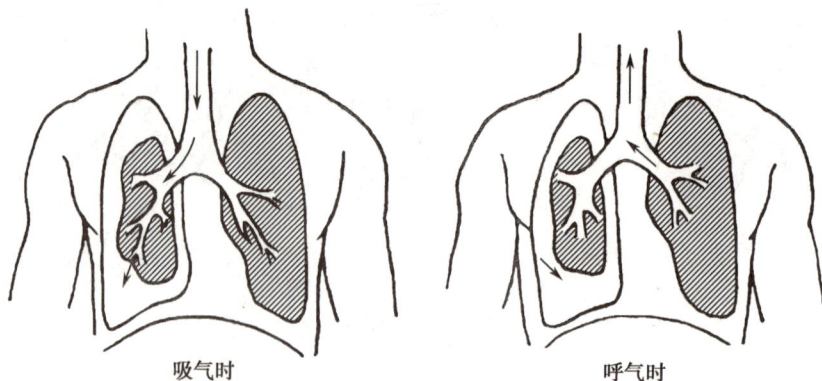

图 4-30 张力性气胸的病理变化

气胸损伤机制动画演示

若骨折断端刺破胸壁和肺的血管,血液流入胸膜腔,则并发血胸。日久则会产生胸膜腔粘连或纤维组织填塞等,成为机化血胸、纤维胸。

【临床表现与诊断】

有多种意外事故使胸廓遭受打击、撞击或挤压等外伤史。长期咳嗽、剧烈喷嚏后,突然出现胸壁疼痛,应高度怀疑有肋骨骨折的可能。

伤后局部疼痛,说话、咳嗽、喷嚏、深呼吸和躯干转动时疼痛加剧,呼吸较浅而快,胸闷气促,严重者呼吸困难、口唇发绀,甚至休克。检查可见局部有血肿或瘀斑,骨折处剧烈压痛或畸形,有时可产生骨擦音。两手分别前后挤压胸廓,或左右挤压胸廓,均可引起骨折处疼痛加剧,称为胸廓挤压征阳性,是诊断肋骨骨折的主要体征之一。

单根肋骨骨折时,病情较轻,患者多能行走,说话、咳嗽、喷嚏、深呼吸和躯干转动时疼痛加剧。局部微肿,痛点固定,无明显畸形。触诊可有骨擦音,胸廓挤压征阳性,多无全身症状。

多发肋骨骨折时,病情较重,可见大片肿胀瘀斑或有畸形和皮下气肿。咳嗽、喷嚏、深呼吸和躯干转动时疼痛加剧,患者多不敢大声说话,常用手保护骨折部位。

多根肋骨两处骨折时,由于骨折两端失去支持,该处常见反常呼吸运动,即所谓的"连枷胸",表现为吸气时该处胸壁向内陷入,呼气时该处胸壁向外膨出。因胸腔内两侧压力不等可导致纵隔摆动,严重影响呼吸和循环功能,患者常表现为气急、呼吸困难,甚至出现呼吸窘迫、口唇发绀、休克等危及生命的紧急症状。

第1、2肋骨骨折多由强大暴力引起,常伴有多发性肋骨骨折及连枷胸,应同时考虑其周围的锁骨下血管和臂丛神经损伤的可能性,以及胸内脏器和大血管损伤的可能性,还可导致胸廓出口综合征。

低位肋骨骨折不常见,如有下胸部肋骨骨折,容易合并腹腔内脏损伤,特别是肝、脾、肾脏器损伤。

肋软骨骨折较少见,但肋软骨与肋骨分离却常见。单纯软骨骨折或与肋骨分离的疼痛非常明显,血供不良使愈合延迟,症状持续时间较长。

儿童肋骨弹性大,不易折断,如有肋骨骨折表明遭受的暴力巨大,因此常合并严重的胸腔和腹腔脏器损伤。

气胸、血胸是肋骨骨折常见的并发症之一,因此对于肋骨骨折患者,应注意观察患者的血压、脉搏和呼吸,有无发绀缺氧、肺不张等情况。对于年老体弱或有慢性阻塞性肺疾病者,更应该提高警惕。

如并发闭合性气胸,可出现胸闷、气促,体检可见伤侧呼吸运动减弱,叩诊呈鼓音,呼吸音及语颤减弱或消失。开放性气胸患者,可出现呼吸困难、发绀、血压下降、脉细数,伤侧呼吸音低微或消失,同时可听到空气经胸壁伤口进出的声音,叩诊为鼓音。如并发张力性气胸,可产生严重的呼吸困难、发绀和休克,有时气体进入纵隔和皮下组织,可在头、颈、胸及上肢形成皮下气肿,气管向健侧偏移。当胸腔穿刺抽出部分气体后压力暂时减低,但不久又增高,症状复加重。

如并发血胸,患者会出现不同程度的面色苍白、脉搏细速、血压下降和末梢血管充盈不良等低血容量性休克表现,并有呼吸急促、肋间隙饱满、气管向健侧移位、伤侧叩诊浊音和呼吸音减低等胸腔积液的临床和胸部 X 线表现,胸腔穿刺可明确诊断。正确判断是否存在进行性血胸对于挽救患者生命非常重要。具备以下征象常提示存在进行性血胸:①持续脉搏加快、血压降低,或虽经补充血容量血压仍不稳定;②闭式胸腔引流量每小时超过 200ml,持续 3 小时;③血红蛋白量、红细胞计数和血细胞比容进行性降低,引流胸腔积血的血红蛋白量和红细胞计数与周围血相接近。当闭式胸腔引流量减少,而体格检查和放射学检查发现有血胸持续存在的证据时,应考虑凝固性血胸。

肋骨骨折除并发气血胸外,还有伤及气管、食管、纵隔、心脏以及肝脾等脏器的可能。

胸部正侧位或斜位 X 线片可明确肋骨骨折的部位、根数以及骨折移位情况。单纯气胸在 X 线片可见沿肋骨内面有透亮的气带,与肺组织影形成鲜明的对比,如气胸量大时,肺组织可被压缩,纵隔向健侧移位。血胸量少(≤ 300ml)时,仅肋膈角消失,中等量血胸(约1 000ml)时液平面可达肺门,大量血胸(>2 000ml)时,则全肺被液体阴影所掩盖(图 4-31)。如同时存在血气胸时,则出现液平面。肺挫伤者肺部有局限性斑点状或弥漫性斑点状融合,甚至两肺大片浸润。肺不张者全肺密度增高,膈界限消失,心脏、纵隔向健侧移位,如全肺不张合并大量血胸,则纵隔可无明显移位,甚至向对侧移位。

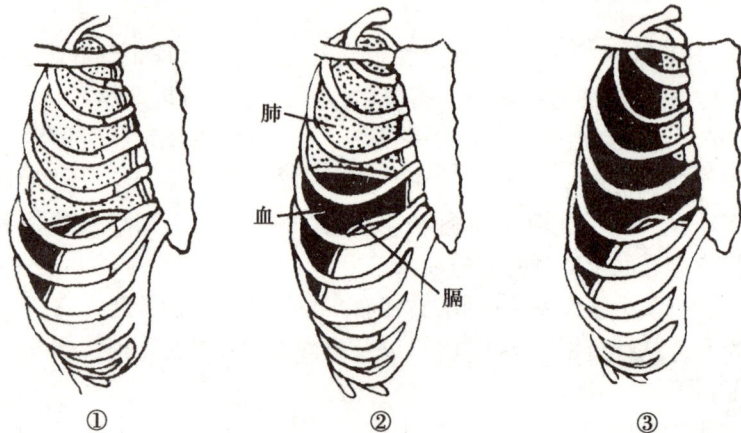

图 4-31 血胸
①少量;②中量;③大量

　　X 线检查受投照条件、投照角度、脏器重叠等诸多因素影响较大,有时仅靠 X 线检查难以明确诊断或诊断不完全。如 X 线检查对于无错位、嵌插、成角的隐匿性骨折极易漏诊,也不易观察少量液气胸及肺内挫伤出血等情况。应用 CT 检查可以清晰地显示肺脏挫裂伤、液气胸情况,更好地评估患者病情的严重程度。多层螺旋 CT 及重建技术,对细微的骨折或明显的骨折都能很好地兼顾到,不仅可以直观、逼真、准确地显示骨折线的位置及数量,还能够发现细微骨折、隐匿性骨折及肺部损伤、液气胸等情况,显示骨折线的全程、粉碎性骨折的移位及复杂的解剖关系。

　　根据受伤史、临床表现和影像学检查可作出诊断。

　　【辨证论治】

　　单处肋骨骨折,因有肋间肌固定和胸廓的支持,多无明显移位且比较稳定,一般不需要整复。对于有明显错位的肋骨骨折,要进行整复固定。合并血胸、气胸者可行胸腔闭式引流术。合并内脏损伤或休克者,要采取相应治疗措施挽救患者生命。

　　(一)整复方法

　　1. 坐位整复法　嘱患者坐于凳子上,挺胸叉腰,深吸气,然后屏气。助手立于患者背后,将一膝顶住患者背部肩胛间区,双手分别从两侧腋窝绕到肩关节前方并握住两肩,缓缓用力向后上方牵拉,使患者胸廓扩展。术者立于患者前方,一手掌扶健侧,一手掌徐徐推按患侧高凸部位使之平复。手法复位切忌使用暴力,以免产生医源性损伤。

　　2. 卧位整复法　若患者身体虚弱,可让患者仰卧,肩胛间区垫枕使患者双肩后伸、胸廓扩展,采用与上述同样的挤压手法整复移位的骨折(图 4-32)。

　　(二)固定方法

　　1. 胶布固定　患者端坐,深呼气,在呼气末胸廓周径最小时屏住呼吸,用宽 7~10cm 的长胶布,从健侧肩胛中线绕过患处至健侧锁骨中线,自下而上、由后向前依次环绕伤肋加以固定,固定时后一条胶布要覆盖前一条胶布上缘,重叠约 1/3~1/2。固定区域包括肋骨骨折区及上下两根肋骨,固定时间约 3~4 周(图 4-33)。若皮肤对胶布过敏,肥胖、患有慢性阻塞性肺疾病或心肺功能不全者,因能限制呼吸,不宜采用本法。

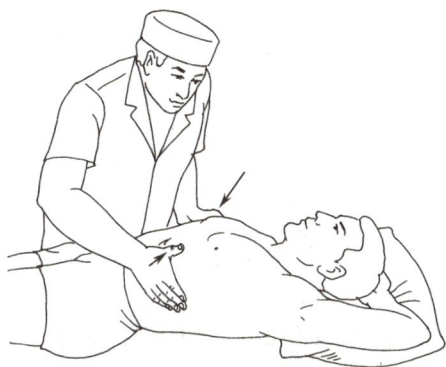

图 4-32 卧位整复法

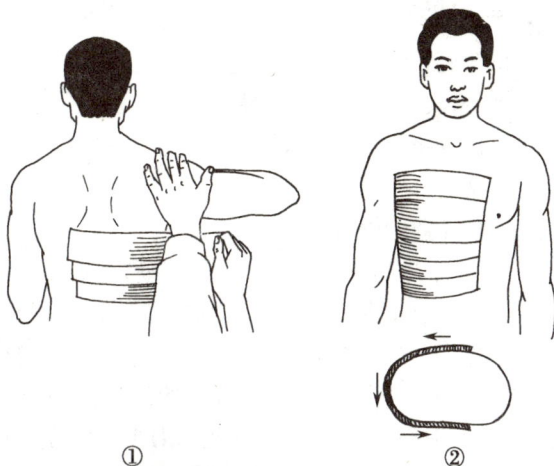

图 4-33 肋骨骨折胶布固定法

ER-4-10

肋骨骨折胶布固定操作演示

2. 弹力绷带固定　弹力绷带有一定的伸缩性,对胸廓的限制作用较小,特别适用于老年患者,有肺部疾病、心肺功能不全以及皮肤对胶布过敏者。在呼气末用弹力绷带环绕胸部,固定范围及时间同胶布固定。

3. 肋骨牵引固定　适用于多根肋骨多处骨折,造成浮动胸壁的患者。范围较小的经过加压包扎固定法可达到目的。范围较大者,须采用肋骨牵引固定术(图 4-34)。在伤侧胸壁放置牵引支架,患处常规消毒后,局部麻醉下用无菌巾钳抓持浮动胸壁中央 1~2 根坚硬的肋骨,通过滑轮牵引来消除胸壁浮动,牵引重量为 1~2kg,牵引时间 2 周左右。

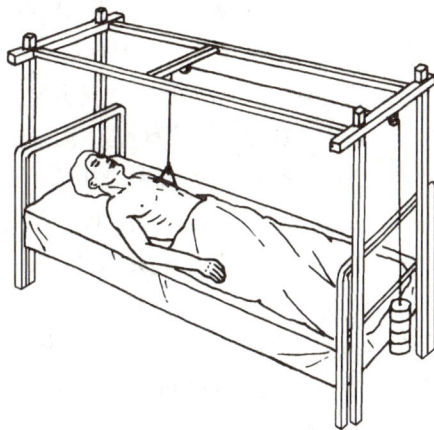

(三) 练功活动

整复固定后,病情轻者可下地自由活动;重症需卧床者,可取半坐卧位,并做腹式呼吸运动锻炼,待病情许可后可下地活动。

图 4-34 肋骨牵引固定

(四) 药物治疗

初期治宜活血化瘀、理气止痛。伤气为主者,宜理气止痛,佐以活血化瘀,可选用柴胡疏肝散、金铃子散加减;伤血为主者,宜活血化瘀,佐以理气止痛,可选用复元活血汤、血府逐瘀汤加减;气血两伤者,宜活血化瘀、理气止痛并重,可用顺气活血汤加减。中期治理气活血,接骨续筋,可选用接骨丹或接骨紫金丹等。后期胸胁隐隐作痛或陈伤者,宜化瘀和伤、行气止痛,可选用三棱和伤汤加减;气血虚弱者,用八珍汤。外治早期选用消肿止痛膏,中期选用接骨续筋膏,后期选用狗皮膏。

(五) 手术疗法

大部分肋骨骨折经保守治疗均可治愈,但是都存在不同程度的肺容积的缩小和胸廓塌

189

陷畸形,尤其是多发性肋骨骨折和连枷胸患者。对于这类患者,采用内固定器械进行手术治疗具有明显优势,不仅可以防止肋骨交叉愈合,恢复胸廓和肺脏的顺应性,还可以避免断端嵌压所致的肋间神经痛,防止急性呼吸窘迫综合征(ARDS)、肺不张等后期并发症。手术时机以受伤 72 小时内最佳。

肋骨骨折手术内固定治疗的适应证为:①胸壁塌陷,造成呼吸窘迫进行性加重者;②胸壁无塌陷,但有明显胸廓畸变者;③胸腔闭式引流术不能控制的血气胸患者,危及生命;④凝固性血胸者;⑤浮动胸壁(连枷胸),出现反常呼吸运动,导致呼吸困难者;⑥合并气管、食管、纵隔、心脏以及肝脾等脏器损伤,具有开胸探查指征者。

肋骨骨折根据不同情况可选用不锈钢丝、可吸收肋骨钉或记忆合金接骨板等进行内固定。

并发气胸的处理:

1. 闭合性气胸　少量气胸(肺萎缩 ≤ 30%)对肺功能影响不大,胸膜腔内的积气可在 1~2 周内自行吸收,不需特殊处理。大量气胸(肺萎缩 >30%),患者常有胸闷、气促、呼吸困难,可在第 2 肋间隙锁骨中线处行胸膜腔穿刺,抽出积气,行闭式胸腔引流。

2. 开放性气胸　开放性气胸的急救处理要点是尽快封闭伤口,将开放性气胸转变为闭合性气胸,赢得时间并迅速转运。使用无菌敷料或清洁器材,在伤员呼气末填塞或封盖伤口,并加压包扎,阻止胸腔与外界空气相通,再进行抗休克等治疗,待病情好转后再进行清创和闭式胸腔引流术。

3. 张力性气胸　张力性气胸可产生严重的呼吸和循环功能障碍,是可迅速致死的危急重症。急救时可于前胸第 2 肋间锁骨中线处,用大针头行胸腔穿刺减压,继之可安装闭式胸腔引流。

并发血胸的处理:少量血胸可暂时不予处理,但应继续观察。中等量以上的血胸,应立即在腋中线第 5~6 肋间置入内径 1.5cm 以上的闭式引流管,行闭式胸腔引流术(图 4-35)。如积血较多,可分次抽出,每日 1 次,每次量不超过 1 000ml。抽吸时,患者若出现胸闷、咳嗽等不适,应停止抽吸。对于进行性血胸,在积极抗休克治疗后,应进行开胸探查,术后行闭式胸腔引流术。

【预防与调护】

整复固定后,病情轻者可下地自由活动。重症需卧床者,可取半坐卧位,肋骨牵引者取平卧位,可进行腹式呼吸运动锻炼。有痰者应鼓励患者扶住伤处轻声咳嗽排痰,早期离床活动,减少呼吸系统感染的发生。痰稠难咳者,可采用超声雾化吸入。忌烟酒及辛辣之品,避免对肺部的刺激而发生剧烈咳嗽,减轻疼痛。合并肺部疾病者,应积极治疗肺部疾病。

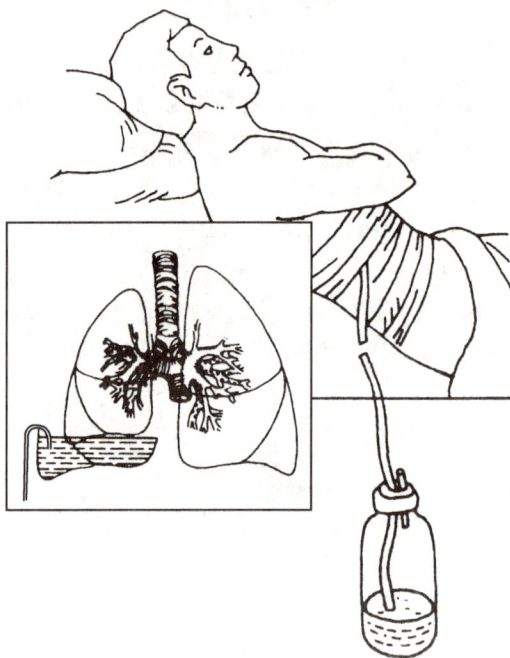

图 4-35　闭式胸腔引流

附：胸骨与脊椎附件骨折简表

胸骨与脊椎附件骨折简表

骨折名称	病因病机	临床表现与诊断	辨证论治
胸骨骨折	多因强大的直接暴力撞击所致。以胸骨体骨折多见，很少移位，亦可发生胸骨体柄分离。常合并胸部其他严重损伤	胸骨部疼痛剧烈，肿胀，或瘀斑，咳嗽、深呼吸和抬头时疼痛加重。局部压痛，移位者有畸形。胸骨侧位斜位X线片可确诊	无移位骨折，外敷中药，卧床3~4周。骨折移位大或胸骨体柄分离应整复固定，亦可切开复位钢针固定
脊椎附件骨折（椎弓峡部、椎板、关节突、横突、棘突骨折）	椎弓峡部骨折、椎板骨折、关节突骨折多因旋转、过屈、过伸暴力所致，好发于下胸椎及腰椎。横突骨折、棘突骨折多因直接暴力打击，或肌肉强力收缩所致。横突骨折好发于腰椎，棘突骨折好发于第7颈椎及第1胸椎。脊椎附件骨折可单发，一般无移位或移位不多，也可合并发生于颈胸腰椎骨折脱位中。双侧椎弓峡部骨折可致椎体向前滑脱	伤后局部疼痛，可有肿胀，相应受伤部位压痛明显，活动障碍。横突、棘突骨折移位较大时，可摸到骨折块。颈胸腰椎正侧位X线照片可明确诊断。腰椎椎弓峡部骨折要摄左前斜位或右前斜位X线片，可显示"狗颈"断裂	脊椎附件骨折多属稳定骨折，无移位或移位不多，卧硬板床休息3~4周后带腰围下地活动，逐渐开始腰背肌锻炼，局部早期用双柏散外敷消肿止痛。移位较大时应整复固定。双侧椎弓峡部、关节突骨折导致伤椎不稳者，必要时手术固定融合

（董 博 牛素生）

复习思考题

1. 为什么躯干骨折并发症较多，而且严重者将影响患者的生命？
2. 哪些损伤类型的躯干骨折脱位易造成脊髓损伤？
3. 脊椎损伤后应如何现场急救搬运？
4. 肋骨骨折的发生部位及严重程度与损伤暴力之间有何关系？
5. 为什么说处理骨盆骨折要把抢救患者生命放在第一位？

扫一扫
测一测

◆◆◆ 第五章 ◆◆◆

脱 位 概 论

05章 PPT

PPT 课件

📝 学习目标

通过对脱位总的病因病机、诊断和治疗方法的理论知识学习和技能训练,为脱位各论的学习打下基础。

💬 思政元素

怀仁心,施仁术

中国传统儒家文化的核心就是"仁",这就要求医生有仁爱精神,行"仁术"。中国医学发展史上的许多大德先贤,如孙思邈、张仲景等,医技精湛,德行出众,满怀仁爱之心,济世救民。其杰出成就、高尚品德世代相传,形成了中医精勤不倦、注重医德的优良传统。

孔子说:"仁者,爱人。"这种"仁"是人性、人本、人道、人文精神的体现,是人类博爱的理想境界。中医学强调以人为本,中医学理论的奠基著作《黄帝内经》曰:"天覆地载,万物悉备,莫贵于人;人以天地之气生,四时之法成。"认为人的生命是宇宙间最宝贵的东西。《备急千金要方》序言所云"人命至重,有贵千金,一方济之,德逾于此",且书名就是这种精神的最好诠释。清代喻昌曰:"医,仁术也。仁人君子,必笃于情,笃于情,则视人犹己,问其所苦,自无不到之处。"医乃仁术,要成为"苍生大医",就要有"大慈恻隐之心",对患者倾注关怀之情、仁爱之意。

人文关怀应贯穿于关节脱位患者治疗的整个过程中。首先,应充分发挥中医正骨学的特色和优势,仔细分析受伤机制,及时制定合理的治疗方案;其次,医师应抓住复位前的时间,与患者谈心交流,缓解患者的紧张情绪,与患者建立信任关系,同时让患者了解治疗方法的优势,减轻患者的担心和焦虑;再次,复位时,术者和助手应动作轻柔,配合默契,快速为脱位患者解除病痛,最大限度地避免对关节周围组织的二次伤害,切忌暴力;最后,复位后,仔细观察,出现问题及时处理,并向患者或家属仔细交代预防脱位和再脱位的注意事项。

增强生命意识,注重培养"仁心、仁术"。敬畏生命,慎重对待每一位患者,坚决杜绝淡薄生命、对患者缺乏人文关怀等社会不良风气。作为未来生命健康的守护者,将理解、关爱、保护生命和正确面对生死的种子根植于思想中,让正确的生命意识伴随职业生涯,必将受益终身。

　　由于外力的作用,使构成关节的骨端关节面脱离正常位置而引起功能障碍者,称为脱位,又称脱臼或脱骱。

　　关节脱位多发生在运动范围较大、活动较频繁的关节。在大关节脱位中,以肩关节为最多,其次为肘关节、髋关节及颞下颌关节。上肢脱位较下肢脱位多见。患者以青壮年男性为多,儿童与老年人较少。儿童脱位多合并骨骺分离。

　　古人很早就对脱位有所认识。历代有脱臼、出臼、脱骱、脱髎、骨错等多种称谓。汉墓马王堆出土的医籍《阴阳十一脉灸经》记载了"肩以脱",即肩关节脱位。晋代葛洪著《肘后备急方》记载了"失欠颌车"(《备急千金要方》作颊车),即颞下颌关节脱位,书中记载的口腔内复位法是世界首创,至今仍采用。唐代蔺道人著《仙授理伤续断秘方》首次描述了髋关节脱位,将其分为"从裆内出"(前脱位)和"从臀上出"(后脱位)两种类型,利用手牵足蹬法进行复位,并介绍了"肩甲骨出"(肩关节脱位)的椅背复位法。在没有影像学诊断协助的古代,有些认识还比较粗糙,往往把近关节部位的骨折误诊为"脱臼",如将桡骨下端骨折称为"手掌根出臼",肘部骨折称为"手臂出臼"。直至19世纪初,胡延光在《伤科汇纂》中指出"肘骨出臼"有"骨碎和仅出髎"两种。历代医家关于脱位的认识对后世诊治关节脱位影响很大。

第一节　关节稳定性的维持

　　关节是连接骨骼的枢纽,解剖学上称为骨连接。每个关节都包括关节面、关节囊和关节腔三种基本结构。

　　构成关节的骨端接触面,即关节面,上有光滑的软骨组织覆盖,分为透明软骨和纤维软骨两类。关节囊的内层是滑膜,能分泌滑液,以润滑关节,减少关节运动时的摩擦,并营养关节面;外层由坚韧而富于弹性的纤维层构成,既起连接作用,又可稳定骨端,有利于关节的正常运动。关节腔是关节囊内两骨端间的腔隙。凡运动较频繁的关节,其关节腔较宽;反之,则较为狭窄。

　　关节的稳定和平衡主要依靠骨骼、韧带和肌肉维持。骨骼和韧带维持静力平衡,肌肉起动力平衡作用。当外来暴力和内因的影响超过了维持关节稳定因素的生理保护限度,构成关节的骨端即可突破其结构的薄弱点而发生脱位。

一、骨骼

　　构成关节的骨端关节面相互对合,或凹,或凸,或平,借助周围的关节囊将其包绕,使之连接。从关节类型看,杵臼关节较其他形式的关节更为稳定。如髋关节,髋臼较深,周围有关节盂缘软骨加深,可容纳大部分股骨头,骨性结构较为稳定;但属于球窝关节的肩关节,肱骨头大、关节盂小而浅,仅为肱骨头关节面的1/3,故稳定程度远不及前者。踝关节由内、外踝和胫骨下端关节面构成踝穴,距骨居于其中,亦形成了较稳定的关节因素。骨性结构不稳定者可借助韧带、肌肉、关节内软骨等其他因素维持关节的稳定,如膝关节。

二、韧带

　　韧带不仅连接构成关节的骨端,并参与维持关节在运动状态下的稳定性,使关节的活动保持在正常的生理范围内。如膝、肘关节伸直时,两侧副韧带紧张,以限制非生理性的内收、外展活动;髋关节伸直时,髂股韧带紧张,以阻止其过伸。此外,还可通过韧带内的末梢感受器在张力下的反射作用,经神经中枢而影响肌肉,形成拮抗作用。如当胫距关节极度内翻时,由于踝关节外侧的距腓前韧带、距腓后韧带、腓跟韧带受到张力,可被动地限制其继续内翻,并通过反射使外翻肌群(腓骨长、短肌)收缩,以对抗并纠正其内翻。

三、肌肉

四肢大部分肌肉的肌腹或腱性部分通过一个关节或两个关节,与韧带一起连接构成关节的骨端。但其主要作用是维持关节的动力平衡,即通过肌肉间的拮抗和协同作用来维护关节的稳定。例如,股四头肌中股直肌、股中间肌、股外侧肌的作用方向与髌韧带不在一条直线上,髌骨有向外脱位的倾向,但因股内侧肌有向上牵拉的作用力,可使髌骨维持在正常位置。又如肘关节的主要活动是屈、伸,这一动作的完成是通过伸肘肌(肱三头肌)和屈肘肌(肱二头肌、肱桡肌、肱肌等)之间的拮抗而达到动力平衡。拮抗肌对主动肌的运动有缓冲作用,可保护关节在运动中的稳定性。

连接双关节(或多关节)的肌肉为了有效地运动某一关节,有时需使其中另一关节稳定在一定位置,或进行反方向的运动,因此有赖于肌肉的协同作用。如屈膝时,屈髋肌(股直肌等)将髋关节稳定在屈髋位。自坐位站起时,股四头肌伸膝,腘绳肌辅助伸髋,二者相互稳定另一关节,互为协同肌。

四、关节面间的黏着

在具有一致的曲度半径、彼此相互紧密贴连的关节面间,分子的吸引力对维持关节面的接触有一定意义。

五、滑液

滑液在关节面间起着黏着作用。同时,还由于减少了摩擦而促进了关节活动的滑利自如,不至于在突然受到外力作用时,由于反应迟缓而造成关节面间位置的改变。

六、力学因素

关节稳定除了与解剖有关的静力和动力稳定因素相关外,还与物理学中的一些力学规律有关。如:正常的关节内存在负压,可使关节不易发生分离,有利于关节稳定;正常关节内的另一种力学机制是黏滞力,它使光滑的关节软骨面紧密衔接在一起,彼此间可以滑动,但不易分离。

关节稳定性的维持是上述因素综合作用的结果。各关节的结构特点不同,故维持稳定的条件亦不同。某一结构的稳定性不足,可通过其他结构的强化得到补偿。如膝关节,胫骨上端关节面(胫骨平台)近似在一个水平面上,股骨内外髁关节面则向下、向后凸,单从骨性结构看,该关节极不稳定;但膝关节周围有韧带、肌肉(腱)保护,关节内还有滑液囊、关节内韧带、半月板等辅助结构,可增强关节的稳定性和运动功能。因此,只有对关节的稳定和不稳定因素进行综合分析,才能得出正确结论。

第二节 脱位的病因病机

一、外因

外伤性脱位多由直接暴力或间接暴力作用所致。其中以传达、杠杆、扭转等间接暴力引起者多见。如患者在肩关节外展、外旋和后伸位跌倒时,不论是手掌或肘部着地,地面的反作用力都可向上传导,引起肩关节前脱位。当髋关节屈曲90°时,如果过度的内收内旋股骨干并遭受前方暴力作用时,则可造成后脱位。当髋关节过度外展并稍外旋时,遭受由后向前的外力则可发生前脱位。不论跌仆、挤压、扭转、冲撞、坠堕等何种损伤,只要外力超过关节正常所能承受的应力,就会破坏关节的正常结构,使构成关节的骨端超过正常运动范围而发生脱位。

二、内因

关节脱位与性别、年龄、职业、生理异常和近关节的病变有密切关系。

(一)生理特点

1. 年龄 外伤性脱位多见于青壮年,儿童和老年人较少见。因儿童体重轻,关节软骨富于弹性,缓冲作用大,关节周围韧带和关节囊柔软而不易撕裂,虽遭受暴力机会多但不易脱位,常常造成骨骺滑脱。但幼儿的桡骨头发育尚不完全,头颈直径几乎相等,有时头甚至小于颈,环状韧带松弛,故在外力作用下容易发生桡骨头半脱位。老年人年老体衰,肝肾亏损,筋肉松弛,易发生颞下颌关节脱位。

2. 性别、职业 一般来说,男性在野外工作较多,工作量大,关节活动范围较大,所以关节脱位男性多于女性,体力劳动者多于脑力劳动者。

3. 关节的解剖结构 关节的局部解剖特点及生理功能与发病密切相关,如肩关节的关节盂小而浅,肱骨头较大,关节囊的前下方较松弛,且肌肉少,加上关节活动范围大,活动较频繁,受伤机会较多,故肩关节较易发生脱位。

(二)病理因素

由于先天性关节发育不良,体质虚弱,关节囊和关节周围韧带松弛导致关节脱位者,称为先天性关节脱位,如先天性髋关节脱位。若关节脱位,虽经手法复位成功,但未能作充足时间固定或根本无固定,关节囊和关节周围韧带的损伤未能很好修复或修复不全,常可导致关节再脱位,多次反复的关节脱位称为习惯性脱位。

关节内病变或近关节的病变可引起骨端或关节面损坏,引起关节脱位者称为病理性脱位(图5-1)。如化脓性关节炎、骨髓炎、骨关节结核等疾病的中、后期,可并发关节脱位。某些关节脱位,只是全身性疾病的局部表现,如脊髓前角灰质炎后遗症、小儿脑性瘫痪、中老年人中风引起的半身不遂等,由于广泛性的肌肉萎缩,患肢关节周围韧带松弛,无力承受肢体下垂的重量,形成关节半脱位或全脱位,临床上多见于肩关节。

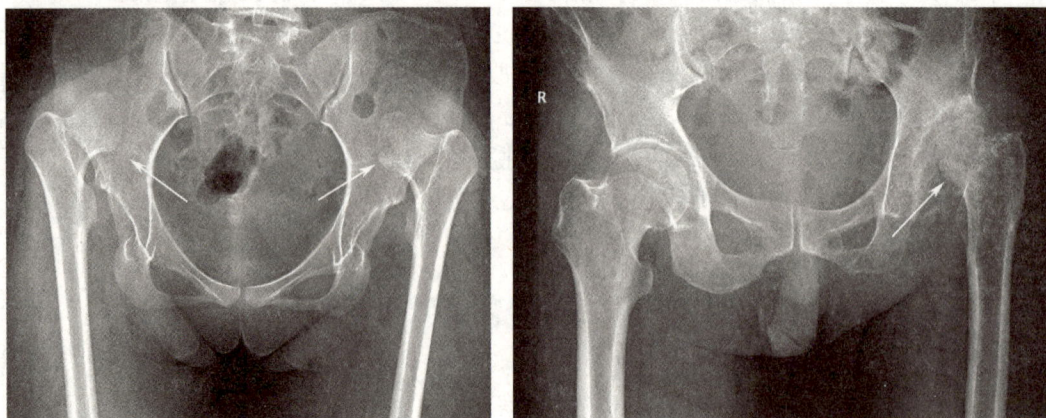

① ②

图5-1 病理因素所致关节脱位影像学表现
①小儿先天性髋关节脱位;②髋关节感染伴脱位

关节脱位,骨关节面的正常关系遭到破坏,关节囊有不同程度的破裂,同时常发生关节周围的韧带、肌腱、肌肉的撕裂。如损伤的暴力较大,骨端移位多,常合并骨折、血管、神经损伤,甚至造成开放性脱位。亦可发生关节面的直接挤压骨折或关节面软骨的脱落等。关节脱位后,关节腔隙和新形成的软组织裂隙往往被损伤时的出血填充,形成局限性血肿,如不及时治疗,由于关节囊内、外血肿机化,结缔组织增生,周围软组织的瘢痕形成,则可导致复位困难。若勉强采用手法复位,或手法复位操作粗暴,可导致关节面损伤,使关节周围的血液循环遭到破坏,增加创伤性关节炎的发生率,甚至造成骨端缺血性坏死及骨折。

人体是一个有机整体,关节脱位不仅是局部损伤,它对整个机体都可产生广泛性的影响,临床上常出现不同程度的伤气、伤血、气血两伤、伤经络等病理改变。

第三节　脱位的分类

关节脱位的分类方法有多种,各有其一定的临床意义。

一、按脱位的病因分类

(一) 外伤性脱位

外伤性脱位,即正常关节由于外力的作用而引起关节脱位者,临床上最为常见。

(二) 病理性脱位

病理性脱位,即关节结构被病变破坏而产生脱位者。某些疾病发生关节破坏,关节囊韧带松弛,关节稳定性遭到破坏,受到轻微外力,或无明显外伤史,即可发生脱位。临床上常见于骨关节结核、骨关节肿瘤、化脓性关节炎、骨髓炎等病,以上疾病使关节破坏,导致病理性完全脱位或半脱位。

(三) 习惯性脱位

两次或两次以上反复发生脱位者称为习惯性脱位。该类脱位多由外伤性脱位未得到有效治疗,尤其脱位复位后,未给予充分固定,导致关节囊和关节周围其他装置的损伤未得到修复而变得薄弱,受轻微外力就可发生脱位。这类脱位采用手法复位较容易,但常有复发。

(四) 先天性脱位

因胚胎发育异常,导致先天性骨关节发育不良而发生脱位者,称为先天性脱位。如患者出生时,因髋关节囊松弛、伸长甚至呈哑铃状,股骨头骨骺发育延迟等产生的先天性髋关节脱位,较为常见,女性发病较多。因股四头肌发育异常,或股内侧肌阙如,或伸膝装置外移,造成的髌骨先天性脱位,亦较为常见,常为双侧脱位。先天性膝关节脱位,又名先天性膝反屈,本病少见,好发于女性。

二、按脱位的方向分类

四肢及颞下颌关节脱位以远端骨端移位方向为准,脊柱脱位则以上位椎体移位方向而定。临床可分为前脱位、后脱位、上脱位、下脱位及中心性脱位。如肩关节脱位时,按脱位后肱骨头所在的位置可分为前脱位、后脱位、上脱位、下脱位和中心性脱位(胸腔内脱位)。髋关节脱位时,按股骨头所在位置可分为前脱位、后脱位及中心性脱位。肘关节脱位时,按桡、尺骨近端移位方向可分为后脱位、前脱位、侧方脱位、分裂型脱位等,其中后脱位最为常见。

三、按脱位的时间分类

（一）新鲜脱位

脱位在 2 周以内者。

（二）陈旧性脱位

脱位发生在 2 周以上者。

新鲜脱位手法整复较易，陈旧性脱位手法整复很困难。但因人、因关节而异，如肩关节脱位 3 周以上仍多能采用手法复位，而肘关节脱位 10 天以上就很难手法整复。所以单纯以时间为界是不全面的。对不同关节脱位、不同年龄的患者，应区别对待。

四、按脱位的程度分类

（一）完全脱位

构成关节的各骨端关节面完全脱出，互不接触（图 5-2）。

（二）不完全脱位

又称半脱位，即构成关节的各骨端关节部分脱出，部分仍互相接触（图 5-3）。

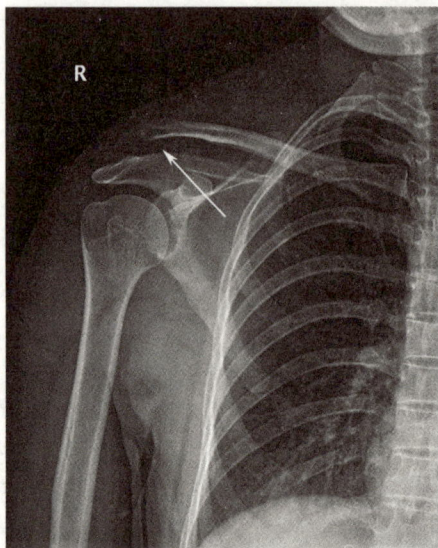

图 5-2　肩锁关节完全脱位

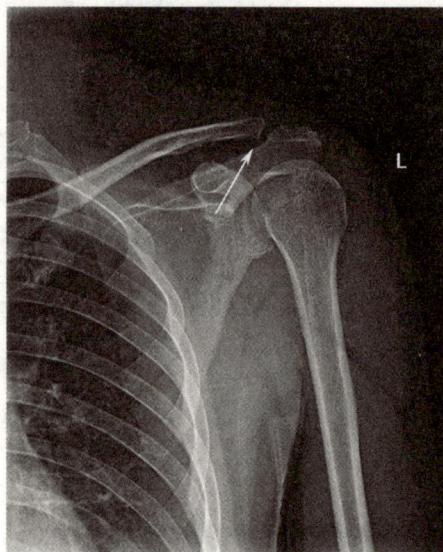

图 5-3　肩锁关节不完全脱位

（三）单纯性脱位

无并发重要血管、神经、肌腱或脏器损伤的脱位。

（四）复杂性脱位

并发重要血管、神经、肌腱或脏器损伤的脱位。

五、按脱位关节是否有创口与外界相通分类

（一）闭合性脱位

脱位关节无创口与外界相通者。

（二）开放性脱位

脱位关节有创口与外界相通者。

第四节　脱位的诊断

关节脱位的诊断,主要根据临床表现及影像学检查。脱位的临床表现一般分为任何损伤均可引起的一般症状和关节脱位后所具有的特殊体征。

一、一般症状

(一) 疼痛和压痛

关节脱位时,关节囊和关节周围的软组织往往有撕裂性损伤,从而脉络受损,气血凝滞,瘀血留内,阻塞经络,因而局部出现不同程度的疼痛,活动时疼痛加剧。单纯关节脱位的压痛一般较广泛,如肩关节前脱位,不但肩峰下有压痛,而且肩关节前方亦有压痛。

(二) 肿胀

关节脱位时,关节周围软组织损伤,血管破裂,筋肉出血,组织液渗出,充满关节囊内外,继发组织水肿,因而在短时间内出现肿胀。单纯性关节脱位,肿胀多不严重,且较局限。合并骨折时,多有严重肿胀,伴有皮下瘀斑,甚至出现张力性水疱。

(三) 活动功能障碍

关节脱位后关节结构失常,关节周围肌肉损伤,出现反射性肌肉痉挛,加之疼痛,造成脱位关节的活动功能部分障碍或完全障碍。

二、特有体征

(一) 关节畸形

关节脱位,使该关节的骨端脱离了正常位置,关节周围的骨性标志相互发生改变,破坏了肢体原有轴线,与健侧对比不对称,因而发生畸形。若关节周围软组织较少,畸形较明显而易识别。如肩关节前脱位后呈"方肩"畸形,是由肱骨头的位置改变,肩峰相对高突所致。肘关节后脱位,可呈现靴样畸形,肘三角异常,肱骨内外上髁与尺骨鹰嘴三者间的关系失常。关节脱位后,患肢可出现畸形,如髋关节后脱位,患肢明显内旋、内收,髋、膝关节微屈,患膝搭于健侧膝上(称为粘膝征阳性)。

(二) 关节盂空虚

关节脱位后,触摸该关节时可发现其内部结构异常,构成关节的一侧骨端部分或完全脱离了关节盂,造成原关节处凹陷、空虚,表浅关节比较容易触摸辨别。如肩关节前脱位后,肱骨头完全离开关节盂,肩峰下出现凹陷,触摸时有空虚感。

(三) 弹性固定

脱位后,骨端位置的改变,关节周围未撕裂的肌肉痉挛、收缩,可将脱位后的骨端保持在特殊位置上。脱位关节做任何被动运动时,虽然有一定活动度,但存在弹性阻力,去除外力后脱位的关节又回到原来的特殊位置,这种体征变化称为弹性固定。如肩关节前脱位可弹性固定于肩外展 20°~30° 位置。

(四) 异位骨端

关节脱位使该关节的骨端处在异常位置上,在临床检查时可触摸到异位骨端。如肩关节前脱位,在喙突下或锁骨下可触摸到光滑的肱骨头;如髋关节后脱位,在臀部可触到股骨头。

三、影像学检查

对于关节脱位,临床主要采用 X 线照片检查。X 线照片检查可显示关节脱位方向、程度及是否合并骨折等。因此,X 线照片检查可明确和鉴别诊断,并指导治疗。对有些复杂性脱位,必要时可进行 CT、MRI 或血管彩超检查。

四、诊断

根据受伤病史、临床表现的一般症状和特有体征,可初步诊断。临床上具有一般症状,加上特有体征 1~2 项,即可作出关节脱位的临床初步诊断,最后确诊尚需 X 线照片检查。对于小儿桡骨头半脱位者,在有明确牵拉史的基础上,一般不做 X 线检查。

第五节　脱位的并发症

机体遭受暴力,除发生脱位外,还可能合并各种全身或局部的并发症,有早期并发症和后期并发症。有些早期并发症可于短时间内影响生命,必须紧急处理,与脱位同时治疗;有的可以在脱位复位以后再作处理。因此,必须进行周密的全身检查,确定有无并发症,然后决定处理方法。对早期并发症应及时治疗,后期并发症应积极预防。

一、早期并发症

(一) 骨折

由于受伤时,肢体承受的暴力较大,邻近关节的骨端或关节盂边缘易发生骨折(图 5-4)。脱位并发骨折可由以下因素引起:一是骨端的相互撞击,如髋关节后脱位并发髋臼后上缘骨折,或前脱位时股骨头前下方骨折等;二是肌肉强力收缩产生的撕脱性骨折,如肩关节脱位并发肱骨大结节撕脱性骨折。以上这两种类型,大多数骨折块不大,脱位整复后骨折亦可随之复位成功。此外,由于脱位过程中,剪切暴力和肌体的内应力相互作用,脱位还可以并发其他类型的骨折,如肩关节脱位并发肱骨外科颈骨折,亦有少数脱位并发同一肢体的骨干骨折,如髋关节脱位并发股骨干骨折。

(二) 神经损伤

多因暴力引起脱位的骨端牵拉或压迫神经干而引起。如肩关节脱位时,腋神经被肱骨头牵拉或压迫;髋关节后脱位时,坐骨神经被股骨头压迫或牵拉等。脱位并发神经干损伤多为挫伤。随着压迫和牵拉因素的解除,神经挫伤导致的神经症状一般可在脱位整复后 3 个月左右逐渐消失,肢体功能逐渐恢复,故不需进行神经探查术。若受伤时暴力大,有神经干断裂的可能性,经过 1 个月左右观察,若损伤的神经无恢复迹象,应及早施行神经探查术,若发现神经断裂者,应及时进行神经吻合术。

(三) 血管损伤

多为脱位的骨端压迫或牵拉关节周围的重要血管所致。骨端移位多可压迫动静脉,造成血管挫伤,牵拉的暴力较大可导致血管撕裂,引起大出血。大静脉损伤时,脱位以下肢肢体肿胀较甚。大动脉损伤,则可引起患肢远端的血运障碍,动脉搏动消失,若不及时有效地处理,患肢即可发生坏死。如肩关节前脱位的腋动脉挫伤;肘关节后脱位,肱动脉受压的损伤;膝关节脱位,腘动脉遭到挤压而致的血运受阻等。这类动静脉损伤,多能随着关节的复位而逐渐恢复。复位成功后,肢体血运仍无改善或发生大血管破裂者,应进行急症处理,手

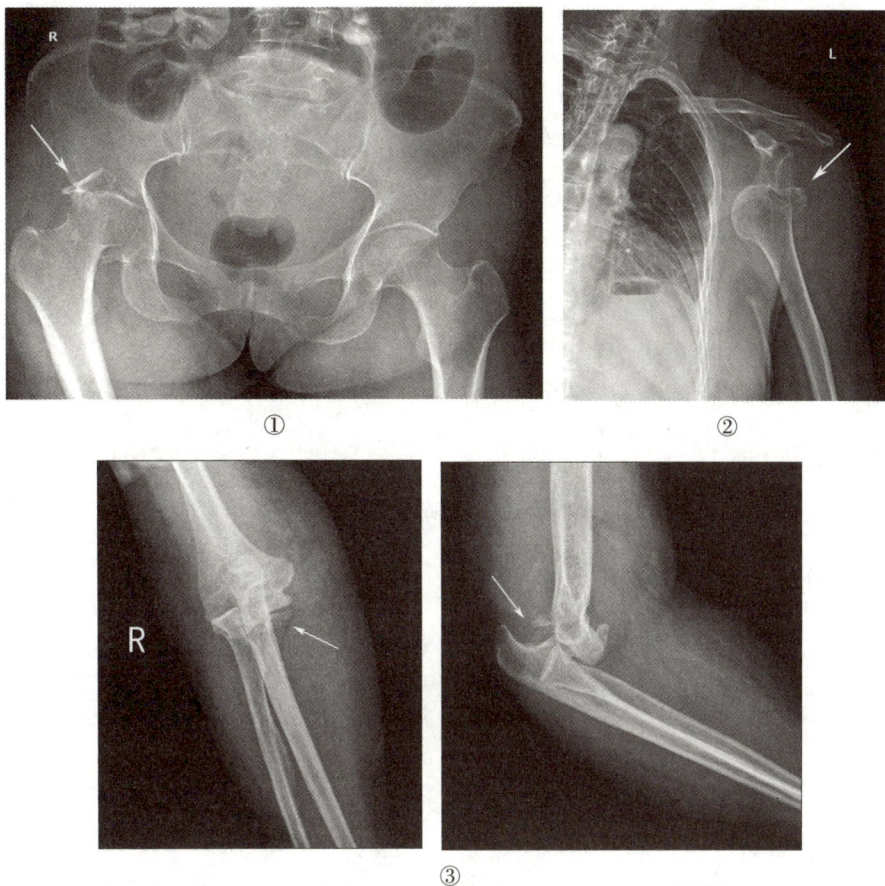

图 5-4　关节脱位伴骨折的影像学表现
①髋关节脱位伴髋臼骨折；②肩关节脱位伴大结节骨折；③肘关节脱位伴滑车及尺骨喙突骨折

术探查，或手术修补，或结扎血管。若老年患者，伴有动脉硬化症，可因动脉损伤导致血栓形成，影响患肢血液循环。内服活血祛瘀中药，可促进血液循环，预防血栓形成。

(四) 感染

多因开放性脱位未及时清创或清创不彻底所致。轻者创口感染，重者可并发关节化脓性感染。另外，开放性脱位的创口往往带有泥土、碎屑等污染物，可发生特异性感染，如破伤风、气性坏疽等，可危及生命，故应特别注意预防。

二、后期并发症

(一) 关节僵硬

脱位中后期，关节活动范围发生较严重障碍，称为关节僵硬。关节内、外的血肿机化，关节内滑膜反折等处粘连，关节囊及其周围的韧带、肌腱、肌肉等组织的挛缩、粘连而发生关节僵硬。多因长期固定或不注意患肢练功锻炼，静脉和淋巴液回流不畅，瘀血闭阻关节所致。治疗应以主动练功锻炼为主，辅以推拿按摩和加强外用中药熏洗。

(二) 骨化性肌炎

骨化性肌炎又称损伤性骨化，关节脱位并发近关节骨折，或强手法推拿，关节被动屈伸时，骨膜被剥离，骨膜下血肿与周围软组织血肿相贯通，随着血肿机化、钙化及骨样组织形成，可发生此病。暴力强大，损伤严重，骨膜下血肿易向被破坏的组织间隙扩散，亦可形成广泛的骨化性肌炎。多见于肘关节脱位。

（三）创伤性关节炎

由于脱位时，关节软骨面被损伤，造成关节面不平整；或整复操作不当，关节之间关系未完全复原，日久导致部分关节面磨损，活动时引起疼痛，称为创伤性关节炎。后期可发生关节退行性变和骨端边缘骨质增生。常见于下肢负重的关节，尤以膝关节多见。

（四）骨缺血性坏死

脱位时因暴力致关节囊撕裂，关节内、外韧带亦可撕裂，这些组织内的血管部分或全部遭受创伤，发生撕裂，或因损伤而痉挛，从而局部血流阻塞或不畅，骨的血液循环受到破坏，血液供应严重不足，发生骨缺血性坏死。如髋关节脱位时，股骨头圆韧带断裂、关节囊破坏等，可出现股骨头缺血性坏死。其好发部位有股骨头、月骨、距骨等。

第六节　脱位的治疗

《圣济总录·诸骨蹉跌》说："凡坠堕颠扑，骨节闪脱，不得入臼，遂致蹉跌者，急须以手揣搦，复还枢纽。次用药调养，使骨正筋柔，营卫气血，不失常度，加以封裹膏摩，乃其法也。"脱位治疗的目的是恢复受损关节正常解剖关系及功能。应根据脱位的不同原因、类型和程度等制定治疗方案，以下按新鲜脱位和陈旧性脱位详细分述。

一、新鲜外伤性关节脱位的治疗

（一）治疗原则

明确诊断是治疗的前提。关节脱位的类型，移位的方向、程度，以及合并症情况各有不同，有针对性地选择整复手法，易于一次复位成功。否则，诊断不明，骨端脱出的方向和位置不明确或合并骨折与否尚未清楚，贸然进行手法复位，不但成功率低，而且易产生并发症。新鲜关节脱位明确诊断后，应遵循以下治疗原则。

1. 及早治疗　关节脱位后，在全身条件允许的情况下，采用手法整复，愈早愈好。一般尽早进行闭合手法复位，不仅可减少患者痛苦，而且复位亦容易成功。当患者有休克的情况时，不应置患者的生命于不顾而施行手法复位。

2. 巧妙复位　施行手法复位，宜在"巧"字上下功夫，充分利用解剖特点和生物力学原理，轻巧灵活地施行手法，切忌采用粗暴手法整复，以免增加新的创伤。

3. 先整复脱位，再处理骨折　一般来说，脱位合并近关节的骨折，先整复脱位，骨折可随之复位成功，无须施行特殊手法，如肩关节脱位合并肱骨大结节撕脱性骨折。脱位合并骨干骨折时，如髋关节脱位并发股骨上 1/3 骨折时，宜先处理脱位，再整复骨折。

4. 充分固定　脱位整复成功后，应将患肢固定在合适位置，固定时间须足够使撕裂的关节囊等软组织坚固愈合，否则易产生再脱位。一般固定 2~3 周。

5. 练功活动　在固定期间及去除固定后的功能锻炼是恢复肢体功能的重要环节，不可忽视。但应禁止可能导致关节重新脱位的活动。

（二）整复方法

1. 麻醉选择　一般新鲜脱位，若手法选择、操作得当，不需任何麻醉即可复位，或仅选用止痛剂、镇痛剂。有些患者肌肉发达或属复杂性脱位，为减轻患者痛苦，使痉挛的肌肉松弛，便于整复成功，可选用臂丛神经阻滞、硬膜外麻醉等，必要时亦可行全身麻醉，若配合肌肉松弛剂，可增强麻醉效果。

2. **手法复位** 《肘后备急方》记载的"令人两手牵其颐已,暂推之,急出大指,或咋伤也"是世界上最早的颞下颌关节脱位口内整复手法,沿用至今。《伤科汇纂·上髎歌诀》说:"上髎不与接骨同,全凭手法及身功……法使骤然人不觉,患如知也骨已拢。"这就明确指出,脱位的治疗与骨折不同,手法复位是至关重要的,并对脱位整复手法提出了很高的要求,既要准确复位,又要不增加患者痛苦。所以术者在施行手法时,应准确无误,轻巧无损伤地进行复位,尤其对儿童的关节脱位,手法操作要特别轻柔,否则容易造成骨骺愈合。正如《医宗金鉴·正骨心法要旨》所说:"但伤有重轻,而手法各有所宜,其痊可之迟速,及遗留残疾与否,皆关乎手法之所施得宜,或失其宜,或未尽其法也。"手法整复时应根据脱位的方向和骨端的所处位置,选用适当手法,制定整复方案。脱位整复操作时,助手应熟悉病变,了解手法操作步骤,密切配合术者施行手法,助手动作宜缓慢、轻柔、持续,切不可使用任何强大暴力,应充分利用杠杆原理,轻巧地将脱出的骨端通过关节囊裂口送回原位,并结合理筋手法,理顺错乱的筋络,从而达到复位目的。

常用的脱位整复方法大致有以下几种。

(1)牵引复位:通过术者与助手对抗牵引达到使脱位复位成功之目的。例如肩关节前脱位的直接牵引复位法:患者取仰卧位,在充分麻醉下,助手用一长 3m、宽 15cm 的布带,从患者腋下躯干绕过,并绕过自己腰部打结,同时助手扶患者健侧肩部,术者立于患侧,将患者肩关节外展约 80°,两手握其腕部,与助手对抗牵引,并轻度外旋患肢,即可达到复位。

(2)原路返回:根据造成关节脱位的病理改变,使脱出的骨端原路返回。例如单纯性肘关节后脱位,是肘关节在过伸位时尺骨鹰嘴受外力作用向上冲击,冠状突越过滑车,进入鹰嘴窝,形成肘关节后脱位。复位时先使关节伸直牵引,再过伸牵引,冠状突离开鹰嘴窝越过滑车,屈曲肘关节即可复位。

(3)杠杆复位:利用杠杆原理,以脱位肢体的远端为力点,脱位关节囊为支点,通过旋转、内收、外展或伸屈等活动,利用杠杆作用,拉松阻碍骨端复位的肌群,使脱位的骨端回纳并恢复关节面的正常关系。应用此手法时,切忌用力粗暴,以免引起骨折和加重关节囊损伤。

(4)松弛复位:在应用阻滞麻醉和肌肉松弛剂后,让患肢下垂,利用肢体的自身重量向下持续悬吊牵引 15~20 分钟,患肢即会感到疲劳,肌肉松弛而复位,如髋关节后脱位俯卧下垂法。

手法复位不成功时,应认真分析病情,努力找出阻碍复位的原因,积极治疗。临床上脱位整复常见的失败原因有:手法选择失当或未掌握手法复位的要点,操作不符合要求;助手配合不协调或患者的肌肉发达而助手牵引力不够,重叠移位未能矫正;麻醉效果欠佳,肌肉松弛不够,或撕脱、游离骨片阻碍复位;关节囊、肌腱等软组织被夹在关节之间,影响脱位之骨端回复原位。

多数新鲜脱位,通过手法可获得复位,若脱位不能闭合复位者,可视实际情况考虑切开复位。切开复位的适应证有:多次手法复位失败者;复杂性脱位,须行血管、神经探查者;脱位并发骨折,骨折块潜入关节腔内;脱位并发较大骨折,肌腱、韧带断裂复位成功后可能产生关节不稳定者;开放性脱位需要手术清创者,可在清创的同时切开复位。

(三) 固定

固定是脱位整复后巩固疗效的重要措施之一。我国历代医家都十分重视脱位整复后固定,积累了丰富的经验。《仙授理伤续断秘方》记载:"凡肩甲骨出……曲着手腕,绢片缚之。"强调肩关节脱位复位后,采用肘关节屈曲位固定。脱出的骨端恢复原位后,破裂的关节囊、韧带等软组织并未恢复,这些组织的修复是以后功能恢复的关键,所以应将肢体固定在功能位或关节稳定的位置上以减少出血,使损伤组织迅速修复,并可预防脱位复发和骨化性肌炎。脱位固定的器材很多,现代常用的有海绵牵引带、胶布、绷带、托板、三角巾等。可因脱位关节的不同而选用不同的固定方法,如髋关节脱位多采用仰卧患肢伸直位,皮肤牵引或骨骼牵引。脱位的固定时间,应根据脱位的发生部位、有无并发症或并发症的程度而确定。一般来说,上肢脱位应固定2~3周,下肢需3~4周。脱位的固定时间不宜过长,否则易发生组织粘连,影响关系活动,甚至发生关节僵硬,影响疗效。

(四)练功活动

练功是恢复患肢功能的重要环节,应贯穿于脱位治疗的全过程。我国历代骨伤科医家对脱位整复后的练功都十分重视。练功可促进血液循环,加快损伤组织的修复,预防肌肉萎缩、骨质疏松、脱钙及关节僵硬等并发症的发生。并可减少组织粘连,尽快恢复关节的正常功能。练功要遵循由健康关节到损伤关节、由单一关节到多个关节的原则,活动范围由小到大、循序渐进,持之以恒。还应积极做自主的活动锻炼。早期以健康关节及肌肉舒缩活动为主。解除固定后,可逐步训练受伤关节,必要时可配合按摩推拿,促进关节功能恢复。练功活动既要抓紧进行,又要防止活动过猛,尤其要避免粗暴的被动活动。

(五)药物治疗

关节脱位的药物治疗分内服药和外用药两种。内服药物的应用,是以损伤的病因病机为依据,按初期、中期和后期进行辨证论治。外用中药的治疗也非常重要,不可忽视。清代吴师机著《理瀹骈文》云:"外治之理,即内治之理;外治之药,亦即内治之药,所异者法耳。"外用中药的应用,同样根据脱位三期辨证,选择用敷贴、搽擦、熏洗等方法治疗。单纯性脱位,按筋伤治疗。并发骨折时,复位后则以伤骨为主用药。用药应以脱位复位成功为前提;否则,虽然可以减轻症状,但无法使错位的骨端回归原位。

1. 初期　伤后1~2周内,患肢因肌肉、筋脉损伤,瘀血留内,阻塞经络,气血流通不畅,则肿胀疼痛,应以活血祛瘀为主,佐以行气止痛,内服可选用活血止痛汤、肢伤一方、云南白药等,外用药可选用活血散、消肿止痛膏等。

2. 中期　伤后2~3周,患肢肿胀疼痛消失,或接近消失,瘀血消散、吸收而未尽,筋骨尚未修复,应以和营生新,接骨续筋为主。内服可选用壮筋养血汤、续骨活血汤、肢伤二方等。外用药可选用接骨续筋药膏、舒筋活络药膏等。

3. 后期　伤后3周以上,固定已解除,肿胀消失,但筋骨愈合尚不牢固,因筋骨损伤,可内动肝肾,尤其素体气血虚损、肝肾不足者,应养气血,补肝肾,强筋壮骨。内服可选用补肾壮筋汤、壮筋养血汤、肢伤三方等。外用药可选用舒筋活血、通经活络的中药煎水熏洗,常用五加皮汤、海桐皮汤等。

二、陈旧性外伤性关节脱位的治疗

脱位在2周以上未能整复者,为陈旧性脱位。由于血肿机化、瘢痕形成、关节粘连、关节囊及肌肉挛缩,造成手法复位的困难。自20世纪50年代以来,随着对陈旧性脱位的认识不断加深,整复技术水平的提高,陈旧性脱位的整复成功率上升,减少了肢体因伤致残和切开复位的概率。

治疗陈旧性脱位时,应根据患者的年龄、脱位时间、临床症状和体征及解剖特点,严格掌握闭合整复的适应证和禁忌证。

(一)闭合整复的适应证

1. 3个月以内的青壮年患者。

2. 属单纯性陈旧性脱位。

3. 关节尚有一定活动范围。

4. 关节软骨面正常或接近正常。

5. 尚未并发创伤性关节炎者。

(二) 闭合整复的禁忌证

1. 60 岁以上的老年患者,往往骨质疏松,采用闭合复位方法治疗易合并骨折;同时老年人体质衰弱,或多伴有心血管疾病,如高血压、心脏病等,采用闭合复位危险性较大。

2. 关节脱位超过 3 个月者。一般肘关节后脱位超过 3 个月,肩关节、髋关节超过 6 个月者,瘢痕组织较多,关节粘连较重,闭合整复难以成功。

3. 关节周围软组织内有明显的钙化,或已有骨化性肌炎者。

4. 关节脱位合并骨折,骨块已在畸形位置愈合者,如肘关节脱位合并尺骨鹰嘴骨折等,或陈旧性肘关节脱位伴有明显侧方移位者。

5. 临床检查时,脱位关节活动较小,甚至僵硬者。

6. 脱位关节周围骨质过于疏松,明显脱钙者。

(三) 闭合整复前的准备

1. 详细了解患者的全身情况,充分估计患者能否耐受麻醉和手法整复的刺激。

2. 详细检查患肢局部情况,判断手法整复成功的可能性。

3. 认真分析和研究 X 线片,明确其病理变化,为选择手法和手法操作提供依据。

4. 加强练功,应以脱位关节主动活动为主,辅以被动活动,不断加大关节活动范围,为手法整复创造条件。若脱位时间较长,关节活动范围小,肌肉发达丰厚或软组织挛缩较明显,需要采用持续性牵引,如陈旧性肩关节脱位可行尺骨鹰嘴骨牵引,牵引重量 2~3kg,时间 1~2 周,待关节周围组织松弛后,再行手法复位。一般成人可采用骨牵引,儿童可用皮肤牵引。

5. 外用中药熏洗并辅以按摩推拿患部,使局部软组织的挛缩逐渐松弛、粘连逐渐松解,增加手法整复成功的可能性。推拿时手法宜轻柔。

6. 研究制订治疗方案及复位操作步骤,充分估计术中可能出现的并发症,并拟定相应的预防措施。

(四) 闭合整复操作步骤

1. 充分麻醉 陈旧性关节脱位需在充分有效的麻醉下施行手法整复。若麻醉效果差,不但加重患者疼痛,而且会给整复带来较大困难。

2. 松解粘连 是脱位整复成功与否的关键。在术前练功锻炼的基础上,继续做被动活动,根据原有活动范围,充分进行旋转、拔伸,使脱位关节屈、伸、收、展、旋转等功能恢复到正常范围或接近正常范围。施行手法松解粘连时,用力由轻到重,活动范围由小到大,动作要稳健有力,缓慢而轻柔,反复摇晃,直至脱位关节各个方向的活动都已灵活,关节周围软组织的粘连得以充分松解为止,有时需长达 1 小时左右。否则不但脱位难以复原,而且还有造成骨折的危险,尤其是已有骨质疏松者及复位时杠杆力大者,更易并发骨折。

3. 整复脱位 松解粘连后,根据不同关节和脱位类型,选用适当的整复方法。在整复脱位时,可按选定的手法操作步骤,试行复位,反复操作,直至脱出的骨端回到关节囊破裂口的相对位置时,再进行复位,则整复成功概率较大。若手法复位不能成功,应认真分析 X 线片,详细检查关节周围软组织情况,尽量找到阻碍复位的原因并给予解除。临床上,阻碍复位的原因很多。如为部分粘连尚未解除,应针对粘连部位耐心进行手法剥离,切不可粗暴操作勉强复位,勉强复位不但达不到复位目的,还可造成血管、神经损伤,甚至发生骨折,应严加避免,若手法整复失败,应考虑改用手术切开复位治疗。

（五）固定与功能锻炼

脱位整复后的固定与练功,和新鲜脱位基本相同。

（周正新）

复习思考题

1. 如何诊断关节脱位合并血管神经损伤?
2. 如何判断关节脱位已经整复成功? 请举例说明。
3. 为什么陈旧性外伤性关节脱位可以采用闭合手法整复治疗?

第六章

脱 位 各 论

通过对肢体各部位常见关节脱位的病因病机、临床表现与诊断、辨证论治等相关理论知识的学习和技能训练,初步建立起处理关节脱位的临床思维能力,学会诊治关节脱位的主要方法,为今后临床实习和工作奠定基础。

06章01节PPT

PPT 课件

第一节　颞下颌关节脱位

颞下颌关节脱位,又称下颌关节脱位。唐代孙思邈《备急千金要方》将其称为"失欠颊车",明代陈实功《外科正宗》则称"落下颏",清代医家多称为脱颏、颏颊脱下。颞下颌关节是由下颌骨的下颌头与颞骨的下颌窝及关节结节构成。关节囊松弛,囊外有外侧韧带加强,但前壁较薄弱,因此,颞下颌关节易向前脱位。关节囊内有一椭圆形的纤维软骨关节盘,上面呈鞍状,前凹后凸,与关节结节和下颌窝的形状相适应(图6-1)。颞下颌关节属于联动关节,两侧必须同时运动。下颌骨可做上提、下降、前进、后退和侧方运动。颞下颌关节脱位是临床常见的脱位之一,好发于年老体弱者,并易成为习惯性脱位。

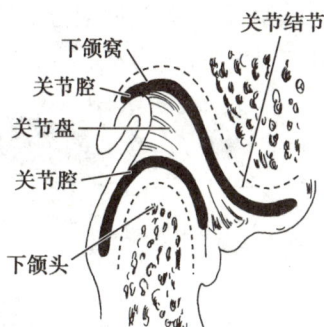

图6-1　颞下颌关节

【病因病机】

颞下颌关节脱位根据脱位时间及复发次数,分为新鲜、陈旧和习惯性脱位。根据脱位的部位分为单侧脱位和双侧脱位。根据脱位的方向分为前脱位和后脱位。前脱位常见,后脱位罕见。常见病因有张口过大、外力打击、杠杆作用及肝肾亏虚等。

1. 张口过大　多因打哈欠、大笑、拔牙等过度张口所致。张口是下颌骨下降并伴有向前的运动。闭口时,下颌骨上提,下颌头和关节盘一起滑回下颌窝。大张口时,下颌体降向下后方,而下颌头随同关节盘滑至关节结节下方。如果张口过大且关节囊过分松弛时,下颌头可滑至关节结节前方而不能退回下颌窝,造成颞下颌关节脱位。

2. 外力打击　《医宗金鉴·正骨心法要旨·颊车骨》云:"或打仆脱臼,或因风湿袭入钩环脱臼,单脱者为错,双脱者为落。"颞下颌关节的侧方遭到拳击等暴力打击时,可发生一侧或双侧脱位。

3. 杠杆作用　单侧磨牙咬大而硬的食物时,以硬物为支点,咬肌等咀嚼肌为动力,拉动下颌骨向前下方滑动而造成单侧脱位,也可发生双侧脱位。

4. 肝肾亏虚 《伤科汇纂·颊车骨》云:"夫颔颏脱下,乃气虚不能收束关窍也。"年老体弱,肝肾亏虚,气血不足,筋肉失养,韧带松弛,颞下颌关节容易发生脱位,且易形成习惯性脱位。

【临床表现与诊断】

多有过度张口或暴力打击外伤史。患者常以手托住下颌,颞颌部疼痛,口半开,不能自动开合,发音不清,咀嚼障碍,吞咽困难,口角流涎。下颌骨弹性固定于半张开状态,牙齿对合关系异常。单侧脱位与双侧脱位的特征有以下不同。

双侧脱位:双侧下颌骨下垂并向前突出,双侧耳屏前方(下关穴处)可触及凹陷并有空虚感,颧弓下方可触及下颌头。

单侧脱位:口角歪向健侧,下颌骨向健侧倾斜并下垂,患侧耳屏前方可触及凹陷,颧弓下方可触及下颌头。

根据病史、临床表现可作出诊断。X线摄片检查可进一步明确颞下颌关节脱位的类型。

【辨证论治】

颞下颌关节脱位以手法整复治疗为主,整复较容易,疗效确切,一般无须麻醉。

(一)整复方法

1. 口腔内整复法 《备急千金要方·七窍病》中"治失欠颊车蹉开张不合方"记载了口腔内整复法:"一人以手指牵其颐以渐推之,则复入矣,推当疾出指,恐误啮伤人指也。"患者坐在较低的靠背椅或背靠墙坐于矮凳之上,头部倚墙固定,尽量放松咀嚼肌。术者站在患者前面,先按摩颊车穴数次,必要时热敷,放松咀嚼肌。术者双手拇指用数层纱布或毛巾包裹,防止复位后因咀嚼肌反射性收缩导致拇指被咬伤。然后将拇指伸入到患者口腔内,按在两侧最后一颗下磨牙嚼面上,同时双手余指在颊部托住下颌体。准备就绪后,双手同时用力向下按下颌骨,待下颌头低于关节结节后,顺势将下颌骨向后推,余指同时协调地将下颌骨向上端送,使下颌头回纳至下颌窝内。复位后,拇指迅速从患者口腔内退出,其余四指慢慢松开。复位时,可闻及下颌头滑回下颌窝的声音(图6-2)。

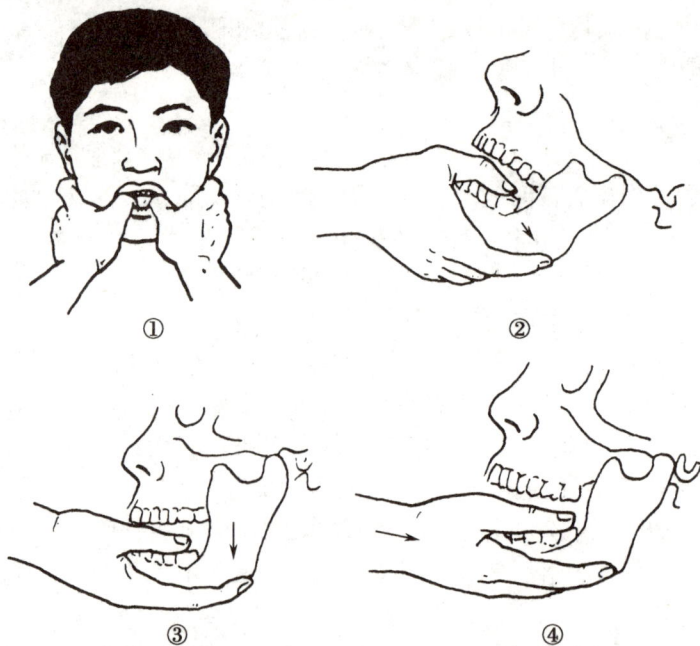

① ②

③ ④

图6-2 颞下颌关节脱位口腔内整复法

笔记栏

2. 口腔外整复法　整复前的准备同口腔内整复法,但拇指无须纱布包缠。术者双手拇指分别置于两侧下颌角处,余指托住下颌体。首先双拇指向下按压下颌角,用力由轻到重,当下颌骨有滑动时,余指协调地向后方推送,下颌头可滑到下颌窝内,常伴有入臼响声,说明复位成功。此法适用于年老体弱的习惯性脱位者。

如手法复位未能成功,可在颞下颌关节处注射 1% 利多卡因 2~3ml 行局部麻醉,解除因疼痛而引起的咀嚼肌痉挛,再行手法复位易于成功。

单侧脱位的整复手法同双侧脱位,只是在健侧的手无须用力,只起控制作用,在患侧的手可按口腔内或口腔外整复法进行整复。

3. 软木垫整复法　局部麻醉下将 1~1.5cm 高的软木垫置于双侧上、下磨牙嚼面之间。术者一手扶枕部,另一手托下颌体前下缘并向上端抬。此时以软木垫为支点,通过杠杆作用将下颌头向下牵拉而滑入下颌窝内（图 6-3）。此法适用于陈旧性下颌关节脱位者。

（二）固定方法

为维持复位后的位置,使损伤的关节囊和韧带得到良好的修复,防止再脱位或习惯性脱位的发生,复位后需要用四头带固定下颌部,防止过度张口 3~10 日。习惯性脱位者适当延长固定时间。四头带捆扎不宜过紧,应允许张口 1cm 以利进食（图 6-4）。

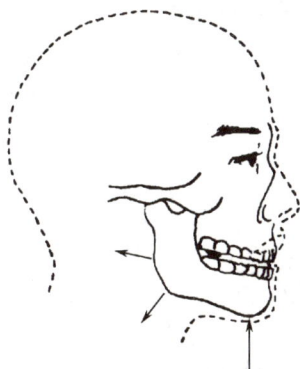

颞下颌关节脱位口腔外整复法教学演示

颞下颌关节脱位四头带固定法演示

图 6-3　颞下颌关节脱位软木垫整复法

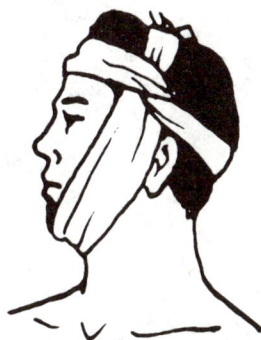

图 6-4　颞下颌关节脱位四头带固定法

（三）练功活动

鼓励患者经常主动做咬合动作,以增强咀嚼肌的力量。

（四）药物治疗

初期宜活血化瘀、行气止痛,内服可选用活血止痛汤、复元活血汤、云南白药等。中后期以补肝肾、壮筋骨、养气血为主,常用壮筋养血汤、补肾壮筋汤、八珍汤等。习惯性脱位应重用补气血、壮筋骨药物。一般不用外敷药,可用舒筋止痛水、正骨水、茴香酒等舒筋药水涂擦患侧关节周围,每日 2~3 次。

（五）手术疗法

新鲜和习惯性颞下颌关节脱位手法复位容易成功,无须手术治疗。陈旧性脱位手法复位较为困难,若关节周围粘连严重,手法复位失败者,可行切开复位或下颌头切除术。

习惯性脱位可采用硬化剂关节腔内注射法。在局部浸润麻醉下,于张口位分别向两侧关节囊注入 5% 鱼肝油酸钠 0.5ml,经 2~3 次治疗,多可使关节囊纤维化和痉缩,限制颞下颌关节活动。

笔记栏

【预防与调护】

固定期间,患者不应用力张口,大声说话,宜进软食,避免咀嚼硬物。鼓励患者自行按摩。以双手拇指或示、中指于翳风或下关穴处轻柔按摩,以有酸痛感为度,每日 3~5 回,每回揉按 50~100 次。

PPT 课件

第二节　肩锁关节脱位

肩锁关节由锁骨肩峰端与肩峰的关节面构成,属微动关节。关节囊较薄弱,关节的稳定性主要由位于关节上方的肩锁韧带来维持,并由连于锁骨外端与喙突根部间坚强的喙锁韧带来加强。斜方肌和三角肌的腱纤维束也从上方增强关节囊。肩锁关节脱位较为多见,多发于青壮年。

【病因病机】

肩锁关节脱位多由直接暴力所致。如跌倒时肩部外侧触地,暴力由上向下直接冲击肩峰而导致脱位。过度牵拉上肢向下的间接暴力也可造成脱位。半脱位时,肩锁关节囊和肩锁韧带断裂,锁骨外端由于喙锁韧带的固定仅部分向上移位,肩锁关节呈部分脱位。全脱位时,肩锁韧带、肩锁关节囊和喙锁韧带全部断裂,通常还合并三角肌和斜方肌部分肌纤维的断裂,锁骨外端与肩峰完全分离,并向上明显移位(图 6-5)。

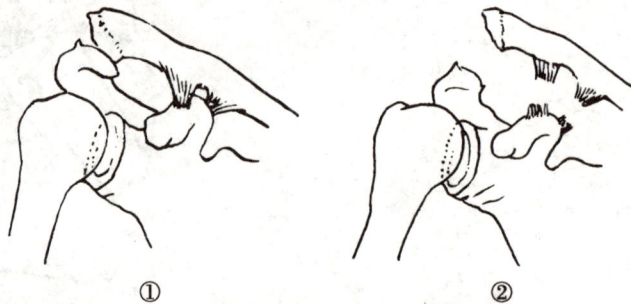

图 6-5　肩锁关节脱位
①半脱位:肩锁韧带断裂,喙锁韧带完整;②全脱位:肩锁韧带和喙锁韧带全部断裂

【临床表现与诊断】

伤后肩部肿胀、疼痛,患肢外展和上举时疼痛加重。肩锁关节处压痛,出现锁骨外侧端上移的畸形。全脱位的患者锁骨外端隆起更加明显,往下推按出现反弹性的"琴键征"。与健侧对比,患侧被动活动时锁骨外端活动范围增加,肩关节活动功能障碍。

肩锁关节正位 X 线片可显示脱位的程度。双侧对比 X 线片有助于发现异常。

根据受伤史、临床表现和 X 线检查可作出诊断。半脱位患者诊断有困难时,让患者放松肩部肌肉,双手分别持 4~6kg 重物,进行双侧肩锁关节 X 线正位片对比,有助于扩大肩峰与锁骨间的分离程度,有利于明确诊断(图 6-6)。

【辨证论治】

肩锁关节脱位手法整复较容易,但维持其对位比较困难,

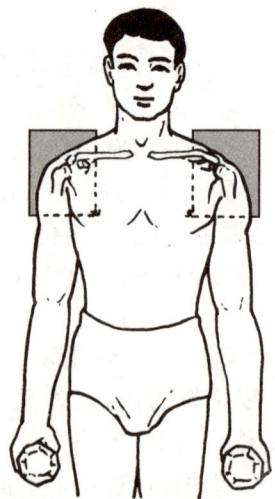

图 6-6　双手提重物双侧肩锁关节正位 X 线摄片体位

尤其是全脱位患者。因此,对于半脱位可采用手法整复、外固定治疗,而全脱位多采用手术治疗。

(一) 整复方法

患者取坐位,患侧肘关节屈曲 90°,术者一手将患侧肘部向上托,另一手将锁骨外端向下压,脱位即可复位。

(二) 固定方法

脱位整复后,将高低纸压垫置于肩锁关节的前上方。另取 3 个棉垫,分别置于肩锁关节、肘关节背侧及腋窝处。然后用宽约 3~5cm 的胶布自患侧胸锁关节下,经锁骨上窝斜向肩锁关节处,顺上臂背侧向下绕过肘关节反折,沿上臂前侧向上,再经肩锁关节处,拉向同侧肩胛下角内侧固定。也可取另一条宽胶布重复固定 1 次(图 6-7)。固定时,术者双手始终保持纵向挤压力,助手将胶布拉紧固定。固定时间 5~6 周。

(三) 练功活动

固定期间做腕、指关节活动,解除固定后开始逐渐主动活动肩关节,先做前屈和后伸动作,再逐渐增加内、外旋和外展及上举等动作。活动范围由小到大,力量逐渐增强,可用轻手法按摩,切不可粗暴地被动活动。

图 6-7 肩锁关节脱位胶布固定

(四) 药物治疗

初期肩部肿胀疼痛,宜活血祛瘀、消肿止痛,内服可选用活血止痛汤、云南白药等,外用药可选用活血散、消肿止痛膏等。中期肿痛渐轻,宜和营生新,接骨续筋。内服可选用壮筋养血汤、肢伤二方等。外用药可选用接骨续筋药膏、舒筋活络药膏等。后期症状几近消失,宜补益肝肾、舒筋活络,以补肾壮筋汤加减内服。损伤后期,关节活动功能障碍者,外用上肢损伤洗方熏洗。

(五) 手术疗法

肩锁关节全脱位,一般来说,外固定难以维持其对位,多采用手术切开复位内固定治疗。有交叉克氏针、螺钉固定和带袢金属板固定等多种内固定方式。

【预防与调护】

外固定期间要禁止肩关节外展和上举等动作。定期进行 X 线检查,发现固定松动要及时加固,或重新进行可靠固定。解除固定后活动肩关节要循序渐进,可配合按摩推拿治疗,但切不可粗暴地被动活动。

第三节 肩关节脱位

肩关节脱位,又称盂肱关节脱位,古称"肩胛骨出""肩骨脱臼"等。肩关节的骨性结构包括肩胛骨的关节盂和肱骨头,是典型的球窝关节。肱骨头大,近似球形,关节盂小而浅,虽有关节盂周缘的纤维软骨构成的盂唇来加深关节窝,仍仅能容纳肱骨头的 1/4~1/3。肩关节囊薄而松弛,关节囊的上壁有喙肱韧带加强,前壁和后壁也有许多肌腱加入,以增加关节的稳固性。关节囊的下壁最为薄弱,故肩关节脱位时,肱骨头常自前下壁脱出,造成前下方脱位。肩关节是全身最灵活的关节。可做前屈、后伸、内收、外展、内旋、外旋以及环转运动。维持肩关节稳定的因素包括静力性和动力性因素。具有头大盂浅、关节囊松弛特点的静力性稳定结构虽可保障肩关节运动的灵活性,但不足以保持足够的稳定性,其稳定性主要依靠肩部肌肉来维持。组成肩袖的肩胛下肌、冈上肌、冈下肌和小圆肌肌腱分别止于肩关节的前方、上方和后方,腱纤维和关节囊纤维相交织,是主要动力性稳定因素。肱二头肌长头腱也提供动力韧带作用。此外,三角肌也有保持肩关节稳定的作用。关节腔内负压及肱骨头和关节盂之间的黏滞力使关节不易分离,有利于关节的稳定。肩关节脱位在全身大关节脱位中最常见,好发于 20~50 岁的男性。

【病因病机】

肩关节脱位根据脱位的时间长短和脱位次数的多少,可分为新鲜性、陈旧性和习惯性脱位。根据肱骨头脱位的方向分为前脱位、后脱位、下脱位和上脱位,其中前脱位最常见,占肩关节脱位的 95% 以上。前脱位又可分为喙突下、盂下、锁骨下脱位等,其中以喙突下脱位最多见。后脱位少见,下脱位和上脱位罕见。

(一) 肩关节前脱位

多由间接暴力引起,极少数为直接暴力所致。患者侧向跌倒,上肢呈高度外展、外旋位,手掌或肘部着地。地面的反作用力由下向上,经手掌沿肱骨纵轴传递到肱骨头,肱骨头自肩胛下肌和大圆肌之间薄弱部分冲击,将关节囊的前下部顶破而脱出。由于喙肱肌、冈上肌等的痉挛,将肱骨头拉至喙突下凹陷处,形成喙突下脱位。若外力继续作用,肱骨头可被推至锁骨下部,形成锁骨下脱位。若暴力强大,则肱骨头可冲破肋间隙进入胸腔,形成胸腔内脱位。跌倒时,上肢过度上举、外旋、外展,肱骨外科颈受到肩峰冲击而成为杠杆的支点,迫使肱骨头向前下方移位,造成盂下脱位。但其常因胸大肌和肩胛下肌的牵拉,肱骨头滑至肩前部,转为喙突下脱位。偶因直接暴力打击或冲撞肩关节后部,外力迫使肱骨头向前脱出,发生前脱位(图 6-8)。

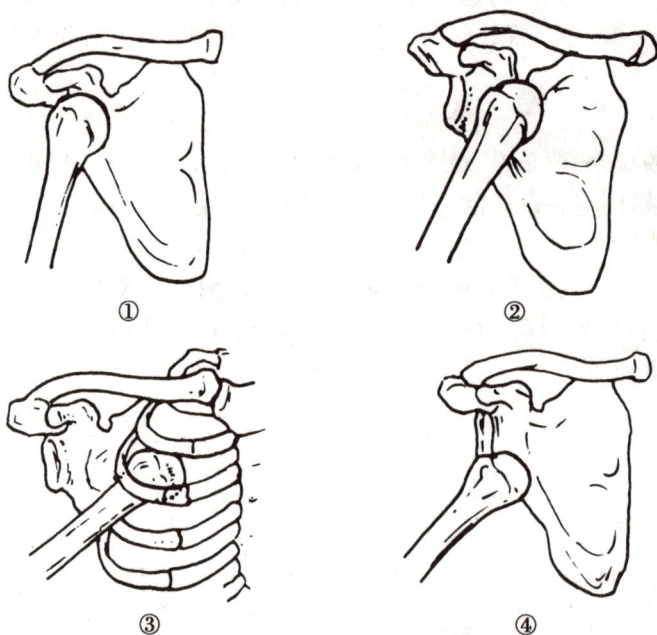

图 6-8　肩关节前脱位的类型
①喙突下脱位;②锁骨下脱位;③胸腔内脱位;④盂下脱位

(二) 肩关节后脱位

肩关节后脱位主要由直接暴力所致。当肩关节处于内收、内旋位时,肱骨头遭受从前向后的暴力,可冲破关节囊后壁,滑至肩胛冈下,引起后脱位。当癫痫发作或行电休克治疗时,肌肉痉挛性收缩也可造成肩关节脱位。由于肩部内旋肌群肌力明显大于外旋肌群,因此常见发生肩关节后脱位。

(三) 陈旧性肩关节脱位

肩关节脱位,因处理不及时或不当,超过3周以上者为陈旧性脱位。其主要病理改变是在新鲜脱位基础上,随着时间的迁延,关节周围和关节腔内血肿机化。大量纤维瘢痕组织充满关节腔内外,并与关节盂、肩袖和三角肌紧密粘连,将肱骨头固定在脱位后的位置。关节囊的破裂口被瘢痕组织封闭,并与肌肉组织粘连。挛缩的三角肌、肩胛下肌、背阔肌、大圆肌及胸大肌等亦阻碍了肱骨头复位。合并肱骨大结节骨折者,骨折端畸形愈合,形成大量骨痂以及关节周围发生骨化。以上因素增加了关节复位的困难。脱位时间越久,粘连越严重,复位越困难。

(四) 习惯性肩关节脱位

首次外伤性脱位治愈后,在特定体位或较小的外力作用下,肩关节再次发生脱位称为习惯性肩关节脱位。首次脱位后往往造成关节囊松弛,或关节囊破裂未得到很好修复,或伴有盂唇撕脱、肱骨头后外侧的压缩性骨折、关节盂骨折缺损等,肩关节的骨性结构及关节囊复合结构等稳定装置遭到破坏,当肩关节遭到轻微暴力或置于不当体位时,如乘车时拉扶手、穿衣时伸手入袖、举臂挂衣或伸懒腰等做上臂外展、上举动作时,可发生肩关节再次脱位。

肩关节脱位常合并肱骨大结节骨折,可合并肱骨外科颈骨折、肩袖损伤、腋动静脉及其分支损伤、神经损伤、肱二头肌长头腱滑脱、肱骨头骨折、关节盂骨折,较少合并肩峰、解剖颈及肱骨干的骨折。

【临床表现与诊断】

对于肩关节脱位的患者,首先应了解是否为首次发作和首次发作的时间。首次发作年龄越小,日后发展成为习惯性脱位的概率越高。其次还要询问暴力的大小及受伤机制。轻微暴力即可造成的脱位,说明盂肱关节的稳定因素有缺陷,易转化为习惯性脱位。而严重暴力所造成的脱位,由于软组织损伤较重,经修复形成的大量瘢痕组织可使肩关节变得更加稳定。

(一) 新鲜肩关节前脱位

伤后肩部疼痛、肿胀,肩关节活动功能障碍。患者常以健侧手托患侧前臂以缓解疼痛。患肩往往失去圆形膨隆的外形,肩峰显著突出,形成典型的"方肩"畸形。上臂轻度外旋、前屈并弹性固定于外展20°~30°位,不能内旋、内收。肩峰下空虚,在喙突下、腋窝或锁骨下可扪及肱骨头。测量肩峰到肱骨外上髁长度时,患肢短于健肢(但盂下脱位的患肢长于健肢)。搭肩试验(Dugas 征)及直尺试验阳性。

(二) 肩关节后脱位

肩关节后脱位体征不如前脱位明显、典型,容易误诊。肩关节后脱位绝大多数是肩峰下脱位,缺少明显的"方肩"畸形和弹性固定等典型体征。肩峰下脱位时,肩关节正位X线片常常给人以正常表现的假象,从而导致误诊或漏诊。

(三) 陈旧性肩关节前脱位

既往有外伤史。伤肩疼痛、肿胀较轻,但由于三角肌和冈上肌等肩部肌肉萎缩,"方肩"畸形更加明显。其余临床表现与新鲜肩关节前脱位相似。

(四) 习惯性肩关节脱位

有首次外伤性脱位及多次脱位史,好发于20~40岁年龄。脱位时疼痛多不剧烈,仍有肩关节功能障碍。关节盂前方存在局限性压痛,当肩关节被动外展、外旋及后伸时,患者恐惧,并有可能诱发出再脱位。

肩关节正位和穿胸侧位 X 线片可明确脱位的方向、程度及是否合并骨折等。肱骨内旋位时前后位投照能显示肱骨后上方的缺损,轴位 X 线片可以显示关节盂前方的骨缺损。CT 断层扫描能清晰显示盂肱关节横断面的解剖关系,提供脱位方向、程度及是否合并骨折等重要信息。三维 CT 重建更能立体地显示脱位及骨折状态,有利于进一步明确诊断。MRI 对分辨脱位时合并的软组织损伤具有优势。

根据受伤史、临床表现和 X 线检查可作出诊断。合并骨折、肩袖损伤、血管神经损伤者,根据其相应的临床表现或影像学检查可同时作出诊断。肩关节习惯性脱位要与随意性脱位相鉴别。随意性脱位是患者随自身的意志,在特定的姿势和位置可使肩关节自行脱位和复位的一种病理状态,多伴有精神异常表现。习惯性脱位患者脱位时多伴有疼痛,并不能自行复位。

【辨证论治】

新鲜肩关节脱位的治疗原则是尽早行手法整复,既能缓解患者疼痛,又易于复位。手法整复不成功时,有可能是移位的大结节骨块阻挡或关节囊、肩袖、肱二头肌腱嵌入,妨碍复位,可行手术治疗。

陈旧性脱位的治疗方法选择要根据患者的年龄、全身状况、脱位时间、损伤的病理等因素综合分析决定。

对于习惯性脱位,一般轻微手法即可复位,整复手法可参考新鲜性脱位整复手法。但一般容易复发,难以取得长期疗效。

(一)整复方法

1. 新鲜肩关节前脱位

(1)牵引推拿法:患者仰卧,用布带绕过胸部,一助手向健侧作反牵引,另一助手用布带绕过腋下向上向外牵引上臂,第三助手紧握患肢腕部,向外旋转,向下牵引,并内收患肢,第三助手在牵引的同时,应多做旋转运动。三助手同时徐缓、持续不断地牵引。通过牵引,使脱出的肱骨头逐渐离开锁骨下、喙突下或关节盂下,到达关节囊的破裂口处回纳复位。若不能复位,术者可用拇指或手掌根部由前上向外下,将肱骨头推入关节囊内(图 6-9)。此法安全、简单、有效,最为常用。

(2)手牵足蹬法:《普济方·折伤门》中说:"令患人服乌头散麻之,仰卧地上,左肩脱落者,用左脚蹬定,右肩脱落者,右脚蹬。用软绢如拳大,抵于腋窝内,用人脚蹬定,挛病人手腕近肋,用力倒身扯拽,可再用其手按其肩上,用力往下推之。如骨入臼,用软绢卷如拳大垫于腋下。"即令患者仰卧,用拳头大的棉垫置于患侧腋下,以保护软组织。术者立于患侧,双手握住患侧腕部,用一足背外侧(右侧脱位用右足,左侧脱位用左足)置于腋窝内。术者在双肘、双膝伸直,一足着地,另一足蹬住腋窝的姿势下,在患肩外旋,稍外展位,缓慢有力地向下牵引患肢。然后内收、内旋,充分利用足背外侧为支点的杠杆作用,将肱骨头撬入关节囊内。当有还纳感时,复位即告成功(图 6-10)。

整复时,足背外侧尽量顶住腋窝底部。动作要徐缓,不可使用暴力,以免伤及腋部血管、神经。若整复不成功时,多为肱二头肌长头腱阻碍而不能复位,可将患肢向内、外旋转,使肱骨头绕过肱二头肌长头腱,再进行复位,可获成功。

(3)拔伸托入法:清代胡廷光在《伤科汇纂·髃骨》中引《陈氏秘传》载:"肩膊骨出臼,如左手出者,医者以右手叉病人左手。如右手出者,医者以左手叉病人右手。却以手撑推其

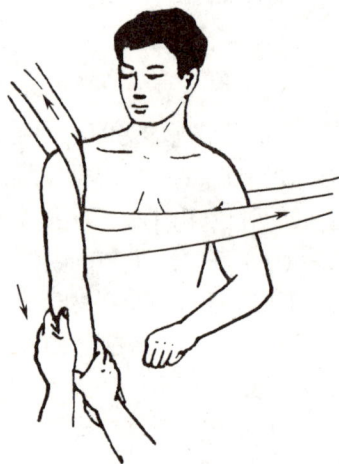

图 6-9 牵引推拿法

笔记栏

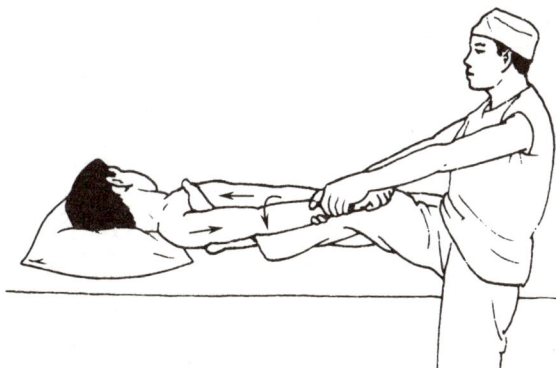

图 6-10 手牵足蹬法

腋,用手略带伸其手,如骨向上,以手托上。"即患者取坐位,第一助手立于患者健侧肩后,两手斜形环抱固定患者作反牵引。第二助手一手握肘部,一手握腕上,向外下方牵引。用力由轻而重,持续 2~3 分钟。术者立于患肩外侧,两手拇指压其肩峰,其余手指插入腋窝内,在助手对抗牵引下,术者将肱骨头向外上方钩托。同时第二助手逐渐将患肢于内收、内旋位牵引,直至肱骨头有还纳感觉,复位即告成功(图 6-11)。此法安全易行,效果好,适用于各型肩关节脱位,是临床上常用的方法之一。

(4)椅背整复法:蔺道人在《仙授理伤续断秘方》中载:"凡肩甲骨出,相度如何整。用椅当圈住胁,仍以软衣被盛簟,使一人捉定,两人拔伸,却坠下手腕,又着曲着手腕,绢片缚之。"即让患者坐在靠背椅上,用棉垫置于腋部,保护腋下血管、神经,免受损伤。将患肢放在椅背后侧,胁肋部紧靠椅背。一助手固定住患者和椅背。术者握住患肢,先外展、外旋牵引,再逐渐内收,并将患肢下垂,内旋,屈肘,复位即可成功。此法是应用椅背作为杠杆支点整复肩关节脱位的方法,适用于肌肉不发达、肌力较弱的患者。

(5)膝顶推位法:《伤科汇纂·髃骨》载:"令患人安坐于凳上,医者侧立其旁。一足亦踏于凳上,以膝顶于胁肋之上。两手将患肩之臂膊擒住,往外拉之,以膝往里顶之。骤然用力,一拉一顶,则入臼矣。"让患者坐在凳上,以左肩脱位为例。术者立于患侧,左足踩地,右足踏在坐凳上,右膝屈曲小于 90°,膝部顶于患侧腋窝。将患肢外展 80°~90°,并以拦腰状绕过术者身后。术者以左手握其肘部,右手置于肩峰处,右膝顶,左手拉。当肱骨头达到关节盂时,右膝将肱骨头向上用力一顶,即可复位(图 6-12)。

图 6-11 拔伸托入法

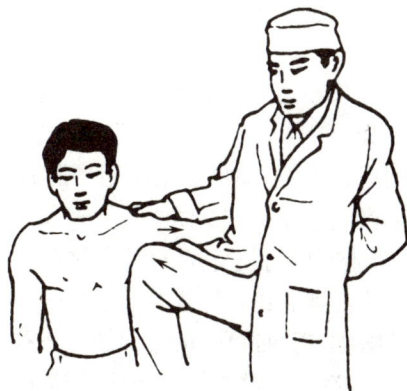

图 6-12 膝顶推拉法

此法为应用膝部为支点整复肩关节脱位的方法。适用于脱位时间短、肌力较弱的患者。此法术者一人操作即可,不需助手协助。

(6)牵引回旋法:患者取仰卧位或坐位,术者立于患侧。以右肩为例,术者以右手握肘部,左手握腕上部,将肘关节屈曲。右手沿上臂方向向下徐徐牵引,并轻度外展,使三角肌、喙肱肌、胸大肌等肌松弛,将肱骨头拉至关节盂上缘。然后在外旋牵引位下,逐渐内收其肘部,使之与前下胸壁相接触,使肩胛下肌等肌肉松弛。此时,肱骨头已由关节盂的前上缘向外移动至关节囊的破裂口处。再将上臂高度内收,有时会听到"咯噔"声,遂即复位。若还未复位,再将上臂内旋,并将手放于对侧肩部,肱骨头可通过扩大的关节囊破裂口滑入关节囊内,并可闻及入臼声,复位即告成功(图6-13)。此法适用于肌力较弱或习惯性脱位患者。由于此法应力较大,肱骨外科颈受到相当大的扭转力,因此操作宜轻稳、谨慎,若用力过猛可造成肱骨外科颈骨折,对骨质疏松的老年患者更应注意。

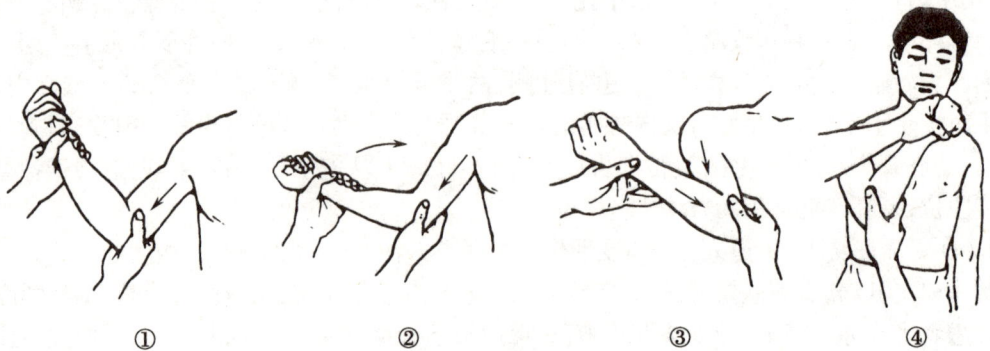

图6-13 牵引回旋法
①外展;②外旋;③内收;④内旋

(7)悬吊复位法:患者俯卧于床上,患肢悬垂于床旁,腕部系一宽带,悬2~5kg的重物。自然下垂位牵引15分钟,肩部肌肉松弛后肱骨头多能自行复位(图6-14)。可根据患者体重及上肢肌肉发达情况增减悬吊重量。

肩关节前脱位整复成功后,肩部丰满,"方肩"畸形消失,与对侧外观相似,腋窝下、锁骨下、喙突下等扪不到肱骨头,搭肩试验、直尺试验阴性,肩关节被动活动恢复正常。X线表现肱骨头与关节盂的关系正常。

若手法整复确有困难,应认真考虑阻碍复位的原因。如:①肱二头肌长头腱套住肱骨头,阻碍复位;②撕破的关节囊成扣眼状阻碍肱骨头回纳;③骨折块阻拦脱位整复;④脱位时间较长,关节附近粘连尚未松解;⑤患者肌肉发达,牵引力不够大,未能有效对抗痉挛的肌肉收缩力;⑥麻醉不够充分,肌肉的紧张未松弛;⑦手法操作不当等。当遇到以上情况时,再次试行整复时应更换手法。反复内、外旋并改变方向,切不可粗暴操作,用力过猛,造成医源性损伤。必要时采用手术切开复位。

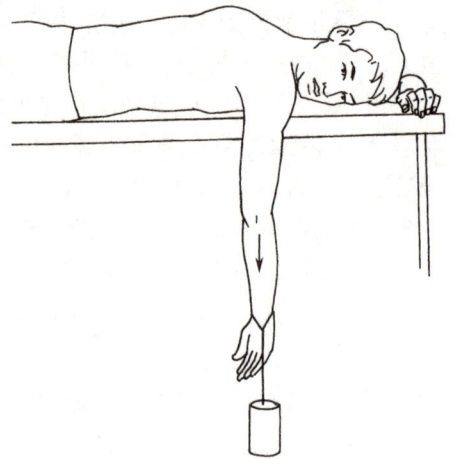

图6-14 悬吊复位法

2. 肩关节后脱位 治疗比较简单,一般采用整复前脱位的牵引推拿法。将上臂牵引,轻度前屈外旋,肱骨头即可复位。

3. 陈旧性肩关节前脱位　对于年老体弱或骨质疏松者,可采用练功活动治疗。一般经过 2~3 个月的练功活动,肩关节的功能可以明显改善,可以胜任日常的生活及工作。手法整复适合于脱位时间在 2 个月以内,无血管、神经损伤的青壮年患者。因手法整复时处理不当,有可能发生肱骨外科颈骨折、臂丛神经损伤等严重并发症。所以,手法整复必须严格选择病例,谨慎从事。脱位时间越长,手法整复越困难。手法整复必须在麻醉下进行,以使肌肉完全松弛。

(1)术前准备

1)持续牵引:脱位整复前,先作尺骨鹰嘴牵引 1~2 周,牵引重量 3~4kg。希望将脱位的肱骨头拉到关节盂附近便于整复。在牵引期间,每天配合中药熏洗、推拿按摩。施行手法时可暂时撤掉牵引。以拇指揉推,拇指、示指提捏等手法,提起三角肌、胸大肌、肩胛下肌、背阔肌、大圆肌等。然后,以摇转、扳拉等手法加大肩关节活动范围,反复操作数次,逐步解除肩关节周围肌肉的痉挛,松解关节周围的纤维粘连,使痉挛组织延伸,肱骨头活动范围加大。若脱位时间短,关节活动范围较大,可以不作持续牵引。

2)手法松解:粘连松解是否彻底是整复手法能否成功的关键。患者仰卧于手术台上,在全麻下,助手固定双肩,术者一手握患肢肘部,一手握患肢腕部,屈肘 90°,做肩关节的屈、伸、收、展、旋转等各方向被动活动。术者须耐心、细致,动作持续有力,范围逐渐增大,使粘连彻底松解,痉挛的肌肉彻底松弛、充分延伸,肱骨头到达关节盂边缘,以便于手法整复。术者在松解粘连时,切不可操之过急,否则可引起骨折或血管、神经损伤。

(2)整复方法:一般采用卧位杠杆整复法。

患者取仰卧位,第一助手用宽布带套住患者胸廓向健侧牵引,第二助手立于床头,一手扶住竖立于手术台旁的木棍,另一手固定健侧肩部,第三助手双手握患肢腕关节上方,牵引下逐渐外展肩关节到 120° 左右,术者双手环抱肱骨大结节处,三个助手协调配合用力,当第三助手在牵引下徐徐内收患肢时,术者双手向外上方拉肱骨上端,同时利用木棍当杠杆的支点,迫使肱骨头复位(图 6-15)。

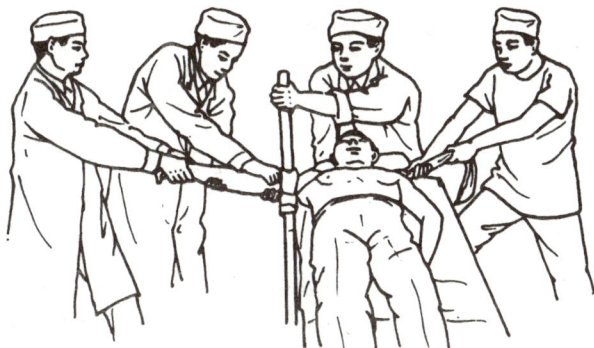

图 6-15　陈旧性肩关节前脱位卧位杠杆整复法

复位前,木棍与患臂的接触部位用棉花、绷带包绕,以免木棍损伤皮肉。在复位过程中,木棍要紧靠胸壁,顶住腋窝,各方面力要适度,动作要缓慢,协调一致,密切配合,避免造成肱骨外科颈骨折及并发血管、神经损伤。

(二)固定方法

肩关节前脱位整复后,可采用胸壁绷带固定,将患侧上臂保持在内收、内旋位,肘关节屈曲 60°~90°,前臂依附胸前,用绷带将上臂固定在胸壁上。前臂用颈腕吊带或三角巾悬吊于胸前。固定时于腋下和肘部内侧放置纱布棉垫,将胸壁与上臂内侧皮肤隔开,防止因长期接触而发生皮炎、糜烂。固定宜妥善、牢固,限制肩关节外展、外旋活动。

固定时间一般为 2~3 周。年龄越小,形成习惯性脱位的概率越高。依据情况,30 岁以下患者固定时间为 3~5 周,充分的固定可使破裂的关节囊得到修复愈合,预防形成习惯性脱位。年龄较大的患者易发生关节粘连,影响关节功能,应适当减少固定时间,固定 2~3 周,早期开始练功活动。

若合并肱骨外科颈骨折,则采用肱骨外科颈骨折的治疗方法进行固定,视复位后的肱骨头处于何种体位而采用相应的方法。

若是新鲜性肩关节后脱位,复位后用肩"人"字石膏固定上臂于外展 40°、后伸 40° 和适当外旋位,3 周后解除固定。

(三) 练功活动

固定后即鼓励患者做手腕及手指的练功活动,新鲜脱位 1 周后去除绷带,保留三角巾悬吊前臂,开始练习肩关节前屈、后伸活动;2 周后去除三角巾,开始逐渐做关节各个方向主动练功锻炼,如左右开弓、双手托天、手拉滑车、手指爬墙等。

(四) 药物治疗

新鲜脱位,初期宜活血祛瘀、消肿止痛,内服肢伤一方、活血止痛汤等,外敷活血散、消肿止痛膏。中期肿痛减轻,宜舒筋活血、强壮筋骨,可内服壮筋养血汤、补肾壮筋汤等,外敷舒筋活络膏。后期体质虚弱者,可内服八珍汤、补中益气汤等。外洗方可选用苏木煎、上肢损伤洗方等,煎水熏洗患处,促进肩关节功能的恢复。

习惯性脱位,应内服补肝肾、壮筋骨的药物,如补肾壮筋汤等。对于各种合并症,有骨折者按骨折三期辨证用药;合并神经损伤者,应加强祛风通络,用地龙、僵蚕、全蝎等;合并血管损伤者,应加强活血祛瘀通络,可合用当归四逆汤加减。

(五) 手术疗法

1. 新鲜肩关节脱位 绝大多数新鲜肩关节脱位,手法整复多能成功,极少数需要切开复位,凡遇下列情况之一者,可考虑行切开复位:①脱位合并神经、血管损伤,临床症状明显,手法整复后症状未得到缓解者;②合并肱二头肌长头腱滑脱,多次手法整复未能取得成功者;③合并肱骨外科颈骨折,经手法整复未能取得成功者;④合并关节盂大块骨折,估计日后将影响关节稳定者;⑤合并大结节骨折,骨折块嵌夹于肱骨头与关节盂之间,阻碍复位者。

2. 陈旧性肩关节脱位 对于脱位时间半年以内的青壮年患者,或脱位时间虽短,但合并外科颈骨折、大小结节骨折,手法整复失败者,以及合并肱二头肌长头腱向后滑脱阻碍复位者,建议采用手术切开复位。

3. 习惯性肩关节脱位 习惯性脱位诊断一旦确立,非手术治疗一般难以取得长期疗效。应当针对病因和主要病理改变,进行肩关节稳定结构的修复和重建。其术式包括前关节囊紧缩或成形术、前关节囊及肩胛下肌重叠缝合术等。

近年来关节镜下微创手术得到了长足发展,为肩关节脱位提供了一种微创治疗新方法。

(六) 并发症处理

1. 肩袖损伤 肩袖损伤多见于肩关节前脱位。以冈上肌肌腱损伤最多见。肩袖损伤时肩外展、外旋活动受限并伴有疼痛。临床往往容易漏诊。若冈上肌肌腱断裂者,可考虑手术探查修补。

2. 肱骨大结节骨折 外伤性肩关节前脱位有 15%~35% 的患者可合并肱骨大结节骨折,可因大结节与关节盂前下缘撞击及肩袖撕脱造成。合并骨折者,疼痛和肿胀更加严重。可在肱骨头处触及骨折块和骨擦感。绝大多数病例当脱位复位后,骨折块也得到满意复位。

如肱骨头复位后,大结节移位大于1cm者,日后多会影响肩关节功能,应行手术治疗,用螺钉或钢板螺钉固定。

3. 肱骨外科颈骨折　肱骨头脱位合并肱骨外科颈骨折是少见的严重损伤。伤后疼痛、肿胀更为明显。临床鉴别有时困难,X线摄片及CT检查有助于明确诊断。本病治疗比较困难,可试行手法整复,先整复脱位,再整复骨折。采用外展牵引推拿法整复,一助手用布单套住胸廓向健侧牵引,另一助手握伤肢腕部稍外展牵引。术者一手从腋窝下以拇指推压脱位之肱骨头向上外。在继续保持牵引与推压之下,另一手放于肩峰作对抗压力使肱骨头复位的同时,助手继续牵引患肢使之复位(图6-16)。若用上法复位困难,亦可试用足蹬拔伸法,若复位失败,则采用持续牵引法。手法整复失败者,可行切开复位固定。

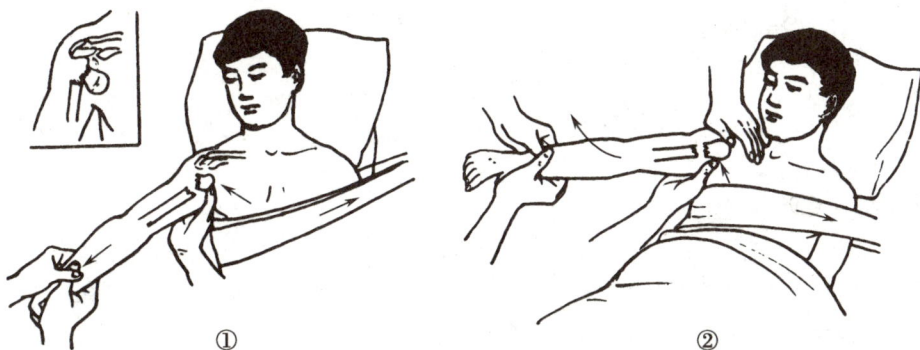

图6-16　肩关节脱位合并肱骨外科颈骨折外展牵引推拿整复法

4. 腋动、静脉及其分支损伤　肩关节脱位合并血管损伤少见,如发生则常见于血管硬化的老年人。腋动脉损伤时,肩部肿胀明显,皮肤苍白或发绀,皮肤温度降低,桡动脉搏动减弱或消失,肢体麻痹。血管造影有助于诊断。确定诊断后必须行手术治疗。

5. 神经损伤　肩关节前脱位时,神经损伤较常见。最常见为腋神经损伤,多是牵拉伤。肩胛上神经、桡神经及肌皮神经也有累及。腋神经损伤后,三角肌瘫痪,肩部前外侧、后侧皮肤感觉功能减退或丧失。肩关节脱位合并的神经损伤容易被漏诊,尤其是老年患者。关节的活动功能受限容易被归因于制动引起的关节僵硬,肌电图检查有利于明确诊断。神经损伤多为牵拉伤,大多数患者在3个月内可以恢复。应早期诊断,密切观察,积极进行神经营养治疗。

6. 肱二头肌长头腱滑脱　肩关节前脱位时,连接于肱骨大、小结节间的肩横韧带损伤,造成肱二头肌长头腱滑向后外侧,有时可成为阻碍肱骨头复位的因素,常需手术切开复位,修复肩横韧带。

7. 肱骨头骨折　肩关节前脱位时,肱骨头后外侧与关节盂前缘撞击可造成肱骨头的压缩性骨折。压缩骨折轻者,以后对肩关节功能影响不大,可不予特别处理。压缩骨折较重者,将肩关节脱位复位后观察,若为引起习惯性脱位的因素之一,则按习惯性脱位处理。

【预防与调护】

固定期间,可配合按摩、推拿、针灸、理疗等,以防肩关节周围组织粘连和挛缩,加快肩关节功能恢复。禁止上臂外旋活动,以免影响软组织修复。固定去除后,禁止做强力的被动牵拉活动,以免造成软组织损伤及并发骨化性肌炎。陈旧性脱位,固定期间应加强肩部按摩、理疗。

第四节 肘关节脱位

肘关节是由肱骨远端与尺、桡骨近端构成的复合关节,包括肱尺关节、肱桡关节和上桡尺关节,三个关节包在一个关节囊内。肘关节囊前后壁薄而松弛,两侧壁厚而紧张,并有桡、尺侧副韧带加强。关节囊的后壁最薄弱,故常见肘关节后脱位。肘关节的运动以肱尺关节为主,是屈戌关节,允许做屈伸运动。肱骨内、外上髁和尺骨鹰嘴都易在体表扪及,当肘关节完全伸直时,此三点位于一条直线上;当屈肘 90° 时,此三点的连线构成一尖端朝下的等腰三角形,称为"肘后三角",是鉴别肱骨髁上骨折和肘关节脱位的重要体征。肘关节是人体比较稳定的关节,但外伤性脱位仍不少见,发生率仅次于肩关节脱位。多见于青少年。

【病因病机】

肘关节脱位按发病时间分为新鲜脱位及陈旧性脱位。按桡、尺骨近端移位方向可分为后脱位、前脱位、侧方脱位、分裂型脱位等。其中后脱位最常见,前脱位少见,分裂型脱位罕见,侧方脱位多与后脱位并见。肘关节脱位常合并骨折。

(一)肘关节后脱位

肘关节后脱位多由间接暴力所致。患者跌倒时,上臂处于外展、后伸位,肘关节伸直,前臂旋后位,手掌撑地。传达暴力迫使肘关节过伸,致使尺骨鹰嘴撞击肱骨远端的鹰嘴窝,在肱尺关节处形成杠杆作用,半月切迹自肱骨远端滑车部脱出,使止于尺骨粗隆上的肱肌及肘关节囊的前壁被撕裂,在肘关节前方无任何软组织阻挡的情况下,肱骨远端向前移位,使尺骨鹰嘴向后上移位,尺骨冠突和桡骨头同时滑向后方,形成肘关节后脱位(图 6-17)。

图 6-17 肘关节后脱位的发生机制

(二)肘关节侧方脱位

在造成肘关节后脱位的同时,由于暴力方向的不同,出现肘外翻或肘内翻。外翻时内侧副韧带及关节囊损伤严重,内翻时外侧副韧带及关节囊损伤严重。尺骨鹰嘴和桡骨小头在向后上方移位的同时,也向桡侧或尺侧移位,形成后外侧或后内侧脱位。可合并肱骨内、外髁骨折。向外侧移位严重者,常可引起尺神经损伤。

(三)肘关节前脱位

患者于屈肘位跌倒时,肘尖着地,从后向前的暴力直接作用于尺骨鹰嘴,导致前脱位。多首先发生尺骨鹰嘴骨折,暴力再将尺、桡骨近端推向肱骨远端的前方,造成肘关节前脱位(图 6-18)。也可发生回旋性前脱位,跌倒后手掌着地,前臂固定,身体沿上肢纵轴旋转,肘关节首先产生侧方脱位,外力继续作用则可导致尺、桡骨完全移位至肘前方。由于引起脱位的暴力多较剧烈,故软组织损伤较重,关节囊及侧副韧带多为完全损伤,常合并肘部神经血管损伤。

(四) 肘关节分裂型脱位

肘关节分裂型脱位,即肘部肱尺关节、肱桡关节及桡尺近侧关节联合性脱位,多为纵向侧偏或扭转等复合暴力所致。其特点为肱骨远端位于桡、尺骨近端之间,并伴有广泛的关节囊、副韧带及前臂骨间膜等软组织损伤。分为前后型和内外型,前后型是在肘关节伸直位时,纵向暴力使肘关节后脱位,同时伴有的旋转暴力使尺骨向后脱位而桡骨头向前脱位;内外型是在肘关节后脱位的同时,桡骨头向外侧脱位,而尺骨近端向内侧脱位。

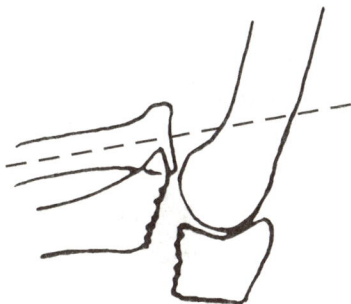

图 6-18　肘关节前脱位合并尺骨鹰嘴骨折

【临床表现与诊断】

伤后肘部肿胀、疼痛、畸形、弹性固定和功能障碍。肘关节后脱位呈"靴状"畸形,肘窝前饱满,可触及肱骨远端,肘后空虚凹陷,尺骨鹰嘴后凸,关节前后径增宽。与健侧对比,前臂掌侧明显缩短。肘关节弹性固定于150°~160°的屈曲位。"肘后三角"关系改变。

侧后方脱位,除具有后脱位的临床表现外,肘部左右径增宽,可呈现肘内、外翻畸形,肘关节出现内收、外展等异常活动。

前脱位时,肘关节呈过伸体位,关节屈曲运动受限,肘窝部隆起,可触及隆起的尺桡骨近端,在肘后可触及肱骨远端及游离的尺骨鹰嘴骨折块。与健侧对比,前臂掌侧较健侧明显变长。

分裂型脱位,若桡尺骨近端分别位于肱骨远端内、外侧,肘关节左右径明显增宽,若桡尺骨近端分别位于肱骨远端前、后侧,肘关节前后径明显增宽。

肘关节后脱位易与肱骨髁上骨折相混淆,其鉴别要点为脱位常见于青壮年,压痛广泛,"肘后三角"关系失常,并伴有弹性固定。而肱骨髁上骨折好发于10岁以下儿童,多伴有皮下瘀斑,压痛点位于髁上且明显,"肘后三角"关系正常,有骨擦音及异常活动。肘关节脱位时,最常见的合并骨折是肱骨内上髁、肱骨外上髁、桡骨颈骨折等关节外骨折,预后较好。而尺骨鹰嘴、冠状突、肱骨滑车、肱骨小头及桡骨头等关节内骨折,如处理不当预后较差。早期并发症还有桡神经或尺神经牵拉伤,肱动、静脉压迫性损伤。

肘关节脱位时,肘关节周围的肱三头肌、肱肌肌腱剥离、撕裂,骨膜、韧带及关节囊的撕裂均可造成出血,积聚于肘窝内的血肿易于发生纤维化甚至骨化,引起骨化性肌炎、肘关节僵硬等,成为影响肘关节功能和陈旧性脱位复位的主要障碍。关节内骨折等因素损伤关节软骨可继发创伤性关节炎。

肘关节正侧位X线片可明确脱位的类型及是否合并骨折,根据受伤史、临床表现和X线检查可作出诊断。

【辨证论治】

肘关节新鲜脱位的治疗原则是早期诊断,及时整复。合并骨折者,先整复脱位,再整复骨折。陈旧性肘关节脱位可试行手法整复。

(一) 整复方法

1. 新鲜肘关节后脱位

(1)拔伸屈肘法:清代钱秀昌在《伤科补要》中记载:"其骱若出,一手捏住骱头,一手拿其脉窝,先令直拔下,骱内有声响,将手曲转,搭着肩头,肘骨合缝,其骱上矣。"即患者取坐位,助手立于患者身后,以双手握其上臂,术者站在患者前面,以双手握住腕部,置前臂于旋后位,与助手对抗牵引。3~5分钟后,术者以一手握腕部保持牵引,另一手的拇指抵住肱骨

ER-6-9

拔伸屈肘法
动画演示

远端向下、后推按，余四指置于尺骨鹰嘴处向前端提，并缓慢地将肘关节屈曲，若闻及入臼声，则说明脱位已整复。患者亦可取卧位，患肢上臂靠床边，术者一手按其上臂远端，另一手握住患肢前臂，顺势拔伸，有入臼声后，屈曲肘关节(图6-19)。

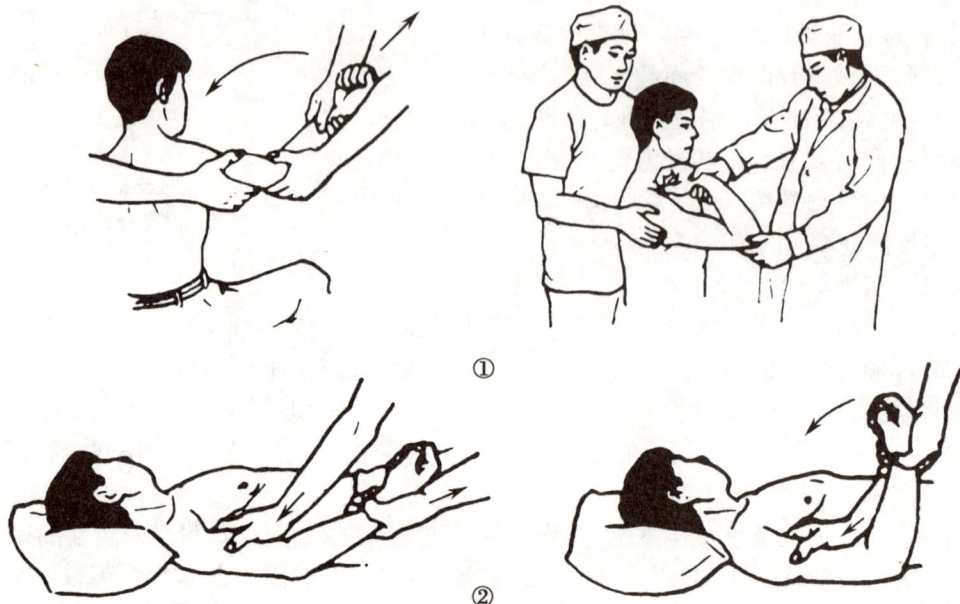

图6-19　拔伸屈肘法
①坐位；②卧位

(2) 膝顶复位法：患者取坐位，术者立于患侧前面，一手握其前臂，一手握住腕部，同时一足踏在凳面上，以膝顶在患侧肘窝内，先顺畸形拔伸，然后逐渐屈肘，有入臼声者，患侧手指可摸到同侧肩部，即为复位成功(图6-20)。

(3) 推肘尖复位法：患者取坐位，一助手双手握其上臂，第二助手双手握腕部，术者立于患者患侧，双拇指置于鹰嘴尖部，余指环握前臂上段，先拉前臂向后侧，使冠状突与肱骨远端分离。然后，助手在对抗牵引下，逐渐屈曲肘关节，同时术者由后上向前下用力推尺骨鹰嘴，即可将尺骨鹰嘴还纳鹰嘴窝而复位。

2. 肘关节侧方脱位　其处理次序是先整复侧方脱位，再整复前后脱位。

3. 肘关节前脱位　单纯性肘关节前脱位，复位时应使肘关节呈高度屈曲位进行。患者取仰卧位，助手握上臂牵引，术者握前臂，另用一布带套在前臂近端掌侧，两头拴结于术者腰部，在肘关节屈曲位，术者弓腰牵引桡尺骨近端

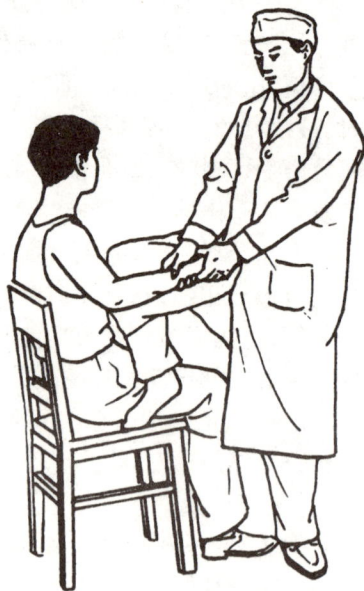

图6-20　膝顶复位法

向下的同时，推前臂向后，即可复位。合并尺骨鹰嘴骨折者，复位手法较简单。患者取仰卧位，一助手固定上臂，另一助手握患者腕部，顺势牵引前臂，术者两手拇指置于桡尺骨近端掌侧，向下向后推送，余指置于肱骨远端背侧，向上向前端提，有入臼声，说明已复位。脱位整复后，再处理尺骨鹰嘴骨折。

拔伸屈肘法
教学演示

推肘尖法教
学演示

肘关节前脱
位手法整复
动画演示

肘关节前脱
位手法整复
教学演示

222

4. 肘关节分裂型脱位　前后型脱位者,在助手对抗牵引下,术者先整复尺骨脱位,再整复桡骨脱位。内外侧脱位者,肘关节伸直位,两名助手对抗牵引,术者用两手掌直接对挤尺、桡骨近端,内外侧移位矫正后,逐渐屈肘关节即可复位成功。

5. 合并骨折的肘关节脱位　其治疗原则是先整复脱位,再整复骨折。整复脱位时,应避免骨折块夹在关节腔内。一般情况下,肘关节脱位整复后,肱骨内、外上髁骨折块,亦可随之复位。若复位后关节伸屈不利,被动活动肘关节时,有机械性阻力及发涩感,应考虑有骨折块移位于关节间隙内。可采用下述手法:若为内上髁骨折块,将前臂旋后,肘外翻,扩大内侧关节间隙,当触到骨折块时,可极度背伸腕及手指,使屈肌群紧张,利用前臂屈肌腱将骨折块拉出关节间隙;或在内收位,伸屈肘关节,可将骨折块从关节间隙中挤出。若不成功,则需将肘关节再脱位,而后重新复位。再复位时注意将关节间隙挤紧,往往骨折块可被挤出。

6. 陈旧性肘关节脱位　肘关节脱位超过 10 天,整复就比较困难。成人脱位时间在 3 个月以内,不合并有骨折或血管、神经损伤及骨化性肌炎的单纯性后脱位,肘关节仍有一定活动范围者,采用手法整复,可获得较满意的效果。

(1)复位前准备:先做尺骨鹰嘴牵引 1 周,同时配合推拿按摩及舒筋活血、通经活络的中药煎汤熏洗局部,使关节周围挛缩粘连的组织逐渐松解。并嘱患者主动活动肘关节,增加复位成功的可能性。

(2)松解粘连:应在臂丛神经阻滞麻醉下进行,患者仰卧位,助手双手固定上臂,术者一手握肘部,一手握腕部,做肘关节前后屈伸、内外旋转及左右摇摆活动,交替进行,反复多次。力量由轻而重,范围由小渐大。各种活动均应轻柔、缓慢、稳妥、有力,切不可操之过急。随着活动范围增大,肘关节周围的纤维粘连和瘢痕组织即可逐渐解脱,挛缩的肱二头肌亦可伸展延长。当肘关节相当松时,在助手的对抗牵引下进行 X 线摄片,观察尺骨冠状突及桡骨头的位置。如桡骨头已达到肱骨小头平面,冠状突已达肱骨滑车平面,说明复位前准备活动已完成,可进行下一步复位。若经过长时间活动,在助手大力牵引下仍不能达到以上要求或活动范围改善不大,不宜强行试行手法复位,以免发生骨折等并发症。

(3)整复方法:患者仰卧位,术者立于患侧,用一条宽布带绕过患侧肱骨远端的前面,布带两头系于术者腰间,术者向后微微弓腰,扯紧布带。两助手分别握患者上臂与前臂,徐徐拔伸牵引,术者双手拇指顶住尺骨鹰嘴向前、向下推挤,余四指抓住肱骨远端向后拉,同时助手慢慢将肘关节屈曲,闻及入臼响声,整复即告成功,亦可采用拔伸屈肘法与推肘尖复位法整复。

(二) 固定方法

脱位整复后,一般用绷带做肘关节"8"字固定。1 周后采用屈肘 90° 前臂中立位,三角巾悬吊或直角夹板固定,将前臂横放胸前,2 周后去除固定。复位后若关节积血较多,可在无菌操作下穿刺,抽出积血后,加压包扎,预防关节粘连与损伤性骨化。若合并肱骨内上髁或外髁骨折,可用夹板固定,于内上髁或外上髁部加垫,增加固定力。若合并鹰嘴骨折,脱位整复后,按鹰嘴骨折处理。总之,在处理肘关节脱位合并骨折时,骨折的处理原则上应服从于脱位,固定时间不宜过长,在不严重影响骨折愈合的情况下,应尽早解除固定,开始肘部活动。

(三) 练功活动

在脱位整复固定后,《世医得效方》记载:"手六出臼四折骨……不可放定,或时又用拽屈拽直。此处筋多,吃药后若不屈直,则恐成疾,日后曲直不得。"肘关节损伤后,血肿极易纤维化或骨化,发生肘关节僵硬或骨化性肌炎,故脱位整复后,应鼓励患者尽早主动锻炼肘关节活动,避免粘连。但必须禁止肘关节的粗暴被动活动,以免增加新的损伤,加大血肿,发生骨化性肌炎。

（四）药物治疗

新鲜脱位，初期宜活血祛瘀、消肿止痛，内服肢伤一方、活血止痛汤等，外敷活血散、消肿止痛膏。中期肿痛减轻，宜舒筋活血、强壮筋骨，可内服壮筋养血汤、补肾壮筋汤等，外敷舒筋活络膏。后期关节僵硬者，外用海桐皮汤、上肢损伤洗方等煎水熏洗患处。

（五）手术疗法

肘关节脱位手术治疗的适应证包括：①超过3周以上的陈旧性脱位；②合并尺骨鹰嘴骨折或内上髁骨折块嵌入关节腔手法整复失败者；③合并神经、血管损伤需要手术治疗者。习惯性肘关节脱位实际为肘关节前后不稳定，多采用骨移植术，移动性肌腱固定术，关节囊、韧带加强修补术来增强关节的稳定性。

【预防与调护】

固定期间，可做肩关节、腕关节及掌指关节等的活动。去除固定后，积极进行肘关节的主动活动，活动时应以屈肘为主。因伸肘功能容易恢复，前臂下垂的重力、提物的重量，都有利于伸肘功能的恢复。练功时，可配合理疗或轻手法按摩，以利于肘关节功能的恢复。

第五节　桡骨头半脱位

桡骨头半脱位，又称小儿桡骨头半脱位、牵拉肘等，俗称"肘错环""肘脱环"。由于幼儿桡骨头发育尚不完全，桡骨头与颈部的直径近乎相等，环状韧带较松弛，当肘部被牵拉时，桡骨头滑出，部分环状韧带被吸夹在肱桡关节的间隙中，发生半脱位。多见于4岁以下儿童。

【病因病机】

4岁以下儿童桡骨头发育不成熟，头部与颈部的直径近乎相等，肘关节囊前部及环状韧带松弛。他人在帮助患儿穿衣或在患儿行走时为避免跌倒，突然用力提拉患儿的前臂。此时如果上肢处于肘关节伸直、前臂旋前位，前臂突然受到牵引外力，肱桡间隙增大，关节内负压将肘前关节囊及环状韧带吸入关节内并嵌在肱桡关节间，造成半脱位。又因肱二头肌的收缩而被拉向前方，难以自行复位。

【临床表现与诊断】

患肢多有被牵拉史。发病后患儿疼痛、啼哭，拒绝活动患臂，亦怕别人触碰，穿脱衣服时啼哭不止。检查见局部多无肿胀，肘关节呈半屈曲位，前臂处于旋前位，桡骨头有压痛，不肯主动屈肘、举臂、前臂旋后，被动旋转前臂或屈伸肘关节时疼痛加重。X线检查不能显示其病理改变。临床上应与无移位的肱骨髁上骨折相鉴别，后者多有跌仆外伤史，局部有不同程度的肿胀，肱骨髁上环形压痛。根据牵拉病史和临床表现可作出诊断。

【辨证论治】

手法复位一般均能成功。无须特殊固定，可将前臂悬吊于屈肘功能位2~3天。也不需内服、外用药物。

（一）整复方法

嘱家人抱住患儿，术者一手握持患侧肘部，拇指放在桡骨头处，一手握住患儿腕部，适当牵引，并使前臂先充分旋前，将松弛的关节囊和环状韧带拉紧，从关节间隙中拉出，然后置于桡骨头处的拇指用力施压桡骨头，再充分旋后前臂，随即屈肘，在这个过程中常有轻微的入臼声或入臼感。复位后患儿疼痛立即消失，能屈伸患肘和做出前臂旋后的动作。但因患儿对疼痛的惧怕心理尚未消除而不敢上举,此时术者可用患儿喜爱之物引诱,使其上举患肢并外旋前臂拿物,如能顺利完成,无痛苦表情,表明已成功复位。若复位未成,也可屈肘90°,反复做前臂旋前旋后动作,亦可复位。

(二)固定方法

可用颈腕吊带、三角巾或绷带悬吊前臂于屈肘功能位2~3天。对于反复发生脱位者,复位后用石膏托固定屈肘功能位2周。

【预防与调护】

嘱家人在日常生活活动中(如穿脱衣服或牵手时)注意避免用力牵拉患臂,防止反复发生而形成习惯性脱位。

第六节 月 骨 脱 位

月骨脱位,古称"手腕骨脱""手腕出臼"。月骨位于近排腕骨正中,四周均为关节软骨面,其近端为凸面,与桡骨远端构成关节,远端为凹面,与头状骨构成关节,内侧与三角骨构成关节,外侧与舟骨构成关节。月骨形如锥状体,掌侧较宽,为四方形,背侧较尖。X线片上正面观为四方形,侧面观为半月形。月骨的掌侧面是腕管的底部,有屈指肌腱和正中神经通过。在掌、背侧两面,月骨与桡骨远端有桡月背侧、掌侧韧带相连,细小的营养血管通过韧带进入月骨,以维持其正常的血液供应。月骨脱位是腕骨脱位中最常见的脱位。

【病因病机】

月骨脱位多因间接暴力所致。跌倒时手掌着地,腕部处于极度背伸位,自上而下的重力与自下而上的地面反作用力使月骨受到桡骨远端与头状骨的挤压,因桡骨远端与头状骨之间的掌侧间隙增宽,可致月骨向掌侧前倾而被挤出,月骨与头状骨、桡骨远端的关系失常,月骨位于头状骨之前,凹面向掌侧翻转脱出,形成月骨前脱位。此时背侧韧带断裂、关节囊破裂、腕管受压。月骨脱位可出现以下三种类型(图6-21)。

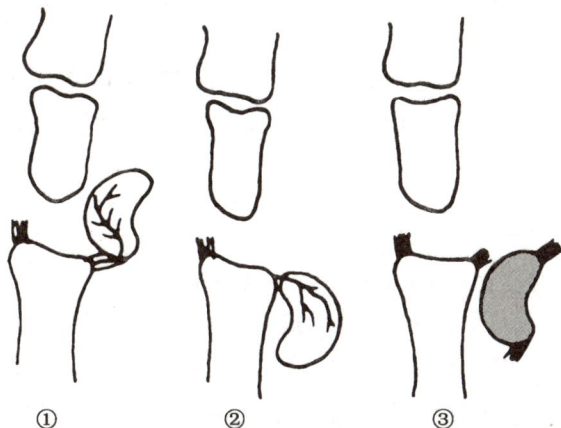

图 6-21 月骨脱位的类型

1. 月骨向掌侧旋转90°,桡月背侧韧带断裂或月骨后角发生撕脱骨折,掌侧韧带未断,月骨血供尚存,月骨一般不发生坏死。

2. 月骨向掌侧旋转大于90°,甚至可达270°,桡月背侧韧带断裂,桡月掌侧韧带扭曲,月骨血运受到一定障碍,部分病例可发生月骨缺血性坏死。

3. 月骨向掌侧旋转 90°，并向掌侧移位。桡月掌侧韧带和桡月背侧韧带均已断裂。月骨血运完全破坏而发生缺血性坏死。

【临床表现与诊断】

伤后腕部疼痛、肿胀，局部隆起，压痛明显，腕关节活动受限。由于脱位的月骨压迫屈指肌腱使之张力加大，腕关节呈屈曲位，不能背伸，中指不能完全伸直，握拳时第 3 掌骨明显塌陷、短缩。掌侧腕横纹处可触到脱出的月骨，纵轴叩击第 3 掌骨头时，有明显的疼痛，如月骨压迫正中神经，可有桡侧 3 个半手指的感觉障碍或麻木刺痛。

腕关节正侧位 X 线片可显示脱位的程度。正位 X 线片上脱位的月骨呈三角形，尖指向远端，三角的底向近端；侧位上桡骨、月骨、头状骨三者关系失常，月骨已完全离开原位，月骨的凹形关节面空虚，脱向掌侧，头状骨的头不在月骨的凹形关节面上，而在月骨的背侧，月骨的近侧凸面离开桡骨远端关节面，而指向背侧（图 6-22）；严重时月骨向掌侧旋转可达 270°，凹面指向背侧，凸面指向掌侧；甚至移位至桡骨远端的掌侧。

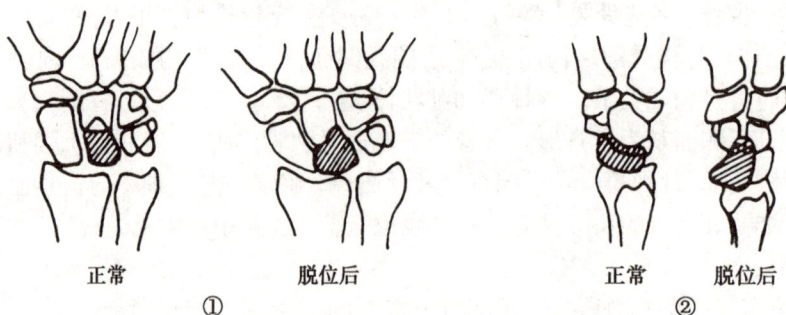

图 6-22　正常月骨与月骨脱位后的 X 线片对照
①正位；②侧位

根据受伤史、临床表现和 X 线检查可作出诊断。临床上应与其他腕部脱位如月骨周围脱位、经舟骨 - 月骨骨折脱位、经舟骨 - 月骨周围骨折脱位等作鉴别诊断。

【辨证论治】

对于新鲜脱位，手法整复一般均能复位。少数复位失败者，可用钢针撬拨复位。开放性脱位则在处理软组织损伤的同时直视下复位。对于陈旧性脱位时间不长者，首先在麻醉下，先进行充分松解舒筋，以分离粘连、缓解挛缩后，再进行手法闭合整复。若不能成功，应行手术治疗。

(一) 整复方法

1. 手法复位　患者坐位或仰卧位。一助手握住前臂，另一助手握住患手，将患者肘关节屈曲 90°，腕部极度背伸，进行对抗拔伸牵引，使掌侧关节间隙张开。术者两手四指握住腕背部，两拇指尖推压月骨凹面向背侧，迫使月骨进入桡骨与头状骨间隙，同时嘱牵手的助手逐渐将腕关节掌屈，此时若有入臼感，且患手中指可以伸直，则表明复位成功（图 6-23）。

2. 针拨复位　若手法整复无法复位，可采用针拨复位。麻醉后，常规消毒，嘱助手在腕背伸下对抗牵引，使掌侧关节间隙张开。通过 X 线透视，用细的骨圆针刺入腕掌

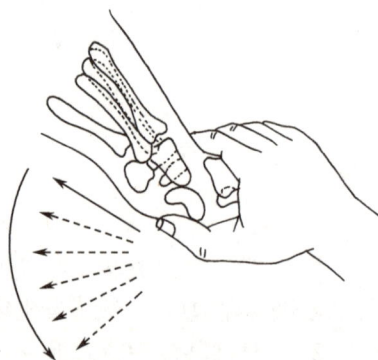

图 6-23　月骨脱位整复方法

侧月骨凹面的远端,向背侧顶拨,使月骨凹形关节面与头状骨相对,此时将腕关节逐渐掌屈,即可复位(图 6-24)。若中指可以伸直,表明复位成功。

(二)固定方法

复位后,用塑形夹板或石膏托将腕关节固定于掌屈 30°~40° 位 3 周(图 6-25),或固定于掌屈位,1 周后改为中立位,再固定 2 周。

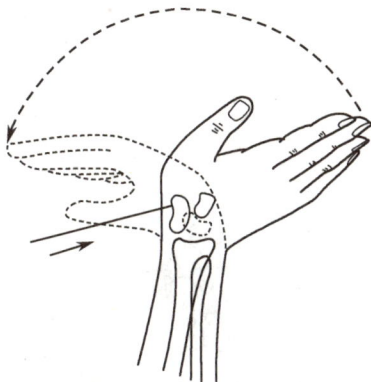

图 6-24 月骨脱位针拨整复方法

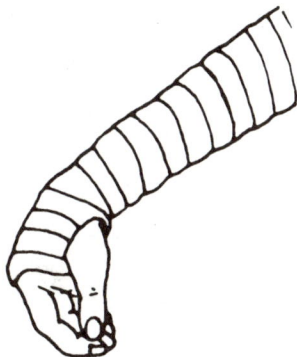

图 6-25 屈腕位固定

(三)练功活动

整复固定后,应进行患手的掌指关节、指间关节以及肩关节、肘关节的功能活动。解除固定后,开始循序渐进行腕关节的主动屈伸功能锻炼。

(四)药物治疗

按脱位三期辨证用药。初期应活血化瘀、消肿止痛,可选用活血止痛汤、肢伤一方等。中期应和营生新、续筋接骨,选用壮筋养血汤、肢伤二方等。后期宜补肝肾、益气血、壮筋骨,选用补肾壮筋汤、肢伤三方等。解除固定后,外擦舒筋水,或外用海桐皮汤、五加皮汤等熏洗,以恢复其功能。

(五)手术疗法

若闭合复位不成功,需手术切开复位。若发现桡月掌背侧韧带均已断裂,考虑后期会产生缺血性坏死,或陈旧性脱位合并创伤性关节炎者,可行月骨切除术。

【预防与调护】

整复固定后,早期不宜行腕背伸动作,解除固定后,应循序渐进地进行腕背伸功能锻炼,不能急于求成,注意防止再脱位。

第七节 腕掌关节脱位

PPT 课件

腕掌关节由远排腕骨与掌骨基底的关节面构成。其中第 1 腕掌关节是由第 1 掌骨基底部与大多角骨两个相对的鞍状关节面所组成。该关节韧带及关节囊相对松弛,故关节活动范围较大,除做屈伸、内收、外展动作外,还有旋转动作。第 2~5 腕掌关节分别是第 2 掌骨与大多角骨、小多角骨和头状骨,第 3 掌骨与头状骨,第 4、5 掌骨与钩骨构成关节。第 2~5 腕掌关节囊的掌侧和背侧均有韧带加强,较为稳定。其关节腔狭窄,活动范围极小。腕掌关节脱位较少见,偶见第 1 腕掌关节脱位。其他腕掌关节脱位极少见。

【病因病机】

第 1 腕掌关节脱位多为间接暴力导致。因拇指活动范围较大,外伤时由于第 1 掌骨轻度屈曲,外力沿掌骨纵向传导,使掌骨基底向桡背侧脱位,但单纯的脱位少见,由于前斜韧带及第 1 掌骨间韧带的强力牵拉,常导致第 1 掌骨基底的掌尺侧结节撕脱骨折。

第 2~5 腕掌关节脱位多为较强的直接暴力所致。常常是掌骨成排同时脱位,以向背侧脱位者多见(图 6-26)。此外,第 5 掌骨偶能单独发生脱位。

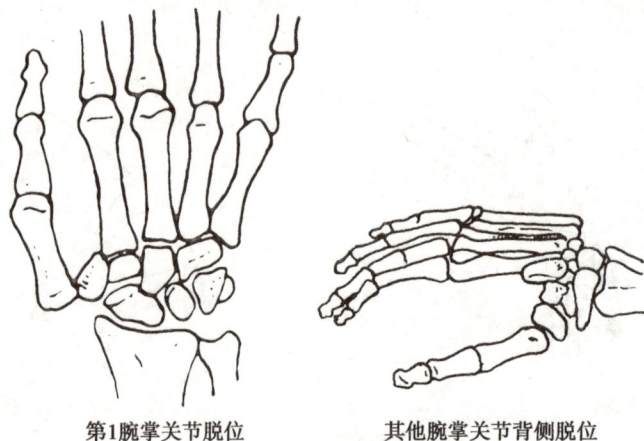

第1腕掌关节脱位　　　　　　其他腕掌关节背侧脱位

图 6-26　腕掌关节脱位

【临床表现与诊断】

伤后局部肿胀,疼痛,活动受限。第 1 腕掌关节或其他腕掌关节处瘀斑、肿胀,局部压痛明显,并可触及脱位的关节面向桡背侧或背侧隆突,关节呈弹性固定,拇指活动受限或其他手指活动受限。

腕关节正侧位 X 线片可显示脱位的部位和方向,以及是否并发骨折。

根据受伤史、临床表现和 X 线检查可作出诊断。

【辨证论治】

新鲜第 1 腕掌关节脱位,手法复位较易,但维持位置很难,必要时需经皮克氏针固定。对于陈旧性腕掌关节脱位时间不久者,也可在麻醉下进行充分松解舒筋,试行手法闭合复位;若不能复位,即行手术治疗。陈旧性脱位若无明显症状及功能障碍,可不作特殊处理。

(一) 整复方法

1. 第 1 腕掌关节脱位　患者取坐位。术者一手握住腕部,拇指置于第 1 腕掌关节隆突处,另一手握住患者的拇指,先顺势对抗牵引,再向桡侧牵引,将第 1 掌骨头向桡侧与背侧扳拉,同时以置于第 1 腕掌关节隆突处的拇指用力向掌侧和尺侧推挤,感觉有入臼声,复位即告成功。

2. 第 2~5 腕掌关节脱位　与第 1 腕掌关节脱位的手法整复相类似,在牵引对抗下,同时向掌侧挤压向背侧脱位的第 2~5 掌骨基底,即可复位。

(二) 固定方法

第 1 腕掌关节脱位复位后,用弧形小夹板、铝板或背侧石膏托将拇指固定在外展背伸位 3~4 周。第 2~5 腕掌关节脱位复位后,用背侧石膏托或掌骨夹板背伸位固定 3~4 周。对复位后难以维持固定者,考虑经皮克氏针固定。必要时需加用石膏管型固定 6 周。

(三) 练功活动

早期锻炼未被固定的关节,解除外固定后,需逐渐加强腕关节、腕掌关节、掌指关节、指

228

间关节的功能活动。

(四) 药物治疗

按脱位三期辨证用药。早期应活血化瘀、消肿止痛,可选用活血止痛汤、肢伤一方等,外贴活血止痛膏或外敷消肿散。中期应和营生新、续筋接骨,选用壮筋养血汤、肢伤二方等。后期宜补肝肾、益气血、壮筋骨,选用补肾壮筋汤、肢伤三方等。解除固定后,外擦舒筋水,并可配合中药熏洗,如海桐皮汤、五加皮汤等以舒筋通络。

(五) 手术疗法

复位外固定后,位置难以维持而出现再脱位者,可考虑行克氏针固定。陈旧性脱位难以复位且症状明显的需行切开复位,然后做肌腱移位重建韧带,以稳定关节,如时间过久,伴有创伤性或退行性关节炎者,可做关节融合术。

【预防与调护】

第 1 腕掌关节脱位,由于容易再脱位,因此需要患者的配合,固定期间应保持掌指关节的背伸外展,并定期复查,早期发现问题,及时处理。

第八节　掌指关节脱位

掌指关节是由各掌骨头与其相应的近节指骨基底构成。掌指关节脱位是指它们之间的关系失常,近节指骨基底部脱离掌指关节而移位。掌指关节为球窝关节,能做屈、伸、内收、外展及联合性的圆周运动。掌指关节周围的关节囊,背侧较薄弱,桡、尺侧有侧副韧带加强,侧副韧带在关节伸直时松弛,屈曲时紧张。副侧副韧带是侧副韧带向掌面呈扇形止于掌板的纤维。掌板是纤维软骨板,它的远端和近节指骨的基底相连,较坚固,近端与掌骨颈相连,较薄,掌板形成腱鞘基底的一部分。在第 2~5 掌骨头之间,有掌骨深横韧带相连。掌腱膜的深层横形纤维于各掌骨头处形成掌浅横韧带。由此,加强了关节的稳定性。掌指关节脱位以拇指掌指关节脱位较常见,其次为示指掌指关节脱位,第 3~5 掌指关节脱位少见。

【病因病机】

掌指关节脱位多由间接暴力所致,如打球时手指触球不当、斗殴、劳动时戳伤等。受伤时掌指关节极度背伸,外力继续作用于近节指骨,使其近节指骨基底部向背侧移位,掌骨头穿破掌侧关节囊等而向掌侧脱出,故掌指关节脱位,多为背侧脱位。以拇指掌指关节脱位多见(图 6-27)。此时,掌侧关节囊纤维软骨板随指骨移向掌骨头的背侧,而隔开了掌骨头与近节指骨基底,掌骨头掌侧也常被掌浅横韧带卡住,屈指肌腱被推向掌骨头尺侧,蚓状肌脱向桡侧。对于拇指掌指关节脱位,可能出现的嵌卡有几种情况:①掌侧关节囊纵行撕裂,卡住掌骨颈。②掌板、拇指掌指关节处的籽骨嵌在关节面之间。③拇长屈肌腱夹在指骨基底与掌骨头之间。一般尺、桡侧的侧副韧带不断裂,但如果外力偏向一侧,或受伤严重则造成一侧或双侧的侧副韧带断裂,形成侧方脱位,或伴有撕脱骨折。因此,按脱位的方向分背侧脱位和侧方脱位,按脱位的性质分一般性脱位和嵌卡性脱位。

【临床表现与诊断】

伤后掌指关节部肿胀,疼痛,功能丧失,局部有压痛。掌指关节过度背伸、指间关节屈曲畸形,在掌横纹处可触及高突的掌骨头,掌指关节呈弹性固定。侧副韧带断裂,则有异常侧方活动。

手部正侧位或斜位 X 线片可显示脱位的部位和方向,以及是否并发骨折。

根据受伤史、临床表现和 X 线检查可作出诊断。

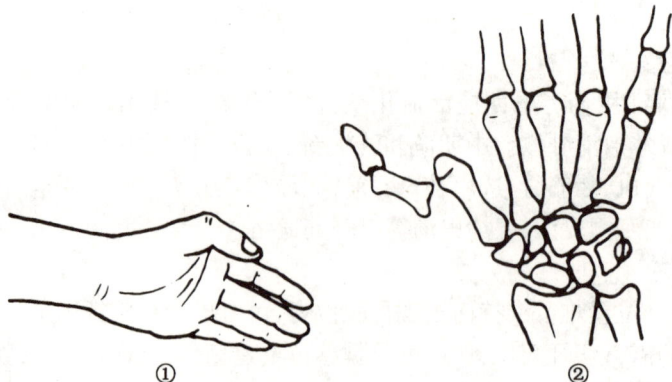

图 6-27 拇指掌指关节脱位

【辨证论治】

一般行手法复位外固定治疗。对于嵌卡性脱位者、陈旧性脱位时间较短者,可在麻醉下先试行手法复位。手法复位失败的行手术治疗。对于症状不明显的陈旧性脱位,有时可暂不作特殊处理。

(一) 整复方法

患者取坐位,术者一手的拇指、示指捏持患指的近节指骨,在过伸位顺势牵引,同时另一手握住腕背部,并用拇指将指骨基底向掌侧推按,两手配合,逐渐将患指的掌指关节屈曲,使其复位(图 6-28)。对于嵌卡性脱位者,有时越是牵引,被嵌卡的软组织越是紧张而难以复位;此时应充分麻醉,屈曲腕及指间关节,以使屈肌腱放松,将向背侧脱位的近节指骨基底向远端及掌侧推按,同时屈曲掌指关节,有时复位可以成功。

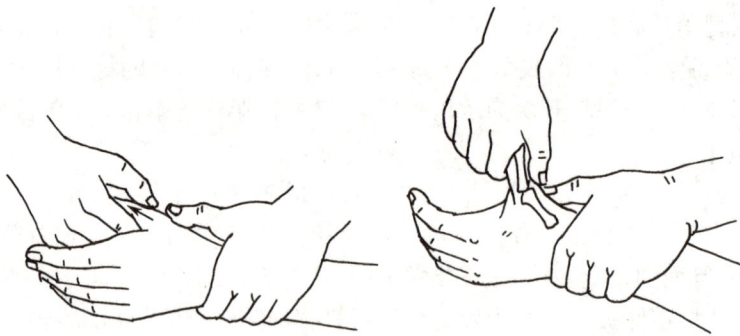

图 6-28 拇指掌指关节脱位整复方法

(二) 固定方法

整复后,用石膏条或绷带卷置于手掌心,将掌指关节固定于屈曲、拇指对掌功能位 3 周。

(三) 练功活动

早期锻炼患指以外的关节功能。解除外固定后,需逐渐加强患指的掌指关节、指间关节的屈伸等功能活动。

(四) 药物治疗

早期应活血化瘀、消肿止痛,可内服活血止痛汤、肢伤一方等。解除外固定后,外擦舒筋水,并可配合中药熏洗,如海桐皮汤等。

(五) 手术疗法

对于手法复位失败的嵌卡性脱位者,合并骨折且骨折块明显分离移位、旋转或嵌入关节间隙导致手法复位失败者,陈旧性脱位者,需切开复位。一般多采用掌指关节的掌侧切口,自远侧掌横纹横形切开,注意勿损伤移位的血管神经束,切断掌浅横韧带,显露向掌侧脱位的掌骨头,暴露关节,自掌板与掌骨深横韧带相连间的撕裂的小裂口处纵向切开,解除掌板等嵌卡,关节予以复位。术后用背侧石膏托固定掌指关节功能位3周。对于复位后不能维持者,需要加用细克氏针内固定。若合并侧副韧带断裂者,则需手术修补侧副韧带。陈旧性掌指关节脱位,手术切开复位效果常不满意,往往遗留关节僵硬、肿痛,最终需行关节融合术或人工关节置换术。

【预防与调护】

整复固定后,应注意防止患指关节的过伸。早期积极锻炼患指以外的手指关节功能;解除外固定后,患指的掌指关节、指间关节的功能锻炼应主动与被动相结合,循序渐进,不要用力揉捏、摇晃,防止关节反复损伤,出现肿胀、出血、粘连和创伤性关节炎等。

第九节　指间关节脱位

指间关节是由手指各节指骨的滑车与中、远节指骨基底部构成,属于屈戌关节,仅能做屈伸运动,关节囊的两侧有侧副韧带加强。指间关节脱位较为多见,近侧指间关节和远侧指间关节均可发生。

【病因病机】

由于直接暴力或间接暴力的作用,使关节极度过伸、扭转或侧方挤压而造成关节囊破裂甚至侧副韧带撕裂而引起指间关节的脱位。脱位的方向大多为远节指骨向背侧移位,或侧向移位,掌侧脱位极为罕见。严重者伴有指骨基底部撕脱骨折。

【临床表现与诊断】

伤后手指肿胀、疼痛、功能障碍。局部压痛,手指呈背伸或侧歪畸形,有弹性固定。若指间关节脱位伴侧副韧带断裂,则有异常侧方活动。

手部正侧位或斜位X线片可显示脱位的部位和方向,以及是否并发骨折。

根据受伤史、临床表现和X线检查可作出诊断。但是,有些手指关节受伤时就有短暂性脱位,伤后即刻自行复位或患者常自行牵拉复位,就诊时没有畸形。此时,应与单纯的侧副韧带断裂作鉴别。前者被动过伸或侧方活动时可再次脱位,出现畸形;后者仅为关节侧副韧带的单侧压痛,有异常侧向活动,分离试验阳性。

【辨证论治】

指间关节脱位,手法整复容易复位。陈旧性脱位手法复位多不成功,对于陈旧性脱位,若无明显症状,可不进行特殊处理。

(一) 整复方法

术者一手握住脱位的近侧指骨,另一手捏住脱位的远端即远侧指骨,顺势适当牵引,再轻度用力屈曲或扳正侧偏的手指关节,脱位即可复位。

(二) 固定方法

整复后,以胶布粘贴或石膏条等将手指指间关节固定于屈曲90°位3周。

(三) 练功活动

早期应锻炼患指以外未固定的手指关节的屈伸活动,解除外固定后,需逐渐加强患指各关节的屈伸等功能锻炼。

（四）药物治疗

参照第六章第八节掌指关节脱位。

（五）手术疗法

指间关节脱位若合并侧副韧带断裂者，则需手术修补侧副韧带。对于陈旧性脱位，切开复位常造成关节僵硬及肿痛，效果多不理想。若症状不明显，可不进行特殊处理。若有明显症状，可行关节融合术或人工关节置换术。

【预防与调护】

指间关节脱位往往伴有关节囊及侧副韧带的损伤，修复缓慢，恢复期长，常遗留关节粗大、僵硬、屈伸受限等症状。因此，要及时处理，切忌早期手法理筋或中后期的粗暴推拿按摩，以免发生关节不稳、创伤性关节炎等。

06第10节PPT

PPT 课件

第十节　髋关节脱位

髋关节脱位指股骨头脱离髋臼内的正常位置。《灵枢·经脉》称髋关节为"髀枢"。《医宗金鉴·正骨心法要旨·环跳》称髋关节脱位为"枢机错努"。髋关节属于杵臼关节，由髋臼和股骨头构成。在髋臼的边缘有关节盂缘附着，加深了关节窝的深度。关节囊厚而坚韧，上端附于髋臼的周缘和髋臼横韧带，下端前面附于转子间线，后面附于转子间嵴的内侧，因此，股骨颈的后面有一部分处于关节囊外，而颈的前面则完全包在囊内。髋关节周围有韧带加强，主要是前面的髂股韧带，长而坚韧，上方附于髂前下棘的下方，呈"人"字形，向下附于股骨的转子间线。髂股韧带可限制大腿过度后伸，对维持直立姿势具有重要意义。此外，关节囊下部有耻骨囊韧带增强，可限制大腿过度外展及旋外。关节囊后部有坐骨囊韧带增强，有限制大腿旋内的作用。关节囊的纤维层呈环形增厚，环绕股骨颈的中部，称为轮匝带，能约束股骨头向外脱出，此韧带的纤维多与耻骨囊韧带及坐骨囊韧带相编织，而不直接附在骨面上；股骨头圆韧带起于髋臼切迹及横韧带，止于股骨头凹，在关节半屈、内收位时呈紧张状态。股骨头深嵌在髋臼中，髋臼又有关节盂缘加深，包绕股骨头近 2/3，所以股骨头与关节窝二者的面积差甚小，故其运动范围受前述韧带结构影响，加之关节囊肥厚，因此该关节的运动范围较小，但稳定性大。髋关节脱位是一种严重损伤，在脱位的同时软组织损伤亦较严重，且常合并其他部位损伤。髋关节脱位占全身大关节脱位的第 3 位，多见于青壮年。必须有强大的外力才能引起脱位。

成年人的股骨头血供较少，主要由闭孔动脉后支发出的内骺动脉，经髋臼进入此韧带供血给股骨头的内下部分；成年人的股骨头圆韧带动脉基本闭锁，少数人群保留该血管的血供。因此，一旦髋关节脱位，血供损伤后，即便脱位得以复位，但依然存在股骨头坏死风险。

【病因病机】

髋关节脱位，根据脱位后股骨头所处在髂前上棘与坐骨结节连线的前后位置，分为前脱位、后脱位及中心性脱位，临床上以后脱位多见。前脱位又可分为耻骨部脱位和闭孔部脱位；后脱位又可分为髂骨部脱位和坐骨部脱位（图 6-29、图 6-30）。根据脱位后至整复时间的长短，可分为新鲜脱位及陈旧性脱位。

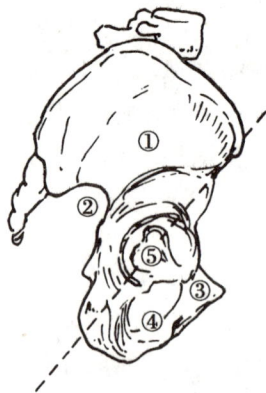

图 6-29　髋关节各类脱位时股骨头的位置

①髂骨部脱位；②坐骨部脱位；③耻骨部脱位；④闭孔部脱位；⑤中心性脱位

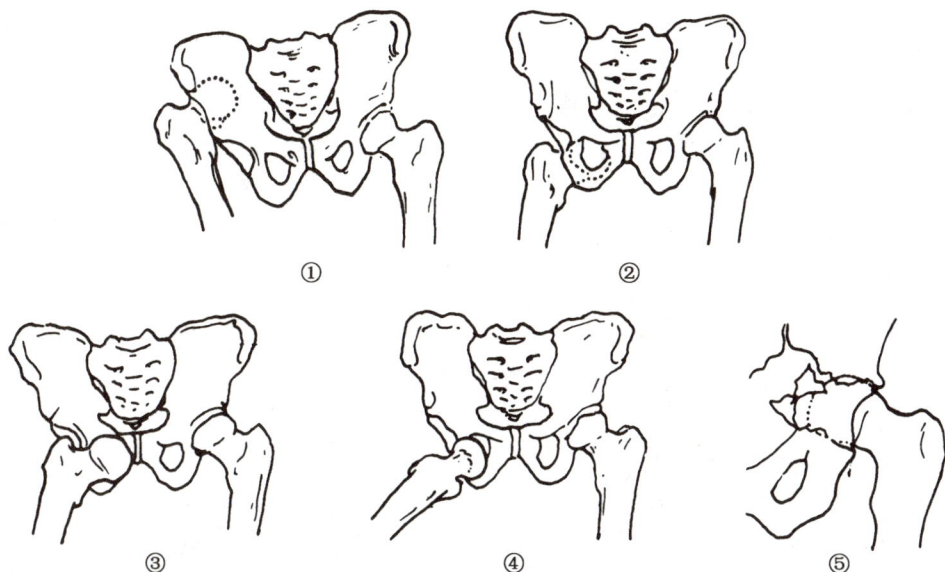

图 6-30 髋关节脱位的类型
①髂骨部脱位；②坐骨部脱位；③耻骨部脱位；④闭孔部脱位；⑤中心性脱位

髋关节结构稳定，故引起脱位的暴力较大。直接暴力和间接暴力均可引起脱位，以间接暴力多见。《医宗金鉴·正骨心法要旨·环跳》曰："或因跌打损伤，或蹼垫挂蹬，以致枢机错努，青紫肿痛，不能步履，或行止欹侧艰难。"指出了损伤机制及症状、体征。髋关节脱位多因车祸、塌方、堕坠等引起。

(一) 髋关节后脱位

多因间接暴力所致。当屈髋 90° 时，过度内旋内收髋关节，使股骨颈前缘紧贴髋臼前缘形成支点，股骨头位于较薄弱的关节囊后下方，当受到前面来自腿部、膝前及后方作用于腰背部向前的暴力作用时，可使股骨头冲破关节囊而脱出于髋臼，造成后脱位。或当屈髋 90° 时，来自膝前方的暴力由前向后冲击，暴力可通过股骨干传递到股骨头，在造成髋臼或股骨头骨折后发生脱位。脱位后，若股骨头位于坐骨切迹前的髂骨翼上，为髂骨部脱位，较多见；小部分股骨头位于坐骨部位，为坐骨部脱位。此时，关节囊后下部撕裂，髂股韧带多保持完整，可合并髋臼后缘或股骨头骨折（图 6-31 ①②），有时并发坐骨神经损伤。

(二) 髋关节前脱位

多以杠杆力作用为主。当髋关节因外力极度外展、外旋时，大转子顶部与髋臼上缘接触，股骨头因受杠杆作用而被顶出髋臼，突破关节囊的前下方，形成前脱位。脱位后，若股骨头位于耻骨支水平，为耻骨部脱位，可引起股动、静脉受压而出现下肢血液循环障碍；若股骨头位于闭孔部位，为闭孔部脱位，可压迫闭孔神经而出现麻痹。此型临床较少见。

(三) 髋关节中心性脱位

多由传达暴力所致。当暴力从外侧作用于股骨大转子外侧时，可传递到股骨头而冲击髋臼底部，引起臼底骨折。当暴力继续作用，股骨头可连同髋臼的骨折块一同向盆腔内移位，成为中心性脱位。或当髋关节在轻度外展位，沿股骨纵轴加以冲击外力，也可引起中心性脱位。中心性脱位时，髋臼骨折可成块状或粉碎，一般关节软骨损伤较严重，而关节囊及韧带则相对较轻。严重的脱位，可造成盆腔内脏器损伤，同时股骨头整个从髋臼骨折的断端间穿入，头、颈部被骨折块夹住，造成复位困难（图 6-31 ③）。此种类型极少见。

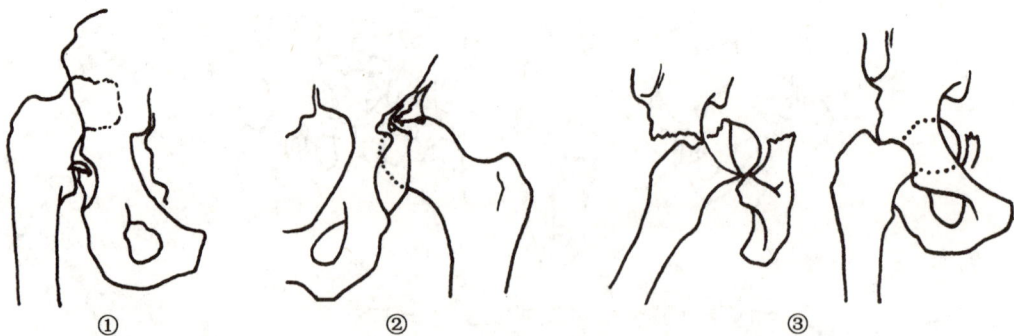

图 6-31　髋关节脱位合并骨折
①合并股骨头部分骨折；②合并髋臼缘骨折；③合并臼底骨折

(四) 髋关节陈旧性脱位

脱位超过 3 周以上为陈旧性脱位。此时髋关节周围肌腱、肌肉挛缩，髋臼内有纤维瘢痕组织充填，撕破的关节囊裂口已愈合，血肿机化或纤维化后包绕股骨头，以及长时间的患肢活动受限引起骨质疏松和脱钙，难以像新鲜脱位一样采用手法整复。

此外，遭遇特别强大的暴力，可在脱位的同时造成股骨干骨折。多是先发生脱位，然后暴力或杠杆力继续作用于股骨干，再造成骨折。常并发于后脱位，临床极少见。

【临床表现与诊断】

伤后患髋疼痛、肿胀、功能障碍，有明显畸形和弹性固定，不同类型的脱位又有以下不同表现。

(一) 髋关节后脱位

患肢屈髋、屈膝、内收、内旋、缩短畸形并弹性固定，患侧臀部隆起，大转子向后上方移位，可在髂前上棘、坐骨结节连线后方扪及股骨头。伤膝屈曲并靠在健侧大腿中下 1/3 处，即 "粘膝征" 阳性。若髂股韧带同时断裂 (少见)，则患肢短缩、外旋。X 线片可见股骨头呈内旋内收位，位于髋臼的外上方，股骨颈内侧缘与闭孔上缘所连的弧线中断 (图 6-32)。

(二) 髋关节前脱位

患髋外旋、外展和稍屈曲畸形，患肢较健肢稍长。在闭孔或腹股沟韧带附近可扪及股骨头。若股骨头停留在耻骨上支水平，则压迫股动、静脉而出现下肢血液循环障碍，可见患肢大腿以下苍白、青紫、发凉，足背动脉及胫后动脉搏动减弱或消失。若停留在闭孔处，则可以压迫闭孔神经而出现麻痹症状。X 线片可见股骨头在闭孔或耻骨上支附近，股骨头呈极度外展、外旋位，小转子变大 (图 6-33)。

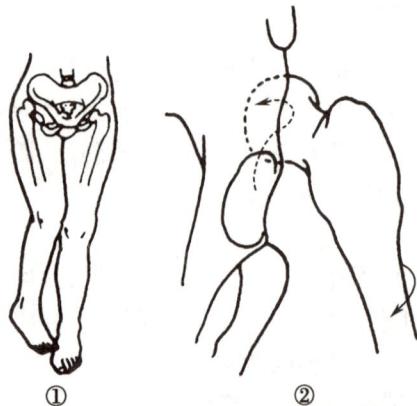

图 6-32　髋关节后脱位肢体畸形及股骨头的位置
①肢体畸形；②股骨头所处位置

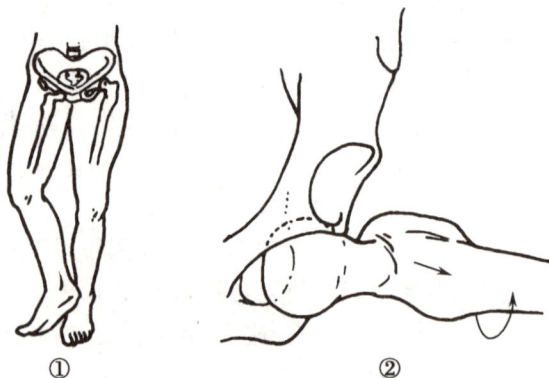

图 6-33　髋关节前脱位肢体畸形及股骨头的位置
①肢体畸形；②股骨头所处位置

（三）髋关节中心性脱位

从体征上诊断有一定困难，髋部肿胀多不明显，但疼痛显著，下肢功能障碍。脱位严重者，患肢可能缩短，大转子不易扪及，阔筋膜张肌及髂胫束松弛。X 线片可见髋臼底骨折，股骨头随髋臼骨折或骨盆骨折块突入盆腔内。

（四）髋关节陈旧性脱位

症状、体征同上，但时间已超过 3 周。弹性固定更为明显。X 线片可见局部血肿机化，或时间长而出现股骨头、颈部明显脱钙，骨质疏松，或有关节面呈不规则改变。陈旧性脱位以后脱位多见（图 6-34）。

脱位可合并髋臼缘骨折或股骨干骨折。臼缘骨折一般在 X 线片上可显示而临床上不易扪及，可因骨折块大而压迫或直接刺伤坐骨神经。强大暴力造成的股骨干骨折，可见除髋关节脱位症状外，并有患侧大腿肿胀、疼痛、异常活动和骨擦音，并有成角、缩短畸形。患处压痛及纵轴叩击痛明显。X 线片可见后脱位合并股骨干上 1/3 骨折时，近折端可呈内收，或折端向内成角，前脱位合并骨折时，近端呈极度屈曲、外展畸形（图 6-35）。

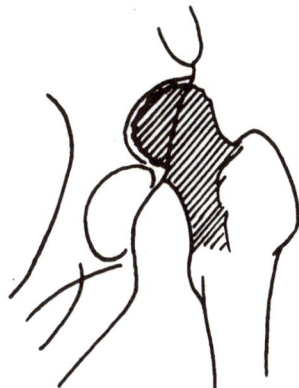

图 6-34　髋关节陈旧性脱位：股骨头及颈部明显脱钙，股骨头关节面呈不规则改变

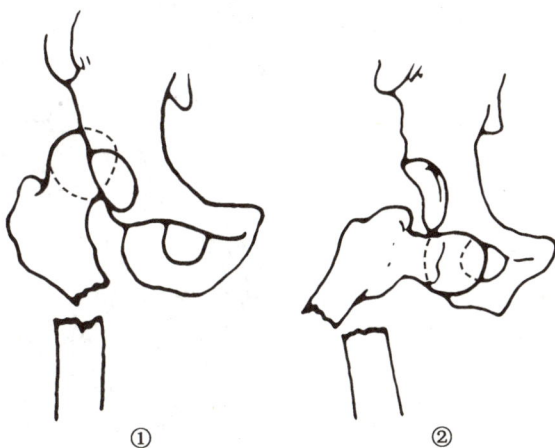

图 6-35　髋关节脱位合并股骨干骨折
①髋关节后脱位合并股骨干骨折；②髋关节前脱位合并股骨干骨折

髋关节正位或正侧位 X 线片可明确脱位的类型、移位的程度以及是否合并骨折等。

根据受伤史、临床表现和 X 线检查可作出诊断。

【辨证论治】

新鲜脱位，以手法闭合整复为主；陈旧性脱位，在保障神经功能良好的前提下，力争手法复位；脱位合并臼缘骨折，骨折多随脱位的整复而复位；合并股骨干骨折，先整复脱位，再整复骨折。复位一般采用腰麻或硬膜外麻醉，陈旧性脱位粘连严重者可采用全麻。合并严重髋臼骨折及手法复位失败者应手术治疗。

（一）整复方法

1. 髋关节后脱位

（1）屈髋拔伸法：患者仰卧于木板床或铺于地面的木板上。助手一人以两手按压髂前上棘以固定骨盆。术者面向患者，弯腰骑跨于患肢上，用双前臂、肘窝托在患肢腘窝部，使其屈髋、屈膝各90°。顺势拔伸,若内旋、内收较紧,可先在内旋、内收位顺势拔伸,然后垂直向上拔伸牵引,使股骨头接近关节囊裂口,促使股骨头滑入髋臼。当感到入臼声后,再将患肢伸直,即可复位(图6-36)。

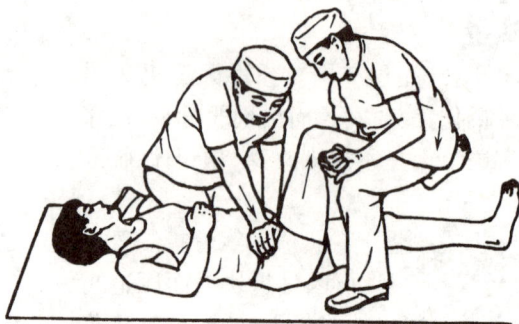

图6-36 髋关节后脱位屈髋拔伸整复方法

(2)回旋法:清代钱秀昌在《伤科补要·臀骱骨》中介绍:"臀骱……若出之,则难上,因其膀大肉厚,手捏不住故也。必得力大者三四人,使患者侧卧,一人抱住其身,一人捏膝上拔下,一手撩其骱头迭进,一手将大膀曲转,使膝近其腹,再令舒直,其骱有声响者,已上。"此法患者仰卧,助手以双手按压双侧髂前上棘固定骨盆,术者立于患侧,一手握住患肢踝部,另一手以肘窝提托其腘窝部,在向上提拉的基础上,将大腿内收、内旋,髋关节极度屈曲,使膝部贴近腹壁,然后将患肢外展、外旋、伸直。在此过程中有入臼声,表明整复成功。因为此法的屈曲、外展、外旋、伸直是一连续动作,形状恰似一个问号"?"(左侧)或反问号(右侧),故亦称为画问号复位法(图6-37)。

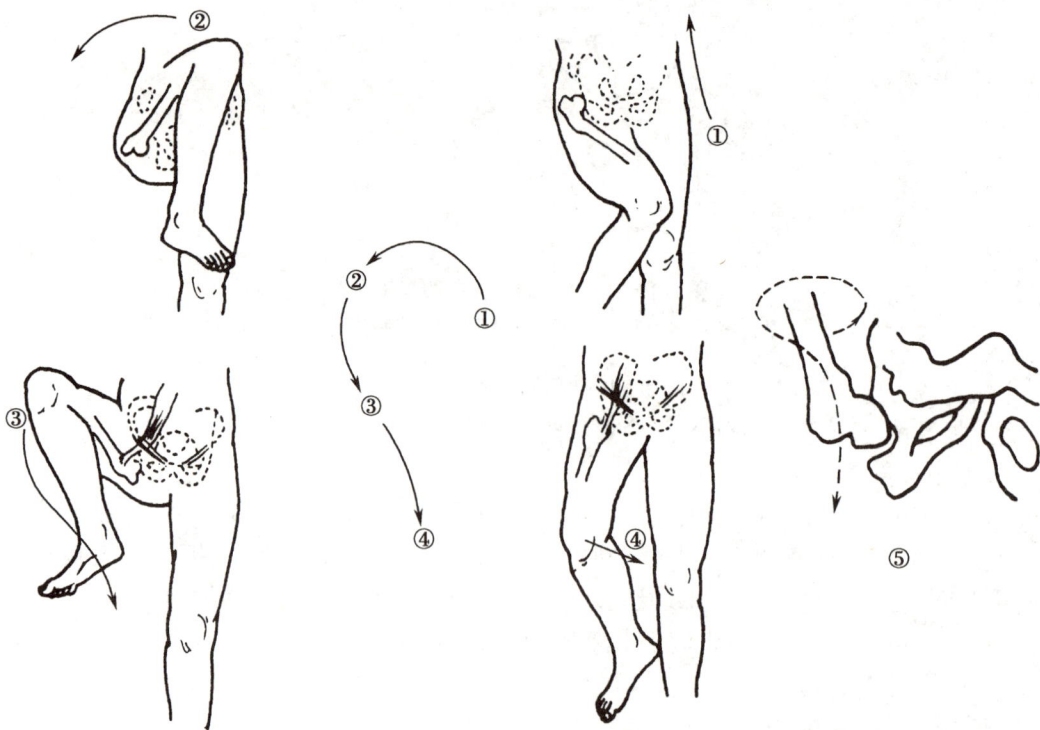

图6-37 髋关节后脱位回旋整复方法
①内收内旋;②屈髋;③外旋外展;④伸髋;⑤整复时股骨干的线路

回旋法是利用杠杆力,采用与脱位过程相反的顺序进行复位。屈髋牵引、内收内旋髋关节,使股骨头与髋臼上缘分离;然后继续屈髋屈膝,使股骨头向前下方滑移,再外展、外旋髋关节。利用髂股韧带为支点,依靠杠杆作用,使股骨头移至髋臼下缘。最后伸直大腿,使股骨头向上滑入髋臼。由于回旋法的杠杆作用力较大,施行手法时动作要柔和,不要使用暴力,以免引起骨折或加重软组织损伤。

(3)拔伸足蹬法:唐代蔺道人在《仙授理伤续断秘方》中云:"凡胯骨从臀上出者,可用三两人,挺定腿拔伸,乃用脚捺入。"此法患者仰卧,术者两手握患肢踝部,用一足外缘蹬于坐骨结节及腹股沟内侧(左髋脱位用左足,右髋脱位用右足),手拉足蹬,身体后仰,协同用力,当感到入臼声,即整复成功(图6-38),此法操作中必须注意足部的蹬踩用力持续稳定,不可用力于患者会阴部位。

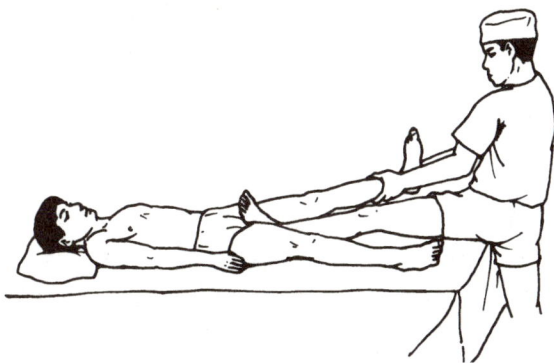

图6-38 髋关节后脱位拔伸足蹬整复方法

ER-6-18

髋关节后脱位拔伸足蹬整复法操作演示

(4)俯卧下垂法:此法适用于肌肉软弱或松弛的患者。患者俯卧于床缘,双下肢完全置于床外。健肢由助手扶持,保持在伸直位,患肢下垂,助手用双手固定骨盆,术者一手握其踝关节上方,使屈膝90°,利用患肢的重量向下牵引,术者在牵引过程中,可轻旋患侧大腿,用另一手加压于腘窝,增加牵引力,使其复位。或取同样体位,只是固定骨盆的助手改为夹持患踝及按压小腿,术者用力按压股骨头向下向内而复位。术者亦可用膝部跪压于患者腘窝,用力向下使之复位,但此法力量较大,使用时要注意(图6-39)。

2. 髋关节前脱位

(1)屈髋拔伸法:患者仰卧于木板床或铺于地面的木板上,一助手将骨盆固定,另一助手将患肢微屈髋屈膝,并在髋外展、外旋位渐渐向上拔伸至90°。术者双手环抱大腿根部,将大腿根部向后外方按压,可使股骨头回纳于髋臼内。或按上述体位,由术者两手分别持膝、踝部,尽量屈髋、屈膝,同时推扳膝关节向内,使患肢内收、内旋、伸直。此时可使脱出的股骨头绕过髋臼下缘,滑向后下方而转变为后脱位,然后按后脱位屈髋拔伸法整复,将股骨头纳入髋臼中(图6-40)。

(2)侧牵复位法:患者仰卧于木板床上。一助手以两手按压两髂前上棘以固定骨盆,另一助手用一宽布带绕过大腿根部内侧,向外上方牵拉,术者两手分别扶持患膝与踝部,连续伸屈患髋,在伸屈过程中,可慢慢内收内旋患肢,即感到腿部突然弹动,同时可听到响声,此为复位成功(图6-41)。

(3)反回旋法:其操作步骤与后脱位相反,先将髋关节外展、外旋,然后屈髋、屈膝,再内收、内旋,最后伸直下肢。应用此法时,原理与后脱位一样,即向脱出时畸形的相反方向使股骨头纳回髋臼内。只是左髋关节脱位用反问号;右髋关节脱位用正问号(图6-42)。

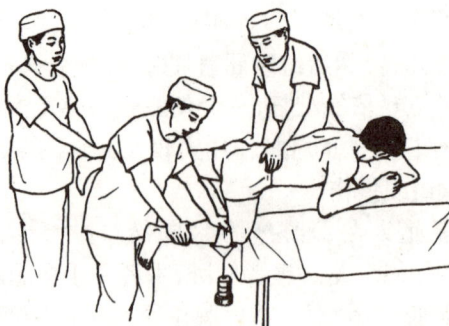

①

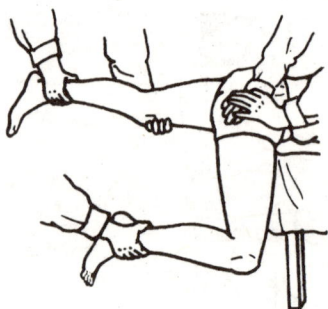

②

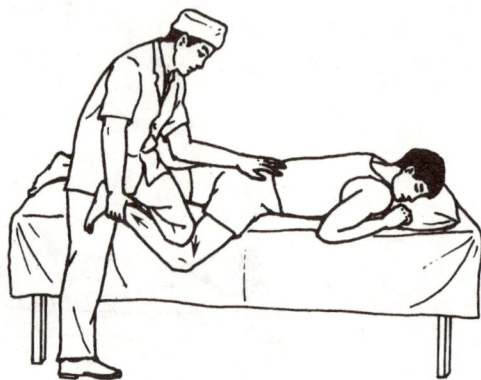

③

图 6-39　髋关节后脱位俯卧下垂整复方法
①加压于腘窝；②按压股骨头；③跪压于腘窝

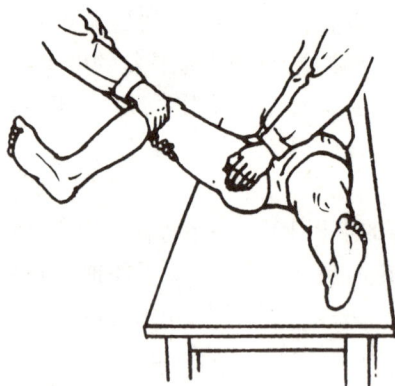

①

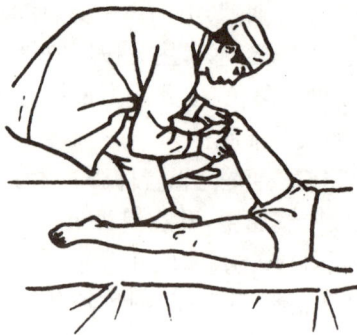

②

图 6-40　髋关节前脱位屈髋拔伸整复方法
①屈髋拔伸；②先变成后脱位，再屈髋拔伸整复

3. 髋关节中心性脱位

（1）拔伸扳拉法：适用于轻微移位者。患者仰卧，一助手握患肢踝部，使足中立，髋外展约 30°，在此位置下拔伸旋转；另一助手把住患者腋窝行反向牵引。术者立于患侧，先用宽布带绕过患侧大腿根部，一手推骨盆向健侧，另一手抓住绕大腿根部之布带向外拔拉，可将内移之股骨头拉出。触摸大转子，与健侧相比，两侧对称，即为复位成功（图 6-43）。

238

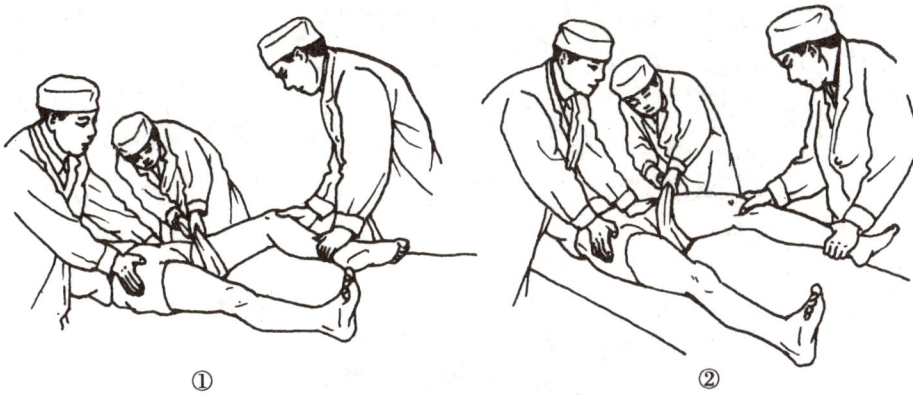

图 6-41 髋关节前脱位侧牵复位整复方法
①向外拔伸；②伸屈患髋

ER-6-21

髋关节前脱
位侧牵复位
法操作演示

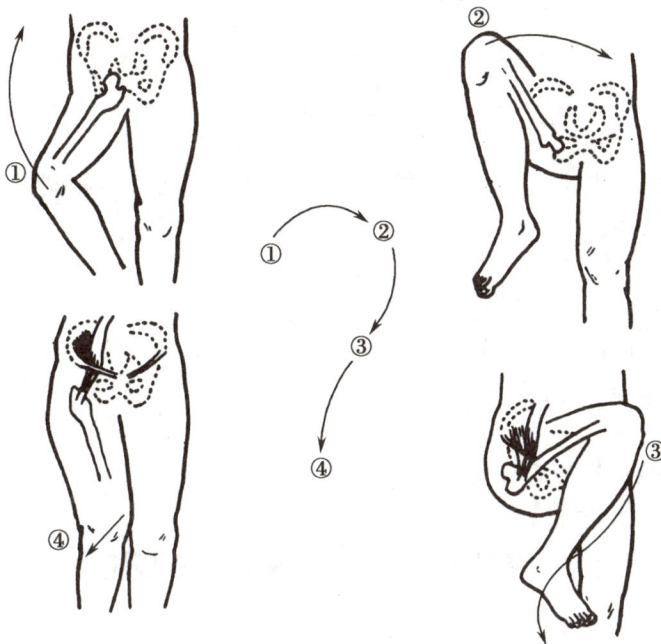

图 6-42 髋关节前脱位反回旋整复方法
①外展、外旋；②屈髋屈膝；③内收、内旋；④伸髋

ER-6-22

髋关节后脱
位反回旋整
复法操作
演示

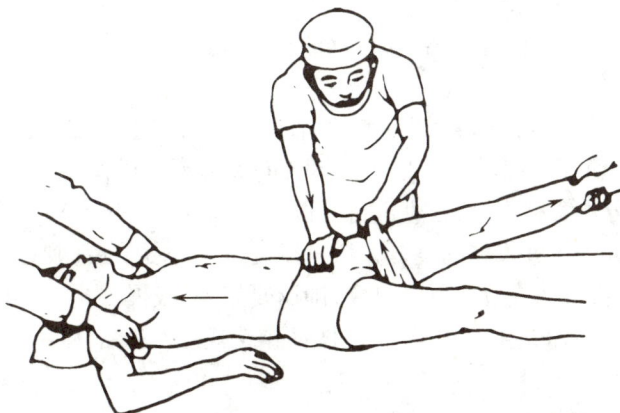

图 6-43 髋关节中心性脱位拔伸扳拉整复方法

(2)牵引复位法:适用于股骨头突入骨盆腔移位较严重者。患者仰卧位,患侧用股骨髁上牵引,重量8~12kg。可逐步复位。若复位不成功,可在大转子部作前后位骨圆针贯穿,或在大转子部钻入一带环螺丝钉,作侧方牵引。侧牵引重量5~7kg。在向下、向外两个分力同时作用下,可将股骨头牵出。经床边X线照片检查确认已将股骨头拉出复位后,减轻髁上及侧方牵引重量至维持量,继续牵引8~10周。用此法复位,往往可将移位的骨折块与脱位的股骨头一齐拉出(图6-44)。

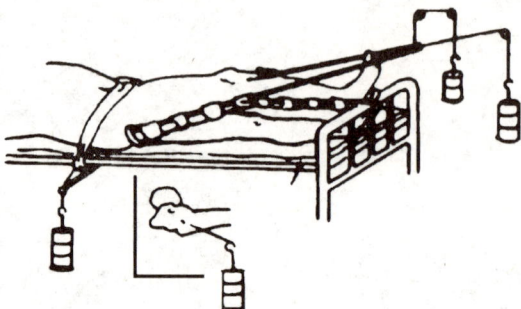

图6-44 髋关节中心性脱位双向牵引复位方法

4. 髋关节陈旧性脱位 陈旧性脱位,其手法与新鲜脱位基本相同,但要注意掌握适应证,做好复位前的准备工作。

(1)适应证

1)身体条件好,能耐受麻醉及整复时刺激者。

2)外伤性脱位,时间在2~3个月内,同时未经反复手法整复者。

3)肌肉、韧带挛缩较轻,关节轮廓尚清晰者。

4)关节被动活动时,股骨头尚有活动者。

5)X线照片检查,见骨质疏松及脱钙不明显,不合并髋臼缘骨折,关节周围钙化或增生不严重,或不合并其他骨折。

若无手法复位适应证,不要强求手法复位,以免加重软组织损伤,或导致骨折及其他合并症。

(2)整复前准备

1)骨牵引:股骨头长期处于异常位置,肌肉及韧带挛缩,周围软组织瘢痕粘连及血肿机化,关节囊破口修复,都给复位带来一定困难。因此,先用骨骼牵引,把股骨头牵至髋臼平面。一般选用股骨髁上牵引,牵引重量7~12kg。后脱位时,采用下肢内旋内收位牵引;前脱位时,采用稍外展位牵引。抬高床尾以加大对抗牵引力。待股骨头已下降至髋臼平面时,或接近平面附近,方可考虑手法整复。

2)松解粘连:一助手固定骨盆,术者持患肢膝及踝部,顺其畸形姿势,做髋及膝关节屈伸、收展及内外旋活动,以松解粘连,张开已闭合的关节囊。操作要柔和,范围由小到大,力量由轻到重。当充分松解粘连后,方可进行复位。

(3)整复方法:可按新鲜脱位的整复方法进行复位。若复位后,股骨头又脱出,可能因为髋臼被瘢痕组织填塞,可在复位后反复研磨,即反复屈伸、收展、内旋、外旋,另一助手可在大转子处用手同时按压,以促进回纳。若为内收肌群或髂胫束挛缩,可用手法弹拨内收肌群或髂胫束。

(二)固定方法

整复后,可采用皮肤牵引或骨牵引固定,患肢两侧置沙袋防止内、外旋,牵引重量

5~7kg。髋关节后脱位一般维持在髋外展 30°~40° 中立位 3~4 周。如合并臼缘骨折,牵引时间可延长至 6 周左右,待关节囊及骨折块愈合后再解除牵引。前脱位维持在内旋、内收伸直位牵引 4 周左右,避免髋外展。中心性脱位中立位牵引 6~8 周,要待髋臼骨折愈合后才可解除牵引。复位后维持牵引可用皮肤牵引 4 周,重量 3~5kg。

(三)练功活动

整复后,即可在牵引制动下做股四头肌收缩及踝关节活动锻炼。解除固定后,可先在床上做屈髋、屈膝,内收、外展,以及内旋、外旋活动。以后逐步进行扶拐不负重锻炼。3 个月后,做 X 线照片检查,见股骨头供血良好,方能下地进行下蹲、行走等负重活动。中心性脱位,因有关节面破坏,床上练习可适当提早而负重锻炼则应相对推迟,以减少创伤性关节炎及股骨头无菌性坏死的发生。

(四)药物治疗

初期宜活血祛瘀、行气止痛,内服活血止痛汤、肢伤一方等,若腹胀、大便秘结、口干舌燥、舌苔黄者,宜加通腑泄热药如厚朴、枳实、芒硝等。外用药早期可选用石氏消瘀膏、消肿止痛膏等。中期宜理气活血、调理脾胃,兼补肝肾,以四物汤加川断、五加皮、牛膝、陈皮、茯苓等,外用药可选用三色敷药。后期补气血、养肝肾、壮筋骨、利关节,内服补肾壮筋汤,外用海桐皮汤熏洗。

(五)手术疗法

髋关节后脱位合并大块髋臼缘骨折、妨碍手法复位者,可行切开复位,钢板螺钉固定,修补关节囊。中心性脱位,骨折块夹住股骨头难以脱出者,亦可考虑切开复位。若并发臼底粉碎性骨折者,则不宜切开复位。如考虑有坐骨神经、闭孔神经、股动脉、股静脉受压,手法复位不能解除压迫,则应尽快切开复位,以便及时解除压迫。复位后,持续的足背或胫后动脉搏动消失,是手术探查动脉的指征。坐骨神经损伤多为压迫所致,如考虑为髋臼缘骨折块脱落压迫,要及时手术去除压迫,使神经功能早日恢复。髋关节脱位合并股骨干骨折,创伤严重,可切开复位修补关节囊,股骨干骨折用钢板内固定。陈旧性脱位超过 2~3 个月,估计手法复位有困难,可考虑进行切开复位。

【预防与调护】

股骨头缺血坏死是髋关节脱位常见并发症。早期复位可缩短股骨头血液循环受损时间,是预防股骨头坏死的最有效方法。髋关节脱位患者,一般 2~3 个月内患肢不允许完全负重,以免缺血的股骨头因受压而塌陷,伤后每隔 2 个月拍髋部 X 线片 1 次,1 年左右或以上的 X 线检查结果证明股骨头血运供给良好、无股骨头坏死方可离拐,逐渐恢复正常活动。

第十一节　膝关节脱位

PPT 课件

膝关节是人体最大、结构最复杂的关节,负重量大且运动较多。膝关节由股骨远端、胫骨近端和髌骨构成,属屈戌关节。其借助关节囊、内外侧副韧带、前后十字韧带、半月板等连结和加固,周围有坚强的韧带和肌肉保护而保持稳定。腘动脉主干位于腘窝深部,紧贴股骨下段、胫骨上段,位于关节囊与腘肌筋膜之后。腓总神经在腘窝上外侧沿股二头肌腱内缘下行,以后越过腓肠肌外侧头后面,走行于股二头肌腱和腓肠肌腱之间,此处贴近膝关节囊,向下沿腓骨小头后面并绕过其下之颈部,向前内穿过腓骨长肌起点,分为深浅两支。膝关节伸直时,无侧方及旋转活动,屈曲 90° 或半屈曲位时可有轻度侧向及旋转活动。因为膝关节内外有坚强的韧带结构维护其稳定性,故只有在遭受强大暴力、周围软组织大部分被破坏,稳定性丧失时,才可导致脱位。脱位可合并骨折如胫骨结节、胫骨棘、胫骨髁和股骨髁等的撕脱或挤压性骨折,并发侧副韧带、十字韧带、关节囊等软组织和腘动脉、腘静脉及腓总神经等损伤。半月板亦多同时受累。血管神经损伤,如不及时妥善处理,可导致严重后果。膝关节脱位比较少见,好发于青壮年。

【病因病机】

膝关节脱位由强大的侧方直接暴力或间接扭转暴力所致,以侧方直接暴力多见,如从高处跌下,车祸、塌方等暴力直接撞击股骨下端或胫骨上端。间接暴力则以股骨下端固定而作用于胫骨的旋转暴力多见。根据脱位后胫骨上端所处位置及暴力作用方向,可分为前脱位、后脱位、内侧脱位、外侧脱位和旋转脱位。根据股骨髁及胫骨髁完全分离或部分分离,可分为完全脱位和部分脱位。其中,以前脱位最常见,内侧及旋转脱位较少见(图6-45)。

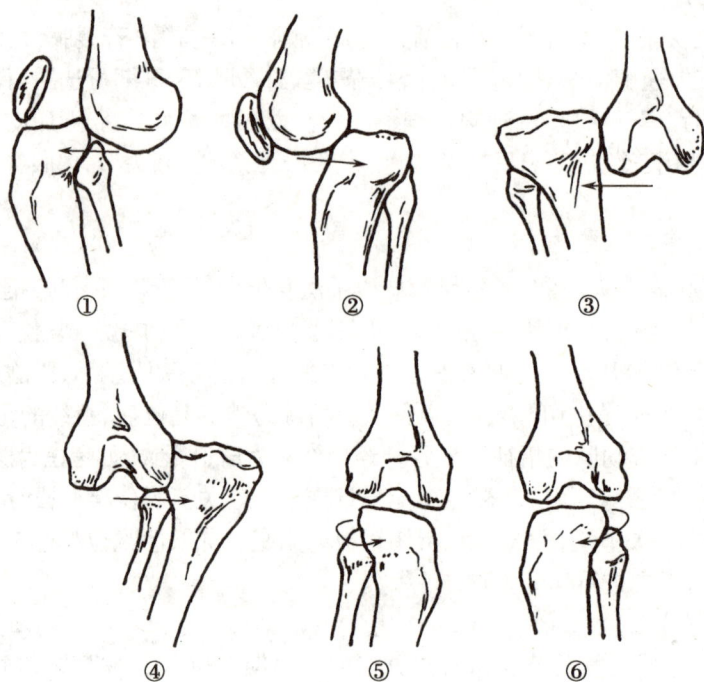

图6-45 膝关节脱位的类型
①前脱位;②后脱位;③外侧脱位;④内侧脱位;⑤⑥旋转脱位

1. 膝关节前脱位　多为膝关节强烈过伸损伤所致。当膝关节过伸超过30°,或屈膝时,外力作用于股骨下端,或外力由后向前作用于胫骨上端,使胫骨向前移位。膝关节前脱位多伴有前十字韧带断裂,可伴有腘动、静脉损伤。

2. 膝关节后脱位　屈膝时,暴力作用于胫骨上端,使其向后移位。这类脱位较少,但损伤极其严重。由于膝关节内侧关节囊与内侧副韧带和胫骨、股骨内侧紧密相连,故有限制后脱位的作用。膝关节后脱位时,多合并严重的交叉韧带、内侧副韧带、内侧关节囊的撕裂伤,并可能发生肌腱断裂或髌骨撕裂骨折,同时也常并发腓总神经损伤。腘动、静脉损伤较少见。

3. 膝关节外侧脱位　强大外翻力或外力直接作用于股骨下端而使胫骨向外侧移位。

4. 膝关节内侧脱位　强大外翻压力使胫骨内移脱位,严重者易引起腓总神经牵拉性损伤或撕裂伤。内侧脱位较少见。

5. 膝关节旋转脱位　强大的旋转外力使胫骨向两侧旋转脱位,以向后外侧脱位居多。

一般移位幅度小,较少合并血管和神经损伤。旋转脱位较少见。

膝关节完全脱位常造成关节周围软组织的严重撕裂和牵拉伤,多为前、后十字韧带完全撕裂,一侧副韧带断裂和关节囊后部撕裂;周围的肌腱,如腘绳肌、腓肠肌、股四头肌及腘肌等,都可有一定程度的损伤,肌腱及韧带附着的骨骼如胫骨结节、胫骨棘及胫骨髁、股骨髁撕脱或受挤压骨折。因膝关节位置表浅,可发生开放性脱位。前脱位和后脱位占整个脱位的半数以上,且常伴有腘动、静脉损伤,可使腘动脉断裂或分支损伤。腘动脉断裂后,膝以下供血减少的同时,因大量出血而在腘部形成巨大血肿,压迫腘部血管分支;出血后向下流入小腿筋膜间隔,又加重膝以下缺血。若不及时处理,则可导致肢体坏死而截肢。或暴力使血管内膜撕脱而造成栓塞,引起患肢末端缺血坏死。内侧严重脱位常引起腓总神经损伤,多数是广泛被撕裂而造成永久性损害。有时被撕裂的软组织嵌顿于关节间隙内,或股骨髁被套住在关节囊裂口,或嵌入股内侧肌形成的扣孔或裂口内而影响闭合复位。因局部软组织被嵌顿,常牵拉皮肤向内而在局部出现皮肤陷窝。

【临床表现与诊断】

伤后膝关节剧烈疼痛、肿胀,关节活动受限;下肢功能丧失;膝部畸形在完全脱位时明显,不全脱位时肿胀明显而畸形不一定明显,呈弹性固定;有明显的异常活动。

前脱位和后脱位时,膝部前后径增大。前脱位时,髌骨下陷,在腘窝部可触及突起于后侧的股骨髁后缘,髌腱前两旁可触及向前移位的胫骨平台前缘。后脱位时,胫骨上端下陷,髌骨下缘空虚,腘窝部可触及向后突出的胫骨平台后缘。

内侧脱位和外侧脱位,关节横径增大,侧向活动明显。内侧脱位时,在外侧可扪及股骨髁下缘,在内侧可扪及胫骨平台上缘。外侧脱位,在外侧可扪及胫骨平台外上缘;在内侧可扪及股骨髁下缘。

旋转脱位多数为不完全脱位,多因膝部肿胀而掩盖骨性畸形,认真检查可发现胫骨上端与股骨下端关系异常。

确定为脱位后,应认真进一步检查,密切注意有无合并血管、神经损伤。若出现小腿与足趾苍白、发凉,或膝部严重肿胀、发绀,腘窝部有明显出血或血肿,足背动脉和胫后动脉搏动消失,表示有腘动脉损伤的可能;或膝以下虽尚温暖而动脉搏动持续消失,亦有动脉损伤的可能性,要立即复位和处理。如果受伤后即出现胫前肌麻痹、小腿与足背前外侧皮肤感觉减弱或消失,为腓总神经损伤。

膝部正侧位 X 线片可明确脱位方向以及是否合并骨折。

根据受伤史、临床表现和 X 线检查可作出诊断。有时,患者在转送过程中,膝关节脱位可不自觉或自行复位,但结合膝部严重肿胀、严重的异常活动等症状及受伤史,都应警惕本病的存在。可在应力下拍 X 线片,了解并协助诊断和指导治疗,X 线照片时要防止加重原来的损伤。

【辨证论治】

膝关节脱位属急症,一旦确诊,即应在充分的麻醉下行手法复位。有血管损伤表现,在复位后未见恢复,应及时进行手术探查,以免贻误时机。神经损伤,如为牵拉性,则多可自行恢复;如为广泛撕裂性,则难于修补,可考虑行手术治疗。若韧带、肌腱或关节囊嵌顿而妨碍手法复位,应早期手术复位。韧带修补,如情况允许,亦应早期修补。

(一)整复方法

整复一般在腰麻或硬膜外麻醉下进行,患者取仰卧位。

1. 膝关节前脱位 一助手抱住患肢大腿,另一助手握住患肢踝部或小腿远端作对抗牵引。术者站于患侧,一手把持大腿下端后侧向前提,另一手置于小腿上端前方向后压,两手同时用力。或两手拇指按压胫骨近端向后,其余各手指置于腘窝,从后向前托股骨下端,同时用力即可复位。复位后,畸形消失,术者一手扶握于膝上,另一手握踝部,将膝关节轻柔屈伸数次,检查关节间是否完全吻合;并理顺被卷入关节间隙的关节囊及韧带和移位的半月板。一般均不主张在过伸位直接按压胫骨上端向后,以免加重腘动、静脉损伤(图6-46)。

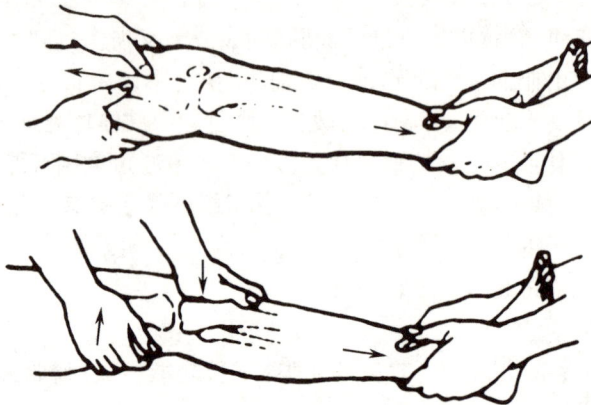

图6-46 膝关节前脱位整复方法

2. 膝关节后脱位 牵引方法同前脱位,只是术者两手位置不同。一手托小腿上端后方向前,另一手置大腿下端前面向后压;或双手拇指按股骨远端向后,其余四指托胫骨近端向前,同时用力做关节复位(图6-47)。

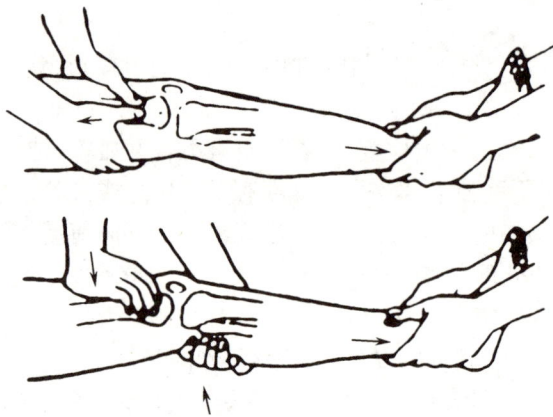

图6-47 膝关节后脱位整复方法

3. 膝关节侧方脱位 牵引同上二法。若向内侧脱位,术者一手置于大腿下端外侧,另一手置于小腿上端内侧;外侧脱位时则相反,一手置于大腿下端内侧,另一手置于小腿上端外侧,同时两手用力,即可复位(图6-48)。

4. 膝关节旋转脱位 在对抗牵引的同时,术者一手握持大腿下端,另一手握小腿上端向形成脱位力量的反方向用力;或两手同时握持小腿上端,在近端牵引的助手固定大腿,术者向脱位反方向旋转而复位。但此时一定要充分拔伸牵引,有足够的间隙使骨端活动。

复位后进行目测检查,外观可见足尖-髌骨-髂前上棘在同一直线上。若已确定复位,可将膝关节轻柔屈伸数次,并用手按摩膝关节周围,理顺破裂的关节囊和断裂的韧带。再次检查肢端血运,尤其是足背及胫后动脉的搏动,如未见搏动者,宜及时手术探查。并摄X线片检查复位情况。

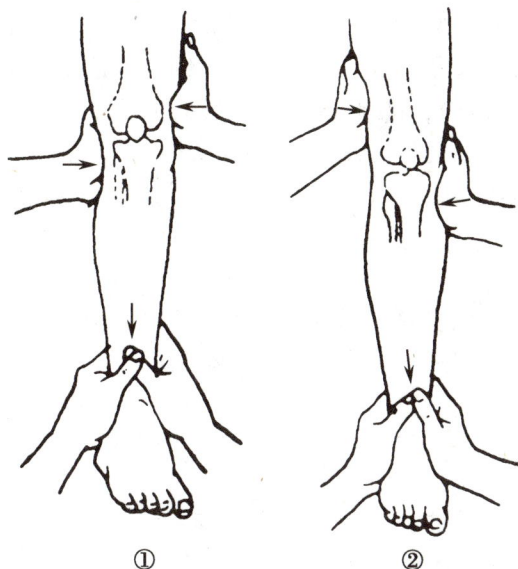

图 6-48 膝关节侧方脱位整复方法
①外侧脱位复位法;②内侧脱位复位法

(二) 固定方法

整复成功及无合并血管损伤后,在严格无菌操作下,用针头抽吸出关节腔内积血,然后加压包扎。可用长腿夹板或石膏托固定。夹板固定前,先加压力垫及用软棉垫保护腓骨小头及其他骨突处。侧方移位时,可用两点式加压,即内侧脱位,压力垫放在大腿下端外侧、小腿上端内侧;外侧脱位时,放在大腿下端内侧及小腿上端外侧。膝关节屈曲 20°~30° 位 6~8 周。禁止伸直位固定,以免加重血管、神经损伤。抬高患肢,以利消肿。若肿胀严重,尤其是疑有小腿筋膜间隔综合征时,可先置患肢于牵引架上,行跟骨牵引 1~2 周,以观察肢体血运。固定 2~3 周后,肢体肿胀消退,关节可能会重新移位,应再拍 X 线片检查,如有移位,应及时矫正。

(三) 练功活动

整复固定后,即可进行股四头肌收缩及踝关节、足趾关节屈伸活动锻炼。4~6 周后,可在夹板固定下扶双拐不负重步行锻炼,8 周后可解除外固定。先在床上练习膝关节屈伸。待股四头肌肌力恢复及膝关节屈伸活动等稳定以后,才可逐步负重行走。如有膝关节明显不稳,应继续延长固定时间。

(四) 药物治疗

初期以活血化瘀、消肿止痛为主,方用桃红四物汤加牛膝、延胡索、川楝子、泽泻、茯苓或跌打丸等,外敷活血止痛膏。中期宜通经活络舒筋,用丹栀逍遥散加独活、牛膝、川断、木瓜等;如有神经牵拉伤症状,加全蝎、蜈蚣、白芍。后期可补肝肾、壮筋骨,宜选用补肾壮筋汤加川断、五加皮等。神经损伤后期,宜益气通络、祛风壮筋,方选黄芪桂枝五物汤加川断、牛膝、全蝎、僵蚕。解除固定后可用苏木煎水熏洗以利关节。

(五) 手术疗法

闭合复位失败者以及存在血管损伤时,应手术复位,修补血管。脱位后广泛的韧带损伤及关节囊损伤应考虑修补。根据具体情况而选择适当的手术治疗,以恢复患肢血运和重建膝关节的稳定性为重点。

膝关节后外脱位,有时股骨髁被卡在关节囊或股内侧肌的扣孔或裂口难于复位。或局部皮肤因内侧副韧带、关节囊或股四头肌扩张部被夹在关节间隙而出现表面凹陷,X 线照片检查见内侧关节间隙始终较宽,可行切开复位。此种脱位,整复不成功,应立即手术,以免皮肤坏死而失去手术时机,并可及时松解嵌顿的软组织。当肯定有腘动、静脉撕裂或栓塞时,应立即手术切开探查、修补。动脉探查、修补应在伤后 6 小时内完成,否则肢体易发生缺血性坏死。韧带修补,若作切开复位,则一并修补。若闭合复位,则待解除外固定后,视肢体功能恢复情况而定。

【预防与调护】

膝关节脱位后期发生创伤性关节炎的主要原因之一是关节不稳,因此不宜过早进行膝关节屈伸活动。如有膝关节明显不稳,应继续延长固定时间,预防创伤性关节炎的发生。

第十二节 髌 骨 脱 位

髌骨是人体最大的籽骨。髌骨略呈扁平三角形,底朝上,尖朝下,覆盖于股骨与胫骨两骨端构成的膝关节前面。髌骨上缘与股四头肌腱相连,下缘通过髌韧带止于胫骨结节。两侧被止于胫骨髁的股四头肌扩张部包绕,其后面的两个斜形关节面在中央部呈纵嵴隆起,该嵴与股骨下端凹形的滑车关节面相对应,可阻止其向左右滑动。股四头肌中的股直肌、股中间肌及股外侧肌的作用方向是向外上方,与髌韧带不在一条直线上用力。股内侧肌止于髌骨内上缘,其下部肌纤维呈横位。因此,股内侧肌下部纤维的走向及附着点有效地纠正髌骨向外上移动这一倾向,而防止其向外滑脱。髌骨在正常伸膝及屈膝时,都位于膝关节的顶点;屈膝时,并不向内、外侧滑动。由于解剖、生理上的不稳定性,出现解剖、生理缺陷时易引起向外侧脱位;向内侧脱位是极特殊暴力作用下的结果;当股四头肌腱或髌韧带断裂,可出现髌骨向下或向上脱位(图 6-49)。临床髌骨向外侧脱出多见,髌骨向内侧脱位罕见。

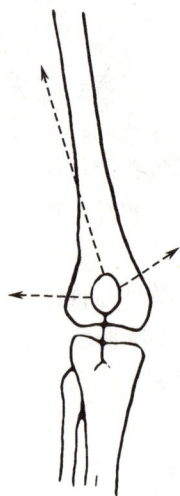

图 6-49 股四头肌力线与髌韧带力线关系

【病因病机】

(一)外伤性髌骨脱位

髌骨外伤性脱位可以因为关节囊松弛,股骨外髁发育不良而髌骨沟变浅平,或伴有股内侧肌肌力弱,在轻微的外力作用下,滑越股骨外髁。或在损伤时大腿肌肉松弛,股骨被强力外旋、外展,或髌骨内侧突然遭受暴力打击,导致髌骨完全向外脱出。当用力踢东西时,突然猛力伸膝,股四头肌的内侧扩张部撕裂而引起向外侧脱位。外侧撕裂面向内侧脱位极少见。当暴力作用下,股四头肌断裂或髌韧带断裂,髌骨移位于下方或上方,有时可夹在关节间隙。

(二)习惯性髌骨脱位

髌骨习惯性脱位主要原因是股四头肌松弛,内侧肌更为显著;髌骨较正常时小;股骨外髁发育不良(扁平)(图 6-50);可有膝外翻畸形;髌腱的抵止部随着胫

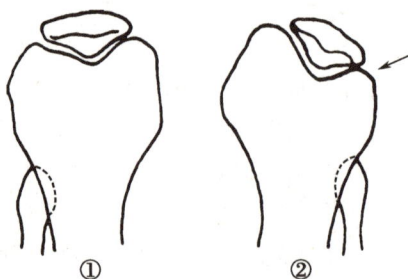

图 6-50 股骨外髁发育不良
(患侧与健侧比较)
①健侧;②患侧

骨外翻而向外移位,使股四头肌腱与髌腱的作用力线不在一条直线上而向内成角。胫骨有外旋畸形时,亦可引起髌骨脱位。轻度外力,有时甚至屈伸膝关节即可诱发脱位。外伤性脱位治疗不当,如股内侧肌未修补或修补不当,亦常为习惯性脱位的主要原因。

【临床表现与诊断】

(一)外伤性髌骨脱位

有外伤史,伤后膝部肿胀、疼痛,膝关节呈半屈曲位、不能伸直。膝前平坦,髌骨可向外、内、上、下方脱出。部分患者在来医院就诊时髌骨已复位,仅留下创伤性滑膜炎及关节内积血或积液,在髌骨内上缘的股内侧肌抵止部有明显压痛。可通过详细询问病史帮助诊断。膝部侧位、轴位 X 线片可见髌骨移出股骨髁凹部之外。

(二)习惯性髌骨脱位

髌骨习惯性脱位较常见,以青少年女性居多。多为单侧,亦有双侧患病。有新鲜创伤性脱位病史;先天发育不良者可无明显创伤或急性脱位病史,只是根据患者回忆,每当屈膝时髌骨即在股骨外髁上变位向外侧脱出。脱出时伴响声,髌骨停留在股骨外髁的前外侧,出现膝关节畸形,即正常髌骨部位塌陷或低平,股骨外髁前外侧有明显异常骨性隆起。局部压痛,轻度肿胀,当患者忍痛自动或被动伸膝时,髌骨可自行复位,且伴有响声。由于反复脱位,髌骨与股骨外侧髁经常摩擦,软骨面受损,致使关节疼痛,关节腔积液。休息后疼痛减轻,积液逐渐消失。平时行走时觉腿软无力,跑步时常跌倒。膝关节轴位 X 线片可显示股骨外髁低平。脱位时可见髌骨脱出于股骨外髁之上,或在股骨外髁之外上缘。

根据病史、临床表现和 X 线检查可作出诊断(图 6-51)。

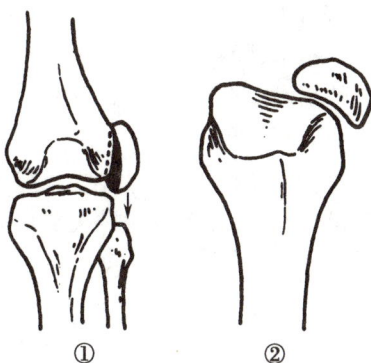

图 6-51　髌骨习惯性脱位的 X 线片
①正位片:髌骨位于股骨外髁的外侧,髌骨轻度向下移位;②轴位片:髌骨位于股骨外髁外侧,股骨外髁发育不良,股骨髁间沟变浅

【辨证论治】

外伤性髌骨脱位,一般以手法整复为主;习惯性脱位,则视其具体情况作矫正伸膝置力线手术。

(一)整复方法

一般无须麻醉。患者取仰卧位,术者站于患侧,一手握患肢踝部,一手拇指按于髌骨外侧,使患膝在微屈状态下逐渐伸直的同时,拇指将髌骨向内压迫,使其越过股骨外髁而复位。整复后,可轻柔屈伸膝关节数次,检查是否会再脱位。用手按摩肿胀的股内侧肌上点,理顺撕裂的肌肉及韧带(图 6-52)。

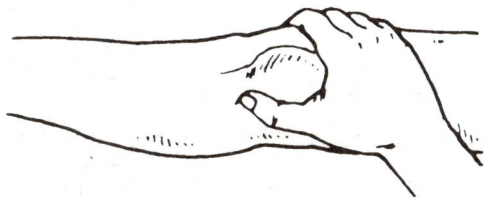

图 6-52　髌骨脱位整复方法

ER-6-23

髌骨脱位手法整复操作演示

(二)固定方法

术后在严格无菌操作下,抽出关节腔积血,然后加压包扎,以长腿夹板固定屈膝 20°~30°

位 2~3 周。若合并股四头肌扩张部撕裂,则应固定 4~6 周。因发育不良引起者,夹板固定时应在髌骨外侧加一压力垫。

(三) 练功活动

整复固定后,抬高患肢,并积极进行股四头肌收缩及踝关节、足趾关节屈伸活动锻炼。解除外固定后,逐步进行膝关节屈伸活动锻炼。

(四) 药物治疗

初期宜活血化瘀、消肿止痛,内服可选用活血止痛汤、肢伤一方等,外敷消肿止痛膏。中期养血通经活络,服养血止痛丸;后期补肝肾、强筋骨,可服肢伤三方。解除外固定后,可用五加皮汤、海桐皮汤熏洗。

(五) 手术疗法

外伤性脱位,有严重的股四头肌扩张部或股内侧肌撕裂及股四头肌腱、髌韧带断裂等,均应进行手术修补;习惯性脱位,则以矫正伸膝装置力线为主。手术方法包括:股内侧肌髌骨前移植术,胫骨结节髌腱附着部内移及内侧关节囊紧缩术,膝外翻畸形截骨矫正术或股骨外髁垫高术。在胫骨上端骨骺未闭合前,尽量不做截骨术或垫高外髁手术。

【预防与调护】

整复固定后,要有计划地指导加强股内侧肌锻炼,逐步进行膝关节屈伸活动锻炼。早期避免负重下蹲,以免发生膝关节再脱位或后期膝关节不稳定。

PPT 课件

第十三节 距 骨 脱 位

距骨脱位是指距下关节脱位或距骨全脱位。因踝部骨折及距骨骨折后引起的脱位在骨折中已论述,故不在本节讨论范围。单纯的距骨脱位较少见。

距骨位于踝穴中,与胫骨、跟骨、舟骨组成胫距关节、距跟关节及距舟关节。距骨体前宽后窄,距骨有 6 个关节面,几乎全部骨质均被关节面所覆盖。血液供应主要来自从距骨颈前外侧进入的足背动脉关节支,从胫距关节和距跟骨间韧带所供血液有限,故脱位后易引起缺血性坏死。距骨无肌肉附着,脱位后一般不再移位。由于周围关节囊和坚强韧带牵拉,手法整复比较困难,而一旦整复成功,亦不容易再移位。距下关节脱位,是指距骨与跟骨、舟骨的关系改变,而距骨仍停留于踝穴内。距骨全脱位,是指距骨自踝穴内完全脱出。

【病因病机】

距骨脱位多由于足跖屈、内翻位受伤所致,如从高处坠下或跳下,足部着地时不平衡。暴力不同,产生的结果亦不同。

(一) 距下关节脱位

当足轻度跖屈,强力内翻时遭受暴力,若下胫腓韧带未断裂而距跟骨间韧带、距跟外侧韧带及跟舟跖侧韧带等撕裂,则跟骨与跗骨向内移位,距骨仍留于踝穴内,形成距下关节脱位或跟 - 距 - 舟状骨脱位。因附着于第 1 跖骨的胫前肌腱随同脱位的足部内移,距骨失去肌腱及其他足骨的支持而呈下垂位。足部诸骨可同时向前移(图 6-53)。

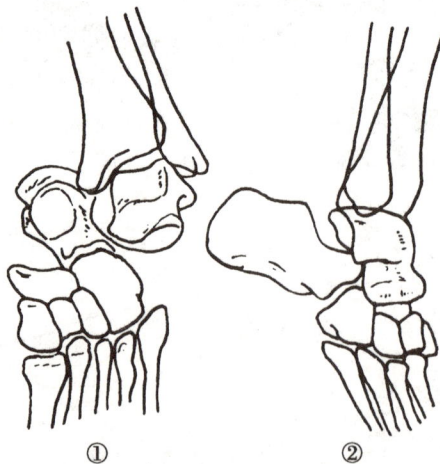

图 6-53 距下关节脱位
①正位;②侧位

(二)距骨全脱位

当足处于内翻、内收及跖屈时,强大的内翻暴力在使距下关节韧带撕裂的同时,将踝关节外侧副韧带一同撕裂。距骨除与其他跗骨分离外,亦自踝穴中脱出,即踝关节向内侧脱位合并距下关节脱位,距骨周围的韧带均断裂。足在最大内翻位时,使距骨从其垂直轴上旋转90°,以致距骨头指向内侧,并可顺其长轴再旋转90°,使其下关节面指向后侧。待暴力消失后,足回到中立位,而脱位的距骨仍保持旋转位,使距骨体处于外踝之前;距骨颈则在内侧;与跟骨相接的关节面指向后侧;与胫骨相关节处则位于皮下。此种类型脱位,往往使局部皮肤撕裂,露出距骨关节面或外踝骨端。即使皮肤未撕裂,距骨突出处的皮肤亦较紧张,可使皮肤受压坏死。

【临床表现与诊断】

(一)距下关节脱位

伤后踝部及足背肿胀,足背外侧皮肤绷紧发亮;足背剧烈疼痛;足呈内翻、内旋畸形,并可向内移位及足下垂,并呈弹性固定。合并有距骨内侧或足舟状骨外侧撞击性骨折时,可有骨擦音,瘀斑明显。

踝关节正侧位 X 线片检查,可见距骨仍留于踝穴内,距骨头指向外侧,足在距骨下及距舟关节处向内移位,距骨呈下垂位。

(二)距骨全脱位

伤后踝及足部明显肿胀,剧痛,活动功能障碍。前足呈内旋、内翻畸形,外踝前方可扪及距骨体,突出部皮肤紧张,踝穴空虚,并有弹性固定。开放性脱位可在踝部前方见到外露的距骨体或外踝骨端。

踝关节正侧位 X 线片检查可见距骨体在外踝前方,距骨头指向内侧,距骨沿其纵轴旋转;其下关节面向后方,距骨不在踝穴内。

根据受伤史、临床表现和 X 线检查可作出诊断。

【辨证论治】

距骨脱位,要及时整复,以免皮肤受压坏死。以手法复位为主,一般在腰麻或硬膜外麻醉下进行。若因距骨头被周围肌腱卡住难以复位或为开放性脱位,应及时行切开复位。

(一)整复方法

1. 距下关节脱位 患者仰卧,屈膝 90°,一助手托起小腿,术者一手握足跟,另一手握前足,先在跖屈、内翻位对抗牵引,并加大跖屈、内翻畸形,然后将足外旋、外翻、背伸,即可复位。复位后可见畸形消失。

2. 距骨全脱位 患者仰卧,屈膝 90°,一助手用布套住大腿,另一助手一手握足跟部,一手握前足,顺跖屈内翻位作对抗牵引,尽量增大胫跟间隙。在将足强力内翻的同时,术者以两拇指用力向内、后推挤距骨后部(体部),同时将距骨沿其纵轴旋转即可复位。当足部严重肿胀时,可在跟骨穿入一骨圆针,上好牵引弓后作对抗牵引,用上述方法进行整复。

整复后,应立即做踝部侧位和轴位 X 线片检查,了解距骨复位情况。如未能复位,应抓紧时间立即复位,因一旦软组织肿胀严重,将给手法复位带来困难,亦影响手术切开复位时机。

(二)固定方法

整复后,根据踝部 X 线摄片检查结果,见距跟关节、距舟关节及胫距关节关系正常,距骨已回复到踝穴内,可作外固定。距下关节脱位,用短腿石膏靴固定于足稍外翻、背伸 90° 位 8 周。距骨全脱位,用短腿石膏靴固定于足背伸 90° 中立位至少 3 个月,直至 X 线片检查未发现距骨缺血性坏死为止。

（三）练功活动

整复固定后，应垫高患肢，积极主动做股四头肌肌肉收缩锻炼及练习足趾的活动，以加速肿胀消退及促进肢端血液循环。6周后可扶双拐不负重下地活动。在解除外固定前，一定要做 X 线摄片检查，见距骨无发生缺血性坏死，才能解除外固定。解除外固定后，应积极进行踝关节背伸、外翻位功能锻炼，促进踝关节早日恢复功能。在进行内翻、外旋练习时，要适度、逐步、稳定，防止韧带的重新撕裂。

（四）药物治疗

初期以活血祛瘀、消肿止痛为主，内服可选用活血止痛汤、肢伤一方、云南白药等，外用药可选用活血散、消肿止痛膏等。中期以和营生新，接骨续筋为主，内服可选用壮筋养血汤、肢伤二方等，外用药可选用接骨续筋药膏、舒筋活络药膏等。后期补肝肾、利关节，内服肢伤三方，解除外固定后，可外用海桐皮汤熏洗以通利关节。

（五）手术疗法

因关节周围韧带卡住、难以手法复位的距骨脱位及开放性脱位，要及时切开复位，以免压迫皮肤坏死。术中仔细操作，重点保护距骨血运，可明显降低距骨缺血性坏死发生率。复位后石膏托固定，待拆线后，改短腿石膏靴固定 6~8 周。直到 X 线片检查显示距骨无缺血性坏死后，才可下地负重行走。

【预防与调护】

整复固定后，应抬高患肢以利消肿。早期要鼓励患者做股四头肌和足趾锻炼，解除固定后练功要循序渐进，避免再次损伤。

第十四节　跗跖关节脱位

跗跖关节是由 3 块楔骨和骰骨的远侧面与 5 块跖骨底构成的关节。其中，第 1 跖骨与内侧楔骨所组成的关节，关节腔独立，活动性较大。其余部分相互连通，仅可做轻微滑动。内、外侧楔骨较长，而中间楔骨较短，第 2 跖骨嵌入内、外侧楔骨之间而使第 2 跖楔关节较深、较稳。跗跖关节面排列方式在冠状面由前内斜向后外，当发生脱位时，除第 1 跖骨外，远端均向背外侧移位。除第 1、2 跖骨外，跖骨之间均有横韧带（骨间韧带）相连，在内侧楔骨、第 2 跖骨之间的楔跖内侧韧带是跗跖关节最主要的韧带之一（图 6-54）。跗跖关节是足横弓的重要组成部分。其位置相当于足内、外侧缘中点画一连线，即足背的中部横断面。损伤后若恢复不完全，必然影响足的功能。因足背动脉终支自第 1、2 跖骨间穿至足底，故在分离脱位时，可影响足背动脉；若遭受扭转暴力，则影响胫后动脉和主要的跖部血管，均可导致前足缺血性坏死。跗跖关节脱位好发于成年男性，以第 1 跖骨向内脱位，第 2~5 跖骨向外、向背侧脱出为多见，两者可单独发生或同时发生。

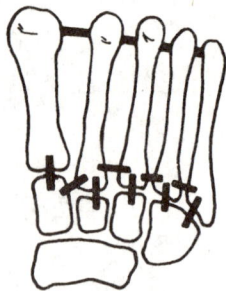

图 6-54　跗间韧带及第 2 跖楔关节

【病因病机】

跗跖关节脱位多因间接暴力如从高处坠下时足呈外翻、外旋、跖屈位，或直接暴力如车祸、重物直接压砸所致。当足旋转时，跗跖关节为足部的弱点。

（一）分离性脱位

当从高处坠下，或骑马跌倒时屈膝倒地，足呈跖屈位着地，此时可伴有或不伴有外旋、外翻，由于地面的反作用力向上作用于前足，足后部连同身体重力仍向下，可使第 1、2 跖骨基底分离,发生第1跖骨向内脱出,第2~5跖骨整排向背侧、同时向外脱出,或两者单独发生;第2~5跖骨在外旋力的作用下向外移位。第1、2跖骨基底分离可能损伤足背动脉,引起前足缺血坏死;亦可因外旋时扭转暴力的作用扭曲胫后动脉,引起胫后动脉痉挛和主要的跖部血管的血栓形成。

(二)开放性骨折脱位

多由重物直接砸压于足前部或车轮碾压前足发生。在造成脱位的同时,可伴有严重的足背软组织损伤及其他跗骨与跖骨骨折。骨折、脱位可发生在一个或多个跖骨,关节多为半脱位。此种损伤多为开放性骨折脱位。

【临床表现与诊断】

受伤后前足或足背部肿胀、疼痛、功能丧失,足部畸形呈弹性固定。分离性脱位者,足呈外旋、外展畸形,足宽度增大,足弓塌陷。开放性骨折脱位者软组织损伤严重,可有骨端外露或骨擦音。有血管损伤时前足变冷、苍白。

足部正侧位或斜位 X 线片可明确脱位的类型和跖骨移位方向,以及是否伴有骨折,必要时可加摄 CT 或 MRI 以明确诊断。

根据受伤史、临床表现和影像学资料可作出诊断。

【辨证论治】

跖跗关节脱位,可包括一个或多个跖骨脱出。由于各跖骨基底参差不齐,脱位后需要及时准确复位,以免肿胀加剧而加大复位难度,并可防止发生血液循环障碍。

(一)整复方法

手法整复应在腰麻或硬膜外麻醉下进行。患者仰卧,膝屈曲90°。

一法:一助手握踝部,另一助手握前足作对抗牵引,术者站于患侧,按脱位类型的相反方向,用手直接推压跖骨基底部使之回复。如第1跖骨向内,第2~5跖骨向外,则用两手掌对向夹挤,将脱位分离的跖骨推向原位。

二法:握踝部助手不变,另一助手牵引足趾向远端拔伸,术者用拇指逐个推挤跖骨基底部使之复位。

有时,由于足部伸肌腱或软组织嵌入跖跗关节之间,做上述复位手法后仍未复位时可用解脱手法,即术者一手握患者小腿下段或踝关节作固定,另一手捏紧足背部,做顺或逆时针方向,在牵引下行大幅度旋转,使嵌入的软组织解脱,再按以上手法复位(图 6-55)。

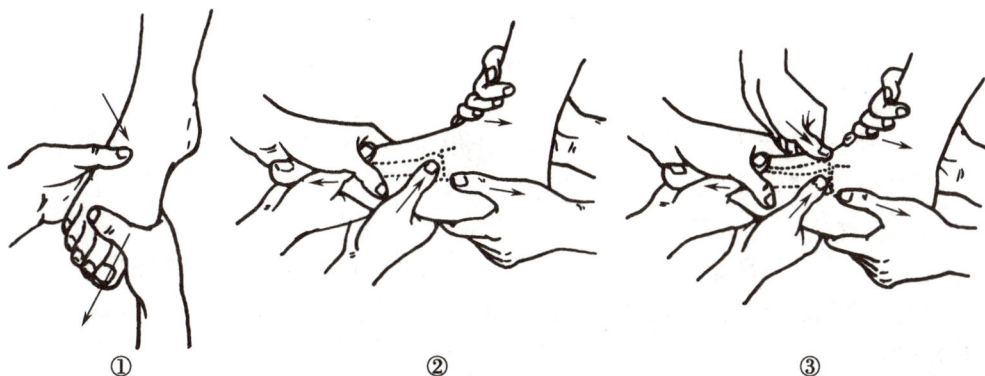

图 6-55 跖跗关节脱位整复方法
①单人复位;②纠正侧方移位;③纠正侧方及向背侧移位

(二)固定方法

跖跗关节脱位整复后容易再移位。因此,必须作有效的外固定。复位后,移位倾向不大者,可用一直角足底小腿后侧托板,连足固定踝关节背伸 90° 中立位。足弓外加厚棉垫托顶,以维持足弓;在足背或足两侧脱出跖骨头处加压力垫,然后上面加一大小与足背相等的弧形纸板(纸板两边要达足底托板),用绷带加压将纸板连足底托板一齐包扎固定,固定时间3~4 周。或用短腿石膏后托,塑形后上覆以硬纸板固定。固定后抬高患肢,以利消肿。跖趾关节脱位,因局部肿胀严重,压力较大,一般不主张用短腿石膏靴固定,以免因压力太大而引起足坏死。

(三) 练功活动

整复固定后,即进行踝背伸、跖屈活动锻炼,早期不宜做旋转及内、外翻活动。4~6 周后,逐步练习不负重行走。8 周后,可穿配有纵弓垫的皮靴,做行走锻炼。并发骨折者,行走时间应推迟,直至 X 线片证实骨折愈合后方可行走。

(四) 药物治疗

可参照第六章第十三节距骨脱位。开放性脱位者,早期加大清热解毒药物用量,如银花、连翘、蒲公英等。

(五) 手术疗法

新鲜跖跗关节脱位,整复时,可能因骨碎片或软组织嵌入关节间隙而妨碍复位,可作切开复位。复位后用克氏针或螺钉经第 1、2 跖骨穿入楔骨固定,用克氏针经第 4、5 跖骨穿入骰骨固定。如手法复位后仍有较大移位倾向,亦可用此法固定。严重的软组织挫伤或开放性骨折脱位,可在清创缝合时顺带将关节复位,用克氏针或螺钉将跖骨固定在相应的跗骨上。术后石膏托固定 6~8 周。陈旧性脱位者,如为单一关节脱位,则以相应的跖骨基底部背侧作为中点,行切开复位。复位后用克氏针逆行固定。若脱位达到 4 个跖骨以上,在足背部相当于跖骨基底部处作弧形横切口,彻底去除关节间隙中的瘢痕组织,直至关节软骨面(不可损伤),试行复位。成功后,用克氏针或螺钉固定跖骨在相应的跗骨上。作内固定后,用短腿石膏托固定 6~8 周。去除钢针后,加强熏洗及踝部背伸、跖屈锻炼,并可用有足弓垫的皮鞋练习行走。

【预防与调护】

跖跗关节脱位复位后多不稳定,须经常检查复位和固定情况,加以调整,以免松动,造成再脱位。

ER-6-24

拓展阅读:
Lisfranc
损伤

PPT 课件

第十五节　跖趾关节脱位

跖趾关节脱位是指跖骨头与近节趾骨构成的关节发生分离。跖趾关节由跖骨小头和第 1 节趾骨构成。其结构及功能与掌指关节相似,可做屈、伸、收、展活动,但活动范围较掌指关节小,其中,背伸又比跖屈小,以踇趾最为显著。当全足着地时,跖骨参与形成足纵弓,跖趾关节处于伸展状态。跖趾关节囊薄弱,囊的两侧有侧副韧带加强,在 5 个跖骨小头之间有足底深横韧带相连。跖趾关节脱位多见于成人,以第 1 跖趾关节向背侧脱位为多见。

【病因病机】

跖趾关节脱位多因奔走急迫时,足趾踢硬物或踢足球时姿势不对而引起。由于第 1 跖骨较长,踇趾仅有两节,踢碰硬物时常先着力,外力迫使第 1 跖趾关节过伸,近节趾骨基底部冲破关节囊背侧而向跖骨头背侧脱出(图 6-56),有时可冲破足背皮肤造成为开放性脱位。

【临床表现与诊断】

伤后局部肿胀、疼痛剧烈,患足不敢触地,踇趾背伸过度、短缩,关节屈曲,第 1 跖骨头在足底突出,蹬趾近节趾骨基底部在背侧突出,关节呈弹性固定。严重者跖趾关节呈直角,或有皮肤破裂,露出近节趾骨基底部。

足部正侧位 X 线片可明确脱位的部位和方向,以及是否伴有撕脱性骨折。

根据受伤史、临床表现和 X 线检查可作出诊断。

图 6-56 第 1 跖趾关节脱位

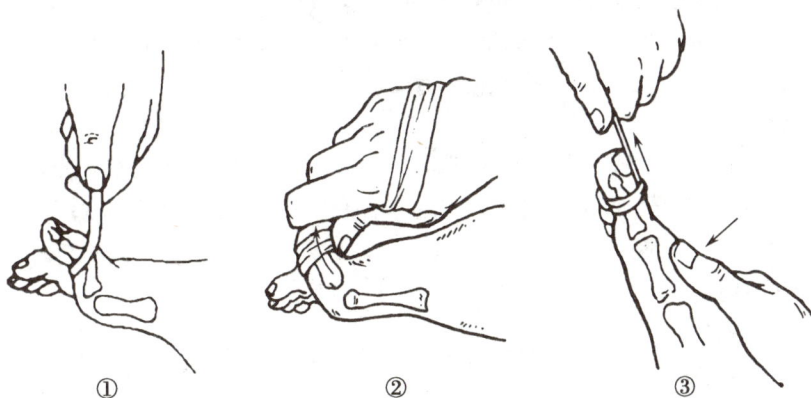

【辨证论治】

复位一般以手法整复为主,开放性脱位可在复位后对创口清创缝合,单纯脱位一般不需要麻醉或仅用局部麻醉。

(一) 整复方法

一助手固定踝部,术者一手持蹬趾,或用绷带提拉蹬趾用力牵引,一手握前足,先用力作蹬趾背伸牵引,加大畸形,然后握足背的拇指用力将脱出的趾骨基底部推向远端,当滑到跖骨头处时,在维持牵引下,将蹬趾迅速跖屈,即可复位。有时,因屈趾肌腱嵌入关节间隙阻碍趾骨基底部回复,可将跖趾关节极度背伸,以解脱缠绕的肌腱及关节囊,然后用力在背伸位将趾骨基底部推至跖骨头处,再跖屈蹬趾,即可复位(图 6-57)。

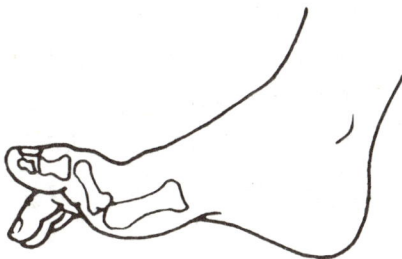

图 6-57 第 1 跖趾关节脱位整复方法
①用绷带缠绕足趾牵引;②向上背伸牵引使足趾过伸;③牵引下拇指压迫近节趾骨背侧向跖侧推送

(二) 固定方法

整复后,用绷带包扎患处数圈,再以夹板或压舌板固定跖趾关节伸直位。固定时间 2~3 周。

(三) 练功活动

早期即可做踝关节屈伸活动。1 周后肿胀消退,可扶拐以足跟负重行走。4 周后可去除外固定逐步练习负重行走。

(四) 药物治疗

初期宜活血化瘀、行气止痛,内服复元活血汤或云南白药等,外敷消肿止痛膏。中期宜和营生新为主,内服壮筋养血汤,外敷药可选用接骨续筋药膏。后期补肝肾、壮筋骨,内服肢伤三方。解除外固定后,可外用海桐皮汤熏洗患足。

(五) 手术疗法

跖骨头受暴力过大时,可穿通跖侧关节囊和足底韧带并移位于足底,形成"扣眼式"嵌顿;同时近节趾骨基底部移位于背侧,而内、外两侧又分别被趾长屈肌腱和蚓状肌卡住,从而套住跖骨头。此时,必须切开并分离背侧关节囊及足底韧带才能复位。复位后作石膏托外

笔记栏

固定。开放性脱位,若伤口小,可先整复脱位,再缝合伤口;若伤口较大,或伴有骨折时,可在清创时开放复位,对骨折块整复固定,再缝合伤口。术后石膏托固定4周。

【预防与调护】

固定后应抬高患肢,以利消肿。固定期间可在患肢不负重情况下,扶拐下床活动,避免加重损伤。解除固定后,患者可穿硬底鞋保护。

第十六节 趾间关节脱位

趾间关节脱位是指近节趾骨与远节趾骨间关节关系发生异常。趾间关节为滑车关节,有屈、伸而无侧向活动,近侧较远侧活动度大。趾间关节脱位较少见,好发于踇趾与小趾,脱位后,病员可自行复位。

【病因病机】

多见于直接踢碰趾端,使远节趾骨近端移位于近节趾骨背侧。

【临床表现与诊断】

伤后足趾缩短,脱位之趾前后径增大,局部肿胀、疼痛,不敢活动。畸形呈弹性固定。

趾骨正斜位X线片可明确脱位的部位和方向,以及是否合并骨折。

根据受伤史、临床表现和X线检查可作出诊断。

【辨证论治】

以手法整复即可。术者一手握踝部或前足,一手捏紧足趾远端,水平牵引拔伸即可复位。复位后可外敷消肿膏,以邻趾固定法固定。若有骨折,可参考第三章第十三节趾骨骨折进行治疗。

【预防与调护】

同踇趾关节脱位。

附:全身其他脱位简表

全身其他脱位简表

脱位名称	病因病机	临床表现与诊断	辨证论治
胸锁关节脱位	少见。直接暴力或间接暴力所致。锁骨内侧端可前、上、下方或胸骨后脱位,以前脱位多见。亦可见半脱位或陈旧性脱位	局部肿胀、疼痛、压痛,肩活动受限。前脱位者锁骨内侧端向前突出,后脱位者局部空虚。锁骨正位、轴位X线片可确诊	新鲜脱位整复后用"8"字绷带固定4周,亦可用肩"人"字石膏固定。后脱位复位失败可切开复位。遗有半脱位或陈旧性脱位无症状可不处理
桡腕关节脱位	单纯桡腕关节脱位极少见,多合并有桡尺骨远端骨折,形成复杂性桡腕关节脱位。可向掌、背、桡、尺四个方向脱位	单纯桡腕关节脱位腕部疼痛、肿胀,压痛明显,有明显腕部畸形。腕部正侧位X线片可确诊脱位以及合并骨折情况	单纯桡腕关节脱位整复后用夹板固定4周。复位失败可切开复位。合并桡骨远端骨折者,按桡骨远端骨折处理,脱位多随骨折整复而复位
月骨周围脱位	间接暴力所致。月骨与桡骨远端保持正常关系,其他腕骨向后、上或外侧移位	腕部疼痛、肿胀,压痛明显,活动受限。有2~4掌骨头叩击痛。腕部正侧位X线片可确诊	新鲜脱位整复后用塑形夹板或石膏托固定腕关节屈曲45°位3周。局部可外敷中药。后期用中药熏洗

续表

脱位名称	病因病机	临床表现与诊断	辨证论治
经舟骨的月骨周围脱位	间接暴力所致。伴有腕舟骨骨折,近半部分舟骨和月骨与桡骨远端保持正常关系,远半部分舟骨与其他腕骨向后或其他方向脱位	腕部疼痛、肿胀,活动受限。有腕舟骨骨折的表现。腕部正侧位和斜位X线片可确诊骨折脱位	新鲜脱位整复后按腕舟骨骨折处理
经舟骨月骨脱位	间接暴力所致。伴有腕舟骨骨折,月骨与舟骨近端离开桡骨远端关节面向前脱出,头骨与桡骨远端关节面正常接触	腕部疼痛、肿胀,活动受限。有腕舟骨骨折的表现。腕部正侧位和斜位X线片可确诊骨折脱位	新鲜脱位整复后按腕舟骨骨折处理
舟骨月骨脱位	间接暴力所致。月骨与舟骨向前脱位,其余腕骨向近端移位,头骨与桡骨远端关节面正常接触	腕部疼痛肿胀,压痛明显。腕关节呈屈曲位,中指及示指不能伸直。腕部正侧位X线片可确诊	新鲜脱位整复后用塑形夹板或石膏托固定腕关节屈曲30°位,1周后改中立位固定2周
舟骨月骨周围脱位	间接暴力所致。月骨和舟骨与桡骨远端关节面关系保持正常,其余腕骨向掌侧或背侧脱位	同月骨周围脱位	同月骨周围脱位

● (姚啸生 张 霆 宋颖军)

复习思考题

1. 全身哪些脱位会合并重要血管神经损伤?其损伤机制如何?
2. 颞下颌关节脱位常见的整复手法有哪些?口腔内整复法如何操作?
3. 肩关节脱位有哪些并发症?其机制如何?
4. 为什么肘关节脱位容易引起骨化性肌炎和肘关节僵硬等后期并发症?如何防治?
5. 桡骨头半脱位的整复方法是什么?
6. 为什么髋关节脱位后期会发生创伤性关节炎及股骨头缺血性坏死?如何预防?

扫一扫
测一测

骨伤科常用方剂汇编

（为便于学习和使用，已将古籍中的剂量单位换算为现今通用剂量单位，谨供参考）

二 画

七厘散（《良方集腋》）

【组成】血竭 30g　麝香 0.36g　冰片 0.36g　乳香 4.5g　没药 4.5g　红花 4.5g　朱砂 3.6g　儿茶 7.2g

【功效与适应证】活血祛瘀，定痛止血。治跌打损伤，瘀滞肿痛，筋断骨折，创伤出血。

【制用法】研细末。外用，每用 0.2~0.3g，每日 1~2 次。

八正散（《太平惠民和剂局方》）

【组成】车前子　木通　瞿麦　萹蓄　滑石　栀子仁　大黄　甘草各等份

【功效与适应证】清热泻火，利水通淋。用于腰部、骨盆损伤后并发少腹急满、尿频、尿急、尿痛、淋沥不畅或癃闭，渴欲冷饮，脉数实等症。

【制用法】共研细末，用灯心汤送服，每服 6~10g，每日服 4 次。亦可根据临床需要拟定药量作汤剂，水煎服，每日服 1~3 次。

八珍汤（《正体类要》）

【组成】党参 10g　白术 10g　茯苓 10g　炙甘草 5g　川芎 6g　当归 10g　熟地 10g　白芍 10g　生姜 3 片　大枣 2 枚

【功效与适应证】补益气血。治气血俱虚者。

【制用法】清水煎服，每日 1 剂。

八厘散（《医宗金鉴》）

【组成】煅自然铜 10g　乳香 10g　没药 10g　血竭 10g　红花 3g　苏木 3g　古铜钱 3g　丁香 1.5g　麝香 0.3g　番木鳖（油炸去毛）3g

【功效与适应证】行气止痛，散瘀接骨。治跌打损伤。

【制用法】共研细末，每服 0.2~0.3g，黄酒送服，每日服 1~2 次。

十全大补汤（《医学发明》）

【组成】党参 10g　白术 12g　茯苓 12g　当归 10g　川芎 6g　熟地 12g　炙甘草 5g　白芍 12g　黄芪 10g　肉桂 0.6g（冲服）

【功效与适应证】补益气血。治气血衰弱，自汗，盗汗，萎黄消瘦，不思饮食，倦怠气短等症。

【制用法】水煎服，每日 1 剂。

人参养荣汤（《三因极一病证方论》）

【组成】人参 6g　白术 10g　炙黄芪 10g　炙甘草 10g　陈皮 10g　肉桂 1g（冲服）　当归 10g　熟地 7g　茯苓 7g　远志 5g　五味子 5g　白芍 10g　大枣 10g　生姜 10g

【功效与适应证】补益气血，养心宁神。治骨病后期气血虚弱或虚损劳热者。

【制用法】水煎服,每日 1 剂。或作丸剂,每服 10g,每日 2 次。

三　　画

三色敷药(《中医伤科学讲义》)

【组成】黄荆子(去衣炒黑)8 份　紫荆皮(炒黑)8 份　全当归 2 份　木瓜 2 份　丹参 2 份　羌活 2 份　赤芍 2 份　白芷 2 份　片姜黄 2 份　独活 2 份　甘草半份　秦艽 1 份　天花粉 2 份　怀牛膝 2 份　川芎 1 份　连翘 1 份　威灵仙 2 份　木防己 2 份　防风 2 份　马钱子 2 份

【功效与适应证】消肿止痛,祛风湿,利关节。治损伤初、中期局部肿痛,亦治风寒湿痹痛。

【制用法】共研细末。用蜜糖或饴糖调拌如厚糊状。

三棱和伤汤(《中医伤科学讲义》经验方)

【组成】三棱　莪术　青皮　陈皮　白术　枳壳　当归　白芍　党参　乳香　没药　甘草

【功效与适应证】活血祛瘀,行气止痛。治胸胁陈伤,隐隐作痛。

【制用法】根据病情需要决定各药量,水煎内服,每日 1 剂。

大成汤(《仙授理伤续断秘方》)

【组成】大黄 20g　芒硝 10g(冲服)　当归 10g　木通 10g　枳壳 20g　厚朴 10g　苏木 10g　川红花 10g　陈皮 10g　甘草 10g

【功效与适应证】攻下逐瘀。治跌仆损伤后,瘀血内蓄,昏睡,二便秘结者,或腰椎损伤后伴发肠麻痹,腹胀。

【制用法】水煎服,药后得下即停。

大承气汤(《伤寒论》)

【组成】大黄 12g　厚朴 15g　枳实 12g　芒硝 9g

【功效与适应证】峻下热结。①阳明腑实证。大便不通,频传矢气,脘腹痞满,腹痛拒按,按之硬,甚或潮热谵语,手足濈然汗出,舌苔黄燥起刺,或焦黑燥裂,脉沉实。②热结旁流。下利清水,色纯青,脐腹疼痛,按之坚硬有块,口舌干燥,脉滑实。③里热实证之热厥、痉病或发狂等。

【制用法】水煎,大黄后下,芒硝溶服。

下肢损伤洗方(《中医伤科学讲义》)

【组成】伸筋草 15g　透骨草 15g　五加皮 12g　三棱 12g　莪术 12g　秦艽 12g　海桐皮 12g　牛膝 10g　木瓜 10g　红花 10g　苏木 10g

【功效与适应证】活血舒筋。治下肢损伤挛痛者。

【制用法】水煎熏洗患肢。

上肢损伤洗方(《中医伤科学讲义》)

【组成】伸筋草 15g　透骨草 15g　荆芥 9g　防风 9g　红花 9g　千年健 12g　刘寄奴 9g　桂枝 12g　苏木 9g　川芎 9g　威灵仙 9g

【功效与适应证】活血舒筋。用于上肢骨折、脱位、扭挫伤后筋络挛缩酸痛。

【制用法】水煎熏洗患肢。

小蓟饮子(《济生方》)

【组成】小蓟 10g　生地黄 25g　滑石 15g　蒲黄(炒)6g　通草 6g　淡竹叶 10g　藕节 12g　当归 10g　栀子 10g　甘草 6g

【功效与适应证】凉血止血,利水通淋,治泌尿系损伤瘀热结于下焦,血淋者。

【制用法】水煎内服。

四　　画

五加皮汤(《医宗金鉴》)

【组成】当归(酒洗)10g　没药 10g　五加皮 10g　皮硝 10g　青皮 10g　川椒 10g　香附子 10g　丁香 3g　地骨皮 3g　丹皮 6g　老葱 3 根　麝香 0.3g

【功效与适应证】和血定痛舒筋。用于伤患后期。

【制用法】煎水外洗(可去麝香)。

五味消毒饮(《医宗金鉴》)

【组成】金银花 10g　野菊花 10g　蒲公英 15g　紫花地丁 15g　紫背天葵子 12g

【功效与适应证】清热解毒。治骨关节感染初期。

【制用法】水煎服,每日 1~3 剂。

云南白药(成药)

【组成】三七　麝香　草乌等

【功效与适应证】活血止血,祛瘀定痛。治损伤瘀滞肿痛,创伤出血,骨疾病疼痛等。

【制用法】内服每次 0.5g,隔 4 小时一次。外伤创面出血,可直接掺撒在出血处然后包扎;亦可调敷。

六味地黄(丸)汤(《小儿药证直诀》)

【组成】熟地黄 25g　怀山药 12g　茯苓 10g　泽泻 10g　山萸肉 12g　牡丹皮 10g

【功效与适应证】滋水降火。治肾水不足,腰膝酸痛,头晕目眩,咽干耳鸣,潮热盗汗,骨折后期迟缓愈合等。

【制用法】水煎服,每日 1 剂。作丸,将药研末,为蜜丸,每服 10g,每日 3 次。

双柏膏(散)(《中医伤科学讲义》)

【组成】侧柏叶 2 份　黄柏 1 份　大黄 2 份　薄荷 1 份　泽兰 1 份

【功效与适应证】活血解毒,消肿止痛。治跌打损伤早期,疮疡初起,局部红肿热痛,或局部包块形成而无溃疡者。

【制用法】共研细末,作散剂备用,用时以水、蜜糖煮热调成厚糊状外敷患处。亦可加入少量米酒调敷,或用凡士林调煮成膏外敷。

五　　画

正骨水(成药)

【组成】九龙川　木香　风藤　土鳖虫　皂荚　五加皮　莪术　草乌　薄荷脑　樟脑等

【功效与适应证】舒筋止痛,续骨消肿。治筋骨损伤。

【制用法】涂擦患处。

正骨紫金丹(《医宗金鉴》)

【组成】丁香 1 份　木香 1 份　血竭 1 份　儿茶 1 份　熟大黄 1 份　红花 1 份　牡丹皮半份　甘草 1/3 份

【功效与适应证】活血祛瘀,行气止痛。治跌仆堕坠,闪挫伤之疼痛、瘀血凝聚等症。

【制用法】共研细末,炼蜜为丸。每服 10g,黄酒送服。

左归丸(《景岳全书》)

【组成】熟地黄 4 份　怀山药 2 份　山萸肉 2 份　枸杞子 2 份　菟丝子 2 份　鹿胶 2 份　龟甲 2 份　川牛膝 1 份半　蜜糖适量

【功效与适应证】补益肾阴。治损伤日久或骨疾病后,肾水不足,精髓内亏,腰膝腿软,头昏眼花,虚热,自汗盗汗等症。

【制用法】药为细末,炼蜜为丸如豆大。每服 10g,每日 1~2 次,饭前服。

右归丸(《景岳全书》)

【组成】熟地黄 4 份　怀山药 2 份　山萸肉 2 份　枸杞子 2 份　菟丝子 2 份　杜仲 2 份　鹿角胶 2 份　当归 1 份半　附子 1 份　肉桂 1 份　蜜糖适量

【功效与适应证】补益肾阳。治骨及软组织伤患后期,肝肾不足、精血虚损而致神疲气怯,或心跳不宁,或肢冷痿软无力。

【制用法】共为细末,炼蜜为小丸。每服 10g,每日 1~2 次。

四君子汤(《太平惠民和剂局方》)

【组成】党参 10g　炙甘草 6g　茯苓 12g　白术 12g

【功效与适应证】补益中气,调养脾胃。治损伤后期中气不足,脾胃虚弱,肌肉消瘦,溃疡日久未愈。

【制用法】水煎服,每日 1 剂。

四肢损伤洗方(《中医伤科学讲义》)

【组成】桑枝　桂枝　伸筋草　透骨草　牛膝　木瓜　乳香　没药　红花　羌活　独活　落得打　补骨脂　淫羊藿　萆薢

【功效与适应证】温经通络,活血祛风。用于四肢骨折、脱位、扭挫伤后筋络挛缩酸痛。

【制用法】煎水熏洗患处。

四物汤(《仙授理伤续断秘方》)

【组成】川芎 6g　当归 10g　白芍 12g　熟地黄 12g

【功效与适应证】养血补血。治伤患后期血虚之症。

【制用法】水煎服,每日 1 剂。

四黄散(膏)(《证治准绳》)

【组成】黄连 1 份　黄柏 3 份　大黄 3 份　黄芩 3 份

【功效与适应证】清热解毒,消肿止痛。治创伤感染及阳痈局部红肿热痛者。

【制用法】共研细末,以水、蜜调敷或用凡士林调制成膏外敷。

归脾汤(《济生方》)

【组成】白术 10g　当归 3g　党参 3g　黄芪 10g　酸枣仁 10g　木香 1.5g　远志 3g　炙甘草 4.5g　龙眼肉 4.5g　茯苓 10g

【功效与适应证】养心健脾,补益气血。治骨折后期气血不足,神经衰弱,慢性溃疡等。

【制用法】水煎服,每日 1 剂。亦可制成丸剂服用。

生血补髓汤(《伤科补要》)

【组成】生地 12g　芍药 9g　川芎 6g　黄芪 9g　杜仲 9g　五加皮 9g　牛膝 9g　红花 5g　当归 9g　续断 9g

【功效与适应证】调理气血,舒筋活络。治扭挫伤及脱位骨折的中后期患处未愈合并有疼痛者。

【制用法】水煎服,每日 1 剂。

外敷接骨散(《中医伤科学讲义》)

【组成】骨碎补　血竭　硼砂　当归　乳香　没药　川断　自然铜　大黄　土鳖虫各等份

【功效与适应证】消肿止痛,接骨续筋。用于骨折及扭挫伤。

【制用法】共为细末,饴糖或蜂蜜调敷。

加减补筋丸(《医宗金鉴》)

【组成】当归 30g　熟地 60g　白芍 60g　红花 30g　乳香 30g　茯苓 30g　骨碎补 30g　陈皮 60g　没药 9g　丁香 15g

【功效与适应证】活血、壮筋、止痛。治跌仆伤筋,血脉壅滞,青紫肿痛。

【制用法】共为细末,炼蜜为丸,如弹子大,每丸重 9g,每次服 1 丸,用无灰酒送下。

六　画

当归补血汤(《内外伤辨惑论》)

【组成】黄芪 15~30g　当归 3~6g

【功效与适应证】补气生血。治血虚发热,以及大出血后,脉芤,重按无力,气血两虚等症。

【制用法】水煎服。

伤筋药水(《中医伤科学讲义》)

【组成】生草乌 120g　生川乌 120g　羌活 120g　独活 120g　生半夏 120g　生栀子 120g　生大黄 120g　生木瓜 120g　路路通 120g　生蒲黄 90g　樟脑 90g　苏木 90g　赤芍 60g　红花 60g　生南星 60g　白酒 10 000g　米醋 2 500g

【功效与适应证】活血通络止痛。治筋络挛缩,筋骨酸痛,风湿麻木。

【制用法】药在酒醋中浸泡 7 天,严密盖闭,装入瓶中备用,患处热敷或熏洗后,用棉花蘸本品在患处轻擦,每日擦 3~5 次。

血府逐瘀汤(《医林改错》)

【组成】当归 10g　生地黄 10g　桃仁 12g　红花 10g　枳壳 6g　赤芍 6g　柴胡 3g　甘草 3g　桔梗 4.5g　川芎 4.5g　牛膝 10g

【功效与适应证】活血逐瘀,通络止痛。治瘀血内阻,血行不畅,经脉闭塞疼痛。

【制用法】水煎服,每日 1 剂。

壮筋养血汤(《伤科补要》)

【组成】当归 9g　川芎 6g　白芷 9g　续断 12g　红花 5g　生地 12g　牛膝 9g　牡丹皮 9g　杜仲 6g

【功效与适应证】活血壮筋。用于软组织损伤。

【制用法】水煎服。

壮筋续骨丹(丸)(《伤科大成》)

【组成】当归 60g　川芎 30g　白芍 30g　熟地 120g　杜仲 30g　川断 45g　五加皮 45g　骨碎补 90g　桂枝 30g　三七 30g　黄芪 90g　虎骨 30g(现用适量替代品替代)　补骨脂 60g　菟丝子 60g　党参 60g　木瓜 30g　刘寄奴 60g　土鳖虫 90g

【功效与适应证】壮筋续骨。用于骨折、脱位、伤筋中后期。

【制用法】共研细末,糖水泛丸,每次服 12g,温酒下。

导赤散(《小儿药证直诀》)

【组成】生地黄　木通　甘草梢各等份

【功效与适应证】清热利水。用于急性泌尿系感染,小便短赤而涩、尿时刺痛。

【制用法】加入竹叶适量,水煎服。

七　画

苏木煎(《简明正骨》)

【组成】苏木　大力草各 30g　卷柏 9g　艾叶 30g　羌活　牛膝各 9g　伸筋草　鸡血藤各 30g

【功用】通经活络,疏利关节。治损伤后期关节僵凝,气血停滞之症。

【制用法】水煎洗。

坎离砂(成药)

【组成】麻黄　归尾　附子　透骨草　红花　干姜　桂枝　牛膝　白芷　荆芥　防风　木瓜　生艾绒　羌活　独活各等份　醋适量

【功效与适应证】祛风散寒止痛。治腰腿疼痛,风湿性关节疼痛。

【制用法】用醋水各半,将药熬成浓汁,再将铁砂炒红后搅拌制成。使用时加醋约25g,装入布袋内,自然发热,敷在患处。如太热可来回移动。

坚骨壮筋膏(《中医伤科学讲义》经验方)

【组成】

第一组:骨碎补90g　川断90g　马钱子60g　白及60g　硼砂60g　生草乌60g　生川乌60g　牛膝60g　苏木60g　杜仲60g　伸筋草60g　透骨草60g　羌活30g　独活30g　麻黄30g　五加皮30g　皂角核30g　红花30g　泽兰叶30g　人工虎骨24g　香油5 000g　黄丹2 500g

第二组:血竭30g　冰片15g　丁香30g　肉桂60g　白芷30g　甘松60g　细辛60g　乳香30g　没药30g　麝香1.5g

【功效与适应证】强壮筋骨。用于伤筋骨折后期。

【制用法】第一组药,熬成膏药后温烊摊贴。第二组药,共研为细末,临贴时撒于药面。

补阳还五汤(《医林改错》)

【组成】黄芪30g　归尾6g　赤芍4.5g　地龙3g　川芎3g　桃仁3g　红花3g

【功效与适应证】活血补气,疏通经络。治气虚而血不行的半身不遂、口眼㖞斜,外伤性截瘫。

【制用法】水煎服。

补肾壮阳汤(经验方)

【组成】熟地15g　生麻黄3g　白芥子3g　炮姜6g　杜仲12g　狗脊12g　肉桂6g　菟丝子12g　牛膝9g　川断9g　丝瓜络6g

【功效与适应证】温通经络,补益肝肾。用于腰部损伤的中后期。

【制用法】水煎服。

补肾活血汤(《伤科大成》)

【组成】熟地10g　杜仲3g　杞子3g　补骨脂10g　菟丝子10g　归尾3g　没药3g　萸肉3g　红花2g　独活3g　淡苁蓉3g

【功效与适应证】补肾壮筋,活血止痛。治伤患后期各种筋骨酸痛无力等症,尤以腰部伤患更宜。

【制用法】水煎服。

补肾壮筋汤(丸)(《伤科补要》)

【组成】熟地黄12g　当归12g　牛膝10g　山萸肉12g　茯苓12g　续断12g　杜仲10g　白芍10g　青皮5g　五加皮10g

【功效与适应证】补益肝肾,强壮筋骨。治肾气虚损,习惯性关节脱位等。

【制用法】水煎服,每日1剂。或制成丸剂服。

补筋丸(《医宗金鉴》)

【组成】沉香30g　丁香30g　川牛膝30g　五加皮30g　蛇床子30g　茯苓30g　白莲蕊30g　肉苁蓉30g　当归30g　熟地30g　丹皮30g　木瓜24g　人参9g　广木香9g

【功效与适应证】补肾壮筋,益气养血,活络止痛。治跌仆,伤筋,血脉壅滞,青紫肿痛。

【制用法】共为细末,炼蜜为丸,如弹子大,每丸重9g,每次服1丸,用无灰酒送下。

八　画

肢伤一方（《外伤科学》）

【组成】当归 13g　赤芍 12g　桃仁 10g　红花 6g　黄柏 10g　防风 10g　木通 10g　甘草 6g　生地黄 12g　乳香 5g

【功效与适应证】行气活血,祛瘀止痛。治跌打损伤,瘀肿疼痛。用于四肢骨折或软组织损伤初期。

【制用法】水煎服。

肢伤二方（《外伤科学》）

【组成】当归 12g　赤芍 12g　续断 12g　威灵仙 12g　生薏仁 30g　桑寄生 30g　骨碎补 12g　五加皮 12g

【功效与适应证】祛瘀生新,舒筋活络。治跌打损伤,筋络挛痛。用于四肢损伤的中、后期。

【制用法】水煎服。

肢伤三方（《外伤科学》）

【组成】当归 12g　白芍 12g　续断 12g　骨碎补 12g　威灵仙 12g　川木瓜 12g　天花粉 12g　黄芪 15g　熟地黄 15g　自然铜 10g　土鳖虫 10g

【功效与适应证】补益气血,促进骨折愈合。治骨折后期。

【制用法】水煎服。

金匮肾气丸（《金匮要略》）

【组成】熟地 25g　怀山药 12g　山萸肉 12g　泽泻 10g　茯苓 10g　丹皮 10g　肉桂 3g(冲服)　熟附子 10g

【功效与适应证】温补肾阳。治肾阳亏虚。

【制用法】水煎服。或制成丸剂,淡盐汤送服。

和营止痛汤（《伤科补要》）

【组成】赤芍 9g　当归尾 9g　川芎 6g　苏木 6g　陈皮 6g　桃仁 6g　续断 12g　乌药 9g　乳香 6g　没药 6g　木通 6g　甘草 6g

【功效与适应证】活血止痛,祛瘀生新。治损伤积瘀肿痛。

【制用法】水煎服。

和营通气散（《中医伤科学讲义》）

【组成】当归　丹参　香附各 90g　川芎　延胡索　小青皮　生枳壳各 30g　郁金　半夏各 60g　广木香　大茴香各 15g

【功效与适应证】活血止痛行气。治躯干内伤,气阻血滞,胸腹闷胀不舒,呼吸不利。

【制用法】共为细末,每服 1.5g,每日 2 次吞服。

狗皮膏（成药）

【组成】枳壳　青皮　大风子　赤石脂　赤芍　天麻　乌药　牛膝　羌活　威灵仙　生川乌　续断　桃仁　生附子　川芎　生草乌　杜仲　穿山甲　青风藤　木香　肉桂　轻粉　乳香　没药　血竭　樟脑　植物油　铅丹

【功效与适应证】散寒止痛,舒筋活络。治跌打损伤及风寒痹痛。

【制用法】烘热外敷患处。

定痛散（《伤科汇纂》）

【组成】当归　川芎　白芍　升麻　防风　官桂各 5g　山奈 15g　紫丁香根　红花各 25g　麝香 1.5g

【功效与适应证】定痛消肿,舒筋和络,跌打仆伤。

【制用法】为细末,老葱汁调和,敷患处。

定痛膏(《疡医准绳》)

【组成】芙蓉叶4份　紫荆皮1份　独活1份　生南星1份　白芷1份

【功效与适应证】祛风消肿止痛。治跌打损伤肿痛,疮疡初期肿痛。

【制用法】共研细末。用姜汁、水、酒调煮热敷;可用凡士林调煮成软膏外敷。

定痛和血汤(《伤科补要》)

【组成】桃仁　红花　乳香　没药　当归　秦艽　川断　蒲黄　五灵脂

【功效与适应证】活血定痛。用于各部损伤,瘀血疼痛。

【制用法】水、酒各半,煎服。

京万红软膏(成药)

【组成】白蔹　白芷　半边莲　冰片　苍术　赤芍　川芎　穿山甲　大黄　当归　地黄　地榆　红花　胡黄连　槐米　黄柏　黄连　黄芩　金银花　苦参　没药　木鳖子　木瓜　乳香　桃仁　土鳖虫　乌梅　五倍子　血竭　血余炭　罂粟壳　栀子　紫草　棕榈

【功效与适应证】活血解毒,消肿止痛,去腐生肌。用于轻度水、火烫伤,疮疡肿痛,创面溃烂。

【制用法】无创面,涂敷本品后局部按摩;若有创面,则用生理盐水清理创面,再将本品涂于消毒纱布上,敷盖创面,消毒纱布包扎,每日换药一次。

九 画

骨科外洗一方(《外伤科学》)

【组成】宽筋藤30g　钩藤30g　金银花藤30g　王不留行30g　刘寄奴15g　防风15g　大黄15g　荆芥10g

【功效与适应证】活血通络,舒筋止痛。治损伤后筋肉拘挛,关节功能欠佳,酸痛麻木或外感风湿作痛等。用于骨折及软组织损伤中后期或骨科手术后已能解除外固定进行功能锻炼者。

【制用法】煎水熏洗。

骨科外洗二方(《外伤科学》)

【组成】桂枝15g　威灵仙15g　防风15g　五加皮15g　细辛10g　荆芥10g　没药10g

【功效与适应证】活血通络,祛风止痛。治损伤后期肢体冷痛,关节不利及风寒湿邪侵注,局部遇冷则痛增,得温稍适的痹证。

【制用法】煎水熏洗,肢体可直接浸泡,躯干可用毛巾湿热敷擦。但注意防止水温过高导致烫伤。

顺气活血汤(《伤科大成》)

【组成】苏梗　厚朴　枳壳　砂仁　归尾　红花　木香　赤芍　桃仁　苏木　香附

【功效与适应证】行气活血,祛瘀止痛。用于胸腹挫伤,气滞胀满作痛。

【制用法】按病情拟定药量,水煎,可加入少量米酒合服。

复元活血汤(《医学发明》)

【组成】柴胡15g　天花粉10g　当归尾10g　红花6g　穿山甲10g　酒浸大黄30g　酒浸桃仁12g

【功效与适应证】活血祛瘀,消肿止痛。治跌打损伤,血停积于胁下,肿痛不可忍者。

【制用法】水煎,分两次服,如服完第一次后,泻下大便,得利痛减,则停服;如6小时之后仍无泻下者,则服第二次。以利为度。

独参汤(《景岳全书》)

【组成】人参10~20g

【功效与适应证】补气、摄血、固脱。治失血后气血衰虚,虚烦作渴,气随血脱之危证。

【制用法】水煎服。近年来亦有制成注射剂用。

独活寄生汤(《备急千金要方》)

【组成】独活 6g　防风 6g　川芎 6g　牛膝 6g　桑寄生 18g　秦艽 12g　杜仲 12g　当归 12g　茯苓 12g　党参 12g　熟地黄 15g　白芍 10g　细辛 3g　甘草 3g　肉桂 2g(焗冲)

【功效与适应证】益肝肾,补气血,祛风湿,止痹痛。治腰脊损伤后期,肝肾两亏,风湿痛及腿足屈伸不利者。

【制用法】水煎服。可复煎外洗患处。

活血汤(经验方)

【组成】柴胡 6g　归尾 9g　赤芍 9g　桃仁 9g　鸡血藤 15g　枳壳 9g　红花 5g　血竭 3g(本方从复元活血汤变化而成)

【功效与适应证】活血祛瘀,消肿止痛。用于骨折早期。

【制用法】水煎服。

活血止痛汤(丸)(《伤科大成》)

【组成】当归 12g　川芎 6g　乳香 6g　苏木 5g　红花 5g　没药 6g　土鳖虫 3g　三七 3g　赤芍 9g　陈皮 5g　落得打 6g　紫荆藤 9g

【功效与适应证】活血止痛。治跌打损伤肿痛。

【制用法】水煎服。目前临床上常去紫荆藤。

活血止痛膏(成药)

【组成】生南星　干姜　独活　甘松　樟脑　冰片　辣椒　丁香　白芷　牡丹皮　细辛　山柰　没药　香加皮　当归　生半夏　桂枝　乳香　辛夷等

【功效与适应证】舒筋通络,活血止痛。用于筋骨疼痛,肌肉麻痹,关节酸痛,局部肿痛。

【制用法】橡皮膏剂。外用,烘热软化,贴患处。

活血止痛散(胶囊)(成药)

【组成】当归　三七　乳香(制)　冰片　土鳖虫　自然铜(煅)

【功效与适应证】活血散瘀,消肿止痛。用于跌打损伤,瘀血肿痛。亦可用于冠心病。

【制用法】散剂,1 次 1.5g;胶囊,1 次 6 粒(一粒重 0.25g)。口服,每日 2 次,温黄酒或温开水冲服。孕妇忌服。本品只宜于损伤时在短期内服用,久服易影响脾胃。慢性胃病者慎用或忌用。

活血散(《中医正骨经验概述》)

【组成】乳香 15g　没药 15g　血竭 15g　贝母 9g　羌活 15g　木香 6g　厚朴 9g　制川乌 3g　制草乌 3g　白芷 24g　麝香 1.5g　紫荆皮 24g　生香附 15g　炒小茴 9g　甲珠 15g　煅自然铜 15g　独活 15g　续断 15g　人工虎骨 15g　川芎 15g　木瓜 15g　肉桂 9g　当归 24g

【功效与适应证】活血舒筋,理气止痛。治跌打损伤,瘀肿疼痛,或久伤不愈。

【制用法】共研细末,开水调成糊状外敷患处。

活血祛瘀汤(《中医伤科学》)

【组成】当归 15g　红花 6g　土鳖虫 9g　自然铜 9g　狗脊 9g　骨碎补 15g　没药 6g　乳香 6g　三七 3g　路路通 6g　桃仁 9g

【药物加减】①便秘:去骨碎补、没药、乳香,加郁李仁 15g,火麻仁 15g;②疼痛剧烈者加延胡索 9g;③食欲不振:加砂仁 9g;④心神不宁:加龙齿 15g,磁石 15g,酸枣仁 9g,远志 9g;⑤尿路感染:加知母 9g,黄柏 15g,车前子 15g,泽泻 15g。

【功效与适应证】活血化瘀,通络消肿,续筋接骨。用于骨折及软组织损伤初期。

【制用法】水煎服,每日 1 剂。

活血散瘀汤(《医宗金鉴》)

【组成】当归尾 6g　赤芍 6g　桃仁 6g　酒炒大黄 6g　川芎 5g　苏木 5g　丹皮 3g　麸炒枳壳 3g　槟榔 2g

【功效与适应证】活血祛瘀。治瘀毒所成的疮疡。

【制用法】水煎服,每日 1 剂,日服 3 次。

十　　画

桃仁承气汤(《温疫论》)

【组成】桃仁 9g　大黄 15g(后下)　芒硝 6g(冲服)　当归 9g　芍药 9g　丹皮 9g

【功效与适应证】活血祛瘀,泄热泻下。治跌打损伤,血滞作痛,大便秘结,或下腹蓄瘀等症。

【制用法】水煎服。

桃红四物汤(《医宗金鉴》)

【组成】当归　川芎　白芍　生地　桃仁　红花

【功效与适应证】活血祛瘀。用于损伤血瘀证。

【制用法】水煎服。

桃核承气汤(《伤寒论》)

【组成】桃仁 10g　大黄 12g(后下)　桂枝 6g　甘草 6g　芒硝 6g(冲服)

【功效与适应证】攻下逐瘀。治跌打损伤,瘀血停溢,或下腹蓄瘀,疼痛拒按,瘀热发狂等症。

【制用法】水煎服。

健脾养胃汤(《伤科补要》)

【组成】党参　黄芪　怀山药各 15g　归身 12g　白术　茯苓　白芍　泽泻各 10g　小茴香 6g　陈皮 5g

【功效与适应证】调理脾胃。治伤损后脾胃功能失调者。

【制用法】水煎服。

消瘀止痛药膏(《中医伤科学讲义》)

【组成】木瓜 60g　栀子 30g　大黄 150g　蒲公英 60g　土鳖虫 30g　乳香 30g　没药 30g

【功效与适应证】活血祛瘀,消肿止痛。用于骨折伤筋,初期肿胀疼痛剧烈者。

【制用法】共为细末,饴糖或凡士林调敷。

消瘀膏(《中医伤科学》)

【组成】大黄 1 份　栀子 2 份　木瓜 4 份　蒲公英 4 份　姜黄 4 份　黄柏 6 份　蜜糖适量

【功效与适应证】祛瘀、消肿、止痛。用于损伤瘀肿疼痛。

【制用法】共为细末,水蜜各半调敷。

消肿散(《中医伤科学》经验方)

【组成】制乳香 1 份　制没药 1 份　玉带草 1 份　四块瓦 1 份　洞青叶 1 份　虎杖 1 份　五香血藤 1 份　天花粉 2 份　生甘草 2 份　叶下花 2 份　叶上花 2 份　重楼粉 2 份　大黄粉 2 份　黄芩 2 份　五爪龙 2 份　白及粉 2 份　红花 1 份　苏木粉 2 份　龙胆草 1 份　土黄连 1 份　飞龙掌血 2 份　绿葡萄根 1 份　大红袍 1 份　凡士林适量

【功效与适应证】消瘀退肿止痛。治各种闭合性损伤肿痛。

【制用法】研末混合,用适量凡士林调煮成膏。外敷患处。

消肿止痛膏(《外伤科学》)

【组成】姜黄　羌活　干姜　栀子　乳香　没药

【功效与适应证】祛瘀、消肿、止痛。治损伤初期瘀肿疼痛者。

【制用法】共研细末。用凡士林调成 60% 软膏外敷患处。

消肿活血汤(《简明正骨》)

【组成】苏木　羌活　威灵仙各 9g　红花　没药　乳香各 6g　丹参　五加皮各 15g

【功效与适应证】行气活血,消肿止痛。治损伤中期。

【制用法】水煎洗患处。

海桐皮汤(《医宗金鉴》)

【组成】海桐皮 6g　透骨草 6g　乳香 6g　没药 6g　当归 5g　川椒 10g　川芎 3g　红花 3g　威灵仙 3g　甘草 3g　防风 3g　白芷 2g

【功效与适应证】活络止痛。治跌打损伤疼痛。

【制用法】共为细末,布袋装,煎水熏洗患处。亦可内服。

十 一 画

接骨丹

【组成】

一方(又名十宝散,《证治全生集》):真血竭 4.8g　明雄黄 12g　上红花 12g　净儿茶 0.72g　朱砂 3.6g　净乳香 3.6g　当归尾 30g　净没药 4.2g　麝香 0.09g　冰片 0.36g

二方(又名夺命接骨丹,《中医伤科学讲义》经验方):归尾 12g　乳香 30g　没药 30g　自然铜 30g　骨碎补 30g　桃仁 30g　大黄 30g　雄黄 30g　白及 30g　血竭 15g　土鳖虫 15g　三七 15g　红花 15g　儿茶 15g　麝香 15g　朱砂 6g　冰片 6g

【功效与适应证】活血止痛接骨。用于跌打损伤筋断骨折。

【制用法】共为细末。每服 2~3g,每日 2 次。

接骨膏(《外伤科学》)

【组成】五加皮 2 份　地龙 2 份　乳香 1 份　没药 1 份　土鳖 1 份　骨碎补 1 份　白及 1 份　蜂蜜适量

【功效与适应证】接骨、活血、止血。治骨折损伤瘀肿疼痛。

【制用法】共为细末,蜂蜜或白酒调成厚糊状敷。亦可用凡士林调煮成膏外敷。

接骨紫金丹(《杂病源流犀烛》)

【组成】土鳖虫　乳香　没药　自然铜　骨碎补　大黄　血竭　硼砂　当归各等量

【功效与适应证】祛瘀、续骨、止痛。治损伤骨折,瘀血内停者。

【制用法】共研细末。每服 3~6g,开水或少量酒送服。

接骨续筋药膏(《中医伤科学讲义》)

【组成】自然铜 3 份　荆芥 3 份　防风 3 份　五加皮 3 份　皂角 3 份　茜草根 3 份　续断 3 份　羌活 3 份　乳香 2 份　没药 2 份　骨碎补 2 份　接骨木 2 份　红花 2 份　赤芍 2 份　土鳖虫 2 份　白及 4 份　血竭 4 份　硼砂 4 份　螃蟹末 4 份

【功效与适应证】接骨续筋。治骨折,筋伤。

【制用法】共为细末,饴糖或蜂蜜调煮外敷。

麻子仁丸(《伤寒论》)

【组成】麻子仁 500g　芍药 250g　枳实 250g　大黄 500g　厚朴 250g　杏仁 250g

【功效与适应证】共研细末,炼蜜为丸,每次 9g,每日 1~2 次,温开水送服。亦可水煎服,用量按原方比例酌减。

【制用法】水煎服。

续骨活血汤（《中医伤科学讲义》）

【组成】当归尾 12g　赤芍 10g　白芍 10g　生地黄 15g　红花 6g　土鳖虫 6g　骨碎补 12g　煅自然铜 10g　续断 12g　落得打 10g　乳香 6g　没药 6g

【功效与适应证】祛瘀止血，活血续骨。治骨折及软组织损伤。

【制用法】水煎服。

续断紫金丹（《中医伤科学讲义》）

【组成】酒炒当归 4 份　熟地 8 份　酒炒菟丝子 3 份　骨碎补 3 份　续断 4 份　制首乌 4 份　茯苓 4 份　白术 2 份　丹皮 2 份　血竭 2 份　怀牛膝 5 份　红花 1 份　乳香 1 份　没药 1 份　人工虎骨 1 份　儿茶 2 份　鹿角霜 4 份　煅自然铜 2 份

【功效与适应证】活血止痛，续筋接骨。治筋伤骨折。

【制用法】共为细末，每次服 3~5g，每日 2~3 次。

十二画及以上

散瘀和伤汤（《医宗金鉴》）

【组成】番木鳖 15g　红花 15g　生半夏 15g　骨碎补 9g　甘草 9g　葱须 30g　醋 60g（后下）

【功效与适应证】活血祛瘀止痛。治软组织损伤瘀肿疼痛及骨折关节脱位后期筋络挛痛。

【制用法】用水煎药，沸后入醋再煎 5~10 分钟。熏洗患处，每日 3~4 次，每次熏洗均将药液煎沸后用。

散瘀膏（浙江省中医院经验方）

【组成】元明粉　黄柏　黄连　黄芩

【功效与适应证】活血祛瘀，消肿止痛。治骨折、脱位、伤筋早期，肿胀疼痛剧烈，或伤处红肿热痛、舌红苔黄、脉弦数者。

【制用法】共为细末，凡士林调膏外敷。

跌打万花油（亦称万花油，成药）

【组成】野菊花　乌药　水翁花　徐长卿　大蒜　马齿苋　葱　金银花叶　威灵仙　苏木　大黄　泽兰　红花　防风　侧柏叶　马钱子等

【功效与适应证】消肿止痛，解毒消炎。治跌打损伤肿痛，烫伤等。

【制用法】敷贴：将万花油装在消毒容器内，再把消毒纱布块放在容器内浸泡片刻，即成为万花油纱布块，可直接敷贴在患处。如是敷在伤口处，每天换药；无伤口者，1~3 天换一次；若是不稳定型骨折，用小夹板固定者，换药时可不解松夹板，由夹板之间的间隙泵入药油，让原有的纱布块吸上即可。涂擦：把药油直接涂擦在患处。亦可在施行按摩手法时配合使用。

跌打膏（《中医伤科学讲义》）

【组成】乳香 150g　没药 150g　血竭 90g　香油 10 000g　三七 17 500g　冰片 90g　樟脑 90g　东丹 5 000g

【功效与适应证】活血祛瘀，消肿止痛。用于跌打损伤，骨折筋伤，肿胀疼痛。

【制用法】先将乳香、没药、血竭、三七等药用香油浸，继用慢火煎 2 小时，改用急火煎药至枯去渣，用纱布过滤，取滤液再煎，达浓稠似蜜糖起白烟时，放入东丹，继煎至滴水成珠为宜。离火后加入冰片、樟脑调匀，摊于膏药纸上即成，外贴患处。

跌打丸（原名军中跌打丸，《全国中药成药处方集》）

【组成】当归 1 份　土鳖虫 1 份　川芎 1 份　血竭 1 份　没药 1 份　麻黄 2 份　自然铜 2 份　乳香 2 份

【功效与适应证】活血破瘀，接骨续筋。治跌打损伤，筋断骨折，瘀血攻心等症。

【制用法】 共研细末。蜜丸,每丸 5g,每服 1~2 丸,每日 1~2 次。

舒筋活血洗方(《中医伤科学讲义》)

【组成】 伸筋草 9g 海桐皮 9g 秦艽 9g 独活 9g 当归 9g 钩藤 9g 乳香 6g 没药 6g 川红花 6g

【功效与适应证】 舒筋活血止痛,治损伤后筋络挛缩疼痛。

【制用法】 水煎,温洗患处。

舒筋活血汤(《伤科补要》)

【组成】 羌活 6g 防风 9g 荆芥 6g 独活 9g 当归 12g 续断 12g 青皮 5g 牛膝 9g 五加皮 9g 杜仲 9g 红花 6g 枳壳 6g

【功效与适应证】 舒筋活络。治软组织损伤及骨折脱位后期筋肉挛缩者。

【制用法】 水煎服。

舒筋活络药膏(《中医伤科学讲义》)

【组成】 赤芍 1 份 红花 1 份 南星 1 份 生蒲黄 1 份半 旋覆花 1 份半 苏木 1 份半 生草乌 2 份 生川乌 2 份 羌活 2 份 独活 2 份 生半夏 2 份 生栀子 2 份 生大黄 2 份 生木瓜 2 份 路路通 2 份

【功效与适应证】 活血止痛。治跌打损伤肿痛。

【制用法】 共为细末,饴糖或蜂蜜调敷;凡士林调煮亦可。

舒筋汤

【组成】

一方(《外伤科学》经验方):当归 10g 白芍 10g 姜黄 6g 宽筋藤 15g 松节 6g 海桐皮 12g 羌活 10g 防风 10g 续断 10g 甘草 6g

二方(《中医伤科学》经验方):当归 12g 陈皮 9g 羌活 9g 骨碎补 9g 伸筋草 15g 五加皮 9g 桑寄生 15g 木瓜 9g

【功效与适应证】 祛风舒筋活络。用于骨折及关节脱位后期,或软组织病变所致的筋络挛痛。

【制用法】 水煎服。

新伤续断汤(《中医伤科学讲义》)

【组成】 当归尾 12g 土鳖虫 6g 乳香 3g 没药 3g 丹参 6g 自然铜(醋煅)12g 骨碎补 12g 泽兰叶 6g 延胡索 6g 苏木 10g 续断 10g 桑枝 12g 桃仁 6g

【功效与适应证】 活血祛瘀,止痛接骨。用于骨损伤初、中期。

(柏立群 温鑫柱)

269

主要参考书目

1. 董福慧,朱云龙.中医正骨学［M］.2版.北京:人民卫生出版社,1999.
2. 张安桢,武春发.中医骨伤科学［M］.北京:人民卫生出版社,1988.
3. 刘柏龄.中医骨伤科学［M］.北京:人民卫生出版社,1998.
4. 王和鸣.中医骨伤科学［M］.2版.北京:中国中医药出版社,2007.
5. 王庆甫,张俐.中医正骨学［M］.北京:中国中医药出版社,2010.
6. 王亦璁.骨与关节损伤［M］.4版.北京:人民卫生出版社,2007.

复习思考题
答案要点

模拟试卷